| 光明社科文库 |

中国东南古代社会考察

徐晓望◎著

光明日报出版社

图书在版编目（CIP）数据

中国东南古代社会考察 / 徐晓望著 .-- 北京：光明日报出版社，2019.4

（光明社科文库）

ISBN 978-7-5194-5285-8

Ⅰ.①中… Ⅱ.①徐… Ⅲ.①中国历史—古代史—研究 Ⅳ.① K220.7

中国版本图书馆 CIP 数据核字（2019）第 081621 号

中国东南古代社会考察

ZHONGGUO DONGNAN GUDAI SHEHUI KAOCHA

著　者：徐晓望

责任编辑：许　怡　　　　　　　　责任校对：赵鸣鸣
封面设计：中联学林　　　　　　　责任印制：曹　净

出版发行：光明日报出版社
地　　址：北京市西城区永安路 106 号，100050
电　　话：010-63139890（咨询）010-63131930（邮购）
传　　真：010-63131930
网　　址：http://book.gmw.cn
E - mail：xuyi@gmw.cn
法律顾问：北京德恒律师事务所龚柳方律师

印　　刷：三河市华东印刷有限公司
装　　订：三河市华东印刷有限公司
本书如有破损、缺页、装订错误，请与本社联系调换，电话：010-63131930

开　　本：170mm×240mm
字　　数：295 千字　　　　　　　印　　张：18
版　　次：2020 年 1 月第 1 版　　印　　次：2020 年 1 月第 1 次印刷
书　　号：ISBN 978-7-5194-5285-8

定　　价：95.00 元

目 录
CONTENTS

第一章　东南汉族社会寻根

中国东南地区的福建、广东、台湾以及浙江和江西诸省，是中华文化最富有活力的一个区域。从很早的时候开始，这里的华人就到海外发展，对东南亚国家产生巨大的影响。因此，对东南区域汉族的研究，有利于展示中华民族一个重要的侧面。

第一节　从闽越人到福建人——福建汉民族形成的过程

福建古称七闽，原为闽越人活动与生存的地方。自晋唐以来，中原汉族不断南下，并与闽越人后裔相融合，从而形成了汉族的一个分支——福建人，福建人对广东、台湾诸省的移民，构成了南方汉民族的主源，而闽粤人对东南亚的再移民，又是东南亚华侨社会形成的基础。由此可知，对福建人的研究是对南方汉族研究重要的一环。本书主要从文化衍变的角度探讨闽越人与中原移民结合并形成福建人的过程。它所揭示的一些规律，对南方汉人来源的研究具有一定意义。

一、关于福建人来源研究的成果与问题

中国近代最早具有现代史学观念的梁启超在其《中国历史上民族之研究》一文中说："吾侪研究中华民族，最难解者无过福建人。其骨骼肤色似皆与诸

1

夏有异，然与荆、吴、苗、蛮、氐、羌诸组亦都不类。今之闽人率不自承为土著，谓皆五代时从王审知来，故有'八姓从王'之口碑。闽人多来自中原，吾侪亦承认；但经与土人杂婚之结果，乃成今日之闽人。"可见，梁启超早就看出福建人起源的两重性。其后，著名的人类学专家林惠祥教授就这一问题写了两篇论文，其一为《马来人与中国东南方人同源说》，发表于1938年新加坡的《星洲半月刊》，其二是《福建民族之由来》，发表于1947年第1期的《福建生活》；1957年，林惠祥教授在1938年论文的基础上，又增加了许多材料，将其修订为《南洋马来族与华南古民族的关系》，发表于1958年的《厦门大学学报》社会科学版，第1期。以上两篇论文都收入了《林惠祥人类学杂著》。① 林惠祥先生在这两篇论文中，从文化人类学与体质人类学的角度，比较了中原汉人、福建人与马来人之间的同异，提出马来人与古越族在体质上相似，在文化上亦有相似之处，例如：断发、文身、黑齿、短须、跣足、拜蛇、巢居都是从福建到东南亚共同的习俗，而其语言也有相通之处。② 就林惠祥先生研究的成果来看，虽说现代福建人主要是北方移民与本土越人的融合，但在事实上，现代福建人的体质特征更类似于马来人，较多地保留了古代越人的体质特征。③ 于是，问题因此产生了：闽越人是怎样转化为福建人，从而成为汉族的一支？笔者认为：闽越人汉化的进程始于汉晋时期，在五代时期基本完成。闽越人向往中原文化是其汉化的基本动力，北方移民血缘的注入，促进了这一过程的完成。

二、两汉六朝闽越人的北迁

闽越人历史及其第一次北迁。据《史记》东越列传记载，闽越贵族的祖先为春秋时期的勾践，战国时期，越国被楚国所灭，越之民散处于东南滨海区域，其中一支来到闽中，后人称之为闽越。秦始皇灭六国，秦军南下，在闽地设闽中郡。其后，闽越酋长无诸率族人参加了反秦大起义，并佐汉灭楚，受封为闽越王。闽越国存在92年，汉武帝时期，闽越与瓯越发生冲突，

---

① 林惠祥. 林惠祥人类学杂著 [M]. 福州：福建人民出版社，1981.

② 林惠祥. 林惠祥人类学杂著 [M]. 福州：福建人民出版社，1981：298.

③ 按，这一结论不是没有问题，因为，从电视所播东南亚新闻上看，福建人与马来人之间有明显的不同。多数人一眼可以辨明哪一个是马来人，哪一个是福建人。

东瓯王无力抵抗，率其族人降于汉朝，《史记》记载："东瓯王广武侯望率其众四万余人来降，处庐江郡。"①其后，闽越王穷兵黩武，终于引起汉朝的反击，汉军大举南下闽越，闽越人投降，"于是天子曰东越狭多阻，闽越悍，数反覆，诏军吏皆将其民徙处江淮间。东越地遂虚。"②其时，中国文明中心主要中原地区，江淮地区尚处于边缘地带，所以，汉朝需要将边远区域的闽越人安置于此地，以发展江淮地区。从发展农业的角度而言，江淮地区的条件远胜于闽中山地，因此，北迁的闽越人不再返还。西汉后期，闽中默默无闻，仅设置一个冶县管理。

孙吴时期闽人的第二次北迁。东汉末年，孙策经营南方，闽中是其出兵的地方之一。在孙吴统治时期，闽中增设了建安、汉兴、建平、南平等四县，人口稍有增多。汉末闽地反抗孙吴的越人，往往有数万户之多。不过，孙吴对闽中的统治，其主要目的还是搜刮人口与劳力，一方面是补充军队，一方面是开发江南。孙吴大将贺齐多次出兵闽地，在击败越人之后，将其男子编入军队，带到江南一带屯垦作战，这使闽中再次流失许多人口。③

东晋末年闽人的第三次外迁。东晋末年，东南沿海暴发了孙恩、卢循起义。孙恩以船为家，频频袭击东南沿海、沿江城镇。失败后余众推卢循为统领，"元兴元年正月，卢循自称征虏将军，领孙恩余众，略有永嘉、晋安之地。"④卢循在晋安郡（今福建沿海）有一年之久。元兴二年正月，刘裕入晋安郡，"循窘急，泛海到番禺，寇广州，逐刺史吴隐之，自摄州事，号平南将军，遣使献贡。"⑤卢循在晋安前后一年，沿海船民纷纷加入卢循之众。因此，直到宋代《三山志》仍将福建沿海的疍民称为"卢循之余"，说明卢循在福建影响之深。其后，卢循从海上入广州，北上湘江、赣江，分二路攻打晋朝的城镇，最后一直打到建业城下，几乎夺取了东晋政权。卢循南下广东也带去了不少福建民众。据史册的记载，"晋义熙五年，卢循自广州下，泊船江西，众多疫死。"⑥此外，卢循在攻打建业及与刘裕的交兵中，卢循部众也大量伤亡。所以

---

① 司马迁.史记：卷二二 [M].中华书局本，1134.

② 司马迁.史记：卷一一四 [M].中华书局本，2984.

③ 徐晓望.论早期台湾开发史的几个问题 [J].台湾研究，2000（2）.

④ 令狐德棻等.晋书：卷一三 [M].标点本.北京：中华书局，1974：381.

⑤ 令狐德棻等.晋书：卷一百 [M].北京：中华书局，1974：2634.

⑥ 刘敬叔.异苑：卷三 [M].上海：上海古籍出版社，1991：512.

说，卢循与东晋朝廷交战时期，福建的人口也大量减少。

由于福建人口的流失，长期以来，闽中人口稀少，是南方最落后的区域之一。西晋福建设立了两个郡，然而，无论是建安郡还是晋安郡，人口都不多，据《晋书·地理志》的统计，两郡各有4300户，也就是说，当时全闽不过8600户人家，平均每县只有几百户人家。《宋书·州郡志》载建安郡："领县七，户三千四十二，口一万七千六百八十六。"晋安郡："领县五，户二千八百四十三，口一万九千八百三十八。"由此可知，南朝闽中人口比起晋代更少一些，由晋代的8600户减至5885户。这种状况一直到隋代也没有多大变化。据《隋书》地理志，当时闽中仅设一郡四县，共有12420户人家。其时闽中的人口不仅远逊于北方，而且远逊于周边地区，无论是浙江还是岭南、江西，其人口都比闽中多。

不过，自从晋人南下江淮区域之后，江淮人口有较大增长，统治者不再需要从闽中之类的边远地区搜罗人口补充江淮。相反的是，统治者开始注重闽中人口的补充。隋朝从琉球等外岛搜刮的人口，便被安置于闽中。关于此事，与隋朝的海师有关。其时，从中原到闽中沿海多走水路，隋朝在征服闽中过程中建立了一支海师，这支海师巡逻于台湾海峡，有人发现了远方有一大片陆地，即是名为流求的台湾。大业三年，隋朝的使者来到当地，双方来往数年后，隋炀帝大业六年（610年），"二月乙巳，武贲郎将陈稜、朝请大夫张镇州击流求，破之，献俘万七千口，颁赐百官。"[1] 其时，福建人口稀少，掳掠来的台湾人口，应是补充福建地区。明代何乔远的《闽书》记载："福庐山……又三十里为化南、化北二里，隋时掠琉球五千户居此。化里，则皇朝大学士叶向高之乡。"[2] 可见，当时隋军从台湾掳掠而来的人口，主要在福清等地定居。至于隋朝究竟从台湾掳得多少人口，《隋书》各章的记载不一，东夷传说是数千人，而上引隋炀帝纪谓17000多人，而《闽书》则说有五千多户，倘若一户有五口人，总数便有25000人。三个数字中，若取其折中的数字，即有17000多人。隋代闽中仅设四县，朝廷所掌握的户数不过12420户，因此，从台湾引来17000余人，增加了福建人口的数量，它也说明早期闽人的血缘多为越人与东夷人。

---

① 魏徵等. 隋书：卷三 [M]. 标点本. 北京：中华书局，1973：74.

② 何乔远. 闽书：卷六 [M]. 标点本. 福州：福建人民出版社，1996：139–140.

从两汉到六朝，迄至隋朝，闽中人口稀少，这给中原汉族南下奠定了基础。

三、永嘉之乱与八姓入闽

自汉武帝迁闽越人于江淮之后，闽中人口一直很少。西晋统一南方之初的太康年间，闽中建安郡和晋安郡两郡的人口不过 8600 户。其后西晋发生了"八王之乱"，而北方胡族纷纷起兵。永嘉五年（311年）匈奴贵族刘渊派兵攻克洛阳，屠杀西晋贵族及平民数万人，北方大乱。中原人士纷纷南下。张籍的《永嘉行》咏道："黄头鲜卑入洛阳，胡儿持戟升明堂。晋家天子作降虏，公卿奔走如牛羊。紫陌旌旛暗相触，家家鸡犬惊上屋。妇人出门随乱兵，夫死眼前不敢哭。九州诸侯惊旷土，无人领兵来顾主。北人避胡皆在南，南人至今能晋语。"① 其中，有一些北方汉人进入闽中。宋初《太平寰宇记》在"福州"与"泉州"条下，都有晋人南迁入闽的记载。如"泉州"条云："东晋南渡，衣冠士族多萃其地，以求安堵。"② 近年的晋江考古已经证明了这一点，在南安境内的晋江两岸，有不少地方都发现晋人的墓葬。在福建的文献中，很早就有了相关记载。朱维幹教授引述唐代林蕴的《林氏族谱序》："汉武帝以闽数反，命迁其民于江淮，久空其地。今诸姓入闽，自永嘉始也。"③ 五代时期闽人詹琲有一首《忆昔吟》："忆昔永嘉际，中原板荡年。衣冠坠涂炭，舆辂染腥膻。国势多危厄，宗人苦播迁。南来濒洒泪，渴骥每思泉。"④ 除了詹氏之外，其他姓氏也有不少是从永嘉时期入闽的。马端临的《文献通考·经籍考三十二》云："《闽中记》十卷，陈氏曰：'唐林谞撰。本朝庆历中有林世程者重修，其兄世矩作序。谞，郡人，养高不仕，当大中时。世程，亦郡人也。其言永嘉之乱，中原仕族，林、黄、陈、郑四姓先入闽。可以证闽人皆称光州固始之妄。'"如其所云，唐代林谞著《闽中记》时，原文作"中原仕族，林黄陈郑四姓先入闽。"北宋的林世程续写《闽中记》仍然保持这种说法。但到了南宋时期，福建文献就将四姓增加为八姓，如《三山志·版籍类一》云："永嘉之乱，衣冠南渡，时如闽者八族。"邓肃的《栟榈集》也说："晋永嘉中

---

① 张籍. 张司业集：卷二 [M]. 文渊阁四库全书本，6.

② 乐史. 太平寰宇记：卷一百二 [M]. 影印宋本. 北京：中华书局，2000：129.

③ 朱维幹. 福建史稿：上册 [M]. 福州：福建教育出版社，1984：64.

④ 詹琲. 忆昔吟 [M]// 全唐诗：卷七六一 [M]. 中华书局本，8643.

有八姓入闽者，何其一也。"① 可见，福建史籍中应是先有"四姓入闽"的传说，而后有些人发现永嘉时入闽的不止四姓，便将其发展为"八姓入闽"之说。

　　大致说来，永嘉士族南迁入闽，是在唐宋之际即有的传说。对这一传说，福建史学界分为两种意见，有些人认为这一记载是可靠的，但朱维幹教授在《福建史稿》中，提出不同意见和质疑。他认为：其一，永嘉年间，是否有中州人民入闽值得怀疑，因为东晋为安置北方"侨民"而在南方建立的侨县、侨州，没有一个是在闽中；其二，即使有八姓入闽，也绝不是高门望族，而是所谓"寒族"。② 朱维幹教授的分析是有一定道理的。东晋时期，江浙一带尚为初步开发区，人口稀少，因此，这一时代南下的人口，大多分布在长江以南一带。与江南相比，福建地处海隅，境内多山，可耕田少，加上交通极为不便，南迁人口主要居住于江南，而不是进入闽中，是可以理解的。其次，据史书的记载，这一时期福建人口相当稀少，西晋闽中全境不过8600户，而到了南朝宋时期，反而下降到5885户，这一统计数据也许说明不了什么，但从中无论如何看不出永嘉年间北方人口大举进入闽中的痕迹。但是，要说两晋北人入闽完全是虚构的，看来也不成立。因为考古表明：福建在晋以后的确有外来人口。以泉州境内的考古来说，汉代的墓葬迄今尚未发现，表明这一时期当地人口稀少，所以，留下的墓葬亦少，至今未见。但是，泉州境内却发现了许多东西晋与南朝的墓葬，墓葬方式与器物风格"与江南地区六朝墓完全相同"③，这如果不能说明中原汉族入闽的话，至少可以说明：江南民众在这一时期入闽。其中有一墓中发现一颗铜铸的"部曲将印"，说明其主人生前为部曲将，这是一个八品官，担任这一官职，也许不是贵族，但至少是一有身份的人。从文献记载来看，南朝"侯景之乱"时，确实有一些三吴地区的人民避入闽中等地。《陈书》记载：天嘉六年（565年）陈朝皇帝三月乙未的诏书："侯景以来，遭乱移在建安、晋安、义安（潮州）郡者，并许还本土，其被略为奴婢者，释为良民。"④ 侯景之乱是发生于梁太清元年（548年）的事件，其时降梁的东魏大将侯景勾结成守长江的萧正德，渡江进攻建康（南京），

---

① 邓肃.栟榈集：卷二十四[M].文渊阁四库全书本，1.

② 朱维幹.福建史稿：上册[M].福州：福建教育出版社，1984：68.

③ 黄展岳.泉州以前的历史考古问题[M]//福建历史文化与博物馆学研究[M].福州：福建教育出版社，1993：87.

④ 姚思廉.陈书：卷三[M].标点本.北京：中华书局，1973：58.

次年攻破台城，繁华的建康被焚掠一空，梁武帝被困饿死。接着，侯景领军横行三吴，烧杀掠抢。后来侯景在建康称帝。侯景军所到之处屠城洗劫。这就是历史上有名的"侯景之乱"。当时割据闽中的陈宝应载粮食去会稽一带贸易，带回许多江南人口。史书载陈宝应因此实力大增，可见当时流入闽中的江南人口之多。经过17年的动乱，当陈朝击败陈宝应后，下此诏书，即是为了让这一批因灾难而被迫进入闽中的人口回到家乡。

林、黄、陈、郑四姓在福建占有重要地位，以下分析各大姓入闽之始。

福建林氏族谱有林禄于永嘉时期入闽的传说。明代大儒宋濂为林彦写墓志铭："府君讳邦福，字彦，大姓林氏。林出殷比干之后，辟地林山，因以地为氏。子孙分居清河，至汉太子太傅尊迁济南，晋太傅礼永康间又迁下邳。永嘉之乱，合浦太守禄又迁闽之温陵，自是闽中多林氏。"[1]以上林禄入闽的传说散见于林氏家谱。它表明林氏的祖先在晋朝已经迁居江淮一带，当永嘉之乱时，又进入闽中。

不过，林氏家族关于其祖先入闽的传说也有一些以讹传讹的成分。例如，现代的林氏家谱多说林禄入闽后为晋安郡太守，葬于泉州。但闽中方志上的晋安郡太守中，没有林禄之名。考梁潜的记载，林禄原为岭南的合浦郡太守，后改任晋安郡。所谓"改任"，不一定是担任太守，也有可能是其他职务吧。此外，关于林禄何时入闽，宋代史籍也有另一种说法，黄震的《黄氏日抄》说："其后林禄从晋元帝渡江，遂为江南人。禄十一世孙孝宝守泉州又为闽人。"[2]如其所云，林禄子孙是在十一世林孝宝时才进入闽中。不过，福建史册上同样找不到林孝宝任职泉州的记载。虽然林禄何时入闽，史册上有不同记载，但林氏于永嘉时入闽，却是一个久远的传说，元儒吴海为林泉生撰写的墓志铭："公讳泉生，字清原。其先济南人。永嘉之乱，有曰披者，避地来居于莆，是时莆属清源。"[3]总之，有关林氏入闽，还有待进一步研究。

六朝时期，林氏在闽中发展很好，明代梁潜的《林氏族谱序》说："禄自散骑中常侍合浦浦郡太守改晋安，因家焉。至唐，林氏在晋安者尤盛。高士廉等承诏定正天下氏族，凡九十八家。林氏首称于晋安。所谓林、黄、陈、

---

① 宋濂 . 文宪集：卷十九 [M]. 文渊阁四库全书本，30.

② 黄震 . 黄氏日抄：卷九七 [M]. 文渊阁四库全书本，24.

③ 吴海 . 闻过斋集：卷五 [M]. 文渊阁四库全书本，18.

郑是也。其后族益繁散,处旁郡,多林氏。盖皆禄之后。"①唐代林氏最出名的是莆田的"九牧林"。明代丘浚写到:"八闽著姓,以林氏为第一。林氏尤著于莆中,莆中之林,首称阙下,盖自晋永嘉之乱,八姓入闽,林居其首。在唐九刺史并仕,著名当代。"②

陈氏入闽始于晋永嘉时的传说亦见于陈氏的族谱。朱熹为南宋名臣陈俊卿写的行状:"公讳俊卿,字应求。其先世盖出颍川。晋永嘉之乱,太尉广陵郡公,准之孙西中郎将逵,南迁泉江,始为闽人。其居莆田者,历唐五季,而太尉十九世孙真,二十二世孙峤、沆,始班班见于碑碣。然世远不可得而说矣。"③杨万里为陈俊卿所写墓志铭亦有同样说法:"其先颍川人,永嘉之乱,太尉广陵郡公准之孙西中郎将逵南迁泉江,历唐五季,而太尉十九世孙真二十二世孙峤、沆,始居莆田。"④这是陈氏最早由永嘉年间入闽的传说。

郑氏于永嘉年间入闽的传说可见唐代欧阳詹《有唐君子郑公墓志铭》一文:"其先宅荥阳。永嘉之迁,远祖自江上更徙于闽,今为清源晋江人。"⑤

总体而言,西晋永嘉之乱后,中原民众大举南迁,虽说他们大都安置在长江南北的"侨郡"与"侨县",但也有一部分人进入闽中,在福建沿海及闽西北居住。他们的到来,增加了闽中汉族的成分,同时也加快了闽中汉越民族的交融。不过,必须注意的是,这一时期进入闽中的各姓,未必是北方大族,更多是江南一带的平头百姓。其次,他们的数量并不太多,因为直到隋朝统一闽中,建安郡四县的人口仅12420户。可见,"永嘉之乱,八姓入闽",并未造成闽中人口的大增,它是意义仅是增强了闽中的汉文化因素。

四、六朝时期闽中汉越民族的交融

唐代的《开元录》谈到福州时有这样一段话:"闽越州地,即古东瓯,今建州亦其地。皆蛇种。有五姓,谓林黄是其裔。"⑥这是说,福州林黄等五姓是

---

① 梁潜.泊庵集:卷五[M].文渊阁四库全书本,58.

② 邱浚.重编琼台稿:卷十七[M].文渊阁四库全书本,30.

③ 朱熹.晦庵集:卷九十六[M].文渊阁四库全书本,1.

④ 杨万里.诚斋集:卷一百二十三[M].文渊阁四库全书本,2.

⑤ 欧阳詹.欧阳行周集:卷四[M].上海:上海古籍社,1993:25,27.

⑥ 乐史.太平寰宇记:卷一百[M]//开元录,中华书局影印宋本,2000:117.

"蛇种"，而"蛇种"正是"说文解字"对"闽"一字的解释。可见，迄至唐代，仍然有人认为闽人是古代闽越人的后裔！林、黄、陈、郑历来是福建的四大姓，《开元录》所说的闽中五姓，应当包括这四大姓。但是，前引《三山志》，称闽中"林、黄、陈、郑、詹、丘、何、胡"八姓皆从中原南迁。那么，林、黄、陈、郑等福州大姓究竟是什么地方人？我认为，实际上，这八姓中，可能只有部分是从北方南迁的，而其中多数，应为越人后裔。闽中大姓，在六朝时期也有人提及。《陈书·陈宝应传》言及陈宝应"世为闽中四姓"[①]，陈宝应反叛时，陈朝对他大肆声讨，其檄文曰："案闽寇陈宝应父子，卉服支孽，本迷爱敬。梁季丧乱，闽隅阻绝，父既豪侠，扇动蛮陬，椎髻箕坐，自为渠帅。"[②]可见，在陈霸先看来，陈宝应这一闽中四大姓之一的首领，实为"渠帅"。

"渠帅"是当时的中原贵族对少数民族首领带有侮辱性的称呼，陈宝应被称为渠帅，说明他确实是越人子孙，而在陈朝之前，闽地的渠帅一直很活跃。例如《梁书》云："闽越俗好反乱，前后太守莫能止息，侃至讨击，斩其渠帅陈称、吴满等，于是郡内肃清，莫敢犯者。"[③]闽人首领陈宝应的盟友——在江西一带反陈的土豪首领周迪及其部下也被称为"渠帅"。[④]此外，隋初江南反隋军首领高智慧的部下，也被称为"渠帅"。[⑤]从六朝时期闽中多为渠帅掌权这一事来看，当时闽中多为越人子孙，否则，他们不可能控制闽中。

以上史料证明了六朝时期越人的血缘在福建长期延续，其主要家族有林、黄、陈诸姓。福建民谣有"林陈半天下，黄郑满地走"之说，这是说，林、黄、陈、郑诸姓是福建大姓，其中林陈就占了一半以上人口，黄姓与郑姓的数量也无法数清。就此来看，这说明林惠祥教授认为现代闽人中有相当比例的古越人血缘，是有一定道理的。

汉族是一个血缘相当复杂的民族，以华夏族为主体，并在发展过程中融合了许多民族。吕振羽等老先生认为：夏、苗、越、夷是汉族四大来源之一。越人生活于东南滨海区域，北至山东半岛，南至北部湾，都是他们活动的区

---

① 姚思廉.陈书：卷三五 [M].北京：中华书局，1972：486.

② 姚思廉.陈书：卷三五 [M].北京：中华书局，1972：487.

③ 姚思廉.梁书：卷三九 [M].标点本.北京：中华书局，1973：558.

④ 姚思廉.陈书：卷一三 [M].北京：中华书局,1972：201.姚思廉.陈书：卷三五 [M].北京：中华书局，1972：479.李延寿.南史：卷六四 [M].北京：中华书局，1975：1561.

⑤ 魏徵等.隋书：卷五五 [M].标点本.北京：中华书局，1973：1372.

域。他们融入汉族有先有后，也有一部分越族形成了独立民族，如壮族等民族。因此，我们仅仅证明福建人中有越人血缘，其实并没有为以往的知识增加些什么，我们想要弄懂的是：闽中越人是在什么时候基本完成汉化？六朝时期的闽中越人汉化达到什么程度？

六朝时期的社会习俗，重视门阀制度更胜于民族差异。这一时代人们重视的是门第与文化传承，那些从汉朝以来显赫的世家，被认为是汉文化的继承者，在政治上享有较高的地位。因此，这些家族被视为世家大族。在江南地区，王、谢、顾、陆四姓被视为大姓，其他各姓皆有品次。其时，山越人分布于长江南北的许多地区，汉朝对他们的统治较为宽松。但在吴国时期，朝廷屡次派军队到山区搜索山越人，迫使他们下山，吴国将俘获的山越人编入军队，带到江淮带屯田、打战，这一政策的长期执行，便将山越人压迫为社会最底层的部曲。由于这一原因，六朝时期对山越人的歧视是相当严重的。在这一风气之下，闽中的越人也受到歧视。不过，除了越人之外，普通的汉人家庭，同样受到世家大族的歧视，因此，这一歧视主要不是民族歧视，而是门第歧视。由于汉人的下层群众与越人一起受压迫，所以，共同的命运将他们逐渐联系在一起，反而促成了六朝时期的南方民族大融合。从总体趋势而言，魏晋南北朝以来，虽然门第制度盛行，但其最后结果却是出现民族大融合的局面，这不是偶然的，这是因为下层民众同生死、共命运而造成的。

在南方地区，门阀制度最盛行的是东晋时代。东晋灭亡之后，门阀制度便遭受重大打击。例如，南方四姓中，由于王姓大臣多次在晋末发动叛乱，在政治上的影响大不如以前。谢氏虽然未受太大打击，但它在政治上的特殊地位也逐渐消失。随着寒族刘裕创立宋朝，一批新贵成为朝廷中的实际掌权者，传统的世家大姓只能获得一些荣誉性职务，或是中下层职务。刘宋灭亡后，萧齐、萧梁取而代之，其开创者都是军事首脑。他们所用之人，也多为军官，因此，每一次改朝换代，都使世家大姓遭受重挫。最后，岭南豪族陈霸先取得政权。陈霸先的祖先据说是江南的平民，而后流落岭南，在岭南成长为豪族。在他统治时代，南方世家大族大多早已衰落。因此，陈霸先掌权，完全是按照自己的意愿确定统治阶层，没落的世家大姓受到冷淡。其时陈霸先为了争取闽中土豪陈宝应的支持，与陈宝应通谱，陈宝应家族因而被接纳为皇族。这一事例明：当时南方的民族界限其实十分淡薄，虽然整个中国还存在着北人对南人的歧视，但在实际上，南方汉人与山越人之间，已经没有很明显的民族差异。陈宝应与陈霸先家族通谱，说明东晋的门阀制度已经彻底崩溃，人们对传统的门阀等级制度已经不太感兴趣，否则陈霸先无论如何都不会与"低贱的"闽中陈氏通谱。因此，这一事件也表明闽中越人融入汉族的过程，它说明闽中陈氏已经被纳入汉族的一部分，闽中其他姓氏的闽越人自然与陈氏取得相同的地位。以后，虽说陈霸先在陈宝应叛乱时，又发檄文大骂陈宝应是"卉服支孽"，但其所造成的影响已是无法消除。总之，闽越人自汉武帝平闽越之后，便开始了融入汉族的过程，自两晋及南朝的教化以来，闽越族的主流实际上已经成为汉族的一个部分。

必须说明的是：陈宝应与陈霸先通谱，只能说明福建发达区域土著与汉族的关系，实际上，在广大山区，还存在着各色各样的土著民族，他们直到唐代尚被视为"蛮獠"，因此，多数闽中土著与汉族完全融合，尚要等到唐代中叶。

五、唐五代闽中汉化的扩展

唐朝建立后，改变了隋朝的苛政，朝廷实行轻徭薄赋的政策，彻底放弃隋朝从民众身上刮取钱财的指导思想。即使不得已要增加赋税，唐朝也注意到区域的差异。对于南方人口稀少的区域，唐朝的赋税一向较少，纵然有加税，也很少在南方区域打主意。唐朝一代，福建的土贡不过是生姜、鲨鱼皮之类的东西，都是福建的土特产。唐朝赋税的压力，主要是由中原地区所承担的。唐朝在南方地区所求的是教化，朝廷在这里传播儒学，改变当地的社会习俗，使之融入汉族大家庭，而朝廷的这一政策，也改变了南方民族对朝廷的看法。许多福建山峒的民众都感到：倘若从自由的状态进入唐朝的管理之下，对本地的开发利大于弊，于是，一个又一个山峒的豪强，率领其民众，主动投靠唐朝在福建的官府，以下探讨唐代福建几个有代表性的州县建立。

宁化县的建立。宁化在隋末名为黄连，隋末天下大乱，当地人巫罗俊割据黄连，在李子通的管辖范围内。唐武德四年，李子通败死后，"时天下初定，黄连去长安天末，版籍疏脱。贞观三年，罗俊自诣行在上状，言黄连土旷齿繁，宜可授田定税。朝廷嘉之，因授罗俊一职，令归剪荒以自效。而罗俊所辟荒界，东至桐头岭，西至站岭，南至杉木堆，北至乌泥坑。乾封间乃改黄连为镇。罗俊没五十余年，为开元十三年，福州长史唐循忠于潮州北界（时潮、漳、建俱属泉州）福州西界检得避役百姓共三千户，奏闻。复因居民罗令纪之请，因升黄连镇为县。……天宝元年，更黄连镇曰宁化县”①。汀州建立后，宁化是其重镇之一。

古田县的建立。古田县原为流民散居的山峒，开元年间，“都督李亚邱在郡，洞之大姓刘强、林溢、林希辈相与归顺，遂奏置古田县，在双溪之汇，屏山之南”②。据《三山志》第三卷的记载，李亚邱派杨参军至古田，检得民户一千余家。

尤溪县与永泰县的建立。尤溪县在唐初也号称山洞，“唐以前民率岩居谷汲，怙賨险蠕选，观望不内属，中国宾之。开元二十二年，经略使唐修忠以书风其民，酋长高伏以千户附，始婗婗臣中国。二十九年，即其地县之，隶福州。”③又据《元和郡县图志》，永泰县的设置也与山洞之民内附有关，唐永泰二年（766年），观察使李承昭开山洞置县。

上述宁化、古田、尤溪、永泰等县的山峒之民，应当都是古越族的后裔，或是其他少数民族。但是，他们都在唐代接受了朝廷的统治，从而促进了当地民众的汉化过程。

漳州的设立则是另一种方式。《八闽通志》第86卷的“漳州府”部分记载：“隋末盗贼蜂起，自刘武周而下四十有九处。太宗渐次芟夷，独闽广间犹有余孽。嗣圣元年，徐敬业起兵维扬，潮梅间又有梁感者为之羽翼。朝廷遣玉钤卫大将军梁郡公李孝逸提兵三十万众以破之。而梁感之徒尚在也。陈元光父子奉命讨贼，兴建营屯，扫除凶丑，方数千里间无桴鼓之警。又为之立郡县，置社稷，筚路蓝缕，以启山林，至捐命陨躯而后已”④。

据此，岭南一带入唐之后仍然动荡不安，直到陈元光平定岭南陈谦的造反，建立漳州，岭南才逐渐平定下来。漳州位于岭南与福建交界处，漳州的治安，同样也会影响到福建，所以，漳州的建立，对福建的开发具有重要意义。它的建立，是该区域民众汉化的开始。与此相类似的还有汀州的建立。不过，漳汀二州土著的汉化更为曲折。从后世的史料来看，漳州与汀州在宋元时期都是畲族较多的区域，他们融入汉族要比闽越人更迟一些。闽越人的分布范围主要是在福州与建州，上述宁化、古田、尤溪、永泰等县即是属于

① 李世熊．宁化县志：卷一[M]．福州：福建人民出版社，1989：9.

② 黄仲昭．八闽通志·上册：卷一[M]．福州：福建人民出版社，1990：7.

③ 李文衮等．尤溪县志：卷一[M]．影印天一阁藏本．上海：上海古籍社，1.

④ 黄仲昭．八闽通志：卷八六[M]．福州：福建人民出版社,1991；1009.

福、建二州的。

福建沿海生活着被史家称为"游艇子"的疍人。在隋代，他们一度支持王国庆等人的叛乱，在唐代初年，他们应是一支自成系统的武装。据《三山志·兵防类一·诸厢禁军》的记载，唐朝在唐高祖李渊时，设置了"越福十二州招讨海贼使"，可见，当时的海上问题让唐朝困惑。不过，《太平寰宇记》第102卷泉州条记载："泉郎，即此州之夷户，亦曰游艇子。即卢循之余，晋末卢循寇暴，为刘裕所灭，遗种逃叛，散居山海，至今种类尚繁。唐武德八年，都督王义童遣使招抚，得其首领周造凌、细凌等。并受骑都尉，令相统摄，不为寇盗，贞观十年，始输半课。其居止常在船上，兼结庐海畔，时移徙不常。厥所船头尾尖高，当中平阔，冲波逆浪，都无畏惧，名曰鸟了船"。以上记载表明唐朝统一闽中之后四年，游艇子归纳于朝廷辖下，贞观年间更成为朝廷的纳税户，这对唐朝海上治安是有利的。

唐代前期福建的发展体现于州县的建立。在南朝时期，福建已经有了三郡并立的建制，这就是闽北的建安郡，闽东的晋安郡，闽南的南安郡，隋代将三郡并为一郡，名为闽州，后又改为建安郡。唐朝建立后，逐步恢复了三郡并立的建制，而后又成立了漳州与汀州，于是，福建有了五个州郡，即福州（又名长乐郡）、建州（建安郡）、泉州（清源郡）、漳州（漳浦郡）、汀州（临汀郡），新县的设立也很突出，盛唐时期，福建已经有25个县了。开元二十一年（733年），设福建经略使，领福、泉、建、漳、潮五州，这是"福建"之名首次见于历史。福建的人口，从政府掌握的数字看，也在盛唐时期达到高峰，开元年间，福建五州共有109311户，比之隋代，增加了几倍。唐代人口的增长，一是由于和平的局势下人口的自然增长；二是因为唐朝对福建的统治从点到面，许多山峒民族原来不属于任何政权管辖，此时逐步进入了朝廷的管理之下，因此，官方统计的福建人口总数大有增长。

唐中叶以后，安史之乱发生，北方进入藩镇割据的200年动乱时期。宋代文学家杨亿为杨徽之写的行状云："公之先，华阴人，永嘉之乱，流寓江表，占籍上饶郡。凡十余世。唐上元中，刘展叛涣，吴会骚然。公之六代祖遂举族避地于建安吴兴，因为著姓。"[①] 又如他为朋友彭氏撰写墓志铭，说到

---

① 杨亿.武夷新集：卷十一 [M].文渊阁四库全书本，17–18.

"至君之七代祖，始占籍建安。"① 杨亿为宋初之人，他朋友的七代祖先，应为唐中叶时入闽。杨亿的记载说明唐代中叶有杨、彭诸姓进入浦城。其他各县亦有类似的例子：

> 宋仕唐，字世卿，遂安人，元和中进士，任建阳丞，公廉有守，遇事通晓，爱邑山水风俗，病革，嘱其妻曰：我有遗爱在民，即不讳，可聚族于此。后子孙遂世居焉。②

唐末五代，北方大乱，唐政权风雨飘摇，中原各藩镇混战不已。无法在北方定居的中原民众大举南下，掀起了历史上罕见的移民大潮。其中最为著名的一次是光州刺史王绪"悉举光寿兵五千人，驱吏民渡江"，辗转来到闽中。《新五代史·闽世家》记载，王绪入闽时"有众数万"，后一数字约略反映了光寿移民总量。晚唐时期福建人口稀少，元和年间闽中仅七万多户，而后又在黄巢大屠杀中有所减少，约在五万户上下。而王绪率众入闽，即达数万人，若以一户五口为计，唐末光寿移民约占福建人口的五分之一，这改变了福建人口的构成。其后，王潮、王审知兄弟建立了威武军政权。王审知的后人又建立了闽国。这一时代，南方共有九个割据政权，加上北方的汉国，史称五代十国。闽国作为南方九国之一，其最大的特点是来自北方的移民王氏家族掌权。王氏昆仲在福州和泉州都设有招贤院，招揽北方士人。"如唐右省常侍李洵、翰林承旨制诰兵部侍郎韩偓、中书舍人王涤、右补阙崔道融、大司农王标、吏部郎中夏侯淑、司勋员外郎王拯、刑部员外郎杨承休、弘文馆直学士杨赞图、王倜、集贤殿校理归傅懿，及郑璘、郑戬等"，皆是招贤院的座上客。王审知供给他们生活用品，使他们平安地度过余生。③ 因此，北方士人称赞王审知——"诚莫诚于我公"④，这是很高的评价。民国《莆田县志》说："王氏据闽……建昭贤之馆，浮光士族多依之。"⑤ 王氏对待移民的态度，导致移民更多地进入闽中。

---

① 杨亿. 武夷新集：卷八 [M]. 文渊阁四库全书本，19.

② 江远青等. 建阳县志：卷九 [M].1986年点校本，348.

③ 吴任臣. 十国春秋：卷九四 [M]. 点校本. 北京：中华书局，1983：1363.

④ 黄滔. 黄御史公集：卷五 [M]. 商务图书馆四部丛刊本，65.

⑤ 石有纪修，张琴纂，莆田县志：卷二 [M]. 影印民国稿本. 上海：上海书店出版社，2000：7-8.

从居民的民族属性来看，唐代也是福建的一个转折时期。福建是以闽越人的居住区进入北方汉人视野的。两汉六朝时期，闽人逐步汉化，但民族隔阂存在。直到唐代的《开元录》，还说福州与建州之民的林黄二姓，多为"蛇种"，"蛇种"是对闽越人的贬称。《尤溪县志》说："唐以前民率岩居谷汲，怙寶险蠕选，观望不内属，中国宾之。"①这条史料也说明尤溪县在唐以前以少数民族居多。由于以上原因，唐代前期，福建还被视为蛮荒地带。唐五代时期，北方汉族大举南下，福建人口从隋代的12420户逐步增长到10万多户，再到宋朝统一时的46万户，人口数量骤增。导致福建人口增长的重要因素，应是北方人口的南下。当代对闽人的DNA测试也表明，闽人的男性血统多来自北方，而女性血统多来自南方。这一情况应是在唐末五代奠定的。换句话说，新福建人的形成大致在唐末五代。他们兼有南北血统，已经成为汉族的一个分支。迄至固始人王审知在闽中掌权，闽中兴起以籍贯固始为骄傲的风气。迄至宋代，不论是林姓、黄姓还是陈姓，还是其他姓氏，几乎所有的闽人都说自己的祖先是从北方迁来的。对这一事实，许多学者都指出其中就有不少冒充的成分。但对一个民族来说，它的辨认，最为重要的不是血缘的真实关系，而是文化的认同。既然这一时代的闽人都认为自己是北方移民的后裔，那就表明他们完全混同于汉族。因此，就文化实质而言，宋代闽人的主体已经是汉人，而从闽越人到汉族的文化认同的变化，最重要的转折点是在唐五代。

六、唐五代时期闽中汉文化的发展

福建原为闽越文化区域，古代闽越人对儒学是相当陌生的。两晋以来，北方士族南下闽疆，其中虽有长材秀士，但因畏惧北方战乱频仍，很少有出仕的。因此，福建在北方人看来，属于文化落后的蒙昧区域，唐代士大夫对闽人的评价是"机巧剽轻"②、"怙强喜乱""信巫好鬼"，文化层次不高。虽说这些评语明显有偏见的成分，但也不可否认，它在很大程度上反映了闽中风俗的一个侧面。迨至唐代前期，在中原士大夫的眼里，福建仍被视为边陲蛮荒地区。唐代科举制大行，然而，驯至唐中叶，福建进士及第的仅为薛令之

---

① 李文衮等.尤溪县志：卷一[M].影印天一阁藏本.上海：上海古籍社，1.

② 独孤及.都督府儒学记[M]//陈寿祺.福建通志：卷六二.同治九年重纂本，9.

一人。①福建文化的落后自不待言。

公元755年，"安史之乱"发生，中原地区陷入一场巨大的战乱之中，八年后，战争平息，可是，中原和平稳定的局面却再也没有恢复。中央政府所能控制的区域越来越少，富饶的北方落入割据的军阀之手，国家收入已有80%—90%来自江南，这便使南方的地位日益提高。对唐朝来说，怎样巩固和开发南方，是刻不容缓的问题。福建作为唐中央直辖的少数区域，很自然受到重视。从社会条件来说，这一时期也很有利于福建的发展，北方的战乱迫使大批北方民众移民南下，于是，在官府的组织参预下，福建掀起了大规模的开发浪潮。

比经济开发更为重要的是文化的开发。闽人"信巫鬼，重淫祀"是自汉朝以来即有的文化特点。他们对儒学不感兴趣，对鬼神却非常信仰，不论遇到什么事情，都要通过巫觋向鬼神求教，乃至有病不吃药，请巫觋献祭祷神，至死不悔。唐朝政府力图改变南方的这种习俗。张文琮于唐永徽年间任建州刺史，"州尚淫祀，不立社稷。文琮下教，俾民祭春秋二社，除去淫祀，安靖而有惠政。"②在这方面尽力的官员往往得到提升，"林披，初为临汀曹掾。郡多山鬼，披著《无鬼论》，刺史樊冕表为临汀令，廉使李承昭奏授临汀别驾，知州事。"③当然，比打击"淫祀"更为重要的是传播儒学。唐中叶至五代，在福建形成了浓厚的提倡儒学的风气，福建观察使李椅、常衮、陈岩，建州刺史李频都是重视儒学的人。这里尤其要点出李椅、常衮二人，他们对开发福建儒学的贡献是不可磨灭的。

李椅与常衮。李椅为唐朝宗室，大历年间任福建观察使。任内大建福州学，"是以易其地，大其制，新其栋宇，盛其俎豆。俎豆既备，乃以五经训民，考校必精，弦诵必时。于是，一年人知敬学，二年学者功倍，三年而生徒祁祁，贤不肖竟劝。家有洙泗，户有邹鲁，儒风济济，被于庶政。"④由此可知，李椅任福建观察使的三年内，福建儒学面貌大变。李椅之后，建中元年（780年）前宰相常衮任福建观察使，欧阳修《新唐书·常衮传》记载：始闽人未知学，衮至，"使作为文章，亲加讲导，与为主客均礼，观游燕飨与焉。由是

---

① 薛令之，福建长溪县人，唐神龙元年姚仲豫榜进士，仕至左补阙兼太子侍读。参见黄仲昭《八闽通志》：卷五五，选举，第282页；卷七二，人物，第739页。

② 黄仲昭．八闽通志：卷三七 [M]．福州：福建人民出版社，1990：792.

③ 黄仲昭．八闽通志：卷三八 [M]．福州：福建人民出版社，1990：810.

④ 独孤及．都督府儒学记 [M]// 陈寿祺．福建通志：卷六二．同治九年重纂本，9.

俗为一变，岁贡士与内州等。"①唐代闽人在很大程度上被北方人视为"闽蛮"，而常衮却以前宰相的身份与福建士人平等论交，这使闽人真正感到儒学"四海之内皆兄弟也"原则的价值。其次，由于常衮的推荐，闽士欧阳詹等人"渐声腾于江淮，达于京师"②。唐代，一个文士要出名，得到重臣欣赏是必备的条件，由于此故，李白、杜甫等名士都得周旋于豪门，而且常吃闭门羹。他们为此而辛酸的悲歌，载于诗史，大家都很熟悉的。从这一大背景看来，得到前宰相常衮的推荐是相当不容易的，而常衮对闽士的破格待遇，显然与唐政权扶植南方的大前提有关。由于常衮在朝廷有相当的影响，闽士日益受到重视，欧阳詹、林藻、陈通方、周匡业等人相继中举，给闽人极大的冲击，其中，泉州欧阳詹与韩愈同榜中进士，成为享誉国内的名人。人们由此认识到可以通过儒学出人头地，乃至光宗耀祖，于是，大家纷纷教子读书，形成一种风气。中晚唐时期，福建沿海一带习儒成风，独孤及称赞福建"比户业儒，俊造如林"③，考中科举的人也不少，迄至晚唐，福建已有数十人中举。唐末黄璞作《闽川名士传》，收入五十余位闽中名士，虽说此书现已失传，但从所存个别传记来看，当时闽人中才士不少。例如：欧阳詹，福建晋江人，号行周，贞元八年进士，与韩愈同榜，排名在韩愈之前。他参与复兴古文的运动，以散文、诗歌闻名于世。韩愈称赞他的散文"深切、回复、明辨"，具有独特的风格。他是福建第一个得到著名文学家赞赏的人④。

陈陶，福建剑浦（今南平）人。他以《誓扫匈奴》一诗闻名天下："誓扫匈奴不顾身，五千貂锦丧胡尘。可怜无定河边骨，犹是春闺梦里人"⑤。这首《七绝》后二句，被称为唐代出塞诗中最出色的一联，甚至是唐诗中最出色的一联。陈陶的实力于此可见。总之，晚唐福建儒学已有一个很好的基础。

在闽国人物中，对福建儒学贡献最大的要数王审知兄弟，后人对他们有这样的评价："王氏据有全闽，虽不知书，一时浮光士族与之俱南。其后折节下士，开四门学，以育才为急，凡唐宋（原文如此）士大夫避地而南者，皆

① 欧阳修等. 新唐书：卷一百五十 [M]. 点校本. 北京：中华书局，1975.

② 欧阳詹. 欧阳行周集·李贻孙序 [M]. 四部丛刊初编第119册影印明刊本，2.

③ 独孤及. 都督府儒学记 [M]// 陈寿祺. 福建通志：卷六二. 同治九年重纂本，9.

④ 韩愈. 欧阳生哀辞 [M]// 董诰，阮元等. 全唐文：卷五六七. 影印本. 北京：中华书局，1983：5740.

⑤ 郑方坤. 全闽诗话：卷一 [M]. 文渊阁四库全书本，38.

厚礼延纳，作招贤院以馆之。闽之风声，与上国争列。"① 其中评价大抵允当，王潮任威武军节度使之后设置"四门义学"②。按照唐朝的制度，"四门学"相当于中等程度的儒学学校，招收学生限于六七品级以下的官宦子弟，中央所设的四门学共有一千三百多名学生，其中教授、博士六人，助教、直讲若干，按照"诗、书、礼、易、春秋"五经分科。"四门义学"不见于官方史籍，可能是王潮发明的学校。按照中国的传统，"义学"是不收学费的学校，王潮设立这种学校，显然是为了更多地吸收来自贫穷家庭的人才，这突破了"四门学"专收官宦子弟的传统，立意甚嘉。

王审邽在泉州"以道义为自任，开学育才"，很注意发展地方教育，"童蒙诱掖，学校兴举"③，后人评价他"泉南文物之盛，公之功居多焉"④。

王审知接任福建威武军节度使之后，继承了王潮的政策，于兢的《琅琊王德政碑》写道："常以学校之设，是为教化之原，乃令诱掖童蒙，兴行敬让，幼已佩于师训，长皆置于国庠，俊造相望，廉秀特盛。"⑤ 他接纳翁承赞的建议，于后梁龙德元年（921年）正式设立"四门学"，"以教闽士之秀者"⑥，他对儒士十分优待，"兴崇儒道，好尚文艺，建学校以训诲，设厨馔以供给。"⑦ 梁克家云："忠懿王奉身俭约，至蹑敝屣，聚书建学，以养闽士之秀者。"⑧ 时当大乱之后，文献散佚，"鲁壁之遗编莫求，周陵之坠简宁存？"王审知"亟命访寻，精于缮写"，"次第签题，森罗卷轴"⑨，修缮了大量的儒学文献典籍，以供给儒生学习。

王审知下属的一些官员对儒学也表现出极大热情：陈洪济"初令同安，继令晋江，皆兴学教士，为王氏循吏之冠"⑩。又如建州刺史王延禀，"喜文学，

---

① 陈云程 . 闽中摭闻 . 卷一 [M]. 乾隆晋江陈氏刊本，3.

② 欧阳修等 . 新唐书 . 卷一百九十 [M]. 点校本 . 北京：中华书局，1975：5492.

③ 徐寅《武肃王神道碑铭》。

④ 开闽忠懿王氏族谱·王审邽传 [Z]. 福建图书馆藏，13.

⑤ 于兢《琅琊王德政碑》。

⑥ 吴任臣 . 十国春秋：卷九五 [M]. 点校本 . 北京：中华书局，1983：1376.

⑦ 钱昱《忠懿王庙碑文》。

⑧ 梁克家 . 三山志：卷八 [M]. 陈叔侗校本 . 北京：方志出版社，2003：135.

⑨ 于兢《琅琊王德政碑》。

⑩ 吴任臣 . 十国春秋：卷九六 [M]. 点校本 . 北京：中华书局，1983：1392.

与诸儒议论"，他在建州辖区内大力提倡儒学，后人感恩，为其立庙祭祀①。剑州在五代以前人才寥落晨星，"五季间，有号'唐五经'者始教授其徒，人知向学。"②浦城县令杨澄"博通文史，为乡党所称"，他在浦城提倡儒学，"弦歌之化，流于桑梓"，他的儿子杨徽之，"始在童卯，卓然不群，结发从师，刻苦为学"③，成为民众的表率。可见，在闽国时期，重视儒学是一群体行为。

王审知礼贤下士，喜欢招揽人才。在唐末战乱中，许多学者颠沛流离，无处安身，闻悉闽国招贤，纷纷来福建避难，"如唐右省常侍李洵、翰林承旨制诰兵部侍郎韩偓、中书舍人王涤、右补阙崔道融、大司农王标、吏部郎中夏候淑、司勋员外郎王拯、刑部员外郎杨承休、弘文馆直学士杨赞图、王倜、集贤殿校理归傅懿，及郑璘、郑戬等"，皆是招贤院的座上客。王审知供给他们生活用品，他们的到来，无疑提高了闽人的文化水平④。以盛产文士的莆田而言，宋代有人说："其邑唐季多衣冠士子侨寓，儒风振起，号小稷下焉。"⑤可见，福建文化水准的提高，与北方高素质的移民入闽有很大的关系。

五代时期，福建人才更胜于唐代中期。除了从北方进入福建的韩偓、崔道融之外，产于福建的才华之士有黄滔、徐寅、翁承赞等人，南唐统治福建以后，闽地的江为、郑文宝、杨徽之等人，都是著名的诗人、文学家。总之，五代时期福建是公认的文化发达之地。当时的中国文化，是南胜于北的时代。在南部诸国中，南唐达到了最高的境界；其次是蜀国；排在第三位的是闽国。他如吴越、南汉诸国，其文化比闽国要差一大截。而南唐的文化成就，其中也有闽士的一份功劳。

唐五代时期是福建发展的转折时期，在此以前，福建在中原人眼里是一个边远的蛮荒地带，但在五代之后，福建已经成为中国文化最发达的区域之一。在这一转折中，闽人的历史也悄悄地发生变化。过去，福建是一个闽越人较多的地区，虽说闽越人在漫长的历史中，已经吸收了汉族的许多文化特点，但在那一时期闽人在多大程度上可以算汉族的一部分还有些疑点。但到了五代时期，闽越人与南下汉族相互融合，福建的林黄陈郑四大姓都认为自

① 李正芳等.邵武县志：卷九 [M].邵武市地方志编纂委员会自印本，1986：225.

② 方大琮.铁庵集：卷二六 [M].文渊阁四库全书本，1.

③ 杨亿.武夷新集：卷一一 [M].文渊阁四库全书本，18.

④ 吴任臣.十国春秋：卷九四 [M].点校本.北京：中华书局，1983：1363.

⑤ 赞宁.宋高僧传：卷一三 [M].点校本.北京：中华书局，1987：308.

已是从北方南迁的，

七、唐五代闽人文化性格的形成

不过，在闽文化的形成过程中，也受到闽越文化的强烈影响。这是因为，福建毕竟是一个闽越人的区域，尽管闽越人在唐末五代基本汉化，成为新一代的福建人，但在其文化传统中，不能不保留许多闽越文化的孑遗。

第一，从福建人的体质而言，主要是北方人与闽越人的混血。中国的北方人身材高大，南方人身材较瘦矮，这是我们熟知的体质区别。古代的闽越人是典型的南方人，他们身材瘦小，较像今天的马来人种。而自北方人南下福建以后，形成新一代的福建人，他们要比南方马来人种要高一些，但其高度又比不上北方人，呈现一种中间的过渡形态，这种状况一直保持至今。这表明福建人并非纯粹的北方人，或者说是纯粹的闽越人，他们是典型的混血人种。我们说过，直到唐代前期，福建还有许多峒瑶之民，他们原来不受任何政权管辖，直到唐代前期，看到朝廷的政策有利于自身族群的发展，才接受了朝廷的统治。不过，一旦受朝廷管辖，他们便加快了汉化过程，迄至唐末五代，除了南方少数地区外，在闽越土著与北方移民之间，已经很难看出二者的区别，闽国末期发生了连续多年的内战，但这些内战，主要是在统治集团内部进行的，它反映了权力分配的矛盾，在其统治力量因内战而削弱的时候，却未发生因土著与移民的矛盾而引起的冲突，这说明在福州、建州、泉州三大城市的核心区域，土著与移民之间并无特别的矛盾，这一事实反映了移民与土著的同化。不过，土著居民是融入汉民族而不是消失了，因此，闽人的体质不能不反映出他们的体质特点，这是福建人在体质方面与北方人有差距的原因之一。

第二，新的福建人继承了南方的水稻文化。在隋唐时期，中国北方的粮食种植以小米、麦子、高粱为主，南方以水稻为主。水稻在福建的种植，可以上溯到五千年前的昙石山文化，当时的闽人已经种植水稻。其后，闽人的水稻种植作为一种传统传播下来。水稻的产量高，而且适应南方潮湿多雨的气候，因此，北方民众南下后，也以水稻种植为主。水稻是南方农业文化的核心内容，北方民众一旦接受了水稻，也就接受了一系列的相关农业文化。他们为了扩大水稻的种植面积，必须围垦沼泽，筑陂蓄水，育种插秧，中耕除草，收割打谷，筑碓舂米，从而展开了他们原来不熟悉的农业生产方式；由于他们以水稻为主食，他们也必须接受南方人有关稻米的制作技术。他们摘叶裹棕，酿米作酒，捣米作糍，完全接受了南方人的稻作文化。必须说明的是：这类稻作文化在南方许多地方都流行，在福建也有了数千年的历史，他们相互之间沟通、交流，从而形成共通的稻作文化，所以，稻作文化并非唯有闽越人才有，但新福建人所继承的稻作文化，当然是以闽越人为主的。

第三，新的福建人继承了南方旧有习俗传统。以划龙舟这一习俗而言，流传于南方许多地区，但在北方不太流行。这是由于：划龙船一直是南方少数民族的传统。它的产生，人们曾经将其追溯到战国时期的屈原，有人以为：屈原投江后，当地民众划船去找屈原的尸首，因而形成了划龙舟的习俗。其实，划龙舟的习俗在东南亚国家十分流行，当地各民族都有划龙舟的习俗，他们流行这一习俗不可能是从中国传去的。从这一点看，划龙舟习俗的产生不应是从屈原开始，而是南方一种普遍的习俗。它应与南方人对龙的崇拜有关。在唐五代之际，新的福建人形成之后，划龙舟也成为他们的传统之一，这是南方习俗的影响。其次，以埋葬习俗而言，中国北方人流行的习俗是入土为安，棺葬是最流行的习俗。但自唐宋以来，福建民间一直存在着洗骨葬的习俗，这种葬俗的特点是：将死人入葬后数年，待尸体化解，便将葬地挖开，将死人的尸骨拣出，经焚烧之后，将骨头装入瓷罐中重新埋葬。这种习俗不见于北方，甚至南方其他省份也不多见，但这种葬俗在福建十分流行。据凌纯声的考证，东南亚一带也流行这一习俗，说明它是一种南方少数民族的习俗，后来影响了福建人。

第四，信巫好鬼，多淫祀。古代闽越人信巫好祀，这是从汉代即有记载的文化传统。《汉书》记载闽粤国灭亡以后，粤巫进入汉宫，汉武帝宠信粤巫，让他们用鸡卜的方式卜卦，汉武帝扩建甘泉宫，据说也是受粤巫的影响。可见，闽越人好巫术，在当时即十分有名。唐宋以来，福建人一直延续着这一传统，在福建的民间信仰中，有一些是产生于唐五代时期的，诸如古田的临水夫人，莆田的湄洲神女，闽北的马仙姑，她们的生前，都是乡村女巫。在福建人中流行这样一种习俗：有病不求医而是拜佛求神。他们认为：一个人生病，是因为他曾经不小心触犯了某种精灵，只要将这种精灵驱逐，便能治好病。因此，他们生病不是看医生，而是拜菩萨。这种习俗造就了巫师这一行业。因为，闽人拜神，多是由巫师作中介，巫师可以通过某种方式，沟通人与冥界、神界，从而得到神明的宽恕。这种习俗应是闽越文化遗存，因为，它与北方人淡于宗教的文化精神是不同的。北方人更重视人生，对神明抱有一种若即若离、似信非信的态度，孔子曰："祭神如神在"，是这种态度最典型的表示。他们并不否定神明，但对神明又不是十分相信，因此，唐宋以来福建人"信巫好鬼，多淫祀"的习俗，是从闽越人当中继承的。

总之，唐宋以后形成的新一代福建人，他们的文化是一种混合体，一方面有北方文化传统，另一方面也有闽越文化传统。大致说来，福建人的雅文化是属于北方文化传统，如语言、儒学、佛学等；但福建人的俗文化，如风俗习惯与民间信仰，多有南方文化传统，南北文化交织，形成了新一代的福建文化。从此以后，福建人不再作为闽越人而闻名于世，而是成为富有地方特色的汉族的一个分支。

汉民族在其发展过程中不断吸纳各地的少数民族，从而形成了世界上最大的民族。汉民族的发展特点是容异性，她从来是以宽宏的气度容纳向往自己文化的各种民族，而且容许各地的人都有其文化特点。闽越人在其与汉族相处的一千多年中，从被汉文化所吸引，到加入汉民族，最终成为以中原文化继承者为骄傲的汉族正统捍卫者，但在实际上，他们又保留了许多原有的文化传统，这种新福建人或新江浙人、新湖南人、新广东人、新江西人的形成，壮大了汉族，也使汉族以滚雪球的方式不断发展自己，从而成为世界上最大的民族。和许多消逝的古老民族相比，汉族的成功不是偶然的，其中的文化财富值得我们去总结、发扬。

第二节　宋元福建至广东的海洋移民

岭南原为百越民族居住的地方，自秦汉以来，中原的汉族不断南下两广，逐渐改变了当地的人口构成。然而，一直到宋元明时期，广东的人口不算太多。尤其是沿海区域，许多田地无人耕种。与此同时，福建早在南宋就出现了人口过剩的局面，因闽粤之间海路通畅，来自福建沿海的移民不断深入岭南各地，尤其在广东沿海区域发展较快，形成了大面积的闽南语人口。

一、宋元福建沿海及广东生存环境比较

南宋福建人口大增，这与北方移民南下有关。南北宋之交，塞北游牧民族南下侵扰中原，南宋这一朝代基本上是在战乱中度过的。在南宋所辖各路里，福建路是少数不受战乱影响的地区。而且，当时的福建尚称风景秀丽、物产丰美之地，"山水明秀，二桥如画，茶笋连山，称妙天下""多奇卉珍树，四山之李花极目，其土风、物产之美，又宦游者之所乐也"[①]。在这一背景下，北方士大夫与流民继续入闽，滞留于福建各地。如邹诚到建州后，钟情当地清丽的山水，"因卜居焉，遂世为建州人。"[②]宋朝廷在建炎年间曾发现："士大夫避难入福建者，所至守隘之人以搜检为名，拘留行李，又不听去"[③]。朝廷为此特地下令地方官不准为难他们。庄季裕的《鸡肋篇》云："建炎之后，江、浙、湖、湘、闽、广，西北流寓之人遍满。"[④]"绍兴和议既坚，淮民始知生聚之乐，桑麦大稔。福建号为乐区，负载而之者，谓之反淮南。……自开禧兵变，淮民稍徙入于浙、于闽。"[⑤]从福建所辖户口看，南宋绍兴三十二年（1162年），福建路人口为：1390566户，2808851口[⑥]，就户数而言，比北宋崇宁年间增长31%，其中大部分应是南迁的北方移民。其次，南宋建立后，深感疆土日蹙，唯有增加人口才能增强国力。绍兴五年（1135年），宋朝对地方官实行以人口为主的考核方法，在官员上任时，将当地人口多少登记在册，离任时由吏部核定人口增长数，以确定政绩。因此，南宋福建官员在施政时都很注意禁止溺婴的习俗，增加当地人口。再次，南宋后期，随着战事的不利，中国北方与西部人口都向东南方向迁徙，造成福建人口在全国人口下降的趋势下仍在增长。《仙游志》云："宋兴三百余年，生齿日繁，校之畴曩，不知其几倍焉。"[⑦]以下为南宋福建全路人口数：

宋高宗绍兴三十二年（1162年），福建路人口为1390566户，

① 刘克庄. 后村先生大全集：卷八九 [M]. 成都：四川大学出版社，2008：2310.
② 何乔远. 闽书：卷五五 [M]. 点校本. 福州：福建人民出版社，1994：1513.
③ 徐松等. 宋会要辑稿·刑法二之一〇三 [M]. 北京：中华书局，1957：6547.
④ 庄绰. 鸡肋篇：卷上 [M]. 北京：中华书局，1983：36.
⑤ 叶绍翁. 四朝闻见录：戊集 [M]. 北京：中华书局，1989：97.
⑥ 梁方仲. 中国历代户口、田地、田赋统计 [M]. 上海：上海人民出版社，1980：162.
⑦ 黄岩孙. 仙溪志：卷一 [M]. 福州：福建人民出版社，1989：13.

2808851口；

　　宋宁宗嘉定十二年（1219年），福建路人口总数为1686615户，3489618口[①]；

　　嘉定十六年（1223年），福建路人口总数为1599214户，3230578口[②]；

　　宋理宗宝庆元年（1225年），福建路户口为1704186户，3553079口[③]。

　　比较这几个数字，我们可以看到：南宋福建路人口数增长很快，宝庆元年比之绍兴三十二年，仅过了63年，人口却增长了31万多户、74万多口。这说明南宋中期，外地移民仍然源源不断地进入福建，造成福建人口骤增。梁方仲先生曾计算过南北宋各路的人口密度，其结论是：北宋崇宁元年平均人口密度为每平方公里18.1人，其时福建为16人，南宋嘉定十六年平均人口密度为每平方公里16.4人，而福建为25.4人[④]，可见，如果说北宋时福建人口密度还略低于全国平均数，到南宋就大大超过全国平均数。正如廖刚说："七闽地狭人稠，为生艰难，非他处比。"[⑤]

　　其中，沿海的兴化军最为典型。

　　兴化军成立于宋代初年，而其设置的原因，应是当地在进入宋朝之初爆发了林居裔起义，宋朝在平定林居裔暴动之后，设立于兴化军这一军事化的行政机构，以便加强对当地的统治。不过，兴化军成立后，当地的经济文化发展很快。北宋初年《太平寰宇记》记载了兴化军的户口，为33707户，迄至北宋后期，《元丰九域志》记载兴化军的人口为55237户，北宋末年为《宋史·地理志》记载的63157户。[⑥]150年间，兴化军的人口已经翻了一番。南宋兴化军的发展更为惊人。《八闽通志》记载南宋初兴化军人口为64887户，148647人，南宋李俊甫的《莆阳纪事》记载，南宋中叶的光宗绍熙年

①　刘克庄.后村先生大全集：卷八三 [M].玉牒初草，皇宋宁宗皇帝嘉定十二年，2195.

②　马端临.文献通考：卷十一 [M].文渊阁四库全书本，22.

③　脱脱等.宋史：卷四一 [M].标点本.北京：中华书局，1977：787.

④　梁方仲.中国历代户口、田地、田赋统计 [M].上海：上海人民出版社，1980：164.

⑤　廖刚.高峰文集：卷一 [M].文渊阁四库全书本，21.

⑥　梁方仲.中国历代户口、田地、田赋统计 [M].上海：上海人民出版社，1980：135，147，157.

间（1190—1194），兴化军人口为主户44376户，107887口，客户为27987户，70897口[①]，共为主客户72363户，178784口。这一数字和北宋末崇宁年间相比，增长了14.6%，即9206户；和宋初相比增长了114.7%，即38658户。宋代兴化军仅三个县，平均每县约为60000人。其时福建是国内人口较为密集的区域，南宋嘉定十六年平均人口密度为每平方公里16.4人，而福建为25.4人[②]，可见，南宋福建人口密度大大超过全国平均数。宋代的兴化军是福建人口最为密集的区域。北宋时期在福建省排第一位，南宋时期仅次于邵武军，排第二位。[③] 就莆仙二县来说，南宋人口绝对数的增加，更使当地经济感到空前的压力。尽管莆田有木兰陂工程，但是，到了南宋中期，莆田不得不从外地输入粮食。而且，南宋时期福建沿海区域所缺粮食，多来自广东。一位姓刘的官员还乡时，"莆亦大旱，手为救荒十余事，率乡人行之。招潮惠米商……四集城下，郡以不饥。"[④] 倘若没有南风，广舟无法到福建沿海，许多地方会出现饥荒。如兴化军的莆田，"莆之水市，朔风弥旬，南舟不至，神为反风，人免艰食。"[⑤] 来自广东的粮食有多少，会影响福建市场上的粮食供应，例如，兴化军的粮价多操纵于远赴广东的粮商，以故，当地建立平粜仓后，民众高兴地说："异时富家南舡，迭操谷价低昂之柄，以制吾侪之命。今公为民积谷五千斛，富家之仁者劝，鄙者愧，南舡亦不得而擅龙断之利矣。"[⑥] 其实，兴化纵设常平仓，也不能解决粮食自给问题。

为了养活众多的人口，福建人想尽一切办法，"闽陬地力尽，种艺被山谷。"[⑦] 正如廖刚说："七闽地狭人稠，为生艰难，非他处比。"[⑧] 福建过剩人口往往转入农业之外的其他行业："居今之人，自农转而为士、为道、为释、为技艺者，在在有之，而惟闽为多。闽地褊，不足以衣食之也。于是散而之四方。故所在学有闽之士，所在浮屠老子宫有闽之道释，所在阛阓有闽之技艺。其

① 李俊甫.莆阳比事：卷一 [M].扬州：江苏古籍出版社，6-7.

② 梁方仲.中国历代户口、田地、田赋统计 [M].上海：上海人民出版社，1980：164.

③ 徐晓望.北宋（福建）人口分布，南宋（福建）人口分布 [M]// 福建省方志委.福建省历史地图集 [M].福州：福建地图出版社，2004：97-98.

④ 叶适.叶适集：卷十六 [M].点校本.北京：中华书局，1960：305.

⑤ 丁伯桂.顺济圣妃庙记 [M]// 宋元方志丛刊：第四册.北京：中华书局，1990：15-16.

⑥ 刘克庄.后村先生大全集：卷八八，兴化军创平粜仓记，第2282.

⑦ 杨时.杨时集：卷三八 [M].福州：福建人民出版社，1993：843.

⑧ 廖刚.高峰文集：卷一 [M].文渊阁四库全书本，21.

散而在四方者，固日加多，其聚而在闽者，率未尝加少也。夫人少，则求进易，人多，则求进难。少而易，循常禄，可以自奋。多而难，非有大过人之功，莫获进矣。故凡天下之言士言道释言技艺者多，惟闽人为巧。何则？多且难使然也。多之中不竞易而竞难，难之中不竞拙而竞巧，不巧求而获者有矣，未有巧求而不获者也。故闽人之凡为技艺者，多擅权门通肆以游，凡为道释者，擅名山大地以居，凡为士者，多擅殊举异科以进。"①梁克家说福州之俗，"能执技以上游四方者，亦各植其身"②。李吕《澹轩集》记载了一个术士："周公系出某，少落魄，不事家人作业，持其术曰三命、五命，翱翔江河，涉二浙，走巴蜀，间一归闽粤，其足迹所逮几半天下，行万里而未厌也。"③这是南宋福建人口外流的内在原因。

在这一背景下，勤劳的福建民众只有向外移民，而粮食富裕的广东沿海区域对闽人的吸引力最大。例如当代广东已成为大陆经济最发达的区域，但在清以前，广东长期是中国较落后的省份。宋统一岭南之初，得二广户口为：170263户，是当时中国人口最为稀少的区域之一；其后，二广人口缓慢增长，宋绍兴年间，广南东路户口为：513711户、784774口；元代为443906户、775638人。④广南东路（即广东）在南宋时人口密度为每平方公里4.5人。《宋史·地理志》评价广南东路："宋初，以人稀土旷，并省州县。"⑤因此，它的开发程度远远落后于相邻的闽赣等省。如许应龙所说："闽浙之邦，土狭人稠，田无不耕……潮（州）之为郡，土旷人稀，地有遗利。"⑥这种状况有利于外地人到广东谋生。如钦州（今属广西），"钦边郡也。其民性愚，而生计拙。百工之事，下至陶坯衣履，一无能解。四方之人，各以业术郡聚而食其力。山林川泽，其利无穷，不能取用。民用所资，转仰于外至之商贾。"⑦在这一背景下，福建许多人口来到两广。⑧"惟是广东环十有三郡，负山并海，而

① 曾丰.缘都集：卷十七 [M].文渊阁四库全书本，11.
② 梁克家.三山志：卷三九 [M].陈叔侗校本.北京：方志出版社，2003：771.
③ 李吕.澹轩集：卷五 [M].文渊阁四库全书本，1.
④ 阮元修，陈昌齐，刘彬华.广东通志：卷九十 [M].影印本.北京：商务印书馆，1934：1753.
⑤ 脱脱等.宋史：卷九十 [M].标点本.北京：中华书局，1977：2248.
⑥ 许应龙.东涧集：卷十三 [M].文渊阁四库全书本，5.
⑦ 林希元.钦州志：卷一 [M].影印天一阁刊本.上海：上海古籍社，1961：38-39.
⑧ 按，关于宋代福建对广东的移民，前人已经做出研究，而葛剑雄等人的《中国移民史》，对这一段历史也有概括综述；我在2006年的《福建通史·宋元卷》中，也有论述。其得失可见原著。

绿林之聚，北与章贡相呼吸，四民之集，东与闽甄相控引。风帆浪舶，出没乎汪洋浩渺之间者，其程次遐迩，又孰得而计之。"① 这就是说，福建等地民众从海路到广东，他们在广东很成功。"化州以典质为业者，十户而闽人居其九，闽人奋空拳过岭者，往往致富。"② 如广东的钦州 "钦民有五种……四曰射耕人，本福建人，射地而耕也，子孙尽闽音"。③ 广东的恩州，"民庶侨居杂处，多瓯闽之人"。④ 刘克庄的 "城南诗" 咏广州："濒江多海物，比屋尽闽人"。⑤ 据赵汝适的《诸蕃志》，在琼州的万安军有闽人，其来由是："闽商值风飘荡，赍货陷没，多入黎地耕种之"。福建人口向岭南等地的流动，造成了广东沿海的闽语区。福清人陈藻路过海丰时吟道："梅花结子已红青，归路犹愁一月程。忽听儿音乡语熟，不知方到海丰城。"⑥ 钦州有 "谢耕人"，"本福建人，射地而耕也。子孙尽闽音。"⑦ 与福建相邻的潮州，福建人更多。"初入五岭，首称一潮。土俗熙熙，有广南福建之语"。⑧"虽境土有闽广之异，而风俗无潮漳之分。"⑨ 广东的雷州是另一个闽语区。此地 "地滨炎海，多平田沃壤，有海道可通闽浙。" 宋代的《图经》说："州杂黎俗，故有官语、客语、黎语，官语则可对州县官言；客语则平日相与言也；黎语虽州人或不能尽辨。"⑩ 其中的所谓 "客语"，便是指当地流行的闽南话。宋代崖州也有 "客人"，"客居番坊、新地、保平三村，俱在州治西南三四里。又有多银村、永宁乡，俱在州治东一百里。习尚多与迈人同，惟语言是客话，略与潮州相似。"⑪ 又如琼州，"语有数种，州城惟正语。村落乡音有数种：一曰东语，又名客语，似闽音。"⑫ 以上都证明宋代闽人大量移民广东。

　　福建移民的到来，对当地的开发有重要意义。"遂溪风俗视海康尤朴，其

① 胡寅.斐然集：卷十七 [M].北京：中华书局，1993：373.

② 王象之.舆地纪胜：卷一一六 [M].影印文选楼影宋抄本.北京：中华书局，4.

③ 周去非.岭外代答：卷三 [M].上海：上海远东出版社，1996：76.

④ 王象之.舆地纪胜：卷九八 [M].影印文选楼影宋抄本.北京：中华书局，3.

⑤ 刘克庄.后村先生大全集：卷十二 [M].352.

⑥ 陈藻.乐轩集：卷二 [M].文渊阁四库全书本，12.

⑦ 周去非.岭外代答：卷三 [M].北京：中华书局，1999：144–145.

⑧ 王象之.舆地纪胜：卷一百 [M].影印文选楼影宋抄本.北京：中华书局，3120.

⑨ 祝穆.方舆胜览：卷三六 [M].影印宋本.上海：上海古籍出版社，1991：6.

⑩ 李贤.大明一统志：卷八二 [M].文渊阁四库全书本，12.

⑪ 唐胄.琼台志：卷七 [M].海口：海南出版社，2006：138.

⑫ 唐胄.琼台志：卷七 [M].海口：海南出版社，2006：139.

田野腴而旷农口于耕，商獠猥杂，性多轻悍，自文明书院建于宋，士始知学。巨族多建祠堂，合祭。新妇谒祠，子姓毕集，有尊祖聚族之义。"① 又如徐闻县："徐闻族尚朴佟不齐，城中冠服，大类中州，子弟竞于学，有邹鲁风。"②《琼台志·风俗》引用古志《方舆志》："赵宋以来，闽越、江、广之人，仕、商流寓于此者，子孙多能收家谱是征。"③ 可见，福建人将重视文化及聚族而居的风气传到了当地。又如雷州："雷地僻，滨于海，俗尚朴野，宋时为名贤迁谪之乡，声名文物多所濡染。"④

二、宋元岭南的福建移民

我在研究宋元广东妈祖信仰及移民史时发现，宋元时期岭南滨海的一些区域有不少来自福建的移民，下以香山县和潮州府为例。

香山县的福建移民。⑤

广东香山县是孙中山的故乡，今更名为中山县。它位于珠江三角洲的西侧，占地辽阔。一直到明代，香山的人口仍然稀少："土旷人稀，生理鲜少，家无百金，取给山海田园。"⑥ 明初香山尚且如此，宋元时期的香山就可想而知了。这就给外地人开发香山提供了条件。从五代以来，即有闽人移居香山县境内的记载。迄至南宋之后，福建沿海人民大量移民广东，成为广东汉族人口增长的重要因素之一。正是在这种背景下，闽文化因素传到广东。据嘉靖《香山县志》第八卷的记载，五代时期即有福州籍和尚圆明禅师来到香山，宋末又有晋江人洪天骥在香山县做官。这一僧一官皆为当地闽人中的杰出人物。此外，宋代闽人移居该县的很多，有的成为当地巨族。以下是《香山县乡土志》的记载：

> 谷都南湖郑族。谷都始迁祖菊叟，于宋仁宗朝自福建兴化府浔

---

① 欧阳保等.雷州府志：卷五 [M]// 日本藏中国罕见地方志丛刊.北京：书目文献出版社，1990：3.

② 欧阳保等.雷州府志：卷五 [M]// 日本藏中国罕见地方志丛刊.北京：书目文献出版社，1990：3-4.

③ 唐胄.琼台志：卷七 [M].海口：海南出版社，2006：152.

④ 欧阳保等.雷州府志：卷五 [M]// 日本藏中国罕见地方志丛刊.北京：书目文献出版社，1990：1.

⑤ 徐晓望.福建人与澳门妈祖文化的起源 [J].学术研究，1997（7）.

⑥ 邓迁修，黄佐.香山县志：卷一 [M].明嘉靖刊本.

阳（仙游）县入粤，任惠州路通判。家于都之榕树埔，徙桥头。子姓分支乌石、平岚、南屏、雍陌，丁口约万余人。

仁良都南湖郑族。莲塘始迁祖芑，宋以状元官广州郡。乾道壬子年七月，由福建莆田县徙香山，卜居莲塘。……分居城内东里、深巷、厚兴街、基边、张溪、东了、库涌、柏山、沙溪等处。丁口约七千余。

良都长洲黄族，始迁祖献，字文宪，先世闽之福州人，避乱徙新宁潮境乡，凡八传至献。宋理宗朝宝祐进士。景定三年官行人，册封安南国王陈日煊。归舟遭风漂泊至香山。复命后，遂卜居长洲。所娶平南林氏女为继室。生子佑孙广派定居良都，析居城北，分支大塾、麻洲、外界涌等处。丁口万余人。

仁都邑城高族，原籍闽之莆田，始祖师曾，官保昌县丞，遂家南雄。子南洲，宋宝祐乡举，初徙香城，孙参军添，献粟饷宋军，从端宗至冈州，御敌殉难。遗孤宸英，生子四，曰元生、梁生、洪生、忠生。其后分支城南麻洲马头街，治东节尾、新村、白庙，城西长塘街，隆都豪兔、岐坑，大石兜，青羌，良都，长环、尖涌、寮后、北台，磨刀等处，丁口七千余人。徙马澳洪简者，亦成巨族云。①

最近看到民国时期的《香山县志续编》，其中还可补充数例：

四字都的林屋边林族，"始祖孟七，宋理宗年间由福建莆田县迁来，现历二十代，丁口约四百余人。"②

香山下恭镇的翠微郭族，"原籍福建兴化莆田县始祖，宗显至六世企山祖始迁翠微。现历二十四代，丁口四百余人。企山次子分居淇澳。"③

"石门王族，始祖泰亨历仕元以功赠中书平章政事。本莆田著族，因避漳州之乱，挈家避地广州。自元至正五年徙居香山石门，生四子。至六世始支分石庵、石溪两房，迄今已历二十四代，丁口二千余人。"④

---

① 无名氏.香山县乡土志：卷七 [Z].

② 厉式金等.香山县志续编：卷三 [M].民国十二年刻本，31.

③ 厉式金等.香山县志续编：卷三 [M].民国十二年刻本，43.

④ 厉式金等.香山县志续编：卷三 [M].民国十二年刻本，10.

由此可见，宋代迁入香山的移民中，多有闽人。而且他们日后在香山发展很快。清代香山县以刘、黄、郑三大姓最为著名，丁口之多，为全县之最。以故，清代香山民间有"刘、黄、郑，杀人不用尝"的说法。三姓皆为宋代迁入的古姓，然而三大姓中闽籍占其二，其中郑姓来自仙游和莆田，黄姓来自福州，另一来自莆田的大姓是高姓。可见，香山县不仅有闽文化的因素，而且莆田人在香山县的数量不少。他们的到来，当然会加强当地闽文化的因素。当地最早的妈祖庙建于宋代。刊于嘉靖二十六年邓迁修、黄佐纂的《香山县志》第八卷的《杂志·杂考》内有以下记载："其尚鬼则天妃宫创自唐时，元丰堂在大榄都者，创自宋初。自余私造皆未建县而先创者，今皆毁，尽教谕颜阶之功也。"这条史料对当地出现妈祖庙的时间记载也过于早了。故老回忆家乡往事，时代有错是不奇怪的。但是，不过，将这座庙宇的始创时间定于宋代，大致不会错。又据道光《香山县志》第一卷的《建置志·坛庙》：该县的"月山古庙，在黄角山，宋咸淳间建，祀天后"。咸淳为公元1265—1274年，时为南宋末年，可见，宋代香山县已经有了两座妈祖庙。

《潮州府志》与潮汕的福建人。

广东的潮汕区域是闽南话流行之地，潮汕人走遍天下，在世界各地都能看到他们的影子。东南亚著名的潮汕财团，大多祖籍潮州。在国内各地，也能看到潮汕人的成就。不过，从潮汕发展史来看，当地来自福建的大族也不少。

> 郑徽，字种德，莆田人。宣和四年举福建乡试第一，官广东三泊漕货泉都运使。南渡播迁，偕子诚来潮，卜隆井都神山而家焉，即为潮阳人。居恒以礼教训人，至于周睦里党，赈单寒尤力施弗倦。隆井滨海，水咸不可食，徽相视地脉凿泉二十四处，人咸赖之。曾孙开先官侍讲。[1]

> 黄詹，原籍莆田，建炎进士，任潮州判官。后知军州事。莅治有专用，秩满乐潮阳山水之胜，因家焉。子教广州学谕。[2]

> 魏廷弼，字景瑞，莆田人。宁宗壬午举人，癸未进士……嘉熙

---

① 周硕勋.潮州府志：卷三三，侨寓，91.

② 周硕勋.潮州府志：卷三三，侨寓，91.

元年擢知潮州军事,有惠政,民爱之,因入籍潮阳,再迁澄海蓬州富砂乡。①

丘成满,字力充,号善川。闽之莆田人。登咸淳四年戊辰进士,官翰林承旨为陈边务,忤权贵,谪宣议大夫潮州安置。时边事孔亟,公帑空虚,因潮城西北荒旷,无主地,奸人多啸聚,乃筑寮于蓝坑、林妈坡、凤铺、双门坑、石溪、黄岗埔,集流民给牛种,开辟草莱,输租纳税以助边。军民称便,地方得宁。又讲学凤山,明孝悌忠信之义,乡里化之。遂家海阳,名其居为长美里。②

郑佐龙,字云海,潮阳人。系出莆田。自曾祖朝奉郎升,宋季宦游入潮,因家焉。佐龙秀颖不凡,邑侯陈公独伟之。试以诗文,大喜。遂留学,字以女。③

陈憺,号开峰,原籍莆田。宋进士,官侍读,任潮州刺史,有清政。秩满,士庶攀留,遂家于招收都,为潮阳人。④

方骥之,莆田人。淳熙间授潮阳尉,迁本县丞。持躬廉洁有善政。……一子,家贫,不能归闽。占籍惠来,祀乡贤。今惠来方氏其后云。"⑤ 方瑶,"始居闽之浦(莆)邑,世有显爵。瑶为诸生,富著作声华甲流辈。金人入中国,守义不就试,偕昆弟徙于潮阳。瑶独羡洪阳形势,谓诸峰巉岏,四水环汇,卜吉无逾于此。爰即厚屿而家焉。即今普宁方氏始祖也。⑥

黄经德,字腾茂,莆田乡贡。尝知程乡县事。性慈祥,多善政。后调潮阳,方莅任,以病解组。因家于直浦都之夏林。"⑦

海阳大姓林氏的祖先自闽迁入。"林从周……七世祖自南安徙居潮州,宗族盘互,为海阳著姓。"⑧

---

① 周硕勋.潮州府志:卷三三,侨寓,94.
② 周硕勋.潮州府志:卷三三,侨寓,102.
③ 周硕勋.潮州府志:卷三三,侨寓,102–103.
④ 周硕勋.潮州府志:卷三三,侨寓,104.
⑤ 周恒重等.潮阳县志:卷十六 [M].光绪十年刊本,4.
⑥ 周硕勋.潮州府志:卷三十,隐逸,2.
⑦ 周恒重等.潮阳县志:卷十六 [M].光绪十年刊本,4.
⑧ 吴道镕等.海阳县志:卷二八 [M].清光绪二十六年刊本,1.

王大宝，字符龟。其先居温陵，徙潮。以舍选试礼部，建炎戊申登龙飞榜第二名。[①]

以上香山县和潮州的史料足以证明：福建沿海不少家族于宋元时期移民广东，他们在当地扎根，成为闽语人口的基础。有一点要注意的是：潮汕人属于闽南语系，但他们的口音明显带有莆田话的特点，这与历史上大量莆田人迁居潮州有关。

第三节　明清浙赣山区的汀州移民

明清时期，福建汀州出现人口过剩的情况。当地民众移民赣南、浙南、粤东，或是租种田地，或是租山种蓝，制作靛青。形成了被称为客家的山地移民。这对南方客家系统的汉族形成起了重要作用。

一、明代在赣南租地的"客户"

在闽浙赣三省边区中，赣南的土客籍问题历来引起注意。大致而言，明代中叶以后，来自福建汀州及广东梅州的流民不断涌入赣南，成为当地人的佃户。而后佃户经济实力增长，引起土著民众不满，当地土客籍斗争从明代中叶一直延续到民国时期。为了解决双方的矛盾，当地士人写了很多文章，有的站在土著的立场，有的站在客户的立场，因此，相关史料保存下来较多。研究这些史料，对理解闽浙赣三省边区的租佃制度大有好处。

赣南的人口状况与外来客户流民。

对明代赣南人口的研究，已经有一些论文。大致而言，明代早期的赣南还被视为瘴烟蛮雨的区域，明初江西籍大学士杨士奇所说："赣为郡，居江右上流，所治十邑皆僻远，民少而散处山溪间，或数十里不见民居。里胥持公牒征召或行数日不抵其舍，而岩壑深邃，瘴烟雾，不习而冒之，辄病而死者

---

① 李幼武. 宋名臣言行录别集：卷四 [M]. 文渊阁四库全书本，13.

常什七八。"①这些导致人们生病的瘴气究竟是什么？至今还没有定论。人们猜测，它是几种与森林有关的流行病及瘟疫的组合。以疟疾而论，它是通过蚊虫传播的一种病，闽浙赣山区多雨潮热，蚊虫极多，在闽浙赣山区活动，蚊虫防不胜防。蚊虫给人们带来疟疾等热带病，导致体弱的人死亡。这是赣南山区人口下降的原因之一。此外，自古以来，赣南山区流行溺婴习俗，这使当地人口在大灾后很难恢复到正常水平。此外，因人口减少，官府的赋税压在少数人身上，民众不得不逃亡。这在赣南表现得十分突出。"即以兴国一县论，逃绝户极多。"②海瑞说："卑职自到任至今，县民每告称近日赋役日增，民多逃窜。零都里分虽少，田广粮轻，里甲富实，户户齐足。本县犹以人各私己，将疑将信。及查户口，则名虽五十七里，实则不及一半。嘉靖三十年以前，犹四十四里，今止三十四里。卑职到任后，极力招徕，今亦止得四十里。其间半里一分、二分、三分，里分尚多。通十排年计之，该五百七十人，今止有四百三十二人。其间有里长而全无甲首者，有有里首而止存一二户，户止一二人者。以故去县二十里外，行二十里、三十里，寥寥星居，不及十余家。……人丁凋落，村里荒凉，岭内县分，似此盖绝少也。夫民庶无减于先年，而粮役增焉，犹不可也。乃今民数减前，秋粮徭役则增倍于昔。"③可见，在明代晚期，兴国等山区各县存在地多人少的情况。又如鲁士骥奉县令之命点查中田乡的人口。三年前"凡得甲一百六十有五，为户一千四百有奇。越三年，复申前命，仕骥更为编查，得甲一百五十有八，为户一千三百有奇。夫吾乡之民，安土而重迁，且比数年中风雨无愆，五谷时熟，非有饥馑流亡之患者也，而户口加少，若此，余尝闻之长老，数十年前，此地烟户稠密，二千有余。以今较之，则是所存犹未及三之二也。呜呼，奚以至是哉？深察其故，盖吾乡土瘠而狭，虽有能耕能种之人，而少可耕可种之地，民之生其间者，大都以佣力为生耳。数十年前，乡里风气朴实，衣服饮食，群安俭素。士农工贾，各勤其业。是以户多富厚之家，而佣力于其中者以生以息，亦自充然有余。自奢淫侈靡之习日甚，而向之所谓富者，十室九贫矣。于是，人虽有可佣之力，而少佣之家，又其甚者，向之出其食以佣人者，今欲求佣于人而不可得。盖富厚之子，席祖父庇荫，安坐而食筋骨柔脆，不任劳苦。一

① 杨士奇. 东里集：卷五 [M]. 文渊阁四库全书本，5.

② 海瑞. 海瑞集：卷二 [M]// 海南先贤诗文丛刊. 海南：海南出版社，2003：428.

③ 海瑞. 海瑞集：卷二 [M]// 海南先贤诗文丛刊. 海南：海南出版社，2003：426–427.

旦贫窘，唯有束手待毙而已。故就此三年中，以前册稽之多有单丁成户者，丁亡而户绝矣。即或既有室家，而贫无立锥之地，身亡而其妻再醮，则户绝矣。盖自富者贫，而贫者益贫也。此户口加少之故也。"① 必须说明的是：汀州山民经常袭击江西，这是赣州人口减少的原因之一。江西官员说："今则异于是矣，春耕闽粤者，彼曰良民也，秋入赣建，翼然而虎，巨寇也。临瑞频年白昼飞刃于谯门，且曰吾某也，吾某也。而守臣怀印踰垣为得策，扬声袭抚，按垒近郊，游群之四出也，迎犒者室空，遁窜者屋燎，而昔之所谓为民防者，果安在哉。"②

由此可见，明代江西东部诸县出现了人口日益减少的状况，许多田地无人种植，官府的税收无人缴纳。明代官员面对本地人口日益减少的状况，只有多方招徕逃户，并吸纳外地流民。但是，在执行这一政策时，赣南的官员发现：很难招到本省人。兴国县令海瑞说："昔人谓江右有可耕之民，而无可耕之地，荆湖有可耕之地，而无可耕之人。盖为荆湖惜其地，为江右惜其民，欲一调停行之也。兴国县山地全无耕垦，姑置勿计。其间地可田而未垦，及先年为田近日荒废，里里有之，兼山地耕植尚可万人。岁入所资七八万人。绰绰余裕也，访之南赣二府，大概类兴国。而吉安、南昌等府之民，肩摩袂接，地不能尽之使农，贸易不能尽之使商，比比游食他省。是一省民也，此有余地，彼有余民，目亲睹，身亲历，听其固然而不一均之也可乎？即今吉、抚、昌、广数府之民，虽亦佃田南赣，然佃田南赣者十之一，游食他省者十之九。盖远去则声不相闻，追关势不相及。一佃南赣之田，南赣人多强之入南赣之籍。原籍之追捕不能逃，新附之差徭不可减，一身而二处之役加焉。民之所以乐于舍近，不惮就远，有由然矣。"③

从海瑞这段记载中可知：因赣州人少地多赋重，很需要外来人口补充并分担赋税。凡有外地来的客户，本地人往往强令他们入籍，分担一些赋税。这一情况造成本省移民的困境，因为，他们从人口较多的吉安府或是南昌府逃到赣州租地，成为当地人口并负担一些赋税，但他们仍为本府官府追踪的对象，因为，他们逃离原乡，其原因不外是原乡赋税过重，他们逃离之后，原乡的赋税就没有着落了，所以当地官吏千方百计要将他们找回。这些逃到

---

① 鲁士骥．山木居士外集：卷一 [M]．续修四库全书．影印乾隆四十七年刻本，9–10.

② 罗玘．圭峰集：卷一 [M]．文渊阁四库全书本，25.

③ 海瑞．海瑞集：卷二 [M]// 海南先贤诗文丛刊．海南：海南出版社，2003：423–424.

南安府、赣州府的江西移民，一旦被本府官吏找到，他们除了新的田租外，还要承担原乡的赋税，这是任何人都无法承受的。于是，江西的移民更倾向于逃到寥廓的湖广省垦荒，与原乡彻底割断关系。这是赣南诸县本省移民较少的缘故。理解这一点，就可知道：为什么在明清时期会有大量来自闽粤的"客民"进入赣南。

二、外来客户与赣南的租佃制度

明代的南赣无法招到本省的移民，只有容许外省移民前来垦殖。这就产生了赣南历史上著名的土客籍关系和租佃关系的矛盾。

与南赣相邻的福建汀州和广东梅州、韶州一带，历来是动荡不安的地区，早在宋元时期，闽赣粤交界处就有山盗出山掠夺周边区域，明以后这一习俗不变。明朝三百年，汀州山民出山掠夺，一直是官府无法解决的问题。朝廷为之设立南赣巡抚，仍然无法完全压制这些山民武装。万历李廷机给刘紫山所写的墓志记载："命巡抚南赣汀韶等处，赣四省交，林莽菁深，故为盗薮，公至拊循以威信，盗不起而境内用戢。"[①] 捉摸其用语口气，以山民不闹事为幸。由于汀州南部常年处在动荡不安的环境中，当地民众多到江西谋生。瑞金县："至于人家臧获，常觅之汀广等处。甚且一人并妻子三四口买之，费至一二十金。初至勤劬，以得主欢。不一年，而拐掠以逃。无藉棍徒，诡来索骗，告害倾家。更有雇工人等，间有物故，即以人命图赖。若无至亲，乡人即冒至亲，经告官府，亦为大害。要雇工俱是闽广人，亦有乱起此辈，俱从贼伙，往往报仇主家。"[②] 这条史料说得是瑞金大户往往到福建汀州或是广东收买奴仆，但因双方关系复杂，常常闹出事情。其实，汀州民众更愿意到赣南租田种植。佃户与主户的关系较为简单：佃户向主户缴纳商量好的赋税之后，佃主不干涉佃户的人身自由，双方关系则可能较为长久。据魏礼的记载，明代嘉靖、隆庆、万历、泰昌年间，有许多闽佃进入宁都等地租田种地。[③] 许多地主尽量以宽大的条件招揽佃户。"骨租皮租之分，始于田主宽贷佃户，欲令佃户岁获多谷，则已易于征租。故五十亩之田骨租从未有过五十石以外者，

---

① 李廷机 . 李文节集：卷二十二 [M]. 台湾文海出版社影印本，1880.

② 朱维高等 . 瑞金县志：卷二 [M]. 台湾成文社影印清康熙二十二刊本，116.

③ 魏礼 . 李邑侯书 [M]// 宁都直隶州志：卷三一，台湾成文社影印道光四年刊本，2561-2662.

或四十五石、或四十石，谓之九收、八收，少至七收、六收，则佃人所获愈多。然田主所获既少，又输赋在其中。初不以为不均者，盖交纳骨租时，主佃皆恪守，丰歉两无加减之议。而佃人则有送河交斛送仓交斛之乡例也。故州属主佃控案较他处不分皮骨之田，微有不同。"[1] 魏礼在这些文章中提到宁都一带租佃权的变化。宁都的租佃制度与赣南其他各县不同，宁都受福建习俗的影响，田租分成皮骨租。而后这一习俗传到赣南各地，"以故赣郡诸邑，多有田骨、田皮之号，田骨属掌田者，曰大买，田皮属耕田，曰小买。名号俨然齐驱，而田主与佃人稍有龃龉，则讼师之患作矣。"[2]

如此看来，明末清初的赣南出现了土地权力的分化，原来完整的田地权力，分化为田面权和田骨权二层。田骨权属于地主，而田面权属于佃户，掌握田面权的佃户，可以将田地再次出租给其他佃户，收取租金。这种制度极有利于早期佃户，他们向赣南的本土地主获得土地，然后转租给家乡新来的佃户。在这种制度下，地主只是初期获利的一方，一旦佃农的田面权形成，他们的田地权利被佃户分走，从此，他们无法控制自己的土地，因而引起各种争议。但对佃户来说，他们不必负担国家的赋税，就免除了许多麻烦，虽说租税较重，还是可以接受的。于是，闽人大量进入赣南租地种粮。如雩都县："雩本山县，田多荆榛，初居民甚稀，常招闽广人来耕。"[3] 宁都的情况类同。魏礼在给《与李邑侯书》中说到："阳都属乡六，上三乡皆土著，故永无变动。下三乡佃耕者悉属闽人。大都福建汀州之人十七八，上杭、连城居其二三，皆近在百余里山僻之产。"因赣南的条件较好，许多闽佃在赣南长期居住，宁都"夫下乡闽佃，先代相仍，久者耕一主之田，至子孙十余世，近者五六世、三四世。率皆致厚赀。立田宅于其祖里。彼然后召顶耕者，又获重价，顶与之而后归。"[4] 这种情况不仅存在于赣南，在其他各县也有，如广信府的贵溪县："圜圜村落之野，主客杂处其间。土著者什七，客寄者什三。"[5] 江西的土著很少大地主，"豫章人众而地迫隘，即大家名田，不能逾百亩。"[6]

---

① 黄永纶，杨锡龄等 [M]// 宁都直隶州志：卷十一 [M]. 风俗志，741–742.

② 宋启传. 策对 [M]// 王颖等. 雩都县志：卷十三，成文社影印同治十三年刊本，1533.

③ 宋启传. 策对 [M]// 王颖等. 雩都县志：卷十三，成文社影印同治十三年刊本，1532.

④ 魏礼. 与李邑侯书 [M]// 宁都直隶州志：卷三一，艺文志，2560–2561.

⑤ 杨长粟等. 贵溪县志：卷一 [M]. 台湾成文社影印同治十二年刊本，384.

⑥ 李维桢. 大泌山房集：卷四八 [M]. 万历三十九年刊本，四库全书存目丛集部：151，507.

他们对客户不能形成绝对的优势，这就给客户很大的发展空间。又如江西的玉山县："玉土著者少，寓籍者多。一村一里，语言判别。"① 其客民数量之多，已有反客为主之势，成为当地一大社会问题。又如顺治年间的瑞金县："瑞金山邑，城如斗大，巨族市肆皆在城外，无他产值，惟树五谷。承平之时，家给人足。闽广及各府之人，视为乐土，绳绳相引，侨居此地。土著之人，为士为民；而农者、商者、牙侩者、衙胥者，皆客籍也。"② 可见，随着闽佃的成功，而后小商人、手工业者及其他游民都到赣南谋生，这也给当地治安带来问题。瑞金县："五方杂处，流寓半于土著，粟米尽为所耗。甚而相诱为奸，往往不可盘诘。故三十年来，多命盗狱。良民苦之。"③

由于客民的流入，赣南人口逐渐增加，主佃矛盾日趋激化。如雩都县有人谈到闽佃问题："雩本山县，田多荆榛，初居民甚稀，常招闽广人来耕。其党日多，遂推其豪猾者，名为佃长，号召同辈。间有与田主构隙者，则佃长醵金助之。甚至公然以身当其冲。小则抗租结讼，大则聚党踞抢。"④ 如其所说，因闽佃占有田面权，引起本地地主的很大不满。"瑞金山陬僻壤，田少山多，价值倍于他乡，仍亩田一石，除完正供之外，余剩无几。兼之界连闽粤，土著十之二三，流寓十之五六，主弱佃强。每时平则结党称雄，岁歉则乘风鼓浪，竖旗抗租。彼享无税之田，此纳无地之赋。是以剜肉医疮，只得吞忍，起田自种。讵意一呼百诺，乌合蜂起，揭竿聚众，创立退脚之说，每亩勒银一两不等，方肯还田。否则踞为己业，任彼更张。"⑤ 由于田面权的习俗，使佃客长期垄断田地使用权，所以，佃户往往致富，引起地主的不满。魏礼说过宁都乡下的风俗：

> 阳都之田，下乡称腴。他乡田计收谷一石直金一两，下乡田则三两。田从上则起科，输粮特重。佃户一石之田收至五石、四石，又有杂种。是田主既费重价，复输重粮，又有里长经催逐年工食之费、五年丁册、十年粮册之费；又有火耗、解费、耗米、水脚之费，

① 黄寿祺修等 . 玉山县志：卷一 [M]. 台湾成文社影印同治十二年刻本，330.

② 杨兆年 . 上督府田贼始末 [M]// 蒋方增 . 瑞金县志：卷十六，道光二年刊本，12.

③ 杨以谦等 . 续瑞金县志：卷二 [M]. 台湾成文社影印清康熙四十八年刊本，785.

④ 宋启传 . 策对 [M]// 王颖等 . 雩都县志：卷十三，台湾：成文社影印同治十三年刊本，1532.

⑤ 朱三锡 . 严禁退脚科敛名色示 [M]// 张国英 . 瑞金县志：卷十六，光绪元年刊本，51-52.

而所收仅得佃户五分之一。佃户省去二重，一切不与，而所收四倍于田主。故闽佃尝赤贫赁耕，往往驯致富饶。或契家还本贯，或即本庄轮奂其居。役财自雄，比比而是。然田主所以肯为此者，盖自明嘉隆万泰时，家给人足，素封者虽费重金，稍有赢余足矣。①

由于利益分配不均，主佃之间的斗争激烈。明末清初，江西的石城有吴万乾率田兵起义，瑞金有何志源、沈士昌、张胜等人的起义，不久又有宁都温应宣应率客纲起事。②主弱佃强成为普遍现象。雩都县："田有田骨、田皮，田皮属佃人，价时或高于田骨。而因藐视田主，捐租不还。还亦秕粟相半。少有水旱，即减分数。不知价之高者，因出息广，厚利皆归佃人。而田主仅得些须之租，官或不知，而以价之高下相衡，则刁佃风愈炽矣。"③可见，双方出现了摩擦。在土著看来，闽佃的势力太强，往往反客为主，压制了主户。如兴国县，"太平乡崇贤里有山民户，国初兵燹，土旷人稀，流遗争集，闽广之侨户自为党类，势遂张。"④他们往往找机会压制客户，明万历年间，兴国人曹起周等五人，控告福建客户赵如瞻父子"蓄蛊致毒"，这一案引起全城轰动，万人聚观县令审案，此案几经反复，导致赵家的父亲死亡，而其子被驱回原籍。⑤这个案件反映了明代后期的土客籍矛盾。

分析赣南的土客籍矛盾其意义在于看到客户的力量，他们并非传统意义上的佃户，由主户任意宰割，他们利用同乡关系相互联系，形成团体的力量，土著对他们有时无可奈何。在我们看来，主户与佃户力量上的平衡，它意味着明清时期的赣南山区有利于外来客户租地种山，从而发展种山经济。

三、汀州人与闽浙赣山区的棚民经济

汀州人在中国南方山区开发史上有独特的地位，这个州成立于唐代，境内多为高山峡谷，森林茂密，可耕地少，因而是福建境内开发最迟的区域之

---

① 魏礼.李邑侯书 [M]// 宁都直隶州志：卷三一，2561–2662.

② 傅衣凌.明清之际奴变和佃农解放运动 [M]// 明清农村社会经济·明清社会经济变迁论，北京：中华书局，2007：108–112.

③ 王颖等.雩都县志：卷五 [M].同治十三年刊本，433.

④ 蒋叙伦等.兴国县志：卷四六 [M].台湾成文社影印道光四年刊本，1756–1757.

⑤ 蒋叙伦等.兴国县志：卷四六 [M].台湾成文社影印道光四年刊本，1754.

一。唐宋的汀州是一个畲民较多的地方。早在唐代末年，闽王审知用畲民钟翱为汀州刺史，宋末元代，汀州和漳州的畲民屡屡发动起义，成为元朝统治者极为头痛的问题。傅衣凌先生的《元代畲姓考》，对汀州的畲民有很详细的研究。畲民的生活方式与汉族不同，他们的经济以耕山为特点。随着畲族融入汀州汉族中，他们的生活方式也影响了汉族。明清的汀州人以到外地开发山地经济而闻名。他们携带蓝靛的种子，到各地租山种地。《宁德县志》说："邑以种菁为业者，大抵皆汀人也。"[①]连江县："兰淀……连旧所无，今汀郡人携种而来，深山穷谷，遍植之矣。"[②]清代的永安县："靛，即靛青，出山厂中，汀州人制。"[③]《永安县志》评说当地的商贾："靛青客，汀州人（采蓝亦汀州人）。"[④]当时汀州人种靛有独特的技术，例如明代中叶的《建昌府志》说："蓝靛，近自汀得种种之，然终不似汀之宜染也。"[⑤]在与各地菁民的竞争中，汀州菁民因技术上的优势成为最终的胜利者，所以，汀州人可以到各地租山种靛。在闽浙赣山区，到处都是栽种蓝草的汀州人。

闽浙赣边山区是种靛业是最发达的行业之一，几乎县县都有。江西的新城县："田之硗薄者种蓝，有大蓝、小蓝之别，或种木棉，妇女夏织苎葛，冬纺木棉，夜以继日，恒至鸡鸣。"[⑥]赣县："惟耕山者种此，而赣尤多，岁可获利。"[⑦]明代天启年间的《赣州府志》记载："城南人种蓝作靛，西北大贾岁一至，汛舟而下，州人颇食其利。"[⑧]兴国县："靛，邑产除油、烟外，蓝利颇饶。"[⑨]种靛业中汀州上杭县人十分引人注目，他们不仅进入了闽北和闽东，还进入了浙江南部。浙南的遂昌、宣平、云和、常山、丽水等县的县志，都记载前来开山种靛者都是"闽人"，熊人霖说："菁民者，一曰畲民，汀上杭之

① 卢建其．宁德县志：卷一 [M]．宁德县方志办1983年点校本，91.
② 章朝栻．连江县志：卷三 [M]．嘉庆十年刊本，37.
③ 陈树兰等．永安县续志：卷九 [M]．永安县方志委1989年点校本，672.
④ 陈树兰等．永安县续志：卷九 [M]．永安县方志委1989年点校本，631.
⑤ 夏良胜等．建昌府志：卷三 [M]// 天一阁藏明代方志选刊．景印明正德刊本，上海：上海古籍社，1964：17.
⑥ 方懋禄等．新城县志：卷七 [M]．台湾成文社影印乾隆十六年刊本，813.
⑦ 沈均安修，黄世成，冯渠纂．赣县志：卷七 [M]．台湾成文社影印清乾隆二十一年刊本，506.
⑧ 余文龙修，谢诏纂．赣州府志：卷三 [M]．台湾成文社影印明天启元年刊本，295.
⑨ 蒋叙论等．兴国县志：卷十二 [M]．台湾成文社影印道光四年刊本，352.

贫民也。"①《上杭县志》也说:"本邑之种蓝者其利犹少,杭人往南浙作靛,获利以枚数。"②浙南的《遂昌县志》云:"遂昌种蓝者多闽人。"③丽水县:"靛,俗呼靛青,闽人始来种之。俱在山,今渐种于田矣。"④开化县:"靛,近年邑中处处种之。"⑤景宁县:"靛,俗呼靛青,种传自闽人,今种者颇多。"⑥乐清县:"蓝靛,《府志》:温郡红花、靛青,颇利民用,实地之专产。"⑦分水县:"种靛多闽人。"⑧龙泉县:"工艺悉资外境,侨居十之五六。"⑨浙江的西安县:"深山中每植之。"⑩缙云县:"靛蓝,俗称靛青,性喜阴,山民资以为利。"⑪宣平县,顺治《宣平县志》云:"靛苎诸利,归之闽人。"⑫乾隆《宣平县志》云:"大抵宣山多田少,颇宜麻靛。闽人十居其七,利尽归焉。"⑬道光《宣平县志》云:"麻始于江右人,靛始于闽人,二省之居宣者十有其七,利尽归焉。"⑭浙江云和县:"赤石(四都)、桑岭(九都)之间,纯乎闽音。多福建汀州人侨居者。"⑮可见,汀州上杭人在山区种靛业中非常活跃,他们外流的数量不少,乃至在侨居人口占有很大比例。江西山区也有类似的情况。清代乾隆年间的赣州府:"深山荒谷,则粤闽侨居,蛮蜑之习有时而染。"⑯如赣县:"粤闽侨居,犷悍之习时染。"⑰又如"靛,俗呼靛青,闽人始来种之。今山民多取利焉。"⑱在汀州

---

① 熊人霖.南荣集:卷十二 [M].防菁议上.

② 赵成等.上杭县志:卷一之九 [M].乾隆十八年刻本,11.

③ 胡寿海等.遂昌志:卷十一 [M].光绪二十二年本,1201.

④ 张铣等.丽水县志:卷十三 [M].道光二十六年刻本,物产18.

⑤ 范玉衡.开化县志:卷五 [M].乾隆乙卯年刊本.亦见徐名立等.开化县志:卷二 [M].光绪二十四年刻本,1.

⑥ 周杰等.景宁县志:卷十二 [M].同治十二年刻本,17.

⑦ 鲍作雨等.乐清县志:卷十五 [M].北京:线装书局,2009:1024.

⑧ 陈景潮.开种苞芦利害论 [M]// 分水县志:卷一,道光二十五年刊本,34.

⑨ 潘绍诒等.处州府志:卷二四 [M].光绪三年刊本,15.

⑩ 姚宝煊等.西安县志:卷二十一 [M].台湾成文社影印嘉庆十六年刊本,796.

⑪ 何乃容等.缙云县志:卷十四 [M].清光绪七年刻本,17.

⑫ 俣杲,胡世定.宣平县志:卷一 [M].顺治十二年刻本,5.

⑬ 陈加儒.宣平县志:卷九 [M].台湾成文社影印乾隆十八年刊本,493.

⑭ 皮树堂等.宣平县志:卷五 [M],342.

⑮ 伍承洁等.云和县志:卷十五 [M].清同治三年刊本,12.

⑯ 朱宸等修,林有席等纂.赣州府志:卷二 [M],321.

⑰ 沈均安等.赣县志:卷一 [M].台湾成文社影印清乾隆二十一年刊本,157.

⑱ 伍承洁等.云和县志:卷十五 [M].清同治三年刊本,[M],15.

人的影响下，很多当地人也卷入种靛业。宣平县："靛，蓝所出也。始则闽人种之于山，今宣民种皆在田。……银钱出色，惟此为最。"①道光年间的宣平县："今土著亦效种靛，近又多种烟草。悉择腴田，冀获重利。"②《乐清县志》引述府志："温郡红花、靛青，颇利民用，实地之专产。"③有一些人还进入闽北种靛，王应山说："靛出山谷，种马蓝草为之。皆上府及温处流人所作。利布四方，谓福建青。"④

明代的汀州人多是一边种植旱稻，一边种植蓝靛。旱稻的产量不高，而种植靛青需要较大的成本，一旦制成的靛青无法销售，汀州人的生活会陷入困境。不论在福建还是浙江，都发生过靛客起义的事件。福州府所属的永福县，种靛业规模颇大："至于引水不及之处，则漳、泉、延、汀之民种菁种蔗，伐山采木，其利乃倍于田。久之，穷冈邃谷，无非客民。客民黠而为党，轥轹土民，岁侵揭竿为变者，皆客民也。"⑤这段史料说明，当时有来自沿海及山区各地的农民进入永福县的山区种植蓝草，当地人称之为"菁"，据当地的县志，永福人口中，有二三成是客民。不过，明代的栽菁业很不稳定。菁农往往因破产而发动起义。嘉靖四十年，"漳人王凤以种菁失利，因聚众据二十八都为乱。不旬日，遂至数千人。监司发兵击贼，糗粮不足，百姓皆逃匿，独利洋人鄢俊散家财，持诣垒门给食，兵得无饥。"永福县的菁民起义延续了三年，最后才被刘巡抚平定。⑥

在浙江南部明代失利的靛农经常发展为靛寇，遂昌县，"崇祯十一年，闽寇猝起。自金华犯遂昌。初闽人来浙东诸郡种麻靛者，布满山谷。久之，与土人为仇。州人丘凌霄父子与金华人陈海九有隙，勾海寇称兵作乱。""崇祯十四年，靛贼出入罟网潭，为江山浦城界，守备葛邦熙追之不克，贼结巢于二十一都。""十五年，闽寇在浙者将归福建，浦城县防守甚严，不得过。由是啸聚于遂之西乡茶园，而江西之永云、衢之江山并震。知县许启洪申请义乌升工部主事熊人霖、绍兴推官陈子龙来剿寇，大惧，半诣浦城降。余并降

① 皮树堂等.宣平县志：卷十七[M]，1273.

② 皮树堂等.宣平县志：卷五[M]，342.

③ 鲍作雨等.乐清县志：卷十五[M].北京：线装书局，2009：1024.

④ 王应山.闽大记：卷十一[M]，第5.

⑤ 唐学仁.永福县志：卷一[M].北京：方志出版社，2007：24.

⑥ 唐学仁.永福县志：卷一[M].北京：方志出版社，2007：26.

军前。"①熊人霖在处置浙东菁民起义一事时，写下了著名的《防菁议》，这是研究明清菁农生产关系的重要史料。

明清之际，美洲植物番薯和玉米传入中国，迄至清代中叶，南方山区已经普遍种植番薯和玉米。清代的汀州人一边开发山地，种植蓝靛等植物，另一方面，他们也在地里套种番薯、玉米，从而保证了食物来源，这样，这些汀州移民的生活渐趋稳定，南方山区靛农起义也少了。另外，汀州人经营的山地种植内容也有了变化，除了兰靛之外，他们更多地种植茶树、杉树、桐树等有经济价值的乔木。如赣州："赣田少山多，向皆荒榛丛樾。近年闽人赁土耕锄，石邑下水颇多。初开垦时，桐子、茶子二树并植……冬则拾子、剖仁以榨油。三年茶树长茂，则伐桐树，以老不结子。"②

汀州山民种植的经济树种收成之日，他们的生活会发生很大变化。江西龙泉（遂川）县的种山者是很典型的一例：

> 泉山故多荒棘，康熙间粤闽穷民知吾泉有山可种，渐与只身入境，求主佃山。约以栽插杉苗，俟成林时，得价而均之。山主宁不乐从？佃者倚山搭寮，以前五年为辟荒，则自种旱稻、姜、豆、薯、蓣等物，后五年为熟土，始以杉苗插地，滋长未高，仍可种植食物。如此前后十年之内，专利蓄余，彼已娶妻作室，隐厚其基。逮二十年后，售木受价，或百或千，山主得之于意外，尝以耗靡竭之。佃家得之于辛勤，更以节俭饶之，于是佃家日益饶，主家日益竭，佃家始而佃，继而并主之业，以自成业主。主家始而业，继而委业于佃，至欲求为佃者之佃而不可得。此则主家自贻伊戚，无足惜也。然且粤闽之人，比户可封，生齿益繁，而相续流至者愈多，土著之民，荡产日久，又以溺女恶习相沿，男女数不相敌，贫家有四五子，而不能授二三室者，故丁口亦日衰。③

故事中的遂川人以敌视的口气讲述外来客民在当地的发财故事。这些客

---

① 胡寿海等. 遂昌县志：卷十一 [M]. 光绪二十二年本，1228–1230.

② 孙绳祖等修. 石城县志：卷三. 康熙五十一年刊本.

③ 杜一鸿等. 江西龙泉县志：卷十三 [M]// 故宫博物院. 故宫珍本丛刊：第116册，海口：海南出版社，2001：221.

民来自"粤闽",应当就是祖源汀州的客家人。他们一无资本,二无土地,完全凭着吃苦耐劳的毅力,经过二十余年的奋斗,才从经济上翻了身。中国人吃苦耐劳的本性在他们身上得到了最好的体现。

汀州地狭人稠,从宋末元代开始便向周边各地移民。他们形成了租山种地的经营方式,每到一地,都能在十年至二十年内翻身。因此,汀州人在中国南部山区逐步扩张。迄今,福建之外,江西南部、广东北部、浙江南部,乃至广西、湖南、贵州、四川等地的山区都有许多汀州移民的后代,当今流行的称呼是"客家人"。明清时代南中国的许多变化都与他们有关。

第四节 闽台汉族籍贯固始问题研究

翻阅福建、台湾两省的族谱,大多自谓其祖先来自河南固始县,何以北方一个小县对福建的人口产生这么大的影响?从人类学的观点看:这不仅是一个有趣的问题,还是一个严肃的学术问题。它对破译南方汉族的形成历史、血缘构成、文化认同都具有重要意义。笔者认为:闽台人民中有20%以上的固始血统,由于千百年来通婚导致的混血的关系,实际上,清末以前传承数百年的福建家族,多多少少都有固始血缘。从这个意义上而言:固始确为闽人的"根"。

一、闽人籍贯固始的历史记载

许多闽人来自固始,有相当程度上的真实性。唐末淮河流域战乱不已,据《新唐书·王潮传》记载,当时淮南道光州刺史王绪由于无法应付大军阀秦宗权的勒索,"悉举光、寿兵五千人,驱吏民渡江。"[1] 从此,他们离开家乡,转战南方,于唐僖宗光启元年(885年)进入福建,当时"有众数万"。[2] 后来,由于王绪滥杀部众,光寿移民队伍中的光州固始人王潮率乡亲发动兵变,囚王绪,被推举为新的统帅。王潮以其众平定福建,被授为威武军节度使。

---

① 司马光等.资治通鉴:卷二五六 [M].点校本.北京:中华书局,1956:8320.

② 欧阳修.新五代史:卷六八 [M].点校本.北京:中华书局,1974:845.

王潮死，其弟审知继之，审知死，其子延翰建闽国，更四主而亡。从王氏入闽至闽国灭亡，王氏经营福建达60年之久。在其统治期间，光州、寿州移民散布于福建各地，发展繁衍，对福建人口影响很大。从人口总数来说，唐代福建地广人稀，唐元和年间仅有74467户[1]，唐末黄巢入闽，"杀人如艺"[2]，使福建人口又进一步减少。所以，光寿移民入闽，以区区数万之众，攻城略地，不可阻挡。从当时福建人口比重来看，唐末福建原有人口不过数万户而已，而入闽的光寿移民又达数万人，若以一户五口为计，仅仅这一批北方移民，可能就占了福建总人口的1／5！所以，至今闽人族谱中多有祖先来自光州固始的记载。

以福州为例：张睦，光州固始人，为王审知手下重臣之一，"终葬福州赤塘山"，其子张虎亦为闽国重臣。张氏世代居住福州，遂为福州人。[3] 又如李相，寿州人，定居闽县；[4]"髙氏本光州固始人，从王氏入闽，遂为闽县人。"[5]闽清吴处士之祖，亦为固始人。[6] 周毅："公讳毅，仁仲，字也。其先光之固始人，从王氏避地，遂居福之闽县。"[7]"许份，字子大，其先光之固始人，今为闽人。"[8] 闽县的尚干林氏："林姓十九代祖穆自光州固始入闽，居方山。十三世至津龙，为元尚干官，地以官显。"[9]"马公者，讳森，字孔养。其先豫之固始人。以唐季从王潮下闽，遂居怀安之卯峯坑，家焉。"[10]"林氏，本光州固始人。其先有曰庆源者，五代时仕为某官。从王审知入闽，居候官。"[11]"郑侠，字介夫。其先光州固始人。四世祖恬，唐末随王氏入闽，遂为福清人。"[12] 又如陈襄："公讳襄，字述古。其先本光州固始人。当五代之末，随王氏入闽，

---

① 梁方仲.中国历代户口、田地、田赋统计 [M].上海：上海人民出版社，1980：104.

② 欧阳修等.新唐书：卷二二五 [M].点校本.北京：中华书局，1975：6454.

③ 吴任臣.十国春秋：卷九五 [M].点校本.北京：中华书局，1983：1377.

④ 吴任臣.十国春秋：卷九七 [M].点校本.北京：中华书局，1983：1397.

⑤ 王直.抑庵文后集：卷二十六 [M].文渊阁四库全书本，51.

⑥ 朱存理.珊瑚木难：卷五 [M].文渊阁四库全书本，3.

⑦ 林之奇.拙斋文集：卷十八 [M].文渊阁四库全书本，8.

⑧ 李幼武.宋名臣言行录续集：卷二 [M].文渊阁四库全书本，11.

⑨ 郑善夫.少谷集：卷十二 [M].文渊阁四库全书本，7.

⑩ 王世贞.弇州续稿：卷一百二十九 [M].文渊阁四库全书本，11.

⑪ 李时勉.古廉文集：卷十 [M].文渊阁四库全书本，61.

⑫ 周应合.景定建康志：卷四十八 [M].文渊阁四库全书本，90.

因家于闽之福唐，今为福唐人。"① "陈公讳贵谊，字正甫，其先固始人，后徙居于福清。"② 福清的黄茂龄："黄氏之先，光州固始人也。五季之乱，从王审知入闽。为判官，因家焉。后析而三，一居福清之塔林、一寓闽邑之黄巷，其居长乐北乡之黄垄者，君之祖也。"③ 闽县人黄振龙："其先自固始入闽。"④ 福州郑穆："其先光州固始人，唐末高祖为王潮所虏，入闽，遂死之。子孙家福州今为候官人。"⑤ 福州的李氏："公之先自固始入闽，为候官人。"⑥ 林埏："公讳埏，字仲成。其先固始人。八世祖著作平迁福清。"⑦ 长乐陈完："其先光州固始人，五代时因避梁难入闽，居玉融南阳之新丰。至讳泰者，析居长乐之江田"。⑧ 长乐江田的陈氏："其先为光州之固始人，从王潮入闽，而家福清之南阳村。三传而讳泰者，徙长乐之江田。"⑨ "闽之著姓，其先世多光州固始人。盖自五代时从王审知入闽，遂家于此。今长乐古槐陈氏其一焉。"⑩ "翰林院侍读学士张以宁。张以宁，字志道，其先河南固始人。厥祖光禄大夫从王审知入闽，遂居福建之古田。少贫苦，嗜学。登元泰定辛卯进士。"⑪ 李仁达，光州人，也长期在福州做官。⑫ 福州在闽国后期是王氏故旧拱辰都、控鹤都驻扎的地方，光寿二州人是不少的。

泉州是王氏入闽后的主要根据地，王潮和王审邦的子孙大都定居于此，至今王氏仍为当地大族之一。此外随王氏入泉的也不少，如《温陵中山彭氏族谱》自序，该族之祖随王潮渡江之后，先居泉州，次迁南安，后定居于晋江之北的虹山。⑬ 王审邦在泉州设招贤院，唐贵族官宦如李洵、王涤等人随

① 叶祖洽.陈襄先生行状 [M]// 陈襄.古灵集：卷二十五，文渊阁四库全书本，13.

② 魏了翁.鹤山集：八十七 [M].文渊阁四库全书本，1.

③ 程珌.洺水集：卷十 [M].文渊阁四库全书本，5.

④ 真德秀.西山文集：卷四五 [M].文渊阁四库全书本，16.

⑤ 范祖禹.范太史集：卷四三 [M].文渊阁四库全书本，2.

⑥ 真德秀.西山文集：卷四五 [M].文渊阁四库全书本，33.

⑦ 刘克庄.后村先生大全集：卷一四八 [M].成都：四川大学出版社，2008：3792.

⑧ 杨荣.文敏集：卷二十一 [M].文渊阁四库全书本，6.

⑨ 王世贞.弇州四部稿：卷七十 [M].文渊阁四库全书本，18.

⑩ 杨荣.文敏集：卷二十三 [M].文渊阁四库全书本，10.

⑪ 廖道南.殿阁词林记：卷四 [M].文渊阁四库全书本，18.

⑫ 吴任臣.十国春秋：卷九八 [M].点校本.北京：中华书局，1983：1409.

⑬ 庄为玑，王连茂.闽台关系族谱资料选编 [M].福州：福建人民出版社，1984：174.

之安居泉州。^① 傅正议："公讳某，字凝远。其先为北地清河著姓。后徙光州，为固始人。唐广明之乱，光人相保聚南徙闽中，今多为大家。而傅氏之祖曰府君实，与其夫人林氏始居泉州晋江县。"^② 陈乐："公讳乐，字尧和，号东溪。其始由光州固始入闽，为泉之晋江人，而定居于南安之梅溪山者，公之五世祖君锡。"^③ 元代进士卢琦向吴鉴说："吾先世光州固始人也，唐末避乱从王诸入闽，居泉之惠安。"^④ 南安的傅姓："盖傅之先为光州固始人，在唐有讳实者，仕至威武军节度使尚书左仆射兼御史大夫。广明间避乱入闽，家于泉之东郊，而闽始有傅氏。仆射生八子，析居仙游、连江、长泰，而南安则长子左侍禁之所居也。"^⑤

兴化府各族籍贯固始的也很多。刘韶，"固始人，随王审知入闽，官泉州别驾，卜居涵江"^⑥。莆田的傅姓，"其先由光州固始随王潮入闽，官泉州"^⑦。"林氏，其先光州固始人，居仙游。"^⑧《兴化县志》记载：当地的董氏、蔡氏、萧氏，皆从王审知来闽。^⑨ 蔡氏，"唐僖宗时由光之固始入闽，居赤湖。其子分处平阳、莆田。居莆田者，六世而为端明殿学士忠惠公，讳襄，以文章德业为宋名臣。"^⑩ 又如仙游周氏与王潮有缘："按纪事，周氏，唐固始人。系出周平王别子。唐末盗起，周氏有从雅翁者，与王潮兄弟同里闬，厚相结纳，保障乡里。尝栅默林以扼盗冲。翁料事多中，潮因呼为默林独识。及潮得闽泉州刺史，翁谋依潮，筮之吉，乃以光启三年入闽。潮见翁喜，授宅里于泉州仙游县之东乡。"^⑪

邵武府各族籍贯固始的也不少。宋贤黄榦的祖先黄膺，"由光州固始同王审知入闽，居邵武军，而为邵武人。"^⑫ 朱熹为邵武的黄崇作传："金紫光禄大

---

① 吴任臣.十国春秋：卷九四 [M].点校本.北京：中华书局，1983：363.

② 陆游.渭南文集：卷三三 [M].文渊阁四库全书本，9.

③ 王慎中.遵岩集：卷十七 [M].文渊阁四库全书本，14.

④ 吴鉴.故前村居士卢公墓志铭 [M]// 卢琦.圭峯集·附录·行实，文渊阁四库全书本，1.

⑤ 吴宽.家藏集：卷四十一 [M].文渊阁四库全书本，6.

⑥ 石有纪修，张琴纂.莆田县志：卷七 [M].福建省图书馆藏抄本，31.

⑦ 石有纪修，张琴纂.莆田县志：卷七 [M].福建省图书馆藏抄本，44.

⑧ 林光朝.艾轩集：卷九 [M].文渊阁四库全书本，23.

⑨ 周华.兴化县志：卷三 [M]，6–7.

⑩ 陈高.不系舟渔集：卷十四 [M].文渊阁四库全书本，16.

⑪ 周瑛.翠渠摘稿·续编：卷八 [M].文渊阁四库全书本，4.

⑫ 朱溥.题黄氏世家宗谱原序 [M]// 黄作宾，黄光熙等.江夏黄氏重修谱，道光三年木活字本.

夫黄公，讳崇，字彦高。其先光州固始人。十一世祖膺避地闽中，今为邵武军邵武县人。"①元代著名诗人黄清老为邵武和平乡人。"按黄氏，光之固始人。讳惟淡者，徙闽，五子，各明一经，世号黄五经家。贵溪令知良，第三子也。居邵武之和平乡。及子俏生，植树于门，曰：'汝大，则吾宗蕃衍。'既久，树乃畅茂。俏有子二十一人。"②在闽北的邵武府境内，人们曾发现闽国时将军邓植的墓，当地传说他是受闽王的派遣驻守大杉岭要隘③，我们在县志中亦可找到印证："邓植，闽王遣屯兵大杉岭。"④

建宁府籍贯固始的多为大姓。"孟威，固始人。天祐中从太祖为都押牙，任建州刺史有能名。"⑤郑氏"公讳毅，字致刚，姓郑氏。其先光州固始人。唐僖宗时避乱，从王潮入闽，居建城南乡之龙池，故今为建州人。"⑥黄洊"字清臣，姓黄氏。建宁府人。其先世相传自光州固始入闽，居建阳之水东，后徙瓯宁之演平。"⑦北宋末年的余姚知县李颖士，"其先为光州固始人，徙居建之浦城。"⑧"景宪名渊，姓詹氏。其先有自固始入闽者，至武夷之下居焉，遂为崇安人。"⑨"雷氏其先出万春之后，传至五代时，有讳鸾者，由光州固始迁建宁之建安。"⑩建阳名儒刘爚，其祖刘豳"遭五季之乱，自光州固始迁焉，遂为建阳后山人"。⑪周枢于唐末"与游、刘、翁、范诸姓入闽，遂择建州之西地马伏三角台居焉。世居马服"。⑫上述游、刘、翁、周、黄、范诸姓，至今仍为闽北大族，历代人才辈出。

延平府籍贯固始的家族历历可数。将乐的张凤，"其先光州固始人，后唐间有为太师梁国公者，随王氏入闽，后有为将乐簿者，因家焉，故今为将乐

①　朱熹.晦庵集：卷九一 [M].文渊阁四库全书本，18.

②　苏天爵.滋溪文稿：卷十三 [M].文渊阁四库全书本，15.

③　沈国镇，赖俊哲.泰宁县文物普查情况简报 [J].福建文博，1984（1）.

④　许灿等.泰宁县志：卷七 [M].福建泰宁县方志委点校本，133.

⑤　吴任臣.十国春秋：卷九五 [M].点校本.北京：中华书局，1983：1377.

⑥　杨时.杨时集：卷三七 [M].福州：福建人民出版社，1993：813.

⑦　朱熹.晦庵集：卷九三 [M].文渊阁四库全书本，4.

⑧　李心传.建炎杂记甲集：卷一 [M].文渊阁四库全书本，4.

⑨　真德秀.西山文集：卷四五 [M].文渊阁四库全书本，10.

⑩　宋濂.文宪集：卷二十一 [M].文渊阁四库全书本，354.

⑪　真德秀.西山文集：卷四十一 [M].文渊阁四库全书本，2.

⑫　建阳.周氏宗谱 [M]// 周氏入闽流派记 [Z].建阳图书馆藏.

人"。① 此外，南平樟湖坂的《安定胡氏家乘》，他们的祖先也是从固始迁来，入闽的一支居住建州的尤溪一带。② "朱氏本光州固始人，其先有讳口者，治延平军事，子孙遂家延平城南。"③

在闽西境内，清流县的嵩口有闽王庙，立庙者为王氏子孙，王审知的第七子延升"徙居清流，遂为王氏祖。其子孙立庙于嵩口"。④ 又如邹磬："光州固始人，以宣府校卫从太祖入闽，平汀寇有功。未几，镇雁石，卒。"⑤ "邹勇夫，光州固始人，从王潮入闽，及审知王闽，勇夫为仆射，"他被派到归化镇，"子孙因家焉。"⑥

台湾地区人口多来自福建的泉州、漳州，他们的祖籍亦多为固始，例如《清溪张氏族谱》云："惟清河之派，流于光州，及唐末五季遭世板荡，有由光州固始入闽者，卜居晋之张林。"⑦《台北县李氏族谱》云："先世光川固始人，唐末随王潮入闽。"⑧

闽台各地族谱大多自谓光州固始人，首先反映了这一事实：唐末光寿移民入闽，对闽台人口构成影响很大。光寿移民本身是冒险家的后裔，他们跋涉数千里来到福建，途中受到各种自然的与人为的灾难考验，他们的意志与体格都超越常人，竞争能力也超越常人；而且，威武军政权建立后，光寿移民受到特别的照顾，他们中的许多人被安插在八闽各地，扎根安家，并得到相对的优待，因此，他们日后在福建发展较快是合理的。以福州南郊尚干乡的林氏来说，据其《尚干林氏族谱》⑨，林氏祖先是固始人，随王审知入闽，为闽国的官员，后来定居尚干一带。当时林氏在尚干的人数很少，而各种杂姓很多，然而，林氏后来在当地发展很快，元明清以来，林氏渐成为当地主体姓氏，后来又成为单一的姓氏。今天尚干乡有十数万林姓人家，皆为五代入闽先祖之后裔。

---

① 倪谦.倪文僖集：卷二十六 [M]. 文渊阁四库全书本，20.

② 陈存洗，林蔚起，林蔚文.福建南平樟湖坂崇蛇习俗的初步考察 [J]. 东南文化，1990（3）：51.

③ 王直.抑庵文后集：卷三二 [M]. 文渊阁四库全书本，7.

④ 林善庆.清流县志：卷十七 [M]. 福州：福建地图出版社，1988：399.

⑤ 吴任臣.十国春秋：卷九五 [M]. 点校本.北京：中华书局，1983：1380.

⑥ 邢址等.邵武府志：卷十二 [M]. 天一阁藏本.上海：上海古籍书店，1963：2.

⑦ 台湾文献委员会编.台湾地区通志：卷二，人民志，氏族篇.第一册，第92页.

⑧ 台湾文献委员会编.台湾地区通志：卷二，人民志，氏族篇.第一册，第95页.

⑨ 尚干林氏族谱 [Z]. 福建图书馆藏。

　　不过这里有一个小问题：上引材料内的大多数家族都说自己是光州固始人，然而，唐末固始仅为光寿十县之一，何以多数闽人都说自己是固始人，而不是其他各县人？我们知道，固始位于光寿二州交界之处，且是一个建县一千多年的大县，光寿移民队伍内，固始人占相当比例是肯定的。我想，王潮能登上移民首领的位置，肯定与固始人在移民中占相当比重有关。但不论固始人再多，总不可能占人数上的绝对优势。其原因应与福建百姓缺乏地理知识有关。闽中百姓对光寿二州的地理显然是不很明白的。他们只知道闽王审知是固始人，而将与他同来的光寿移民都称之为"固始人"。于是，固始成为光寿移民的乡贯代称，所以，固始在这里只是一个有特殊含义的乡贯符号，并不一定有那么准确。

　　其次，由于固始县在明清以后隶属于河南省，所以，固始人总称自己的籍贯为"河南固始"，实际上，在唐末，光州与寿州都隶辖淮南道，并非隶属河南，而且，光州、寿州的辖地，今分隶于河南、安徽二省，所以，准确的说法应是淮南民众入闽。当我们分析闽人籍贯时，必须注意这一点。当然，这只是一个无足轻重的小问题。固始人入闽并对福建人口构成产生重大影响，应是没有问题的。泉州人写到："王潮……其后嗣相继有恩德于闽都，泉州士民多为光州固始人，皆从公来也。"①其他各州也有不少来自固始的家族，福州的"忠懿王祠"中甚至有一块"八闽人祖"的匾，表示福建人多是跟随王审知南下的。今闽人族谱内注明唐末随王审知南下的，并籍贯固始的，大多数都是准确的，没有特殊的理由，我们不可怀疑其真实性。

二、其他中原移民籍贯固始的问题

　　除了唐末入闽的光寿移民披称为固始人之外，福建还有西晋永嘉固始入闽说与南北宋之际的靖康固始入闽说，让我们先来看明代嘉靖《固始县志》的说法："固始衣冠南渡，大较有三，按《闽中记》，永嘉之乱，中原士族林、黄、陈、郑四姓先入闽，今闽人皆称固始人一也；观福清唐尚书右丞林贄、御史中丞陈崇可见；又王潮之乱，十八姓入闽二也。观方、胡、龚、徐、顾、丘自可见；又靖康南渡，衣冠文物荡然一空，三也。观王荆公志王深琢自固

---

①　开闽忠懿王氏族谱 [Z]. 福建图书馆藏.

始迁侯官、朱文公志黄端明祖赝固始迁邵武、张翠屏序，本固始人，南流徙闽，可见。"①按其所说，固始人曾经三次大举入闽，分别是西晋、唐末、南北宋之交。值得注意的是：其中并无唐初陈元光自固始入闽之说！

但是，自万历年间的《光州府志》开始，光州志书中有了《陈元光传》，并谓陈元光为固始人，唐初率固始府兵入闽。其后，清人所修三部光州志——《顺治志》《乾隆志》《光绪志》都在"忠义列传"中列入此说。为什么嘉靖年间的《固始志》没有《陈元光传》，而万历年间的《光州志》会有《陈元光传》呢？据杨修田的光绪《光州志》第五卷记载，陈元光后裔陈烨于明万历时为光州太守，陈烨认为其祖先陈元光为固始人，所以，"视州之绅士黎庶犹其亲姻比党也"。可见，陈元光是光州固始人这一观念，是陈烨输入光州的。据《光州志》陈元光祖先于汉朝被封为固始侯，葬于固始陈集浮光山，子茫因而定居此地。唐初有名陈政者，被任命为岭南道行军总管，率家乡的府兵三千六百多人南下泉州、潮州之间的故绥安县地，经过多年的战斗，他们在当地扎下根，迨至陈政子陈元光时，唐朝设立漳州，陈元光任第一任州刺史。②上述四种固始入闽说除唐末一次得到文献印证外，其他三说都有许多问题，必须考证。

我们先采看看永嘉固始入闽说。

《固始县志》谓永嘉固始入闽说出自《闽中记》，按，《闽中记》为唐末林谞所著，该书今已散佚，但从《固始县志》所引片段来看，林谞仅是说永嘉之乱后，中州人民南下福建。并没有说这些中州民众都来自固始县！该说又见路振《九国志》③："永嘉二年（308年），中州板荡，衣冠始入闽者八族：林、黄、陈、郑、詹、丘、何、胡是也。以中原多事，畏难怀居，无复北向。故六朝间仕宦名迹，鲜有闻者。"④五代泉州诗人詹琲曾作过一首《忆昔吟》的诗："忆昔永嘉际，中原板荡年，衣冠坠涂炭，舆辂染腥膻。国势多危厄。宗人苦播迁。南来频洒泪，渴骥每思泉。"⑤可见，东晋中州士族入闽，是流传很广的

① 张梯等.固始县志：卷七[M].嘉靖二十一年刻本，20.

② 杨修田等.光州志：卷五[M].光绪三十年本，43-44.

③ 朱维幹先生指出：今存粤雅堂本《九国志》中不见此文。（朱维幹《福建史稿》，福建教育出版社1985年，第64页。）不过，《九国志》早佚，今本所存仅为零散的数十篇而已。《福州府志》所引，应有根据。

④ 徐景熹等.福州府志：卷七五[M].福州：海风出版社，2001：6.

⑤ 詹琲.忆昔吟[M]//全唐诗：卷七六一，北京：中华书局，1960：8643.

传说，但这些材料都不是专指固始！西晋末南下氏族来自中原各地，尤其以洛阳一带的宗族为多，他们由于受游牧民族南下的推动，不得已向南迁徙，有的渡淮定居，有的渡江定居，固始是淮河南岸大别山里的小县，并非西晋末南下迁徙的重点县，所以，西晋末入闽的北方宗族，也不可能都来自固始一县，这是肯定的。

然而，自五代以后，福建便有了"永嘉之乱、固始人南下闽中"一说，其原因何在呢？南宋方大琮解说："向见乡人凡诸姓志墓者皆曰自光州固始来，则从王氏入闽似矣，又见旧姓在王氏之前者亦曰来自固始'诘其说，则曰固始之来有二，唐光启中王审知兄弟自固始诸同姓入闽，此光启之固始；前此晋永嘉乱，林、王、陈、郑、丘、黄、胡、何八姓入闽，亦自固始，此永嘉之固始也。非独莆也，凡闽人之说亦然。"① 实际上，西晋入闽的北方宗族未必都是固始人，此说产生的原因与五代形势有关，关于这一点，我们将在后文详析，此处仅仅指出这是不可靠的。例如，据《建瓯县志》记载：建州一带，有西晋末年危京率固始人入闽一说，"晋永嘉末，中原丧乱，士大夫多携家避难入闽，建为闽上游，大率流寓者居多。时危京刺建州，亦率其乡族来避兵，遂以占籍。"② 这条材料常被人们引用，用以说明东晋固始人南下，其实，它是很成问题的。东晋闽北只设建安郡，改称建州是唐朝的事。晋代的建安郡辖区达福建全省，来建安做官倒不一定要定居建州，可见，此说的疑点很多。据考证，有关危京刺建州一说出自万历年间的《建阳县志》，见其风俗志引文："爰立郡县之后，渐以中土之民实之，晋永嘉己巳，光州固始危京者率其乡避兵之民来刺建州，在官十有六年而卒，葬武夷山之石鼓村，民不忍去，皆占籍也焉。"作者写了这一段后又补充："又云：王审知率其乡众入闽，未知孰是。"③ 可见，作者对这一条史料并没有把握，只是记下民间传说而已。然而，它到了民国《建瓯县志》中却变成了定论，实际上是不可靠的。其次，危姓是十分稀少的姓，原为南方三苗的后裔，并非北方大姓。闽北的危姓是五代以后才从浙江迁来的。据《新五代史》等书，五代江西有危全讽割据赣江流域，后被杨渥击败，危姓家族中的一些人逃到吴越国，投靠钱镠，改姓

① 方大琮.铁庵集：卷三二 [M].文渊阁四库全书本，1.

② 蔡振坚等.建瓯县志：卷十九 [M].1929年刊本，1.

③ 魏时应，田居中，张榜等.建阳县志：卷一 [M].285.

为元。"闽中危姓一支，由钱塘迁来，故皆仍改姓，江西本支则犹姓危。"① 危是罕见的姓，闽北就一支危姓，他们即是自五代后迁入福建，西晋危京自固始来闽一说，便不攻自破了。

但是，必须指出的是：以上论述并不是说西晋时没有北方移民入闽。近几十年来，在原来的建州、泉州、福州境内，都发现了晋人风格的墓葬，这说明历史上永嘉之乱后，中原士族入闽是有其根据的。我们仅是指出：这些入闽人士并非都籍贯固始。我们再来看陈元光与五十八姓固始府兵入闽说。陈元光是开发漳州的功臣，但由于唐史无传，世间传说纷纭，学者对此争论很多。福建的学界大致分为二派，一派认为陈元光为固始人，一派认为陈元光是岭南土著。只有少数人持异说。以上形成主流的二说皆见于古人著作，固始说出于明代的《漳州府志》与《闽书》的《陈元光传》，其渊源则应来自陈元光后裔的家谱，而土著说则始于黄佐修纂的嘉靖《广东通志》。我认为，这都是后出的明代"史料"，明人学风不谨、好夸饰，为清代学术界所垢病。他们在数百年后研究地方史，本有材料不足之病，且好以家谱入志所以造成地方志中许多不可信的"史料"。顾颉刚曾提出"层累地造成先人历史"一说，该说用在家史研究方面是有极大的价值的。我们发现，在对陈元光的研究方面，如果只限于用宋以前的材料，陈元光的籍贯根本不是问题——陈元光是河东人，这本来是没有什么争议的，古人早已有结论。

唐代的《元和姓纂》云："右鹰扬将军陈元光……河东人。"②《元和姓纂》为唐代国子博士林宝编著，唐代中期，社会上还流行讲究门第之风，编写《氏族志》《姓纂》之类的书都要得到国家核准，严禁滥收，混乱门阀。林宝编纂该书，受命于宰相李吉甫，积二十年之功，方始成书。该书严谨，历来受到赞赏。因此，该书说陈元光为河东人，应是十分可靠的。其后宋代的王象之《舆地纪胜》第91卷朱翌《威惠庙记》云："陈元光，河东人。"③明代的漳州《龙溪县志》云："威惠庙，城北门外，把唐将军陈公元光。公河东人，父政以诸卫将军戍闽。出为岭南行军总管。平广寇，开创漳州，以左郎将领州事，后战没于阵。漳人至今思之。"④ 威惠庙建于唐宋时期，其时，距陈元光去世仅

---

① 施鸿保. 闽杂记：卷六 [M]. 福州：福建人民出版社，1985：91.

② 林宝. 元和姓纂：卷三 [M]. 光绪六年金陵书局本，6.

③ 朱翌. 威惠庙记 [M]// 王象之. 方舆纪胜：卷九一，7.

④ 刘天授. 龙溪县志：卷三 [M]. 天一阁藏本. 上海：上海中华书局，1965：1.

二三百年，它对陈元光籍贯的说法应是有原始材料为据的。

据以上一直延续到明中叶的史料来看，陈元光为河东人，其父戍闽，元光随行。河东的地理范围大致在今山西省内，在《宋会要辑稿》一书中，记载了陈元光之父陈政娶妻"吐万氏"的说法。吐万氏是北魏鲜卑大姓，生活于今内蒙、山西一带，陈政与其联姻，是其籍贯河东一证。[①] 如果陈政只是岭南土著，他怎么可能与北方的吐万氏联姻呢？

其次，有关陈元光入闽过程，在宋代的史籍中也有线索可寻。宋《仙溪志》记载："威惠灵著王庙二。在枫亭之南、北。按，漳浦《威惠庙集》云：陈政仕唐副诸卫上将，武后朝戍闽，遂家于温陵之北，曰枫亭，灵著王乃其子也。今枫亭二庙旧传乃其故居。"[②] 威惠庙即为陈元光之庙，由此可知：宋《仙溪志》的记载原是以漳浦陈元光庙的碑记为依据的，它当然是可靠的。[③] 可见陈政入闽后长期定居福建泉州的北部一带，即仙游县境。他死后亦葬于此地。[④] 这些记载与今人的传说是不同的。

关于陈元光的事迹，此处再引《方舆纪胜》记载：

> 陈元光，河东人。家于漳之溪口。唐仪凤中广之崖山盗起，泉潮响应。王以布衣起兵，遂平潮州。以泉之云霄为漳州，命王为左郎将守之。后以战殁，漳人哭之，至祠于径山。有"纪功碑""灵应记"见于庙云。[⑤]

以上材料说明几点：其一，陈政作为河东人，被遣戍入闽，后来定居于枫亭，其子陈元光宅于漳之溪口，他们在闽中已住二代，看来肯定不是广东揭阳人。其二，陈元光是唐代北方南下的将领之后。陈元光作为一名布衣，能得到广东官员的信任，被委以领兵的重任，显然与他的身份有关——他是唐"副诸卫上将陈政"之子。唐代初年，门阀制度还有相当影响，陈元光没有这一身份，在大动乱之际是不可能得到信任并授予重兵的，后来也不可能

---

① 徐松等.宋会要辑稿：第20册 [M].北京：中华书局，1957：835.

② 黄岩孙.仙溪志：卷三 [M].福州：福建人民出版社，1989：65.

③ 按，《威惠庙集》早佚，今人所见《威惠庙集》已非原文。

④ 黄岩孙.仙溪志：卷三 [M].福州：福建人民出版社，1989：66.

⑤ 朱翌.威惠庙记 [M]// 王象之.方舆纪胜：卷九一，7.

任漳州刺史。这正好说明他不是土著。

以上唐代史料更说明陈元光肯定不是固始人。河东位于黄河以北，固始位于淮河以南，二者风马牛不相及。

但是，现在看陈元光后人的家谱——《颍川开漳陈氏族谱》，则云陈元光为固始人，于武后时率固始家乡3600人南下福建。其实，以陈元光率领数千人南下的规模，他若真是固始人，《固始县志》绝不会遗漏。可见，这也是闽人冒称固始之风的产物之一。

总之，陈政、陈元光父子确为河东人，其他二说都是不可靠的。

固始人靖康入闽说。该说的影响较小，在我们查阅的闽人族谱中，注明于南北宋之交的靖康年间南下的族姓也不多。以宋末降元的王积翁来说，他的祖先王戡原为固始人，南渡时入闽，"尝仕闽因家焉，故又为福之长溪人。"① 以情理推之，既有唐末固始人大批南下福建，后人仿而效之，再次联袂南下，不是不可能。但至今没有固始民众再次大批南下福建的实例。这里需要指出的是《固始县志》所云："又靖康南渡，衣冠文物荡然一空三也，观王荆公志王深琢自固始迁侯官、朱文公志黄端明祖赝固始迁邵武、张翠屏序，本固始人，南流徒闽，可见。"文中有张冠李戴之嫌，因为，王荆公（即王安石）是北宋人，他不可能为南宋时人物的族谱作序；而黄端明应是朱熹弟子黄榦，我所见黄榦族谱有二部，即本节所引《重修宋贤黄文肃公家谱》与《江夏黄氏族谱》，二者皆谓其祖黄膺为五代时人，而不是南宋时人。

总之，固始人大批入闽，于史可征的仅唐末一次，其他不甚可靠。而闽人多称祖籍固始，除了唐末五代的一批之外，凡在其他时期入闽的家族，若说自己的祖先是固始人，则多是有疑问的。可参见以下族谱的考证。

三、关于闽人族谱误入固始籍贯的考察

对于闽人皆以固始为祖籍，许多学者不以为然。金门洪受的《沧海纪遗》说："夫闽以光州为祖者，盖相传之谬也。虽亦有之，而未必尽然也。……夫审知未入闽之初，闽之人民，盖亦众矣。是故有刺史焉，有观察使焉，所以治之也。及审知既入闽，至于漳浦，始去有众数万，则前此之众未盛可知矣。

---

① 黄潜 . 文献集：卷十 [M]. 文渊阁四库全书本，10.

今至全闽郡县，上自大夫，下至黎庶，莫不曰光州固始人也，不亦诬乎？间或有之，亦审知之子孙，与其士卒之余裔耳。"按，闽人籍贯固始的族谱内，确有个别是误入的，请见有关莆田吴氏族谱的考订：

民国《莆田县志》引用吴氏族谱："唐僖宗时，屯田员外郎吴祭随王审知入闽，居莆之华岩山下，其姓吴兴筑北洋海堤及延寿陂，子孙聚族居西都。"吴祭与吴兴都是莆田历史上有名的人物，吴兴筑造延寿陂灌溉田地数百顷，莆田人民对他感恩不尽。为他立庙祭祀。对这两位有名人物，方志记载较详，《莆田志》明确记载延寿陂修于唐代中叶的神龙年间（705—710年）或建中年间（780—783年），距王审知入闽的光启元年（885年）相差一百多年，试问，吴氏叔侄怎么可能跟随晚他们一百多年的人物入闽？①

以上这部族谱若仅说其祖先来自中原，则是可信的。因为，莆田二吴受命在莆田组织大型水利工程，他们应为唐政府官员，当时福建的许多官员都来自外省，因而，如族谱说二吴来自外省是合乎情理的。但由于修谱者缺乏知识，轻率地采用了民间流传的闽人来自固始一说，并将二吴说成是随王审知南下的人，则留下了话柄。

那么，他们为何一定要说自己是固始人呢？关于这一点，宋代史学家郑樵有过考证，方大琮也有辨析，今引方大琮之文："见乡人凡诸姓志墓者皆曰自光州固始来……非独莆也，凡闽人之说亦然。且闽之有长材秀民旧矣，借曰衣冠避地远来，岂必一处，而必曰固始哉？况永嘉距光启相望五百四十余年，而来自固始，前后吻合，心窃疑之。及观郑夹漈（郑樵）先生集，谓王绪举光寿二州以附秦宗权，王潮兄弟以固始之众从之，后绪拔二州之众，南走入闽，王审知因其众以定闽中，以桑梓故，独优固始人。故闽人至今言氏族者云固始，以当审知之时尚固始人，其实非也。然后疑始释，知凡闽人所以牵合固始之由。"② 由此可见，闽台民众大多自称籍贯固始，与五代的形势有关，当时，来自北方的光寿二州移民入闽后建立割据政权，统治福建达数十年之久。一些自晋代入闽的北方大族，为了与统治者拉近乎，也冒称固始人，于是造成福建范围内以固始籍贯为荣的风气。在这种风气的影响下，一些未经史学训练的人修史，便容易采用民间传说，将自己的祖先定为固始籍贯。

---

① 石有纪修，张琴纂．莆田县志：卷七 [M]．福建省图书馆藏抄本，13．

② 方大琮．铁庵集：卷三二 [M]．文渊阁四库全书本，1-2．

可是，有学问的学者大多不愿轻易采用此说。例如建阳的《潭西书林余氏族谱》说："旧谱云：余家自光州固始入闽，散适他郡者，有始兴、尤溪、建阳、莆田、杉洋、仙游诸族，世次先后难省，今详诸家谱，皆泗州渡江入闽越，同为南系，云固始者，盖近世附会之误，五季藩镇瓜裂……王审知傍角一隅之地，中土士族以闽峤僻江右，可以避世，故多依焉。衣冠之胄与编户杂处，异时子孙不能寻绎本末……故推原起者，皆谬称焉。"①

再如莆田的方氏家族一度自称固始人，宋代的方大琮考订自己的族谱，发现方氏早在王莽新朝时期即"过江宅吴"，自后为江南人。唐末方廷范"为温州平固尉，历宰长溪、古田、长乐邑，遂卜居于泉之莆田，为巨族。"②因此，方氏不是固始人。此后，方氏修族谱便注明自己不是固始人。

以上事实表明：对闽人籍贯固始一说不可轻信，需要考证后做出结论；但是，同时我们也必须注意，不可走到另一极端，以为闽人籍贯固始都是不可信的，乃至将闽人族谱中籍贯固始的族谱都视为伪谱，一切必须做具体分析。

四、关于闽人籍贯固始的误中误

从总体上而言，除了唐末五代的固始入闽之外，其他各次固始入闽说都是不可靠的，但是，我们在族谱研究里还发现另一种状况：有一部分人很可能是固始人后裔，然而，由于种种原因，在族谱内加入不可信的因素，反而使自己的籍贯变得有疑问。例如，漳州人的族谱都爱说自己的祖先是随陈元光南下的，《龙溪县志》记载："陈元光，光州固始人，王审知，亦光州固始人，而漳人多祖元光兴泉人多祖审知，皆称固始。"③陈元光是唐代初年的人，我们说过，其实他不是固始人。那么，漳州人中的多数是否都是跟随陈元光而来的？从漳州的人口来看，漳州在陈元光入闽以后人口并未大幅度增长，迄至唐元和年间的人口数为1343户。④倒是在王审知入闽后，当地人口有了较大增长，在闽国前后的百年间，漳州人口从唐末的千余户增长至宋统一福建时

---

① 潭西书林余氏族谱 [Z]. 建阳图书馆藏.

② 方大琮. 铁庵集：卷三一 [M]. 文渊阁四库全书本，2.

③ 吴宜燮修. 黄惠，李畴纂. 龙溪县志：卷二一 [M]. 乾隆二十七年刻本，3.

④ 梁方仲. 中国历代户口、田地、田赋统计 [M]. 上海：上海人民出版社，1980：104.

的 24007 户。① 百年间人口增长了近 17 倍！而且漳州是光寿移民入闽最早占据的地方，可见当地汉族主要是唐末光寿移民的后裔，而不是随陈元光而来的。然而，对这一类族谱，就不能因其自谓跟随陈元光而来，便说其籍贯固始是伪托的——其实，从唐末各州郡人口增加幅度来看，漳州也许是福建各州郡籍贯固始最多的地方。问题在于：漳州人喜欢攀附陈元光，纷纷把自己的入闽始祖从五代推到唐初陈元光时，反而使问题复杂化。以著名的漳州，《白石丁氏古谱》而言，据该谱的《懿迹纪》记载：丁氏祖先固始人，唐高宗时入闽，为曾镇府之子孙，被陈政（元光之父）聘为祭酒，陈政没，丁氏复佐元光平寇，陈元光任漳州刺史后，丁儒任"佐郡承事郎"。② 这些记载言之凿凿，似乎完全可信，《闽书》亦采用该族谱的记载，将丁儒列入开漳人物。但是，细究丁氏族谱便发现许多不可信之处。例如，该族入闽第九世孙丁知几是著名人物，在福建多部方志上都有记载。对福建史有研究的人都知道：福建的开发在五代二宋，这一时代福建名人辈出，许多人物披正史所载，所以，福建的方志对宋以后地方人物的记载也比较准确。方志中有关丁知几的记载是可作为依据的。但是，据方志的记载，这位丁儒的九世孙是南宋时人物，若以一世 25 年推算，从丁知几上溯八代，丁儒应为南宋前二百年唐代末年的人物，而不可能是四百年前唐初的开漳人物！而唐末正是光寿移民入闽的时代，所以，丁儒是固始人可能是真的，而其族谱伪托唐初则使自己的出身变得有疑问，这是我们必须注意的一种情况。

其次，我们还必须注意到一种情况：有一些族谱的记载虽有个别失误，但大致是可信的，例如在《罗峰傅氏族谱》："实公之高祖时新任光州固始邑令，厥后子姓相延，蕃衍于大江南北。唐广明时，实公则自光州固始同王潮渡江入闽，靖国宁疆，海邦建绩，官拜威武军节度招讨使、检校尚书左仆射兼御史大夫上柱国，爵加银青光禄大夫……生八子，遂宅于泉州东湖，后则分析于各郡，福、兴、漳、泉、延、建、邵、汀，各有其子姓安居乐业。"③ 这部族谱错误之处在于将王潮的一系列官职全部安在自己祖先身上，然而，事实上威武军节度使是唐末五代福建的最高长官，历任节度使名单史有明载，当中绝对插不进傅实。不过，我们能否就此说此书是伪谱呢？看来也不行，

---

①　梁方仲.中国历代户口、田地、田赋统计[M].上海：上海人民出版社，1980：135.

②　白石丁氏古谱[Z].漳州方志办重印本，福建省图书馆藏.

③　罗峰傅氏族谱[M]//庄为玑，王连茂：闽台关系族谱资料选编，378.

因为，福建的族谱有一个普遍规律：对宋以后家族祖先官职的记载大都是准确的，而对唐代祖先官职的记录则是虚夸的多，其原因在于：宋代福建名人多，而且文献保留下来的也多，其祖先内有名人物，大多可以得到文献的印证；而唐代福建名人不多，而且闽中文献多佚。

五、对闽人籍贯固始考察的结论

以上考证表明：对闽人籍贯固始的记载，切戒轻易相信、或轻易否定，不经过仔细研究，是很容易失误的。同时我也想指出：仅仅从血缘上辨证某个家族的祖先是否固始人，其实是没有意义的。中华民族是一个民族的大熔炉，我们从来是以融合了许多民族而感到骄傲。福建人是一个北方移民与南方少数民族的融合体，这是一个事实，我们从来不以为北方人比南方土著更高贵些，事实上，我们多次指出：正是南方少数民族给闽人注入了热爱海洋的气质，并培育了闽人的海洋文化。南方文化是优秀的，同样，北方文化也是优秀的，正是两种优秀文化的结合，才培育了今日优秀的福建文化。

其次，我还想指出：一个家族的认同，血缘是其次的，重要的是文化的认同。闽人历来有抚养义子的习惯，只要这一义子承认祖先，他就可以承祧香火。在这方面，义子的血缘关系如何，并不重要。在地缘关系上也是如此，重要的不是闽人的某个家族是否真的从固始来，而是这个家族在文化上是否认同固始，只要其认同固始，便有存在的理由。其中可能有原非固始的部分，但是，我们从另一个角度去思考：当光寿二州移民入闽之后，他们的数量占了福建总人口的五分之一，长期以来，他们与其他闽人通婚、混血，原有的地缘结构早就被打乱，可以说：今日闽人没有一个是纯种的固始人，但是，谁又敢说那一个闽人的血统中没有固始人的成分？公平点说，一个闽人身上，至少有20%的固始血缘！由于光寿移民是冒险家的后裔，有超过常人的生存能力，他们在福建的发展应比其他族群昌盛，所以，他们在闽人中所占比例应超过20%。就此而言，凡是清以前的福建宗族，只要族谱记载该家族在福建已有几百年的历史，他们的身上都有20%以上的固始血缘。当然，我们所说的固始只是一个传统的地域文化符号，它并不是指现代地域范围内的固始，而是唐末南下的光寿二州。

闽人籍贯固始是具有特别文化意蕴的社会现象。福建人中的很大部分都来自中原，固始说正反映他们对自己"根"的追寻，亦即对中原黄土地的回忆。这种对"根"文化的特殊感情，虽然也存在于其他民族中，但是，在中国人身上表现得最为突出，而闽人对中原的追忆又是其中最为典型的例子。它已成为闽人突出的文化性格之一。

第五节　中原文化在南方汉文化中的地位

汉族发源于中原区域，在漫长的岁月里逐步向周边播迁，在融合当地少数民族血缘的基础上，形成了具有地域特点的汉族族群。那么，在南方汉族族群中，中原文化占有多大的比例？他们实质上是汉族还是少数民族？这两个问题对许多人来说还是含混不清的。本文试图从理论上厘清这些问题。

一、中原汉族形成之路与中原文化

近20年来，海外学术界有人认为：南方汉族族群的血缘、文化都与北方汉族不同，他们其实不是汉族。这种观点逐步浸润中国学术界，产生了一定的影响。我认为，有必要从民族学的基本方法去分析这类观点。

共同的地缘、血缘、语言和经济基础，是民族形成的四大要素，但世人在研究民族问题时，总是将血缘摆在第一位。从某种角度说，这一观点是正确的。因为，每一个民族的起源都始于共同的血缘，他们通常具有共同的祖先，经过悠久的岁月演变，形成一个民族。不过，由这一方式起源的民族，大都是小民族，而大民族的形成，多是以一个或几个民族为核心，逐步融合其他民族，发展壮大，从而形成近代以来的大民族。例如近代的法兰西民族、英格兰民族、意大利民族等，他们的血缘都不是纯粹的，而是在共同地缘、共同经济基础的条件下，由不同语言、不同血缘的民众混血而成。所以，世界上各大民族，其实都没有纯粹的血缘，这是我们在研究南方汉族族群时必须掌握的一个要点，否则，容易在繁杂的史料中迷失自己。

就世界各大民族来说，汉族是较早形成共同体的主体民族之一，早在春秋战国时代，中原区域就形成了具有共同文化观、价值观的华夏族，而后在秦汉时期发展为以中原区域为根基的汉族。从汉民族发展的历史来看，大规模的混血是汉民族的主要发展道路。汉民族起步的五帝时代，它的基本构成就是炎帝和黄帝为首的两大部落，据说他们分别来自西方和东方，相互间经过战争和谈判，最后通过通婚等方式，形成了一个民族，从而奠定了汉族发展的基础，可见，从血缘而论，汉族从一开始就是一个混血的民族。

汉族发展的第二个重要阶段是在周代。西周建立初期，周武王率西部各族联军推翻了商朝的统治，而后，周族挺进中原，建立了东部周族的根据地——洛邑。周族对中原统治的特色在于：他们将自己的族人分封于中原各个区域，并让他们与旧有的商族及本地人结合，建立自己的国家。在这些国家中，周族固然是贵族，但旧时代的商族往往也有较好的待遇，例如，孔子的祖先便是商族的后裔，他们仍是周代的贵族，具有一定特权。在周代诸侯国的基础上，各国多民族的血缘相融，形成了华夏族；华夏族中，有晋人、齐人、秦人等族群，他们的血统多元，通过婚姻等方式的血缘交融，逐渐敉平了血统差异；秦朝的统一，又在战国七雄的基础上，形成了新型的华夏族。随着朝代的更替，华夏族又被称为汉族。

老一辈的历史学家如吕振羽等人认为：周秦以来华夏族（汉族）的形成，除以中原华夏为其主体外，还融合了东夷、南蛮、西戎、北狄等各民族，各个民族进入汉族，带来了自己的文化特点，因而丰富了汉族文化。历史上最早提出"仁"的观念，是来自东夷的徐偃王，经过孔子等儒家的融会贯通，"仁"成为华夏民族的核心价值观。就广义而言，各民族带来的独特文化，与华夏固有特点相互融合，往往成为地方性的文化特点。华夏族的特色在于：对这些地方性文化，不是刻意消除它，而是包容它。对华夏族而言，各地风俗的差异并不重要，重要的是承认以"忠、孝、仁、义、礼、信、廉、耻"为核心的价值观。"八德"的要求，不分民族，不分血缘，它只是个人修行的标准。因而，孔子会对来自南蛮的延陵季子具有好感，称之为君子；而对鲁国那些乱权的政治家，孔子痛斥之，毫不留情。儒者的八德，奠定了中原及周边各民族交融的基点，也为周边各族进入汉族大家庭，大开方便之门。接受八德为核心价值观，只要不违背这一核心价值，各地不同的风俗，都是可以接受的。这样，进入汉族的各个族群也就有了保持自己独特文化的可能，当然，一些有违"八德"的文化，例如溺婴、弃老等恶俗，也会受到批判和改造。

总之，从中原华夏民族形成的过程来看，中原是一个民族的大熔炉，多民族在中原这块土地上混血交融，最后形成了汉族。从这一角度来看中原文化，可将其定位为混合型的文化系统，其核心思想是儒家的"八德"，其表现形态多姿多彩，具有较强的包容性。

二、中原民众和南方汉族族群

研究中国历史，有一个历史现象值得注意：在唐朝以前，中国南方长期是地广人稀，而中原人口密集，南北形成鲜明的对照。近年的考古证明：南方文明的产生，其实不比北方中原区域迟，因此，关于中国文明的产生，已经从"中原说"发展为"群星灿烂说"，这是对中原周边各区域早期文明的肯定。但在肯定中原周边文明产生相当早的同时，疑问随之而来，以南方区域来说，既然南方文明产生那么早，为什么其发展速度落后于中原区域，长期处在地广人稀的境地？我想这里有几个原因：

其一，北方政权对南方人口的掠夺。在研究中国移民趋势之时，人们讲得较多的是中原人口的南下，其实，在两汉时期还存在另一种趋势——南方人口的北上！例如，汉武帝平定东越之乱后，曾经两次将瓯越国和闽越国的人民北迁江淮一带，"闽越地遂墟"。汉末蜀国和吴国建立前后，其统治者都很注意从南方搜刮人口。诸葛亮在南中作战获胜后，将当地少数民族中的壮丁组成军队，调至成都附近。吴国为了补充军队，每每围攻南方的山越，迫使他们加入吴军。因吴国的军队与魏国在淮河一带对峙，这些山越人加入吴军后，大多被调至淮河前线作战，后在江淮一带定居。长江流域及北方的军队大规模掳掠南方人口，是南方诸地人口增长缓慢的重要原因。

其二，南方气候不利于土著男性生长。古代南方被称为瘴疠之地，这是因为，南方气候潮湿，微生物生长速度快，各类病菌很多，许多人被感染而死。其中，南方男人的耐性不如女性，死亡率更高。《汉书·地理志》说江南"多女而少男"，其原因在于"江南卑湿，丈夫多夭。"战国时代成书的《周官·职方典》则谓："扬州之民，二男五女。"这种性别的自然构成，有利于北方男子在南方的发展。

其三，唐以前南方经济开发不如北方。秦汉时期，南方农业发展滞后，流行"火耕水耨"及"刀耕火种"的农耕方式，农田产量较低。南方精耕农业是唐宋以后出现的。

其四，南方溺婴及贩卖阉童习俗的流行。"生子不举"是汉代已经出现的恶习，唐宋时期，这种习俗主要流行于南方诸地。唐以前南方经济落后，很难养活过多的人口。溺婴是迫不得已的，但它一旦成为一种习俗，就会延续很长时间。史载宋代南方闽浙赣区域一直到宋代还流行溺婴恶习。"东南不举子之俗，伤绝人理。"[①]"衢、严、信、饶之民，生子多不举。"[②]"建俗生子往往不举。"[③]这种溺婴习俗应是一种古老的南方文化，它的存在，是南方土著人口增长的桎梏。

古代南方另一种恶俗是贩卖阉童。唐代的宦官多为岭南和福建人，这是因为，这两个地方流行贩卖阉童。在福建和广东、广西的官员，往往购取阉童贩至中原，卖给大姓人家为奴，其中一些人进入皇宫，成为宦官。所以，南方人口难以增长。如果说晋代闽中人口为8600户，隋代闽中人口也只有12420户，唐末闽中人口为7万多户，确实是地广人稀的地方。

由于中国南方人口长期较少，这就给北方人口南下留下了空间。西晋永嘉之乱后，北方每一次战乱，都造成了中原人口大举南下的移民浪潮，中原移民与南方土著的混血，形成了南方各地的汉族族群。一般地说，南方汉族的男系血缘主要来自北方，女系血缘来自南方土著。不过，南方汉族血缘中的南北成分也是有变化的，江南一带，北方汉族血缘成分较高，岭南一带，北方汉族血缘成分略减，总之，南方汉族是北方汉族与南方少数民族的混血，即非纯粹的北方血缘，也不是纯粹的南方血缘，但是，北方汉族血缘的成分占有重要地位。同时南方汉族一直以中原血缘为骄傲的原因。

三、南方汉族文化成分探析

南方汉族可以分为多个族群，不仅有客家族群，其实还存在着闽南族群、赣语族群、粤语族群、荆楚族群和巴蜀族群等，形成多种族群共存的状况，应和南方土著民族及地理条件有关。

古代南方民族以其多样性闻名，从西部的巴人、蜀人到东南的越人、闽

---

① 脱脱.宋史：卷三八一[M].标点本.北京：中华书局，1977：11730.

② 脱脱.宋史：卷二四七[M].标点本.北京：中华书局，1977：8746.

③ 脱脱.宋史：卷二四七[M].标点本.北京：中华书局，1977：8761.

人，各有其不同的文化。其文化差异的产生，多与不同的地理背景有关。每一个长期生活于某个地理环境中的民族，都会产生适应地理条件的独特文化。汉族南下之后，与当地土著相结合，从血缘的交融到文化的交融，从而形成了带有地方特色的南方文化。如我们现在常说的客家文化、岭南文化、巴蜀文化、赣文化，等等。于是有一个问题产生：在这些区域文化中，是北方文化占据主流、还是南方文化占据主流？这是一个不好回答的问题。

语言文字是文化的载体，文字的属性往往决定了文化的性质。中国流行的汉字系统发源于中原区域，而后向四面八方传播，成为中国的主要文字系统。中国南方多数民族未曾形成自己成熟的文字系统，因此，当北方汉族大举南下时，来自中原的汉字系统也就成为南方各地文化传播的主要载体，从文字而言，南方各地使用的文字来源于北方。从语言而论，就目前的语言学知识而言，南方七大方言系统都属于古代北方话的延伸，所以，汉族南方族群的语言文字起源于中原区域。如果说语言是文化的主要载体，那么，南方汉族中，古代中原文化占据主导地位。

换一个角度研究区域文化。人的文化可以分为两个层次，雅文化和民俗文化，从这个角度去探讨南方的区域文化，可知南方各族群的雅文化及民俗文化中，中原文化所占的地位是不同的。

雅文化，主要是指思想领域的精神文化。中国传统文化以儒释道为代表，三教之中，儒教是发源于中原区域的一种文化潮流，也是汉文化的核心思想。中原汉族南下江淮以南的区域，也将儒文化带到了南方各地。南方汉族不仅普遍接受儒学，而且发展和发扬了儒学的光荣传统。南宋之后，中国的文化中心从洛阳转到东南诸省，如江西、安徽、江苏、浙江、福建，都是儒学发达的地方，朱熹讲学之地闽北和群英荟萃的江南，都曾是中国的文化中心。至于南方中部的湖南、广东、广西诸省，也都是儒学兴盛区域，湖南近代的曾国藩、左宗棠，广东近代的康有为、梁启超都是儒学开宗立派的人物，南方的客家文化也是以传承儒学为骄傲，所以，从雅文化的层次而言，儒学在南方汉族中的地位是不可动摇的。

中国的道教也有南北不同的文化系统，既有北方系统的全真道，也有南方系统的正一道，这两大派道教相互抗衡，很难说谁更占优势。

总之，从雅文化层次来看，南方汉族中流行的儒学、佛教、道教，至少儒释二教受到中原文化的强烈影响，道教则是各有半边天下，事实上也是相互渗透。所以，可以说南方汉族各族群的雅文化，本质上是北方中原文化的延伸。

南方各族群的民俗文化则带有各自的特点。北方汉族南下之后，与南方少数民族相结合，在不同于北方的地理环境中，形成了不同于故乡的民俗文化。以食物来说，北方的食物以小米和麦子为主，南方食物以稻米为主，北方人南下之后，逐渐以米食为主，由此产生的食文化也和家乡有很大不同。在这方面，南方汉族更多地接受南方民族的传统。例如，端午节"划龙舟""吃粽子"这两项习俗一向流行于南方，吃粽子与南方稻米文化有关，而划龙舟则与南方传统的船文化有关。这两项习俗都不可能起源于北方。至于衣食住行、婚丧喜庆、岁时节日各方面，中国各地都有自己的文化特点，大致形成南北不同的两大流派。也就是说，南方汉族的习俗与北方汉族的习俗是有不同的。而且，这些不同，往往来自南方少数民族文化对汉族的渗透。人类学调查也表明：中国南方汉族习俗的许多内容，更同于南方少数民族，而不是类同于北方汉族。应当说，这是一个事实。

关键问题在于：该怎么看待这些不同？应当说，中华民族是一个容异性特强的民族，它在形成之初的中原时代，就融合了各地不同的民族，因而接收了各民族不同的民俗文化，对于各地不同的习俗，中国有句老话："千里不同风，百里不同俗"，这是从周代就流传中国各地的谚语，也反映了中华文化混成性质的特点。对于各地习俗的不同，若非原则性问题，中国人从来是强调去适应它，而不是改造它。周朝的使者派出輶轩使者到各地了解民俗风情，就是为了了解它，适应它，并采取相对的政策，以使自己的统治更加成功。这是中华文化的一个重要特点。

换个角度来说，汉族的风俗文化在各地虽有差异，但其核心还是儒家的仁义思想。儒教的特点是崇尚三纲五常，而三纲五常又可简化为八个字："忠、孝、仁、义、礼、信、廉、耻"，这就是儒家的"八德"了。它也是中国人的基本道德观，尽管不是每个中国人都能做到，但每个中国人都以做到"八德为荣"。儒家的八德，看起来是雅文化的内容，其实，它也通过戏剧、小说等形式渗透到民俗文化中去。当我们纪念端午节之时，心中不就有一个屈原忠诚于祖国的形象吗？当我们祭祀关帝、岳飞等神灵之时，难道不是为他们的仁义行为而感动吗？当我们为先人扫墓的时候，指导我们行为的是一个"孝"字，所以，尽管南方各地民俗有不同于北方的地方，其内在的实质，则有相同的部分。因而我们说，中国各地的风俗，其实都是大同小异，在差异中有相同的东西，或者说，表面的不同，实质却有相同的内容，只是表现形式不同而已。

综上所述，古老的中原文化在南方汉族中占有重要地位。南方汉族的血缘、文字、语言都与古代北方汉族有关；若将文化分为雅文化和俗文化两个层次，南方汉族的雅文化主要起源于中原，他们的民俗文化表面上与北方汉族有差异，但其内在的实质仍有同一性。这一不分南北、贯穿时空的同一性，即为儒家的"八德"："忠、孝、仁、义、礼、信、廉、耻"，它是中华民族永恒的核心。汉民族发源于中原区域，在向四方传播的同时，融进了各地的少数民族文化，因而产生了区域性民俗特点，但只要语言文字和儒家的仁义道德不变，汉族在各地的区域文化，仍然是汉文化的一个分支。

第二章　山地畲人与海洋疍家

中国东南自唐宋时代既为汉人为主体的区域。也是从唐宋以来，长期与汉族相伴的是在山区生活的畲人以及在沿海活动的疍家人。他们的生活方式与汉人有差异，也对东南区域的历史产生了巨大影响。

第一节　海上人家疍人源流

疍家人是中国最早的海洋民族，他们以船为家，漂流于东南沿海岛屿及内河。船民的南移，也造就了东南亚诸国的海洋文化。本文认为，隋以前在东南海南沿海活动的"游艇子"即为疍家人的祖先，他们所创造的海洋文化，在唐宋元时期融合了汉人的文化，从而促进了宋元时期中国海洋文化发展的第一个高潮。事实证明，中国的海洋文化固然融入了南亚和西亚的航海文化，但也有自己的文化起源。宋元海洋文化的发展，与疍家人的海洋文化有密切关系。

自从桑原骘藏开创莆寿庚研究以来，许多学者都强调阿拉伯、印度海洋文化对唐宋元海洋文化发展的作用。笔者并不否认外来海洋文化对中国海洋文化的影响，但我一向认为，唐宋元海洋文化的发展，主要是中国自身海洋文化的延伸和发展。这也是宋元中国海洋文化超越南亚、西亚国家的原因。[①]

---

① 徐晓望.妈祖的子民——闽台海洋文化研究 [M].上海：学林出版社，1999.

宋元之前中国海洋文化的原生态是疍家人的海洋文化。

一、隋以前东南沿海的"游艇子"

疍家人生活在中国东南沿海，清以前在福建、广东、浙江都有分布。一直到民国时代，疍家人都是一个文化特征鲜明的群体，他们以船为家，漂泊于闽粤沿海及河流中。共和国成立以来，国家扶植疍家人上岸定居，这一方面改善了疍家人的生活，另一方面也使疍家人的生活模式发生巨大的变化。如今，香港地区、澳门地区尚保留一些疍家人的群体，印度尼西亚和泰国等地，也有源于中国东南的水上人家群体，他们都是古代的疍家人后裔。疍家人以船为家的生活方式，是最典型的海洋文化，这一民系的存在，对历史上中国海洋文化的崛起起了重要作用。

台湾海峡的"游艇子"。东晋时期，台湾海峡有卢循所率领的数十万船民在活动，隋代又有"游艇子"参加反隋斗争。这一海上族群又被称为"疍家人"，他们的海上活动延续了台湾海峡区域的航海传统。①

疍家人古称"白水郎"或"泉郎"，相传他们是古代闽越人的一支。宋代的《福州图经》记载："闽之先居于海岛者七种，泉水郎其一也。"②他们生活在福建、浙江、广东沿海，以船为家，过着打鱼为生的生活。福建史籍记载他们是卢循的部下："泉郎，即此州（泉州）之夷户，亦曰游艇子，即卢循之余。晋末卢循寇暴，为刘裕所灭，遗种逃叛，散居山海，至今种类尚繁。"③可见，若要知道沿海疍家人的来源，必须对卢循有所认识。

卢循是东晋时期五斗米教的领袖人物之一。东晋末年，道教的流派之一五斗米教在东南滨海传播，其教主为孙泰、孙恩父子。后来，五斗米教因谋叛而受到朝廷的镇压，孙泰被杀，孙恩下海，他纠集了一支数百人的武装袭击江南，一度八郡响应，拥众达数十万人。其后，东晋大军南来，孙恩率20余万人下海。此后数年，孙恩以海岛为根据地，以船为家，频频袭击东南沿海、沿江城镇。失败后自杀。余众推卢循继为统领，"元兴元年正月，卢循

---

① 徐晓望.六朝时期的疍家海洋文化 [M]// 徐晓望.妈祖的子民——闽台海洋文化研究 [M].上海：学林出版社，92–97.

② 刘纬毅等.宋辽金元方志辑佚 [M].上海：上海古籍出版社，2011：385.

③ 乐史.太平寰宇记：卷一○二 [M].北京：中华书局，2000：129.

自称征虏将军，领孙恩余众，略有永嘉、晋安之地。"①文中的晋安郡即为福建沿海区域。

东晋元兴年间，东晋大将刘裕率晋军南下征讨卢循，"循奔永嘉，复追破之，斩其大帅张士道，追讨至于晋安，循浮海南走"。②《晋书》云："刘裕讨循至晋安，循窘急，泛海到番禺，寇广州，逐刺史吴隐之，自摄州事，号平南将军，遣使献贡。"③从进入晋安郡到被刘裕击走，卢循在晋安前后一年时间。后人将福建沿海的疍民称为"卢循之余"，说明当时晋安郡有许多船户加入了卢循的队伍。其后，卢循从海道入广州，北上湘江、赣江，分两路攻打晋朝的城镇，最后一直打到建业城下，几乎夺取了东晋政权。但卢循在这里被刘裕打败，以后一蹶不振，最后在退往岭南的道路上彻底失败。卢循未入建业城以前，南方许多官员都受其控制，《宋书·张茂度传》记载："出补晋安太守。卢循为寇，覆没江州，茂度及建安太守孙蚪之并受其符书，供其调役。循走，俱坐免官。"④可见，卢循在闽中的影响是较大的。卢循及其部下长期活动于台湾海峡，肯定是得到了这一带船民支持的。他的大规模的海上活动，则是台湾海峡航海术的一个飞跃。卢循之部在赣江时，曾造巨舰，趁洪水而下，直逼金陵。这是中国历史上海上力量第一次在国内战事中发挥如此巨大的作用，反映了当时的航海力量。

就卢循与福建沿海船民的关系来看，卢循不过是某一时代出现的人物，而福建船民应有更为悠久的历史，他们的生活方式与北方汉族不同，应当是南方少数民族的一支。从他们的生活方式看，与古代越人的生活方式极为相近，史称越族人"习于用船，便于水斗"，福建沿海船民的生活正反映了这一特点。1975年，在福建连江县境内鳌江下游距入海口10公里处，出土了一艘古代独木舟。据报道，这艘独木舟舟体长7.1米，前宽1.1米，残高0.86米，两舷由前向后斜起，最高处为0.6米，舟首翘起0.22米，尾部略呈平圆。舟内结构，距离首部1.8米处的两侧，有对称凹槽，可以放置横格板，供放置东西或给人乘坐。凹槽后1.93—2.8米处的底部，凸起一块下长0.83米、上长0.7米、下宽0.49米，上宽0.4米，高0.22米的木座，估计是划桨人的座位。没有

① 令狐德棻等.晋书:卷一三[M].北京:中华书局,2000:381.
② 沈约.宋书:卷一[M].北京:中华书局,1974:4.
③ 卢循传[M]//令狐德棻等.晋书:卷一百.北京:中华书局,2000:2634.
④ 沈约.宋书:卷五三[M].北京:中华书局,1974:1509.

橹位或摇橹的痕迹。① 连江位于福建沿海，一直是疍家人活动的区域之一，这只小艇两头翘起，很可能就是2000年前疍家人所用的船只。他们原为闽越人当中的一支，闽越国被灭以后，他们仍在福建沿海活动，过着自由自在的生活。晋末，他们参加了卢循领导的五斗米教起义，失败后，仍然活动于福建沿海。所以，闽人称他们为"卢循之余"。南朝陈时期，陈宝应割据闽中，他的水师强大，应有不少疍家人。侯景之乱之时，陈宝应趁机北上会稽："是时东境饥馑，会稽尤甚，死者十七八，平民男女，并皆自卖，而晋安独丰沃。宝应自海道寇临安、永嘉及会稽、余姚、诸暨，又载米粟与之贸易，多致玉帛子女，其有能致舟乘者，亦并奔归之，由是大致赀产，士众强盛。"② 按，《陈书》谓陈宝应寇临安等地，这是不对的。因为，陈宝应在彼处，仅是与当地人交易，并未掠夺民众。不过，由于江南正处在饥馑之际，陈宝应带来的粮食卖出高价，并得到大量劳动力。经过这一番买卖，历来被外人视为贫弱的闽中，一时被视为富强之地，兵强马壮，可以说是一枝独秀。可见，从商业经营而言，陈宝应不愧是福建历史上第一号巨商，竟能在人心惶惶的乱世看到商机，并果断出手，购得闽中最需要的人力资源。这为晋安郡的进一步发展奠定基础。

隋朝灭陈之际，沿海船民再一次出现于史册。其时，隋朝大将杨素进入东南，击败南安豪强王国庆部。"时南海先有五六百家居水为亡命，号曰游艇子。智慧、国庆欲往依之。素乃密令人说国庆，令斩智慧以自效。国庆乃斩智慧于泉州。"③ 其中的游艇子，便是后世的疍家人。其后，疍家人进入隋朝的水军，他们帮助隋军领航，有的人被称为"海师"。《隋书》记载何蛮："大业元年，海师何蛮等，每春秋二时，天清风静，东望依希，似有烟雾之气，亦不知几千里"；"三年，炀帝令羽骑尉朱宽入海求访异俗，何蛮言之，遂与蛮俱往，因到流求国。"④ 当时的流求国即为台湾地区，它说明疍家人对隋朝发现台湾地区有贡献。

隋军抵达流求后掳掠大量人口，这在《隋书》中有记载。例如，《隋书·炀帝纪》记载，大业六年，"二月乙巳，武贲郎将陈稜、朝请大夫张镇州

①　福建省博物馆，连江县文化馆.福建连江发掘西汉独木舟[J].文物，1979（2）：95.

②　姚思廉.陈书：卷三五[M].北京：中华书局，1972：486.

③　李延寿.北史：卷二九[M].北京：中华书局，1974：1512.

④　魏征等.隋书：卷八一[M].北京：中华书局，1973：1824-1825.

击流求，破之，献俘万七千口，颁赐百官。"《隋书·食货志》又载："使朝请大夫张镇州击流求，俘虏数万。"又如杜宝的《大业拾遗录》记载："七年十二月，朱宽征流球国还，获男女口千余人。"① 早先的学者因《隋书》各志记载隋军俘虏的流求人口不同，因而产生怀疑。我认为，这是没有考虑到古代战功计算原则的缘故。古人计算战功的原则是按将领各自计算，也就是说：张镇州（周）与陈稜等人的战功是分开计算的，张镇州（周）作为大军前卫，一仗击败流求人之后，马上可以俘获对阵的流求人，所以，当时他的俘获人数达到"数万"，而陈稜率中军后进，其俘获的人口会比张镇州（周）少一些，文献记载是数千。陈稜、张镇州抵达首都时献俘 17000 多人，说明他们的俘虏沿途以来逃亡和死亡达数万人。至于朱宽，他作为一名低级将领，俘虏只有 1000 多人，也是正常的。隋军的俘虏后来被就近安置于福建沿海。据明代何乔远的《闽书》记载："福庐山……又三十里，为化南、化北二里，隋时掠琉球 5000 户居此。化里，则皇朝大学士叶向高之乡。"② 此文中的福庐山，后属于福州的福清县，隋朝将流求 5000 户俘虏安置于此，并设置了化北里与化南里管辖，这两个里的名字中都有一个"化"字，其意为：用中原习俗变化异乡人。台湾地区人在当时被当作夷人，所以要"化"之。《闽书》的记载也可得到宋代梁克家《三山志》的印证。据《三山志》，在福清县境内，宋代有：崇德乡的"归化北里""安夷北里""安夷南里"，孝义乡的"归化南里"。③从其名字来看，它的得名应是安置流求来的"夷人"。其地位于福清半岛，与台湾地区隔海相望，用以安置台湾地区移民，是很恰当的。④

　　隋代定居于福建沿海的夷人，后来被称之为"夷户"。他们与古代福建的游艇子合流。《太平寰宇记》记载："泉郎，即此州之'夷户'，亦曰'游艇子'，即卢循之余。晋末卢循寇暴，为刘裕所灭，遗种逃叛，散居山海，至今种类尚繁。唐武德八年，都督王义童遣使招抚，得其首领周造爻、细陵等。并受骑都尉，令相统摄，不为寇盗。贞观十年，始输半课。"⑤ 以上记载表明唐朝统一闽中之后四年，被称为"游艇子"的疍人归属朝廷，贞观年间更成为朝

---

① 李昉．太平御览：卷八百二十 [M]．文渊阁四库全书本，12.

② 何乔远．闽书：卷六 [M]．点校本．福州：福建人民出版社，1994：139–140.

③ 梁克家．三山志：卷三 [M]．陈叔侗校本．北京：方志出版社，2003：29–30.

④ 徐晓望．早期台湾海峡史研究 [M]．福州：海风出版社，2006.

⑤ 乐史．太平寰宇记：卷一百二 [M]．影印宋本．北京：中华书局，2000：129.

廷的纳税户，这对唐朝海上治安是有利的。让我们注意的是，这些"游艇子"又称"夷户"，应与隋代安置于福清福庐山下"安夷里"的流求夷人有关。也就是说，隋代从台湾地区迁来的夷户，居住于福建沿海，隋唐之际，他们逐渐和"游艇子"合流。"游艇子"即为福建后来的疍户，所以，福建的疍户中有流求夷户的血统。流求夷户的文化特点，也在"游艇子"中保留下来。例如，《隋书·流求国传》记载流求国的村庄有"鸟了帅"，而唐初的福建沿海的"夷户"有"了鸟船"，二者之间有对应关系。所谓"了鸟船"，其意思应是"鸟了帅"的船，也就是夷户中村庄首领的船。

二、唐宋疍家人的航海文化

唐宋的疍家人擅长航海。宋代的《太平寰宇记》记载："其居止常在船上，兼结庐海畔，随时移徙不常。厥所船头尾尖高，当中平阔，冲波逆浪，都无畏惧，名曰'了鸟船'。"[①] 唐代中叶，刘禹锡说福建："闽有负海之饶，其民悍而俗鬼，居洞砦、家浮筏者与华言不通。"[②] 其中"家浮筏者"，应当就是疍家人。鲍溶的《寄福州从事殷尧藩》："越岭寒轻物象殊，海城台阁似蓬壶。几回入市鲛绡女，终岁啼花山鹧鸪。雷令剑龙知去未，虎夷云鹤亦来无。就中静事冥宵话，何惜双轮访病夫。"[③] 诗中的"鲛绡女"，即为疍家女子。疍家人以打鱼为生，宋代蔡襄的诗咏道："潮头欲上风先至，海面初明日近来。怪得寺南多语笑，蛋船争送早鱼回。"[④] 这说明福建渔民的祖先实为疍家人。疍家人的生活方式极为独特，如蔡襄所说："福唐水居船，举家栖于一舟。寒暑食饮，疾病婚姻，未始去是。微哉其为生也！然观其趣，往来就水取直以自给，朝暮饭蔬一半，不知鼎饪烹调之味也；温衣葛服，不知锦纨粲粲之美也；妇姑荆簪，不知涂脂粉黛之饰也；蓬雨席风，不知大宇曲房之适也。"[⑤] 由此可知，宋代疍家人的生活极为简朴，他们很少吃肉，没有华丽的衣装。元代，

① 乐史.太平寰宇记：卷一〇二[M].影印宋本.北京：中华书局，2000：129.

② 刘禹锡.唐故福建等州都团练史兼御史中丞赠左散骑常侍薛公神道碑[M]//全唐文：卷六百九.北京：中华书局，1982：6155.

③ 鲍溶.寄福州从事殷尧藩[M]//彭定球等.全唐诗：卷四百八十五.文渊阁四库全书本，8.

④ 蔡襄.蔡襄全集：卷八[M].福州：福建人民出版社，1999：192，该诗又见：沈定均，吴联薰等.漳州府志[M].清光绪三年刻本.上海：上海书店，2000：975.

⑤ 蔡襄.蔡襄全集：卷三一[M].福州：福建人民出版社，1999：691.

朝廷曾经下诏免除"福建疍户差税一年"[①]。疍家人一生在船上生活,漂泊于福建沿海各地。从他们在中国沿海的分布来看,北自舟山群岛,南至广东西部沿海,都有疍家人的船只,他们出没于东南各地的港湾,以船为家,相互通婚,创造了独特的疍家海洋文化。

在中国古代,疍家人一直被南方陆地民众视为贱民,但从海洋文化这一点来看,疍家人才是中国历史上最伟大的海洋族群,也是世界历史上极为罕见的海洋族群。他们不像大多数民族一生主要生活在陆地上,而是以船为家,以海为家,对这种生活方式,我们只能以伟大这一词来形容。要知道台湾海峡是风暴盛行的海洋,每年夏季,都有十余次台风经过台湾海峡。台风的风力一般都在十级以上,甚至有十二级强台风,风速达每秒百米以上。台风中心所过之处,房屋塌倒,大树连根拔起,海面上巨浪淘天。生活在福建沿海,每当台风季节我常会想:古代的疍家人是怎么在这种海面上生活的?他们用什么办法抵抗淘天大浪?能在这一环境中生存的海洋民族当然是伟大的民族。其次,从其生活方式来说,他们才是真正的海洋民族。西方历史上所谓的海洋民族,诸如腓尼基人、希腊人,他们实际上不过是住在海岸上,偶尔参加海上航行而已。如果这样的民族都自称是海洋民族,那么该用什么词来形容疍家人?实际上,在世界历史上,我们还找不出另外一个民族,把自己的一生完全交给大海,在海洋上生活,在海洋上成长,一生的大多数时间离不开海洋。近代的所谓"海洋民族",其实都是以陆地为生活的基地,以大海为谋生的场所,他们不管在海洋生活多久,最终都是要以陆上的财富与荣誉来体现自己的价值。一个英国人可以闯荡四大洋,但他在心理上,还是想回归英伦三岛。只有疍家人才是真正地以海为家。在六朝时期,闽、粤、浙三省的海岸,基本没有人居住,如果他们要登岸居住,根本没有人阻挡。问题在于:他们在陆地上,感觉不到漂泊海上的自由,即使偶尔在岸上搭住蓬寮,也只是暂时的驻足。他们的生命已经完全交给海洋。因此,疍家人的海洋文化才是真正的海洋文化,这是其他民族所无法比拟的。

从海洋文化这一角度而言,福建人在历史上之所以成为中华民族中极其擅长航海的一个族群,与福建人中大量融入疍家人有关。在秦以前中国的海洋文化是夷越人创造的,秦汉以后,谁是夷越海洋文化的主要继承者与开拓

---

① 宋濂等.元史:卷九六[M].北京:中华书局,1976:2472.

者？当然是疍家人！疍家人是闽越人的一支，自汉晋以来便航行于台湾海峡，他们熟悉这里每一个小岛和港湾，知道怎样航行才能避开礁石，知道在哪里采木造船，他们是中国海洋文化真正的承载者！福建人的主体发源于北方的黄河流域，这里的河道大多不能通行，交通工具以车马为主，在这种自然环境下，中原人民不可能擅长航海。他们从北方移民到福建沿海后，和疍家人往来渐多，随着疍家人逐步融入福建人，福建人渐渐掌握了疍家人的航海术。疍家人不断地融入福建人中，滋养了福建人海洋文化的强势。

对疍家人航海成就的研究表明，中古时期闽人的航海文化是疍家文化的延伸。指出这一点的重要性在于，自桑原骘藏的《蒲寿庚考》以来，国际学术界有一种观点：中国人的航海术起源于中古时期来到中国的阿拉伯人，是阿拉伯人发现了中国，才有了中国与西亚之间的海上丝绸之路。这种观点似是而非，通过以上对闽越人及疍家人航海文化的研究，我们知道，其实中国人的航海术主要起源于闽越人及疍家人，自有传统。东南亚石器时代的考古也表明，在太平洋和印度洋传播很远的南岛语系文化，最早起源于福建、广东及台湾区域。有关闽越国的史料告诉我们，福建一带的航海术相当发达。《后汉书·郑弘传》记载："旧交阯七郡贡献转运，皆从东冶泛海而至。"[1] 这表明自古以来，中国东南与东南亚诸岛之间就保持着海上联系，而且从来没有间断过！阿拉伯人东来，应是遵循古老的海上水道，他们到了东方后，最早应是请当地的渔民为向导，所以能够循着历史之路抵达中国，就像中国人到阿拉伯之后往往要请阿拉伯人导航一样。所以，海上丝绸之路是中国、东南亚、印度及阿拉伯国家民众的共同创造，并非一个民族的贡献。其中，疍民对南海周边航海业的贡献巨大。而福建人的航海术肯定是在疍家人航海术基础上发展起来的。在发展过程中，他们也会融入阿拉伯的技术，不过，这不是说没有阿拉伯人中国人就不懂航海了。事实上，在宋元时期，中国人的航海技术逐步超越阿拉伯人、印度人、波斯人，最终在元明之际称霸海上。

三、中古时期福建的航海成就

自唐宋以来，福建一直是中国造船业的中心。福建成为造船中心有其自

---

① 范晔.后汉书：卷三三 [M].北京：中华书局，1965：1156.

然和地理的原因，宋代福建盛产木材，而"匠多良能"，这是福建造船发展的基础。古代的木帆船制造要耗用大量的木头，其中需要长而笔直的杉木制作桅杆，需要耐水浸泡的松木做船身，还需要坚硬的梨木制作舵。其中桅杆上挂帆，要经受数百吨至上千吨的压力，要求最高。一般来说，10丈长的海船，一定要一根长10丈的主桅，而且，这一主桅一定要由一根原木制成，否则无法承受巨大的压力，在暴风中有折断之虞。这也就是说，一艘10丈长的大船至少要一棵高达三四十米的巨杉做主桅，这类巨杉在今天的福建已基本绝迹，但在开发不久的唐宋时代，还较常见。因此，唐代中国的船只以雄伟闻名。唐代僧人在《一切经音义》中说到当时的船舶"大者二十丈，载六七百人"，名之为"苍舶"。又说当时的海船：大者受万斛也。唐代一斛的容量可载110市斤的粟，万斛船可载货550吨！阿拉伯人苏莱曼在其《印度·中国游记》中说：中国唐代的海船特别大，抗风浪，能在波涛汹涌的波斯湾海上航行。其时，阿拉伯商人远航东方，多愿意乘坐唐船。他还说，由于中国船体积庞大，吃水太深，不能直接进入幼发拉底河。可见，唐代中国的船只称雄于印度洋上。唐代中国海船的制造与疍家人有关。

宋代福建人所造海船与疍船十分相似。据徐兢的《宣和奉使高丽图经》一书，他在宁波雇佣的福建客舟"长十余丈，深三丈，阔二丈五尺，可载二千斛，其制皆以全木巨枋挽叠而成。上平如衡，下侧如刃，贵其可以破浪而行也"。可见，这是一种体形狭长、尖底的海船。1974年8月，在泉州后渚港出土了一艘宋代的海船，其水下残长24.2米，最大残宽9.15米，残深为1.98米，复原后，其长度应为34米，宽度为11米，深度为4.21米[①]，与《宣和奉使高丽图经》记载的福建客舟有些类似。从这些史料与发掘遗物来看，宋代闽船的特点是船身狭长，上宽下窄，吃水较深。这类船型不怕海浪冲击，利于远洋航行。从船型来看，它显然与疍船有一定关系，《太平寰宇记》记载疍家人的"了鸟船"："厥所船头尾尖高，当中平阔，冲波逆浪，都无畏惧。"[②]这正是福建海船的起源。

话说回来，唐宋福建人的造船术不仅受益于疍家人，也受益于汉人的文化成就，磁针的使用、大型木船的制造，都离不开汉人的工艺技巧。没有汉

---

① 福建泉州海外交通史博物馆. 泉州湾宋代海船发掘与研究 [M]. 北京：海洋出版社，1987：55-57.

② 乐史. 太平寰宇记：卷一○二 [M]. 影印宋本. 北京：中华书局，2000：129.

族发明的锋利的钢铁，就不会有精巧的木工器械，没有这些器械，就不会有精美的木器。要知道，木文化正是中国文化的最大特点之一。古代的希腊人以其精美的石雕艺术闻名世界，这一石器艺术传统由印度、阿拉伯人继承；而中国人则是木构艺术的大师，自古以来，中国人的主要建筑物都是由木材建造的，而且，这些木建筑的华丽，从来不亚于西方的石建筑。当我们回想古代阿房宫、近看明清故宫之类的大型宫殿，就不能不赞叹古人的绝代才华，展望世界各地，没有一个民族能再展示同样等级的木建筑才艺。这一伟大的木构艺术有什么意义呢？它不只是展示古代中国人陆上建筑的才艺，同时还是古代中国人发展海上艺术的强大后盾，打一个比方，一座大型木船，就是一座漂浮在海上的宫殿，没有精致的木构技术，也就无法建造大型木船。而中国人恰恰是一个最擅长木建筑的民族，他们将制造宫殿的技术移用于海船，便能制造出大型的木船。这一技术的转移，对疍家人来说，是突破了小艇时代的关键，是从游艇子发展到航海家的关键。所以，二者的结合，是唐宋时期福建海洋文化升华的关键。

使中国人航海技术后来居上的是造船技术的提升。早在唐代，就有中国船只远胜其他国家船只的说法。那么，为什么中国船只特别优秀？优秀在什么地方？如前所述，古代疍家人的造船术就很高明，唐宋时期，北方汉人大量进入东南海疆一带，将北方人擅长的制木技术和冶铁技术传到了东南区域，导致东南沿海的造船术飞跃性发展。这些技术中有三项代表了时代的最高水平，值得注意。

其一，在制木中使用刨刀。木匠工具中的刨刀是一项了不起的发明。刨刀的功能是将木材刨平，形成细密的平面。这在木材加工史上有重要意义。因为，只有将木材抛光，才能将木材紧密地接合在一起。以造船来说，若船板之间的接合有缝，海水就会无情地渗透船内，导致船舶下沉。在陆地上的建筑中，若是不解决这个问题，用木头做的窗户会透风。因此，在木匠工具发展史上，刨刀是继斧子、锯子出现后第三种最重要的工具，它是木材精加工的基本工具。我看过一部欧洲人的工具史，德国人使用刨刀大约是明代后期，他们认为这是世界上最早的刨刀，其实不然。刨刀无疑是中国人最早的发明，它是继承"锛"这一工具发展而来的。"锛"是最早的木材表面加工工具，约出现于春秋战国时期。当时木匠手中的"锛"全以金属做成，它有一个平整的刀面可以刮削木材表面，但从出土文物来看，当时的木材表面都有明显的刮痕，"锛"的精加工能力有限。刨刀的奥秘在于：将钢制刀面镶嵌于平整的木块之中，木匠可以轻推的方式刨平木材表面，从而获得加工对象表面平整如镜的效果。中国人约在唐宋时期已经研制成功刨刀，从出土的木器来看，宋代的木器表面已经相当光洁，说明当时已经使用刨刀。而这项技术应用于船舶制造，成为中国帆船经久耐用的奥秘。

其二，使用油灰技术填缝。这项技术在当代木工技术中仍在使用。所谓油灰，油是桐油，灰是石灰。将桐油和石灰粉搅扮在一起，会形成柔软的油灰，油灰中的水汽蒸发后会变成固体，密不透水。宋代的匠人用油灰填充船体的细缝，海水无法渗透。在福建海边，民众多用海蛎壳烧灰，与桐油搅拌后成为油灰。出海的船只返航后，细心的渔民都会用油灰封死出现的小洞，每年填补一二次，可使木船完整如新。所以，当时福建的木船可以使用十几年至几十年。其时，老式船舶还使用海上的茜草填缝，茜草遇水后膨胀，可将船缝堵死。然而，茜草晒干后又会收缩脱落。所以，使用茜草填缝的船只缺乏长久性。

其三，使用铁钉铆接船体。在这项技术发明以前，中世纪流行的船舶制造是用藤条串绑船体。藤条的力量显然不如铁钉。宋代的中国木匠串联船板有独特的技术，他们先是竹子制成两头尖的竹签，将木板连在一起。后来是用数寸至一尺多长的铁钉，将船板钉在一起。

刨刀、铁钉加油灰，使船舶的木板之间紧密相连，而船舶的耐用度也提高了。这是当时最先进的制船技术，同时代的海外船只，大都处在以藤条串板、以茜草填缝的时代。就连中国沿海也没有完全普及这一技术。宋代的周去非有《岭外代答》一书："深广沿海州军，难得铁钉桐油，造船皆空板穿藤约束而成。于藤缝中，以海上所生茜草，干而窒之，遇水则涨，舟为之不漏矣。其舟甚大，越大海商贩皆用之。"[①] 与宋代的广东相比，同为沿海的福建、浙江都有较完美的造船技术，不过浙江因港口吃水浅，大都造小船，而福建的船只会更大一些。1974年8月在泉州后渚港出土的宋代海船，其船板就经过刨平，船板之间以铁钉连接、以油灰填充，整体性较好。可见，当时闽船称霸海上不是没有原因的。

宋代福建造船业闻名于全国，"南方木性，与水相宜，故海舟以福建船为

---

① 周去非.岭外代答[M].北京：中华书局，1999：218.

上，广东、西船次之，温、明州船又次之"①。南宋时张浚任福建安抚使，"因请大治海舟千艘，为直捣山东之计"②。李邴说："臣闻朝廷下福建造海船七百只，必如期而办。"③由此可知当时福建造船规模之大。南宋陆游的"感惜"咏道："行年三十忆南游，稳驾沧溟万斛舟；常记早秋雷雨霁，柁师指点说流求。"④这首诗反映了福建大船给诗人的印象。

元代福建的造船业极盛。元军高兴部入闽时，"获海舶七千余艘。"⑤元初忽必烈诏令福建造船二百艘，实际完工五十艘。⑥阿拉伯旅游家在其《游记》中记述中国船："中国船只共分三类……大船有十帆至少是三帆，帆系用藤篾编织，其状如席，常挂不落，顺风调帆，下锚时亦不落帆。每一大船役使千人，其中海员六百，战士四百……此种巨船只是中国的刺桐港建造，或在隋尼凯兰即隋尼隋尼建造。"⑦他的描述是否可靠呢？我们且看中方的记载。在福建任闽宪知事的著名诗人萨都剌咏道："三山云海几千里，十幅蒲帆挂秋水。"⑧可见，他乘坐的是一艘有十面风帆的大船。既然闽人能造十桅大船，当然也可造伊本·巴图塔所说的十二桅大船。此外，熊禾等诗人也提到当时闽中有"万斛船"⑨。所以，伊本·巴图塔的描述是可信的。元史专家认为元代中国海船载重达二百吨至三百吨的，并不罕见。由此可见，元代福建的造船业登峰造极。

由于福建人拥有较为可靠的大船，因此，他们逐渐扭转了东南亚海上力量的比较，将海上优势从阿拉伯人转到了闽商的手中。

从汉越文化融合去看福建海洋文化的发展，就可知道，福建海洋文化实际上要有必备的两个前提——疍家海洋文化的发展与汉文化的南传。疍家海洋文化是福建的本土文化，而汉文化则是移民文化，只有当福建的汉人达到一定的水平，才会有最精致的汉文化发展，而只有这类文化达到较高的水平，

---

① 吕颐浩.忠穆集：卷二 [M].文渊阁四库全书本，13-14.

② 何乔远.闽书：卷四二 [M].点校本.福州：福建人民出版社，1994：1042.

③ 脱脱等.宋史：卷一三四 [M].标点本.北京：中华书局，1977：11608.

④ 陆游.剑南诗稿：卷五九 [M].文渊阁四库全书本，3.

⑤ 宋濂等.元史：卷一六二 [M].北京：中华书局，1976：3804.

⑥ 宋濂等.元史：卷一一 [M].北京：中华书局，1976：34.

⑦ 伊本·白图泰游记 [M].马金鹏译.宁夏人民出版社，1985：490.

⑧ 萨都剌.过嘉兴 [M]//蒋易.元风雅：卷一三，397.

⑨ 熊禾.勿轩集：卷七 [M]，14.

汉文化中的精华才能在福建汉人中流播，才有了汉越文化高层次结合的可能性。从这个角度去看唐宋福建的发展，毫无疑问，唐宋福建经济的开发，是汉文化传播的基础，而唐代晚期闽人的文化成就，实际上意味着汉文化的精华在闽中的奠基。只有在这一基础上，才可能有成熟的海洋文化。唐宋福建海洋文化的发展，不是历史上突然爆发的事件，它有其深厚的文化背景。这一背景，就是汉族的南下，与南方民族的融合，形成具有新成分的汉族分支，从而丰富了汉文化的内容。他们不像中原民众一样以农业劳动为人生价值体现的唯一方式，而是因地制宜，以海洋为生活的重要内容之一。这样，在他们中间发展起了海洋文化。所以，从这一点而言，福建海洋文化的大发展，是从唐五代开始的，也是在这一时代奠定了深厚的基础。

疍家人是中国最早的海洋民族，他们以船为家，漂流于东南沿海岛屿及内河。船民的南移，也造就了东南亚诸国的海洋文化。本文认为，隋以前在东南海南沿海活动的"游艇子"即为疍家人的祖先，他们所创造的海洋文化，在唐宋元时期融合了汉人的文化，从而促进了宋元时期中国海洋文化发展的第一个高潮。事实证明，中国的海洋文化固然融入了南亚和西亚的航海文化，但也有自己的文化起源。宋元海洋文化的发展，与疍家人的海洋文化有密切关系。

第二节　明清时代东南沿海的疍家人

明清时代东南海洋文化有很大发展，疍家人的海洋渔业相当发达。他们还成为明朝水师的主力，也有些人成为海盗，对中国海洋史产生巨大的影响。

一、东南诸省的疍家人和渔业

明代东南的渔民也被称为疍户，或称疍民。明代初期，闽浙粤三省都有许多疍民，朝廷将疍民编入河泊所管辖。例如广东："蛋户者，其种不可考。以舟楫为家，捕鱼为业。晋时不宾服者五万余户。自唐以来计丁输粮。明洪武初编户立里长，属河泊所，岁收鱼课。东莞、增城、新会、香山以至惠潮尤多。雷、琼则少。……朝夕惟局蹐舟中，所得鱼仅充一饱。男女衣不盖肤。"①闽浙粤三省都有许多疍民,朝廷将其列入河泊所管辖。例如广东:"疍户,或作蜑户。文献惠潮有之。编蓬濒水而居,谓之水栏。见水色则知有龙,故又曰龙户……自唐以来计丁输官,明初隶河泊所,岁收渔课。其人多姓麦、濮、吴、苏、河,古以南蛮为蛇种,观蛋家神宫祀蛇,可见。"②"疍户者,其种不可考。以舟楫为家,捕鱼为业。晋时不宾服者五万余户。自唐以来计丁输粮。明洪武初编户立里长,属河泊所,岁收渔课。东莞、增城、新会、香山以至惠潮尤多。雷琼则少。愚蠢不识文字,不记岁月。土人目为疍家,不与通婚,亦不许陆居。朝夕惟局蹐舟中,所得鱼仅充一饱。男女衣不盖肤。"③明代邝露的《赤雅》第一卷:"疍人神宫,画蛇以祭,自云龙种。浮家泛宅,或住水浒,或住水栏,捕鱼而食。不事耕种。不与土人通婚。能辨水色,知龙所在,自称龙人。籍称龙户。"由于疍人没有土地,疍船漂泊无定,明朝设立河泊所管理疍人。闽浙粤各省都有河泊所。各个河泊所向渔民征税,称之"鱼课米"。温州府的鱼课米为二千六百二十有一石。④可见,明初官府允许疍民下海捕鱼,并向他们征收一定的税收。那么,明朝实行海禁之后,还让他们下海捕鱼吗?以理推之,如果明朝不许他们下海捕鱼,应当废除鱼课米,如果继续征收鱼课米,则表明疍民仍有下海捕鱼的权利。《明史·魏源传》记载:魏源于永乐四年任监察御史,"减浙东濒海渔课",可见,永乐年间浙江仍然对海洋渔业征税,所以有魏源的减税。永乐九年夏四月庚辰,"广东南海县河泊所新增鱼课米三百六十六石有奇,番禺县新增米百二十七石五斗有奇。"⑤这说明永乐年间广东鱼课米还有增加。福建福清县的河泊所设于海口镇,仅从其海口镇的名字,就可知道,这是一所针对海上渔民的税所。⑥徐贡于弘治、正德年间在福建按察使司任职,徐贡的传记记载:

> 福清旧额鱼粮七千石,比年所入,才及四千。公究知鱼户旧则,船八百料者,纳粮八石,六百料者六石,其余以是为差。历年多,

---

① 郝玉麟等.广东通志:卷五七 [M].文渊阁四库全书本,41.

② 杜臻.粤闽巡视纪略:卷一 [M],29.

③ 郝玉麟等.广东通志:卷五七 [M].文渊阁四库全书本,41.

④ 张璁.温州府志:卷三 [M].上海:上海古籍出版社,1964:2.

⑤ 明太宗实录:卷一一五 [M],1472.

⑥ 顾祖禹.读史方舆纪要:卷九六 [M].北京:中华书局,2005:4399.

> 旧户日消，而新户日长，弗登于籍。乃一一核实新户，止各征其半，以补旧额。旧额顿复，而其民一无怨言。①

这条史料表明，福清县的鱼粮是根据渔船大小征收的，它也说明，明代前期福清县的渔民一直在纳税捕鱼。而且，他们的船不小，大的渔船可载六百料至八百料。福清县确定鱼粮共计七千石，以此推算，明初福清县渔船总量相当于一千只载重七百料的渔船！

又据明代中叶弘治年间编成的《八闽通志》，福建疍户的鱼课米一直到明代中叶仍在征收，例如：福清县有鱼课米三千三百石，晋江县鱼课米二千二百多石，莆田鱼课米二千五百多石。②福建的福清、晋江、莆田三县都是沿海大县，三县的鱼课米只能从下海渔船征收。这表明明代中叶福建渔船数量不少。这一事实使我想到：从字面上理解明代的海禁政策是非常严厉的，但实际执行过程中，官府应当有所调整，否则，浙闽粤三省沿海的上百万疍户该怎么生活？"盖国朝明禁寸板不许下海，法固严矣。然滨海之民以海为生，采捕鱼虾，有不得禁者。"③所以，明朝渔业发达的福建等省不可能完全海禁。

二、东南诸省的疍家人和水师

明朝有招疍人为水师的习惯。洪武十四年，广东发生叛乱，朝廷命赵庸领兵平定。《明史·赵庸传》记载，事后，赵庸"奏籍疍户万人为水军。"《明史·兵志》又载"永乐六年命丰城侯李彬等缘海捕倭，复招岛人、疍户、贾竖、渔丁为兵"。《明史·陈子壮传》记载：明末广东陈子壮起兵抗清时，"村兵多疍户番鬼，善战"。可见，明朝从广州疍户中招募水兵的习惯，一直延续到明末。俞大猷说："御海寇者，船只、器械，无一不备。兵长、兵夫，皆素练习。胜算定于未战之先，使闻风而自不敢至耳。……海战兵夫，则龙溪县之月港、嵩屿、长屿、林尾、沙阪等澳之人，皆可募也。"④闽粤一带的水手大都出身疍民，他们的一生生活在船上，水性极熟。张时彻说："闽故生聚海滨，其人狎习鲸波，蛟沫之间，如泳沟涧，而荷戈负弩，动相击闻，其武勇

① 罗钦顺.整庵存稿：卷十一 [M].文渊阁四库全书本，19.
② 黄仲昭等.八闽通志：卷二十 [M].福州：福建人民出版社，1990：411-421.
③ 郑若曾.郑开阳杂著：卷一 [M].文渊阁四库全书本，20.
④ 俞大猷.正气堂全集：卷五 [M].福州：福建人民出版社，2007：160.

可任也。"① "盖闽以南为海国，而漳最剧。以海为生者，大半皆漳人云。"②

与此相对，也有一些水蜑人家成为海盗。对于明代福建的海上人家，顾祖禹有一段论述：

> 客曰：闽固不足为中国患乎？曰：昔东晋时有孙恩者，出没海岛，为闽浙患。恩死，其党卢循继之。循灭，余种悉遁入闽。今泉州（隋唐之际指福州，亦福建代称。作者注）夷户有曰泉郎者，亦曰游艇子，厥类甚繁，其居止常在船上，船之式头属尖高，中平阔，冲波逆浪，都无畏惧，名曰乌了船。往往走异域，称海商，招诱凶徒，渐成暴乱。嘉靖中倭夷蹂躏之祸，此辈所致也。然其流毒，亦于闽浙为甚。③

可见，当时卷入海上贸易的主要是福建沿海的水上人家，其中又以漳州最盛，泉州次之。明代漳泉人的航海是有名的。姜宝的《送少江桂君之任漳州序》一文说："闻漳之滨海人，利商舶，轻远游，其出也，每多赍而后返，故人以多赍而返也。"④ "兵部言：浙、福并海接壤，先年漳民私造双桅大船，擅用军器火药，违禁商贩，因而寇劫。"⑤ 姜宝又说："福建之漳州，为郡滨海，我东南频年有海夷之患，疑漳之海滨人实左右之。"⑥《明世宗实录》记载："龙溪嵩屿（位于海沧附近）等处，地险民犷，素以航海通番为生，其间豪势之家，往往藏匿无赖，私造巨舟，接济器食，相倚为利。"⑦可见，海沧月港人与海外贸易关系密切。这都说明漳州人在明代是公认的海上水手。

总之，在明代的海洋史上，水蜑人家起了重要的作用。

---

① 张时彻.增王方湖巡抚福建提督军务叙 [M]// 明经世文编：卷二四三，2542.

② 张燮.霏云居续集：卷三十一 [M]. 明万历刻本，6.

③ 顾祖禹.读史方舆纪要：卷九五，[M]，4364.

④ 姜宝.送少江桂君之任漳州序 [M]// 明经世文编：卷三八三 [M]，4162.

⑤ 明世宗实录：卷一五四.

⑥ 姜宝.送少江桂君之任漳州序 [M]// 明经世文编：卷三八三，4161.

⑦ 明世宗实录：卷一八九，9.

第三节 山地民族畲人源流

与疍家人擅长航海相对，东南山区生活着以开垦山地为特点的畲民。他们在历史上的活动，对东南山区的开发具有重要意义。

一、唐五代的畲民

福建畲族源远流长，一般认为，他们与唐代福建的蛮獠有关系，或者说是蛮獠中的一部分。关于福建畲族的来源，一向有两种说法，一种是闽越土著说，一种是畲瑶外来说。福建方志很早就说畲族可能是战国秦汉时期闽越人的后裔，福建近代学者中，朱维幹、傅衣凌皆持此说。但是，自从人类学在中国兴起后，另一种观点流行于中国学术界。民族学家通过对少数民族的人类学辨析，发现畲族的文化特性与南方瑶族类似，从而提出了畲瑶同源说。在中国南方，瑶族的分布十分广泛，从湖南、贵州到四川、广西、广东、江西，历史上都有瑶族活动的记载，从其分布来看，他们不可能是闽越族的后裔。唐代福建南部山区的"蛮獠"或是"洞蛮"的衣饰与传统的闽越人不同，闽越人的特点是"断发文身"，这是为了便于水中活动。而洞蛮的特点是"椎髻"，即将头发编成锥形，向上竖起。二者发式完全不同。所以，畲人应当不是闽越人。

由于畲人多不服从官府的统治，因此，官府簿册没有他们的统计。唐代洞蛮较多的汀州和漳州，在官府簿籍上都只有数千户人家，这应是官府所掌握的汉族人口，他们主要分布在县城附近，而县城远郊的山区，应当都是洞蛮的天下。官府无法管理，所以，对其人口也没有统计。不过，当时的福建山高林密，猛虎毒蛇横行，洞蛮的数量也不会很多。

多数学者认为：发源于闽粤之际的畲人，应为瑶人一支，或者说，瑶人在闽粤浙山区的一支后来被称为畲族。[①] 广东《惠州府志》说："瑶本槃瓠种，地介湖蜀溪峒间，即长沙黔中五溪蛮也。其后滋蔓，绵亘数千里，南粤在在有之，至宋始称蛮。瑶其在惠者，俱来自别境。椎结跣足，随山散处，刀耕

---

① 郭志超. 畲族文化述论 [M]. 北京：中国社会科学出版社，2009：44–45.

火种，采实猎毛，食尽一山则他徙。"①如上所云，闽粤畬瑶应来自湘黔川一带。他们的前身是"五溪蛮"。唐代刘禹锡的诗："山上层层桃李花，云间烟火是人家。银钏金钗来负水，长刀短笠去烧畬。"②可见，畬瑶的本源在湖湘一带。以后进入闽粤浙等地。畬瑶的共同特点是生活于山区，用刀耕火种的方式种植各类旱地作物，信仰盘瓠传说等。在福建一带的瑶人，因其放火烧山种植粮食的生活方式，被称为"畬人"。这里要注意的是，不能将宋元的畬人等同于后来的畬族。当时种山者并非尽是畬瑶人，汉人也有烧畬种山的。

畬人或畬民，是元明时期才流行的名称。一般认为，他们的祖先即是唐宋之际散布于福建山区的"蛮僚"，唐代蛮僚主要分布在闽粤赣山区，福建境内，以漳州、汀州为最多，唐初陈元光南下漳州，和苗自成、雷万兴、蓝奉高等"洞蛮"作战多次。他的军队被压缩在沿海一带筑垒布防，③说明广大山区都被蛮僚占据，他们在漳汀二州的势力极大。此处探讨唐末五代畬族史的几个问题。

其一，关于畬族中的钟姓。按照畬族的传统说法，钟姓并非畬族原有的姓氏，钟姓是畬族的女婿。为什么这样说呢？翻阅唐宋之际的文献，我惊讶地发现：唐末南方畬瑶人的起义，大都由钟氏率领！以唐末在江西起兵的钟传来说，关于他的身份，《新唐书》说："钟传，洪州高安人。以负贩自业。"④《新五代史》说："钟传，洪州高安人也，事州为小校。"⑤都没说他是蛮夷。可见，钟传原为江西高安县人，先以贩卖为业，后成为一名小校。看来他是一个汉人。但是，钟传起兵后，他的主要部众是"蛮獠"。唐末懿宗中和二年（882年）五月，"高安人钟传聚蛮獠依山为堡，众至万人。"⑥"钟传……或劝其为盗必大显。时王仙芝猖狂，江南大乱，众推传为长。乃纠夷獠依山为壁，至万人，自称高安镇抚使。"⑦最早的钟家人，看来就是汉族人，但他们与蛮獠关系极为密切，并以蛮獠为其基本力量，这是他们后被纳入畬族的前提。唐

① 姚良弼.惠州府志：卷一四 [M].上海：上海古籍出版社，1961.

② 刘禹锡.刘宾客文集：卷二十七 [M].文渊阁四库全书本，9.

③ 懿迹记 [M]// 白石丁氏古谱，漳州方志办重刊本.

④ 欧阳修等.新唐书：卷一百九十 [M].点校本.北京：中华书局，1975：5486.

⑤ 欧阳修等.新五代史：卷四十一 [M].北京：中华书局，1974：446.

⑥ 司马光等.资治通鉴：卷二五五 [M].文渊阁四库全书本，1.

⑦ 欧阳修等.新唐书：卷一百九十 [M].点校本.北京：中华书局，1975：5486.

宋之际，赣闽粤边山区的许多民众领袖都姓钟，以福建汀州来说，王潮、王审知兄弟任福建观察使之时，汀州的刺史为钟全慕，钟氏在汀州长期当政，意味着畲瑶人在当地的势力不可小视。直到元朝初年，福建西南尚有"畲寇钟明亮起临汀，拥众十万"[①]。由于钟氏经常成为洞蛮的代表，又长期与蓝雷等姓通婚，钟氏渐渐融入畲族。钟氏进入畲族，表明现代畲族中有汉人的血缘，汉人是畲族的来源之一。

王审知与钟姓的关系。我们知道，光寿移民入闽，首先进入畲族较多的汀州、漳州，其间还进入过广东潮州。《八闽通志》云："光启元年，王绪陷汀漳二州，寻为王潮所得，其弟审知复继有之。"[②]他们来到畲族的根据地，当然会和畲族发生关系。就后来双方良好的关系而言，当时光寿移民队伍应与畲族是同盟者，在光寿移民先后控制汀州与漳州期间，史料记载，汀州刺史是一个姓钟的人——即钟全慕。《永乐大典》第七八九三卷汀字部的"汀州府"条下有"郡县官题名"引《临汀志》："钟全慕，唐昭宗时为刺史，会王潮为威武军节度使，景福元年，全慕与建州刺史徐归范俱附潮。梁篡唐，封潮弟审知为闽王。审知喜全慕骁勇有谋略，分汀使世守之。孙翱。"[③]关于钟全慕的籍贯，民国《长汀县志》说他是外来人，因做官而入汀。[④]其实这是不可靠的。钟是畲族中的大姓，现代畲族，一直以雷、钟、蓝为三大姓，他们在闽西分布很广，武平县有"钟半县"之语。唐末局势动荡，唐朝已无力控制各地州县官的调任，大多是以承现有掌权者为政府官员。例如，王绪以一介屠夫起兵占光州之后，唐朝便任命他为光州刺史。以情理料之，钟全慕应为汀州畲族内的豪强，然后起兵控制汀州，唐朝不得已承认之，命其为汀州刺史。钟全慕任汀州刺史，应为畲族崛起汀州的反映。唐末福建人口主要集中于北部的福、建、泉三州，汀州人口稀少，不可能与其中任何一个州抗衡，而且由于汀州离泉州最近，所以，该州政事在很大程度上要受泉州的控制。换句

---

① 宋濂等.元史：卷十五 [M].北京：中华书局，1976：311.

② 黄仲昭.八闽通志：卷一 [M].福州：福建人民出版社，1990：12.

③ 解缙等.永乐大典：卷七八九三 [M].北京：中华书局，1960：1.

④ 邓光瀛总修纂：民国《长汀县志：卷三三，钟翱传》。又，该书第 6 卷第 58 页："刺史赠尚书钟翱墓，在同睦坑乡，翱守汀卒于官，子孙流寓不归。今汀之钟氏皆其后。"按，《临汀志·钟翱传》云：钟翱的汀州刺史被免职后，投入南唐做官。以后，南唐吞并汀州，钟翱卒于汀州应是在南唐时期。今汀州多钟氏，其中不少钟氏奉钟翱为开基祖。据福建宗教局的官员云：他们现在争取恢复少数民族——畲族的身份。

话说，在王潮占泉州的期间，钟全慕登上汀州刺史之位，在相当程度上要借重王潮，而王潮登上威武军节度使的位置后，钟全慕马上表态接受其统治，从半独立变为直接归其管辖，此后，钟全慕在任二十多年，死后还得以传给孙子钟翱，王氏昆仲待钟氏，亦可说是无以复加了。这样看来，在钟全慕正式归顺王潮之前，双方关系必然是无可挑剔的，以后王氏才会对钟氏祖孙寄以那么强的信任。可见，光寿移民入闽后与畲族关系应是相对协调的。

不过，闽西蛮僚在王潮统一福建之初发动过一次大起义，乾宁元年（894年），"黄连洞蛮二万围汀州"。[①] 黄连洞位于现在的宁化县、建宁县一带，唐末属于建州的辖区，在王潮攻下福州之前，它应属于陈岩、范晖的势力范围。陈岩起家于黄莲洞，他的队伍中应有不少"黄莲洞蛮"。范晖继统福州，在一定程度上反映了黄莲洞蛮在政治上的力量。看来，他们与闽西畲族之间是有距离的。汀州钟全慕在正式投靠王潮之前，在名义上还属于范晖管辖，他与建州徐归范皆降于王潮，导致黄莲洞蛮在福建的地位一下发生了巨大变化。因而，他们发动起义，并把矛头对准降附王潮的钟全慕，这是范晖在西部势力的最后挣扎。然而，王潮迅速派遣大军击破"黄连洞蛮"，并重用钟全慕，这表明畲族中亲王潮一派的胜利。

其二，畲族与王审知的关系。在闽东、浙南的畲族中有一个传说，畲族原来住在广东凤凰山，以后随王审知入闽。例如，浙南的《蓝氏族谱》写到："唐光启二年（886年），盘、蓝、雷、钟、李有三百六十余丁口，从闽王王审知为乡导官，由海来闽，至连江马鼻道登岸，时徙罗源大坎头居焉，盘王碧一船被风漂流，不知去向，故盘氏于今无传。"[②] 对于这一传说，许多人感到无法置信。因为，传统的观点认为：闽东畲族是明代才从凤凰山移居闽东的。其实，这一传说是有史料为依据的。

光启元年（885年），光寿移民进入闽粤边境，随即进入广东潮州。后来又从潮阳进入福建漳浦县，从其路线看，他们路过潮州的凤凰山，这使凤凰山畲族随之入闽成为可能。潮州与漳泉等州皆靠海，畲族人乘船呼应王潮的入闽行动，并非不可能。《资治通鉴》记载：景福元年（892年）三月，王潮派王彦复、王审知率兵攻打福州范晖，"平湖洞及滨海诸蛮皆以兵船助潮"。[③]

① 司马光等. 资治通鉴：卷二五九，8459.

② 浙江平阳《蓝氏族谱》，转引自傅衣凌《闽俗异闻录》续。福州《福建文博》1984年第2期。

③ 司马光等. 资治通鉴：卷二五九，8427.

其中"滨海诸蛮"大约就是指乘海船配合王审知攻打福州的畲族了。可见，闽东畲族和王审知曾是同盟者。他们入闽后，由于打天下有功，便能得到较好的地位，从而为在闽东发展奠定基础。

其三，蓝文卿和王审知的传说。蓝文卿是唐末古田畲族人，他的子孙至今还住在古田富达乡。[①]富达位于雪峰山中，据当地的《蓝氏族谱》，雪峰寺的田庄原来属于蓝文卿所有，唐末，蓝文卿将田舍捐给雪峰寺，供养真觉大师，王审知对蓝文卿大为赞赏，此事真伪如何呢？

蓝文卿在历史上确有其人，他的事迹在《雪峰志》《徐氏笔精》《写经斋文集》《古田县志》《莆田县志》《福建通志》《黄御史集》中都有记载，而众说纷纭。以舍家为寺来说，有的说是咸通年间的事，有的说是光化元年的事，相差二三十年。据《雪峰志》的《真觉大师年谱》，义存和尚原在永福县驻锡，四十九岁那年（咸通十一年，870年），义存手下的行实和尚到古田象骨峰创造寺院，当地信士方训、谢效、陈佐、洪元表等纷纷捐田地、山林，"自是檀度辐辏，置田业寝广矣"，次年，"大兴雪峰院宇。"[②]这些施主中没有蓝文卿的名字。雪峰寺在黄巢入闽时遭破坏，其后闽中战乱频仍，义存两次出游吴越，七十三岁返回象骨峰，而后南游泉州，七十七岁在福州为王审知说法，然后定居古田象骨峰。义存频频出游，显是因为徒众人多，寺院无法安置，粮食也供应不上，所以只好四处云游，而七十七岁定居雪峰禅院，则是由于该年他得到了两大笔施舍，其一为王审知捐钱四十万贯，其二为蓝文卿慷慨捐助田庄，据《古田县志》，蓝文卿"以田二千五百八十五斗种，收米万一百石有奇，住屋亭榭三百余间，米仓三十所，田庄十二所，牛三百头施之。请于忠懿王，即故居建寺，额曰'雪峰'。"[③]王审知对义存极为尊重，他曾到雪峰寺参见义存，相传雪峰寺前的两棵参天古树即为义存与审知分别栽下的。从王审知与义存的关系来看，他也会重视该庙的主要捐奉者蓝文卿的，但审知与文卿关系究竟深到何等地步，今人不可考。不过，将审知与畲族的关系和陈元光与畲族的关系相比，就可看出其中的差距。畲族人在族谱中把陈元光说成是杀人魔王，而对王审知颇有好感，古田富达的《蓝氏族谱》甚至说蓝文卿是中原的汝南人，后来随同闽王审知南下福建。这当然是附会，因为富达

---

① 蓝岳后.富达畲村历史上传说及其新貌 [M]// 福建古田县政协.古田文史资料：第4辑。

② 沈瑜庆等.福建通志：总卷四六 [M]// 福建高僧传：卷一，12.

③ 辛竟可.古田县志：卷八 [M]，1987：438.

蓝氏若是畲族人，就不可能生活在中原的汝南地区。不过，他们也许真是跟随王审知来到福州——是帮助王审知攻打福州的"滨海洞蛮"当中的一部分。富达《蓝氏族谱》还说蓝文卿与王审知是儿女亲家，文卿长子蓝应潮娶了王审知的女儿，后来定居在古田水竹洋。[①] 这一传说是真是假，很难辨析。据翁承赞撰写的《闽王审知墓志》，王审知有七个女儿，其中五人——包括最小的女儿在审知生前都已结婚，其他两人情况不明，无法证明她们的夫婿是谁，从审知其他五个女婿都是达官贵人来看，蓝应潮娶他女儿的可能性很小。然而，不管这事是真是假，它都反映畲族人是很尊重王审知的。

二、宋元福建南部的畲民

宋元之际，畲人在福建南部的漳州和西南部的汀州拥有强大的势力。南宋时期刘克庄在其《后村集》中提到"南畲"。

"畲"的本义是一种开垦山地的方式，简单地说，畲，就是"刀耕火种"。明代林希元说："又有畲稻，畲人种之山。然地有肥瘦，率二三年一易其处，非农家所能以。"[②] 畲稻是一种旱稻，可种于南方山地，畲人的耕作方式较为粗放，他们每到一地，便放火烧山，然后在春雨中播种畲稻，烧山时形成的草木灰便成为最好的肥料。两三年之后，土地肥力下降，畲人便选择新的地方开荒种稻，因此，他们的生活是流动的，就其经济特点而言，他们是典型的"游农"。

畲民的"游农"与汉越人的定居农业形成鲜明的对照。畲人没有固定的农田，每年春天，他们选择一处肥沃的山地砍倒树木，放火烧荒，植物的灰即成为最好的天然肥料。当春雨来临之际，他们用刀在山地上挖洞，播下粮食作物，让其自行生长。随后，畲人四处打猎，游猎为生。秋天，他们返回播种地，收割自然成熟的粮食。在古代福建，到处都是茂密的森林，在某种程度上，也只有这种方式可以在山地发展农业。因此，早期福建刀耕火种十分流行，在漳浦一带，还保留着"火田村"之类与畲人有关的村庄名称。这种生活方式与古代闽越人是不同的。越人很早就开始种植水稻。为了种植水

---

① 蓝岳后.富达畲村历史上传说及其新貌 [M]// 福建古田县政协.古田文史资料：第4辑，1984.

② 林希元.永春县志：卷二 [M].明刊本胶卷，6.

稻,他们拦河筑堤,整修水田,形成了定居农业,因此,他们有城市与村寨。畲人的农业则以流动为其特点,畲田农业依赖土壤的自然肥力,经过一两年的耕种,土壤肥力下降,畲人便迁徙他处,重新开荒。因而,畲人始终在各处流动,极少在某地长期居住。

犹如汉越民族相互融合一样,畲人与汉越民族的融合也在进行中。许多畲人为了谋生,被越人及汉族雇佣,为其耕田。在掌握了农耕技术之后,他们也会开展水田农业。大约在宋代,汀漳畲人学习汉人的耕作方式,逐渐走向定居。出现了"省民山越,往往错居"的局面。当畲人的水田农业发展到一定规模后,福建官府就会想办法将其纳入税收对象中。由于官府中的一些官员总想超额剥削无处控告的畲人,官府与洞蛮及畲人的冲突就会经常发生。长期的混居,使畲人与汉族山民结下深厚的关系,他们共同抵制官府的剥削。赵汝愚论当时的汀州山民:"其民皆十百为群,依山据险而居,散居田野者绝少,其道路间,旅行稀阔,亦难得邸店,其人不能蚕桑,除耕田、织布外,皆别无生业。"[1] 南宋初,漳浦境内已有畲民武装进行反抗:"魏郁宁周文,南平人,少游学京师中上庠,及登第建炎中补漳浦尉。适洞蛮窃发,朝命招抚之。郁被檄先往数日,朝命不至,亦以为诳己,使立雨中,窘辱之。毅然不少屈,后洞蛮得命悦,甚厚宴之。馈以白金五百,良马二,郁不受。"[2] 畲人武装被招安后,与地方官府相安无事,"畲田不税,其来久矣"。但到了宋末,情况发生变化:"厥后贵家辟产,稍侵其疆,豪干诛货,稍笼其利,官吏又征求土物,蜜腊、虎革、猿皮之类,畲人不堪,诉于郡弗省,遂怙众据险剽掠省地,壬戌腊也。"[3] 壬戌年,即宋理宗景定三年(1262年),当时上距晏头陀败亡仅33年,下距宋朝灭亡也仅17年。其时,蒙古军南下攻宋,宋朝穷于应付,因此,畲人起兵,对宋朝打击颇大。刘克庄评说:"在漳者曰畲,隶龙溪,犹是龙溪人也,南畲隶漳浦,其地西通潮梅,北通汀赣,奸人亡命之所窟穴。畲长技止于机毒矣,汀赣贼人畲者教以短兵接战,故南畲之祸尤烈。"畲人武装最盛时,逼近漳州城仅有20里。福建官府只好调驻扎在漳州与泉州的左翼军反击,侥幸胜了两仗。但是,畲人武装在漳州附近出没不已,漳南

---

① 杨士奇.历代名臣奏议:卷三一九 [M]// 弭盗,何竹淇.两宋农民战争史料汇编:第4册.北京:中华书局,1976:449-450.

② 沈定均,吴联薰等.漳州府志:卷二四 [M].影印光绪刻本,上海:上海书店,2000:493.

③ 刘克庄.后村先生大全集:卷九三 [M].成都:四川大学出版社,2008:2403.

数百里路无法通行。宋朝只好派出官员招安，"令下五日，畲长李德纳款"，随后，"西畲三十余所酋长各籍户口三十余家，愿为版籍民"[1]。宋朝终于结束了这一次动乱。不过，宋代的漳浦县地方辽阔，后日的南靖县、诏安县、东山县、平和都从这里分出，所以，漳浦县的几名官员根本无法管理漳南广大地区。《宋史》云："惟漳州之东，去海甚迩，大山深阻，虽有采矿之利，而潮、梅、汀、赣四州之奸民聚焉，其魁杰者号大洞主、小洞主，土著与负贩者，皆盗贼也。"[2]古代官书对反抗其统治的民众多诬以"盗贼"，实际上，他们不过是不接受朝廷的重税与管制而已。总之，宋代的漳州，朝廷只能控制城市附近的地区，漳南大片山区，都是畲人武装活跃的地区，他们与逃亡此地的汉族流民相结合，依山就势，建立寨堡，朝廷号令在此无法实行。宋朝对此干脆"以不治而治之"，所以，漳南的畲人武装在宋末有很大的发展，元代漳汀畲人发起反元大起义，是在这一背景下发生的。

汀州是畲汉混居区域，随着汉族水田农业的推广，许多畲人改变了生活方式，成为定居农民。加上外地汉族不断流入汀州，因此，汀州人口大幅度增加。文献记载，宋代初年，汀州仅有24700户，每县平均仅4940户，大致相当于福建北部一个小县的户口。迄至宋末的开庆元年（1259年），汀州的长汀、宁化、清流、莲城、武平、上杭六县人口上升到222361户，532681口[3]，平均每县人口接近九万！汀州人口增加快的秘密在于：汀州主体人口是汉化的畲民，这一族群一向重视人口的增长，他们没有溺婴的恶习，一旦拥有较好的物质条件，人口便加速增长。

三、元末明代畲汉民族的融合

元末闽南的畲汉民族大起义是畲汉民族融合的一个重要时代，主要研究元末闽南畲汉民族反元大起义的背景、过程与畲汉民族的融合。

元末闽南的自然灾害与畲汉民众起义发生的背景：

闽南一向被称为佛国，在宋以前，这里的人口适中，海外贸易发达，市场繁荣，是一个人们向往的地方。但到了元代后期，闽南区域屡屡发生畲汉

---

① 刘克庄. 后村先生大全集：卷九三 [M]. 成都：四川大学出版社，2008：2402-2403.

② 脱脱等. 宋史：卷一八五 [M]. 标点本. 北京：中华书局，1977：4537.

③ 胡太初等. 临汀志·户口 [M]. 福州：福建人民出版社，1990：21.

民众大起义，这与元末闽南区域的自然灾害有关。

元代中后期，自然灾害屡屡发生于闽南：

元泰定元年（公元1324年），秋九月，"南康、漳州二路水，淮安、扬州属县饥，赈之"①。

十一月，泉州饥，元朝廷赈贷之。②

元泰定三年（公元1326年）九月，漳州大水。③

元顺帝元统元年（公元1333年），"泉州霖雨，溪水暴涨，漂民居数百家"④。

以上元泰定元年到后至元五年的16年间，闽南即发生了三次大水灾，可是，到了至正年间之后，福建南部又发生了连年大旱灾，泉州诗僧释大圭《悯农》："经年不见大田秋，卖尽犁锄食养牛。倘有后来耕种日，一时相顾更多愁"⑤。至正十四年（公元1354），泉州沿海大旱发展到极点，"旱火秋蒸土山热，新苗立死田寸裂"⑥。《元史》记载："福建泉州……皆大旱……泉州种不入土。人相食。"⑦

连年不断的旱灾破坏了福建的农业经济。僧人释大圭咏道："十年不见钟鼓食，今岁仍遭饥馑时。只道民间须振贷，谁怜我辈亦疲赢。强持一钵向何处？自笑空囊尚有诗。早觉无钱助官帑，也应屠贩逐群儿"⑧。释大圭还有《南国》一诗："南国地皆赤，吾生亦有穷。丰年何日是，菜色万人同。海上舟频入，民间楮已空。犹闻谷价涌，开籴若为功"⑨。阅此可知，当时的泉州全靠海外输入的粮米，但是，由于民穷财尽，谷价上涨，许多人无钱购米，官府开籴，仍有许多人饿死，大圭的《哀殍》一诗咏道："斗米而今已十千，几人身在到明年？谯门有粥如甘露，活得操瓢死道边"⑩。林以顺记载："十三年，泉

---

① 宋濂等 . 元史：卷二九 [M]. 北京：中华书局，1976：639.

② 宋濂等 . 元史：卷二九 [M]. 北京：中华书局，1976：652.

③ 宋濂等 . 元史：卷五十 [M]. 北京：中华书局，1976：1055.

④ 宋濂等 . 元史：卷五一 [M]. 北京：中华书局，1976：1093.

⑤ 释大圭 . 梦观集：卷四，悯农 [M]. 文渊阁四库全书本，15.

⑥ 释大圭 . 梦观集：卷二 [M]. 文渊阁四库全书本，5.

⑦ 宋濂等 . 元史：卷五一 [M]. 北京：中华书局，1976：1106.

⑧ 释大圭 . 梦观集：卷四 [M]. 文渊阁四库全书本，9.

⑨ 释大圭 . 梦观集：卷三 [M]. 文渊阁四库全书本，11.

⑩ 释大圭 . 梦观集：卷五 [M]. 文渊阁四库全书本，15.

郡大饥，死者相枕藉。其能行者，皆老幼扶携，就食永春。""永春县尹卢琦命分诸浮屠及大家使食之。所存活不可胜计。"① 灾荒之时，泉州出现人吃人的现象："四门磔群贼，饿者竞趋之。顾此果何物？犹能疗汝饥。虎今生角翼，民已竭膏脂。无怪人相食，干戈正此时。"②"吾郡从来称佛国，未闻有此食人风。凶年竟遣心术变，末俗何由古昔同。市近只今真有虎，物灵犹自避生虫。诸公肉食无充耳，急为饥民蔽腐红。"③

以上是泉州一地的情况，漳州的灾情不亚于泉州，如，至正十四年，"漳浦大旱"④。不过，由于元朝官吏忽视民间疾苦，民间灾情往往不得上报，所以，在方志中、《元史》中，找不到更多的记载。事实上，以上有关泉州大灾的记载，我们主要是在释大圭的《梦观集》与卢琦的《圭峰集》中查到了相关资料，若仅看史书与泉州方志，我们无法知道这一灾害的严重程度。

元代晚期福建连续不断的水旱，使老百姓的生活很难维持，在这一背景下，若官府能够关心百姓生活，还能缓解灾情，但除了少数官吏外，元朝的官吏以贪污闻名，他们非但不能帮助百姓，而且因军事需要，往往向民众强征赋税与徭役。"世道日纷纭，人人自忧切。路逢村老谈，吞声重悲噎。我里百余家，家家尽磨灭。休论富与贫，官事何由彻。县贴昨夜下，羁縻成行列。邻里争遁逃，妻儿各分别。莫遭一遭逢，皮骨俱碎折。朝对狐狸啼，暮为豺虎啮。到官纵得归，囊底分文竭。"⑤因此，朝廷的压迫，往往成为民众直接起义的原因，

元末福建的自然灾害盛行，旱灾、水灾、瘟疫接连而来，许多地区农业破产，粮食价格昂贵，"半锭一石谷，十两一斗米"，农民"寻常欲求一饱不可"⑥。濒临于死亡的农民纷纷揭竿而起，采取暴烈的反抗行动，"饥民聚为盗，邻警来我疆"⑦。甚至军队也酝酿兵变，"馈饷资边阃，南军万灶寒。断粮今坒月，为变岂无端"⑧。在这一背景下，福建南部陷于大乱，是可以理解的。

---

① 林以顺．永春平贼记 [M]// 卢琦．圭峰集·附录．文渊阁四库全书本，6

② 释大圭．梦观集：卷三 [M]．文渊阁四库全书本，13.

③ 释大圭．梦观集：卷四 [M]．文渊阁四库全书本，9.

④ 蔡世远等．漳州府志：卷三三 [M]．清康熙五十三年刊本，3.

⑤ 卢琦．圭峰集：卷上 [M]．文渊阁四库全书本，18.

⑥ 卢琦．圭峰集：卷下 [M]．文渊阁四库全书本，35.

⑦ 释大圭．梦观集：卷一 [M]．文渊阁四库全书本，15.

⑧ 释大圭．梦观集：卷三 [M]．文渊阁四库全书本，11.

四、明代畲人的姓氏

明代仅有盘、雷、蓝、钟等少数姓氏保留游农的生活方式。明代林希元又说：

> 又有畲民，巢居崖处，射猎其业，耕山而食。二三岁一徙。嗜好食饮，与人殊别。男子予髻，女子无裤。通无鞋履。嫁女以刀斧资送。人死刳木纳尸，少年群集而歌，擘木相击为节，主者一人，盘旋回舞。乃焚木拾骨，浮葬之。将徙，取以去。云：先世狗头王，尝有功，许自食，无徭役。赐姓三，曰盘、曰蓝、曰雷。考之史，其盘瓠、莫徭之裔也欤？①

以上畲民三姓为：盘、蓝、雷。可见，到了明代中后期，福建境内只有盘、蓝、雷等少数姓氏被承认为畲民！傅衣凌所提及的元代福建数十个畲姓大都融入汉族，成为福建人的一部分。福建汉族与畲族实有密不可分的关系。

畲客之名的出现，似与宋代的"山客輋"有关。宋代王象之的《舆地纪胜》："菱禾……此本山客輋所种。"②此处"山客"与"輋"联系在一起，应是輋人住在深山，种輋为生，所以，被称为"山客輋"，表明他们是"山客"中的一种。古人称山林里的谋生者为"山客"，汉诗《豫章行》："凉秋八九月，山客持斧斤。"文中的"山客"应为山中伐木人。晋唐时期的许多隐士也自称"山客"，唐代许浑的《思天台》："赤城云雪深，山客负归心。"③隐居庐山的刘轲曾说："庚辰岁，山客刘轲采拾怪异，自麓至顶。"④可见，当时的"山客"一词是正面的。畲人之所以接受"山客輋"之名，应与这一点有关。

明代后期，"畲客（又作輋客、畬客）"之名开始流行。明代邝露的《赤雅》一书曰："猺名輋客，古八蛮之种。"明末朱国汉入龙岩县，有《新罗道中》一诗："绿蒲畲客饮，红叶女郎樵。"⑤畲客即畲族人，乾隆《龙溪县志》解释："穷

① 林希元.永春县志：卷一[M].嘉靖刊本.

② 王象之.舆地纪胜：卷一〇二[M].影印文选楼影宋抄本.北京：中华书局，3140.

③ 许浑.书丁卯诗集：卷下[M].文渊阁四库全书本，44.

④ 刘轲.庐山黄石岩禅院记[M]//伊继善.江西通志：卷一百二十，文渊阁四库全书本，29.

⑤ 郑方坤.全闽诗话：卷八[M].文渊阁四库全书本，71.

山之内有蓝雷之族焉，不知其所始。姓蓝、雷，无土著，随山迁徙，而种谷三年，土瘠辄弃之。去则种竹偿之。无征税，无服役。以故俗呼之曰'客'。两家自为婚娶。朔望衣冠揖然，不读书，语言不通，不与世往来。"① 清代福建汀州学者杨澜在谈到"畲米"时说："畲客开山种树，掘烧乱草，乘土暖种之。"②

畲客之名也在外省流行。清初的《南宁府志》："猺，一名畲客，有四姓，盘、蓝、雷、钟，自谓狗王后，男女皆椎髻，跣足，结茆为居，迁徙无常。"③ 又如广西，"猺，一名畲客，有四姓，盘、蓝、雷、钟，自谓狗王。后男女皆椎髻跣足，结茆为居，迁徙无常，刀耕火种，不供赋役。善射猎，以毒药涂弩矢，中兽立毙。"④ 在浙南种山的畲客也不少。畲客这一称呼传到外省：清代何焯的《义门读书记》说："畲田，今浙中即有之。其人皆蛮种，谓之畲客。"⑤ 他们的特点是盘瓠崇拜。可见，元明之际的畲人在明代后期发生分化，多数人混同于汉族之中，只有少数人仍然保持盘瓠崇拜，而且主要是蓝雷二姓，他们这部分人在明代末期被称为畲客，后世被称为"畲族"。在"盘、蓝、雷"三大畲族古姓中，盘氏逐渐消失，而原为畲家之婿的钟姓确实加入了畲族。

今日的畲族以蓝雷二姓为主，对于钟姓，有些族谱说钟姓原为畲人的女婿，他们本不是畲族，后来加入了畲族。至于盘姓，则在明代神秘地失踪了！于是，明代福建畲民盘、蓝、雷演变为今日的蓝、雷、钟三姓，与往昔相比，少了盘姓，多了钟姓！钟姓是由唐代汉族进入畲族，成为畲族骨干之一。

关于盘氏。畲族原有盘雷蓝三姓，而后盘氏失踪，钟姓加入。必须强调的是，畲族中的盘姓消失，一直被当作畲族史上的一个大难题，近人查遍福建台湾的姓氏，仅在台湾发现一个盘姓家族，而且人口不多。台湾地区盘姓的发现被当作畲族研究的一大发现。闽东个别畲族族谱认为盘氏消失的原因是盘雷蓝三姓从潮州凤凰山港渡海到闽东时，盘氏的船只被海浪倾覆，因而盘氏没有留下后人。这个解释难以自圆其说，让人疑问重重。近阅陈全之的《蓬窗日录》方才解开其中之谜。陈全之说：

---

① 黄惠等.龙溪县志：卷十 [M].清光绪五年增刊本，5-6.

② 杨澜.临汀汇考：卷四 [M].光绪四年刊，福建省图藏抄配本，15.

③ 汪森.粤西丛载：卷二四 [M].文渊阁四库全书本，5.

④ 汪森.粤西丛载：卷二十四 [M].文渊阁四库全书本，5.

⑤ 何焯.义门读书记：卷五十六 [M].文渊阁四库全书本，5.

闽中有流民余种，潘、蓝、吕三姓，旧为一祖，所分不入编户，凡荒崖弃地居之，耕猎以自食，不供贱役，椎髻跣足，各统于酋长。酋长名为老人，具巾网长服，诸府游处不常。①

（漳浦）大杭山，在县南大溪社，去县二百四十里。是山岩穴深阻，林木阴翳。上有畲洞，盖潘、蓝、雷三种苗种畲于此。今苗散处他处，而豺鼠辈窃居焉，时为民患。此地通潮阳县，治南至此极矣。②

陈全之眼里的畲族三姓，不是"盘、雷、蓝"，而是"潘、雷、蓝"，或作"潘、蓝、吕"。陈全之论述畲族史料的发现，使我认识到：明代对畲族姓氏有不同的翻译法，有些翻译将"盘氏"译作"潘氏"。由于盘、潘二姓同音，仅是音调有所不同，两种翻译都是可以接受的。然而，潘姓是汉族本有的姓氏之一，福建姓潘的人多说自己为汉族。所以，畲族盘姓消失的原因应是其中一大支因使用潘姓，后来就混同于汉族之中了。此外，福建的吕姓中也有畲族，他们原来应是雷姓，只是译法不同，有些地方，将雷译成了吕。③这一事实说明，畲族中姓潘、姓吕的两大姓，后来都成为福建的汉族。而汉族中的钟姓，后来却被视为畲族。

明清时期，畲族大量进入浙江南部山区。浙江处州《青田县志》云："又有畲民一项。佃种人田多，众皆谓顺治间来青，指为槃瓠遗种。尝查槃瓠之说，荒诞不经。"④又如云和县："畲民，不知其种类。或云出粤东海岛间。自国初康熙初迁处郡，依山结庐，务耕作，无寒暑，俱衣麻。畲妇戴布冠缀石珠，负戴与男耦，言语迥别。土著不与通婚姻。而耕耨佃田，咸藉其力。嘉庆八年巡抚阮元合学使文宁咨榷，一体考试。云邑畲民援例求考，近亦有列名黉序者矣。"⑤这些畲民保留了传统文化，今被称为畲族，浙江景宁县今为畲族自治县。在福建境内，闽西和漳州保留的畲族不多，倒是闽东区域，有不少来自广东凤凰山的畲族，他们多为蓝雷二姓。

① 陈全之.蓬窗日录：卷一 [M].上海：上海古籍出版社，2009：39.
② 陈洪谟修.周瑛纂.漳州府志：卷三十四 [M].影印本.厦门：厦门大学出版社，2012：2034.
③ 我的这一发现是在2014年12月24日，附志于此.
④ 吴楚椿.续青田县志：卷四 [M].乾隆四十二年刊本，6-7.
⑤ 伍承洁等.云和县志：卷十五 [M].清同治三年刊本，16.

总之，今人所承认的畲族，实为明清时期畲族蓝、雷、钟三大姓的后裔，此外，又有盘氏因改为潘氏，雷氏因改为吕氏而消融于汉族之中。同时，畲族当中也接纳了大量的汉族，例如，作为畲族新三大姓中的钟姓，应当来自汉族。这些变化，表明畲族与福建人有很深的关系。

第四节　畲族种山经济辨析

自古以来畲族活动于东南山区，他们的经济以"种山"为其特色。早期的畲族耕山经济以自给自足为其特色。但到了明清时期，随着商品经济的发展，江南市场对蓝色染料的期盼，畲族传统的种蓝经济大发展，并在东南各地山区展开。畲族经济也从自然经济转化为小商品经济。

一、以山地经营为特色的畲族经济

畲族起源于宋元时代的畲民。关于畲民的生活方式，明代林希元的嘉靖《永春县志》说：

> 又有畲民，巢居崖处，射猎其业，耕山而食。二三岁一徙。嗜好食饮，与人殊别。……先世狗头王，尝有功，许自食，无徭役。赐姓三，曰盘、曰蓝、曰雷。考之史，其盘瓠、莫徭之裔也欤？[1]

陈全之《蓬窗日录》说：

> 闽中有流民畲种，潘、蓝、吕三姓，旧为一祖，所分不入编户，凡荒崖弃地居之，耕猎以自食，不供贱役，椎髻跣足，各统于酋长。酋长名为老人，具巾网长服，诸府游处不常。[2]

---

① 林希元. 永春县志：卷一 [M]. 嘉靖刊本.
② 陈全之. 蓬窗日录：卷一 [M]. 上海：上海古籍出版社，2009：39.

正德《漳州府志》记载：

> （漳浦）大枋山，在县南大溪社，去县二百四十里。是山岩穴深阻，林木阴翳。上有畲洞，盖潘、蓝、雷三种苗种畲于此。今苗散处他处，而豺鼠辈窃居焉，时为民患。此地通潮阳县，治南至此极矣。①

以上史料反映畲族经济的两个特点，其一为耕山，其二为游动，可称之为"游农"。这与汉越人的定居农业形成鲜明的对照。畲人没有固定的农田，每年春天，他们选择一处肥沃的山地砍倒树木，放火烧荒，植物的灰即成为最好的天然肥料。当春雨来临之际，他们用刀在山地上挖洞，播下粮食作物，让其自行生长。随后，畲人四处打猎，游猎为生。秋天，他们返回播种地，收割自然成熟的粮食。在古代福建，到处都是茂密的森林，在某种程度上，也只有这种方式可以在山地发展农业。因此，早期福建刀耕火种十分流行，在漳浦一带，还保留着"火田村"之类与畲人有关的村庄名称。这种生活方式与古代闽越人是不同的。越人很早就开始种植水稻。为了种植水稻，他们拦河筑堤，整修水田，形成了定居农业，因此，他们有城市与村寨。畲人的农业则以流动为其特点，畲田农业依赖土壤的自然肥力，经过一二年耕种，土壤肥力下降，畲人便迁徙他处，重新开荒。因而，畲人始终在各处流动，极少在某地长期居住。这种生活方式与瑶族极为相似，广东《惠州府志》说："瑶其在惠者，俱来自别境。椎结跣足，随山散处，刀耕火种，采实猎毛，食尽一山则他徙。"②畲瑶的共同特点是生活于山区，用刀耕火种的方式种植各类旱地作物，信仰盘瓠传说等。在福建一带的瑶人，因其放火烧山种植粮食的生活方式，被称为"畲人"。

这里要注意的是，不能将宋元的畲人等同于后日的畲族。当时种山者并非尽是畲瑶人，汉人也有烧畲种山的。"畲田，江南人多畲田，先纵火，谓之燃炉，俟经雨下种。"③宋代的王禹偁有《畲田词》一诗，提到陕西上洛郡有畲

---

① 陈洪谟修，周瑛纂.漳州府志：卷三十四[M].影印本.厦门：厦门大学出版社，2012：2034.

② 姚良弼.惠州府志：卷一四[M].影印天一阁本.上海：上海古籍出版社，1961.

③ 朱胜非.绀珠集：卷十一[M].文渊阁四库全书本，27.

田。^① 以上是汉族区域。在大西南，畲田分布很广，《旧唐书·南蛮传》提到贵州的东谢蛮，"土宜五谷，不以牛耕，但为畲田，每岁易"。宋初的《太平寰宇记·剑南东道》谈到泸州的蛮獠："地无桑麻，每岁畲田，刀耕火种。"可见，许多民族都应用烧畲的耕作方法。宋朝为烧畲做出规定，《宋史·食货·农田》记载："大中祥符四年诏曰：火田之禁，著在礼经。山林之间，合顺时令。其或昆虫未蛰，草木犹蕃，辄纵燎原，则伤生类。诸州县人畲田，并如乡土旧例。自余焚烧野草，须十月后方得纵火。其行路野宿人所在检察，毋使延燔。"这一规定是普遍性的。也说明当时畲田之多。对于山地的畲田，宋末刘克庄注意到："畲田不税，其来久矣。"^② 不过，对于畲田为何免税，刘克庄也说不出所以然来。其实，在《宋史·本纪八真宗》中有这样一条记载：真宗景德四年"诏除畲田租"。这是宋朝的仁政。宋朝对畲田的政策为后世延续，所以，元明清等朝代都不对畲田征税。明清时代的部分畲族总是在山地耕作，也是因为他们不愿放弃"畲田无税"这一优越条件吧。

宋元时期，畲族的主要作物是在山上种植的畲稻。宋代的《湘山野录》提到泉州府有"畲稻"。元代张翥的诗："火米夏收畲稻早，海椒春放瘴花迟。"^③ 清朝的《授时通考·谷种》说莆田县的稻种，"又有畲稻，不用水耕，高山皆可种。"对于泉州府的畲稻，《授时通考·谷种》解释："畲稻，种出獠蛮。必深山肥润处伐木焚之，以益其肥。不二三年地力耗薄，又易他处。"泉州府的惠安县有畲稻，"漳州人来，赁山种之。"而漳州的龙溪县："又有畲稻，颗粒最大，俗呼曰禾。"^④ 以上记载表明，南方一直流行一种名叫"畲稻"的稻种。所谓畲稻，就是一种陆稻。《渊鉴类函·谷部》"六书曰：稻性宜水，亦有同类而陆种者，谓之陆稻。"陆稻可以种植于山地，所以又有山禾之称。宋初的江南，"昔之秔稻，惟秋一收，今又有旱禾焉。"^⑤ 海南岛的黎族也流行种植山禾的习俗。"种山禾，《增海槎余录》儋耳境山百倍于田，土多石少，虽绝顶，亦可耕植。黎俗，四五月必集众斫山木，纵火烧尽成灰，不但根干无遗，上下尺余亦且熟透。徐徐锄，转种旱稻，曰山禾。米粒大而香，可食。

①　王禹偁.小畜集：卷八，[M]，19.

②　刘克庄.后村先生大全集：卷九三 [M]. 成都：四川大学出版社，2008：2402.

③　张翥.蜕庵集：卷四 [M]. 文渊阁四库全书本，12.

④　御定授时通考：卷二十二 [M]. 文渊阁四库全书本，13-15.

⑤　徐光启.农政全书：卷二十五 [M]. 文渊阁四库全书本，13.

连收三四熟。"①

宋元时期，畲族耕山自食，还是一种自给自足的自然经济，这种经济在明清时期转化为商品经济。

二、明清畲族的种蓝经济

以蓝靛为原料制作染料，在中国有悠久的历史。至少战国秦汉时期已经有了染布业。不过，古代中国在衣饰方面有严格的等级制度，官府不准平民百姓穿用染色的衣服，即使有钱也不行。所以，古代平民百姓多以白布为衣。三国时期，吕蒙率部下化装为商人奇袭荆州，因而留下了"吕蒙白衣袭荆州"的故事。这一时代，商人的服饰就是白布。唐代中国仍然保持这一习俗，受唐人影响很深的高丽朝鲜人，一直到清末仍然保持这一习俗，因而有"白衣民族"的称呼。然而，历经朝代变更的中国本土，平民只能着白衣的规定逐渐被人们忘却。

从晚明开始，平民消费的衣饰开始增多。如泰宁县人说："泰之产只苎布耳，苎布之外，一丝一絮，必易于外，而今之富民子弟，服必罗绮，色必红紫，长袖大带，自为得意。一人倡之，十人效之，浮侈志淫，可为太息。"②漳州人"中人家才自存，伶俜环堵，亦自强自修饰，为乡里颜面焉。人无贵贱，多衣绮绣"③。其实，除了少数人追求丝绸和色彩鲜艳的服饰，多数人还是喜欢一种用靛青染成的棉布，或是苎布。明代产自江南的青布畅销天下，普通农民也以穿一件青布衣服为骄傲，所以，青布销售量很大。青布用白布染色而成，因此，青布的畅销，也引发了福建等南方诸省蓝靛业的发展。最早的蓝靛业主要分布在福建沿海，明万历时的《闽部疏》记载："福州而南，兰甲天下"。至今福州南部还保留着青布、青圃、青口之类的地名，王世懋认为"泉之蓝"，是福建主要输出品之一。④同安人林希元说："靛，此货甚于吾同（安），转贩入浙者获大利，永春只自给。"⑤叶梦珠记载：他的家乡上海一

---

① 御定月令辑要：卷八 [M]. 文渊阁四库全书本，16.

② 韩国藩等. 邵武府志：卷十 [M]，4.

③ 袁业泗等. 漳州府志：卷二六 [M]. 万历四十一年刊本，3.

④ 王世懋. 闽部疏 [M]. 丛书集成初编本，12.

⑤ 林希元. 永春县志：卷一.

带消费的青靛，"初出闽中"，后来因战争隔断了航路，有人因市场上缺乏福建靛青，便在江南试种，一度获利。不过，当福建青再度出现于江南市场上时，江南土靛失利，"况所染之色终不若福靛"，所以，最终当地人不种靛青，还是从福建进口①。

畲族以蓝雷二姓为核心，"蓝"姓的由来，应与他们从事的种蓝业有关。他们多分布于福建与广东交界的山区，因而往往被称为"汀州民"。明清的长汀县："富家守禾税，贫夫治山畲，可谓得本计矣。"② 由于长期的技术积累，畲族种植蓝靛的技术应是最好的。例如明代中叶的《建昌府志》说："蓝靛，近自汀得种种之，然终不似汀之宜染也。"在与各地菁民的竞争中，汀州菁民因技术上的优势成为最终的胜利者，所以，汀州人可以到各地租山种靛。明代福建沿海种蓝业的发展，其实和畲民的迁入有关系。原来隶属于兴化府的兴化县在明朝永乐、正统年间遭遇大难，人口流失，最后撤县，土地并入莆田广业里。"莆大姓利之，遂相招结畲丁异客，茶布以为利谋。"万历十七年，"岁稍歉，斗米几四十钱"。"原广业里黠盗何守岳、曾廷邦、畲夷雷五，与异郡菁紫诸邑客人何南山、陈元泉、许一溪、丘汝夫、何西泉、颜玉湖等百余人，谋叛伏诛。"③ 这些文献中的"畲丁""畲夷"应是来自汀漳的畲族先民。由于他们主要来自汀州，所以，各地的畲民往往被称为汀州民。《光泽县志》云："杂处此土者有畲民，居山谷种山。"④ 有些地方的种山人全都是"汀州民"。例如《宁德县志》说"邑以种菁为业者，大抵皆汀人也"。⑤ 连江县："兰淀……连旧所无，今汀郡人携种而来，深山穷谷，遍植之矣。"⑥ 清代的永安县："靛，即靛青，出山厂中，汀州人制。"⑦《永安县志》评说当地的商贾："靛青客，汀州人（采蓝亦汀州人）。"⑧ 在闽浙赣山区，到处都是栽种蓝草的汀州人。就闽东而言，这些"汀州民"，当然就是在福安等县的畲族了。

畲民还将种蓝业推至浙南江西等地，浙江处州《青田县志》云："又有畲

---

① 叶梦珠 . 阅世编：卷七 [M]. 上海：上海古籍出版社，1981：166-167.

② 蔡芳 . 耕织论 [M]// 长汀县志：卷七 [M]. 清乾隆刊本，6-7.

③ 郑钦 . 纪变漫客 [M]// 畲族社会历史调查 [M]. 福州：福建人民出版社，1986：328-329.

④ 高澍然等 . 光泽县志：卷八 [M]. 道光二十年刊本，2.

⑤ 卢建其等 . 宁德县志：卷一 [M]. 宁德县方志办1983年点校本，91.

⑥ 章朝栻 . 连江县志：卷三 [M]. 嘉庆十年刊本，37.

⑦ 陈树兰等 . 永安县续志：卷九 [M]. 永安县方志委1989年点校本，672.

⑧ 陈树兰等 . 永安县续志：卷九 [M]. 永安县方志委1989年点校本，631.

民一项。佃种人田多，众皆谓顺治间来青，指为槃瓠遗种。尝查槃瓠之说，荒诞不经。"① 又如云和县："畲民，不知其种类。或云出粤东海岛间。自国初康熙初迁处郡，依山结庐，务耕作，无寒暑，俱衣麻。畲妇戴布冠缀石珠，负戴与男耦，言语迥别。土著不与通婚姻。而耕耨佃田，咸藉其力。嘉庆八年巡抚阮元合学使文宁咨榷，一体考试。云邑畲民援例求考，近亦有列名黉序者矣。"② 清代何焯的《义门读书记》说："畲田，今浙中即有之。其人皆蛮种，谓之畲客。"这些畲民保留了传统文化，今被称为畲族，浙江景宁县今为畲族自治县。

更多的畲民与汉族融合，他们仍讲汀州话，被称为汀州民。当然，清代的"汀州民"也包括来自汀州的汉人。种靛业中汀州上杭县人十分引人注目，他们不仅进入了闽北和闽东，还进入了浙江南部。浙南的遂昌、宣平、云和、常山、丽水等县的县志，都记载前来开山种靛者都是"闽人"，熊人霖说："菁民者，一曰畲民，汀上杭之贫民也。"③《上杭县志》也说："本邑之种蓝者其利犹少，杭人往南浙作靛，获利以枚数。"④ 浙南的《遂昌县志》云："遂昌种蓝者多闽人。"⑤ 丽水县："靛，俗呼靛青，闽人始来种之。俱在山，今渐种于田矣。"⑥ 开化县："靛，近年邑中处处种之。"⑦ 景宁县："靛，俗呼靛青，种传自闽人，今种者颇多。"⑧ 乐清县："蓝靛，《府志》：温郡红花、靛青，颇利民用，实地之专产。"⑨ 分水县："种靛多闽人。"⑩ 龙泉县："工艺悉资外境，侨居十之五六。"⑪ 浙江的西安县："深山中每植之。"⑫ 缙云县："靛蓝，俗称靛青，性喜阴，山民资以为利。"⑬ 宣平县，顺治《宣平县志》云："靛苧诸利，归之

---

① 吴楚椿. 续青田县志：卷四 [M]. 乾隆四十二年刊本，6–7.

② 伍承洁等. 云和县志：卷十五 [M]. 清同治三年刊本，16.

③ 防菁议上 [M]// 熊人霖. 南荣集：卷十二。

④ 赵成等. 上杭县志：卷一之九 [M]. 乾隆十八年刻本，11.

⑤ 胡寿海等. 遂昌县志：卷十一 [M]. 光绪二十二年本，1201.

⑥ 张铣等. 丽水县志：卷十三 [M]，18.

⑦ 范玉衡. 开化县志 [M]. 乾隆乙卯年刊本，亦见：徐名立等. 开化县志：卷二 [M]. 光绪二十四年刻本.

⑧ 周杰等. 景宁县志：卷十二 [M]. 同治十二年刻本，17.

⑨ 鲍作雨等. 乐清县志：卷十五 [M]. 北京：线装书局，2009；1024.

⑩ 陈景潮. 开种苞芦利害论 [M]// 分水县志：卷一. 道光二十五年刊本，34.

⑪ 潘绍诒等. 处州府志：卷二四 [M]. 光绪三年刊本，15.

⑫ 姚宝煃等. 西安县志：卷二十一 [M]. 台湾成文社影印嘉庆十六年刊本，796.

⑬ 何乃容等. 缙云县志：卷十四 [M]. 清光绪七年刻本，17.

闽人。"① 乾隆《宣平县志》云："大抵宣山多田少，颇宜麻靛。闽人十居其七，利尽归焉。"② 道光《宣平县志》云："麻始于江右人，靛始于闽人，二省之居宣者十有其七，利尽归焉。"③ 浙江云和县："赤石（四都）、桑岭（九都）之间，纯乎闽音。多福建汀州人侨居者。"④ 可见，汀州上杭人在山区种靛业中非常活跃，他们外流的数量不少，乃至在侨居人口占有很大比例。江西山区也有类似的情况。清代乾隆年间的赣州府："深山荒谷，则粤闽侨居，蛮蜑之习有时而染。"⑤ 如赣县："粤闽侨居，犷悍之习时染。"⑥ 又如"靛，俗呼靛青，闽人始来种之。今山民多取利焉。"⑦ 在汀州人的影响下，很多当地人也卷入种靛业。宣平县："靛，蓝所出也。始则闽人种之于山，今宣民种皆在田。……银钱出色，惟此为最。"⑧ 道光年间的宣平县："今土著亦效种靛，近又多种烟草。悉择腴田，冀获重利。"⑨《乐清县志》引述府志："温郡红花、靛青，颇利民用，实地之专产。"⑩ 有一些人还进入闽北种靛，王应山说："靛出山谷，种马蓝草为之。皆上府及温处流人所作。利布四方，谓福建青"。⑪

明代的汀州人多是一边种植旱稻，一边种植蓝靛。旱稻的产量不高，而种植靛青需要较大的成本，一旦制成的靛青无法销售，汀州人的生活会陷入困境。不论在福建还是浙江，都有发生过靛客起义的事件。福州府所属的永福县，种靛业规模颇大："至于引水不及之处，则漳、泉、延、汀之民种菁种蔗，伐山采木，其利乃倍于田。久之，穷冈邃谷，无非客民。客民黠而为党，辚轹土民，岁侵揭竿为变者，皆客民也。"⑫ 这段史料说明，当时有来自沿海及山区各地的农民进入永福县的山区种植蓝草，当地人称之为"菁"，据当地的县志，永福人口中，有二三成是客民。不过，明代的栽菁业很不稳定。菁

① 倪杲，胡世定.宣平县志：卷一 [M].顺治十二年刻本，5.

② 陈加儒等.宣平县志：卷九 [M].台湾成文社影印乾隆十八年刊本，493.

③ 皮树堂等.宣平县志：卷五 [M]，342.

④ 伍承洁等.云和县志：卷十五 [M].清同治三年刊本，12.

⑤ 朱宸等修，林有席等纂.赣州府志：卷二 [M]，321.

⑥ 沈均安等.赣县志：卷一 [M].台湾成文社影印清乾隆二十一年刊本，157.

⑦ 伍承洁等.云和县志：卷十五 [M].清同治三年刊本，15.

⑧ 皮树堂等.宣平县志：卷十七 [M]，1273.

⑨ 皮树堂等.宣平县志：卷五，风土志 [M]，342.

⑩ 鲍作雨等.乐清县志：卷十五 [M].北京：线装书局，2009：1024.

⑪ 王应山.闽大记：卷十一 [M]，5.

⑫ 唐学仁.永福县志：卷一 [M].北京：方志出版社，2007：24.

农往往因破产而发动起义。嘉靖四十年，"漳人王凤以种菁失利，因聚众据二十八都为乱。不旬日，遂至数千人。监司发兵击贼，糗粮不足，百姓皆逃匿，独利洋人鄢俊散家财，持诣垒门给食，兵得无饥。"永福县的菁民起义延续了三年，最后才被刘巡抚平定。①

在浙江南部明代失利的靛农经常发展为靛寇，遂昌县，"崇祯十一年，闽寇猝起。自金华犯遂昌。初闽人来浙东诸郡种麻靛者，布满山谷。久之，与土人为仇。州人丘凌霄父子与金华人陈海九有隙，勾海寇称兵作乱。""崇祯十四年，靛贼出入罟网潭，为江山浦城界，守备葛邦熙追之不克，贼结巢于二十一都。""十五年，闽寇在浙者将归福建，浦城县防守甚严，不得过。由是啸聚于遂之西乡茶园，而江西之永云、衢之江山并震。知县许启洪申请义乌升工部主事熊人霖、绍兴推官陈子龙来剿寇，大惧，半诣浦城降。余并降军前。"②熊人霖在处置浙东菁民起义一事时，写下了著名的《防菁议》，这是研究明清菁农生产关系的重要史料。

明清之际，美洲植物番薯和玉米传入中国，迄至清代中叶，南方山区已经普遍种植番薯和玉米。清代的汀州人一边开发山地，种植蓝靛等植物，另一方面，他们也在地里套种番薯、玉米，从而保证了食物来源，这样，这些汀州移民的生活渐趋稳定，南方山区靛农起义也少了。另外，汀州人经营的山地种植内容也有了变化，除了兰靛之外，他们更多地种植茶树、杉树、桐树等有经济价值的乔木。如赣州："赣田少山多，向皆荒榛丛樾。近年闽人赁土耕锄，石邑下水颇多。初开垦时，桐子、茶子二树并植……冬则拾子、剖仁以榨油。三年茶树长茂，则伐桐树，以老不结子。"③

汀州山民种植的经济树种收成之日，他们的生活会发生很大变化。江西龙泉（遂川）县的种山者是很典型的一例：

> 泉山故多荒棘，康熙间粤闽穷民知吾泉有山可种，渐与只身入境，求主佃山。约以栽插杉苗，俟成林时，得价而均之。山主宁不乐从？佃者倚山搭寮，以前五年为辟荒，则自种早稻、姜、豆、薯、蓣等物，后五年为熟土，始以杉苗插地，滋长未高，仍可种植食物。

---

① 唐学仁.永福县志：卷一[M].北京：方志出版社，2007：26.

② 胡寿海等.遂昌县志：卷十一[M].光绪二十二年本，1228-1230.

③ 孙继祖.石城县志：卷三[M].康熙五十一年刻本.

如此前后十年之内，专利蓄余，彼已娶妻作室，隐厚其基。逮二十年后，售木受价，或百或千，山主得之于意外，尝以耗靡竭之。佃家得之于辛勤，更以节俭饶之，于是佃家日益饶，主家日益竭，佃家始而佃，继而并主之业，以自成业主。主家始而业，继而委业于佃，至欲求为佃者之佃而不可得。此则主家自贻伊戚，无足惜也。然且粤闽之人，比户可封，生齿益繁，而相续流至者愈多，土著之民，荡产日久，又以溺女恶习相沿，男女数不相敌，贫家有四五子，而不能授二三室者，故丁口亦日衰。①

故事中的遂川人以敌视的口气讲述外来客民在当地的发财故事。这些客民来自"粤闽"，应当就是祖源汀州的客家人。他们一无资本，二无土地，完全凭着吃苦耐劳的毅力，经过二十余年的奋斗，才从经济上翻了身。中国人吃苦耐劳的本性在他们身上得到了最好的体现。

汀州地狭人稠，从宋末元代开始便向周边各地移民。他们形成了租山种地的经营方式，每到一地，都能在十年至二十年内翻身。因此，汀州人在中国南部山区逐步扩张。迄今为止，福建之外，江西南部、广东北部、浙江南部，乃至广西、湖南、贵州、四川等地的山区都有许多汀州移民的后代，当今流行的称呼是"客家人"，他们之中有许多人原来是畲民。明清时代南中国的许多变化都与他们有关。

大致而言，明清东南各地种蓝业的发展，都与畲族和"汀州民"有关。所谓"汀州民"，其中即有畲族，也有汀州的汉人，但是，他们的种蓝技术应当都来自有种蓝文化传统的畲族。

总的来说，畲族在中国东南的活动，展现了他们对农业经济的特殊理解。古代汉族主要发展平地农业，在平地水田种植水稻，在旱地种植高粱与小米，即使是在山区，也要在山地造成水平如镜的水田。畲族自古以来发展山地农业，早期畲族不改变山地的基本地貌，而是放火烧山，将树木烧成草木灰，然而后在雨中播下旱稻的种子。在番薯和玉米传进中国之后，畲族人也开始播种玉米、番薯之类的新型粮食。畲族在山区还种植靛青、麻、桐树，并种植杉林。畲族靠出售这些经济作物换取生活物资，从而改变了他们的生活。这种经济形态属于商品经济。

---

① 杜一鸿等.江西龙泉县志：卷十三 [M]// 故宫博物院.故宫珍本丛刊：第116册.海口：海南出版社，2001：221.

第三章　五缘视角的乡族社会

傅衣凌先生称中国南方的古代社会为乡族社会，这是以地缘、血缘以及神缘等为纽带的社会构成方式。这种社会的形成有其特点，在历史上发挥十分独特的作用。

第一节　缘文化与闽台社会的人际关系

对于华人社会的认识，人们有"五缘""六缘"诸说。也有人直接把它概括为"缘"文化。因此，"缘"是什么是这一理论定位的关键之点。据五缘文化的倡导者之一林其锬先生的表述：五缘分别是亲缘、地缘、神缘、业缘、物缘。就此而言，"缘"就是人际关系，"五缘"即为五种人际关系。人际关系是人们常用的日常用语，似乎谁都能明白人际关系是什么，但实际上，要从理论上去阐释人际关系，又是一个有待研究的困难课题。

一、闽台社会的血缘纽带

重视血缘关系是中华民族古老的文化传统，在商周时代，中国有严密的宗法组织，迄至汉代，一系列著名的豪族一直控制了社会。九品中正制是这一制度的顶峰。但在魏晋南北朝的四百年动乱中，中国古老的宗族大都因为战乱在政坛上消亡。隋唐时代，北方的宗法组织经过重组，旧的姓氏衰亡，新的姓氏崛起，但从总体上而言，北方的宗法社会仍然十分强大。可是，从安史之乱开始，中国的北方进入了一个长期的战乱时期，迄至元朝的崛起，来自蒙古高原的游牧骑兵席卷中国北方，无数的城市在战乱中焚毁，中原民众大批逃亡四方，北方传统的宗族组织在长达六七百年战乱中基本灭亡。在汉唐极盛的族居现象，在明清时期已是相当难见了。明代中叶，王士性很感慨地说："宛、洛、淮、汝、雎、汴、卫，自古为戎马之场，胜国以来，杀戮殆尽。郡邑无二百年耆旧之家，除缙绅巨室外，民间俱不立祠堂，不置宗谱，争嗣续者，止以殓葬时作佛超度所烧痤纸姓名为质。庶名服制外，同宗不相敦睦，惟以同户当差者为亲。同姓为婚，多不避忌同宗子姓，有力者蓄之为奴。此皆国初徙民实中州时各带其五方土俗而来故也。"[1]据王士性所说，北方族居制度在明代中期已经彻底瓦解了。

北方宗族制度的瓦解与地理形势有关。北方中原区域是一望无际的大平原，一旦游牧民族入侵，当地居民每每遭到彻底的蹂躏。因此，一旦遇到战乱，他们最佳选择就是逃难异乡，这就造成当地居民每隔数百年就要轮换一茬的现象，而古老的宗法制度也很难在这一块土地上延续。

南方的地理情况与北方不同。以福建来说，福建号称"东南山国"，境内群山胪列，交通极为不便，自古就有"闽道更比蜀道难"之叹。在这种地理环境里，即使发生战乱，受影响的也只限于交通要道的个别城市，例如，福建的兴化、建州、漳州诸城，每每在改朝换代之际，遭受屠城之惨祸。但是，福建大多数家族都住在交通不便的山区，即使改朝换代，这些地区一般不会有大兵驻扎，因此，所受破坏也小。由于这一条件，古老的族居习俗，在明清时期已不见于北方，但在福建等地，却保留得相当完整。

福建在唐代，由于北方移民的迁居，才进入开发阶段。我们注意到：当时的北方移民每每有整族迁移的习惯。例如，唐末名诗人韩偓"挈其族南依王审知"[2]；建阳的《庐峰蔡氏族谱》记载：蔡炉"同妹夫刘翱既西河节度使翁郜，率领五十三姓入闽"。而唐末光州、寿州移民，则在刺史王绪的率领下，共有数万人入闽。后来，他们在固始人王潮、王审知兄弟的指挥下，击败了

---

① 王士性.广志绎：卷三 [M].北京：中华书局，1981：41.

② 欧阳修等.新唐书：卷一八三 [M].点校本.北京：中华书局，1974：5390.

福建的地方豪强势力，建立政权，割据闽中数十年，史称闽国。[1] 毫无疑问，光寿移民是福建历史上最大的一次聚族移民。他们进入福建后，由于时代习俗的影响，大都保持聚族而居的习惯，例如，唐末潘武源"由荥阳入闽……子孙聚族焉峰"[2]。唐代宋仕唐任建阳县令，"爱邑山水风俗，病革，嘱其妻曰：'我有遗爱在民，即不讳，可聚族于此，后子孙遂世居焉；'"[3] 福建宗族的恋土性很强，他们在某一地区定居，子孙繁衍，几十代人不离乡土。清代孟超然说："余世居闽中，见乡井多聚族而居，数百年不变，其居城市者亦罕轻去其里也，不得已而迁徙，阅百十年子孙犹以为故居，敬其耆长，往来不衰。"[4] 久而久之，福建便形成了聚族而居的习惯。如陈寿祺所说："闽越之区，聚族而居。丁多者数千，少亦数百，其间有族长，有房长，有家长，有事则推族长为之主。有司有所推择、征索，亦往往责成族长。此犹古人同族尚齿之遗也。"[5]

闽人向海外的发展，使他们将家乡的血缘组织带到海外。在新加坡，在马来西亚，在菲律宾，最为流行的华人组织是宗亲会。小小的新加坡，竟然有几百个姓氏宗亲会，其中有影响的是王氏宗亲会、林氏宗亲会、陈氏宗亲会等，它们大都发源于福建。这类宗亲会，与本土的宗族又有很大的不同。福建、台湾地区的宗族，大抵是某一福建开基祖的直系后裔，而海外的宗亲会，彼此之间大都没有直接的血缘关系，虽说"五百年前是一家"成为海外同姓相互联络的口号，其实，加入宗亲会者，可以来自广东，也可以来自福建，即使将他们的族谱上溯五百年，也很难沟通。在这里，重要的已不是同宗同姓的事实，而在于寻找一条共同的纽带组成联合的实体，将海外零散的华人组织起来，以便在异国的环境中相互支援、共同奋斗，血缘组织在异国的环境中升华了。

台湾地区作为早期闽人开辟的一个区域，也是福建宗族组织移植的一个地点。但是，台湾地区在其开辟过程中长期被列入移民的禁地，所以，福建人很少有整个家族集体移民台湾某地的例子。在多数情况下，他们是分散地、

① 新五代史：卷六八 [M]. 北京：中华书局，1974：845–851.

② 石有纪修．张琴纂．莆田县志：卷七三 [M]. 福建省图书馆藏抄本，17–18.

③ 梁舆等．建阳县志：卷九 [M]. 建阳县方志委1989年点校本，348.

④ 孟超然．瓶庵居士文抄：卷三 [M]. 嘉庆二十年刊本，36.

⑤ 陈寿祺．左海文集：卷六 [M]. 左海全集本，63.

偷偷地进入台湾地区，直到发了财，才想办法成家立业，然后才与家乡的宗族联系，再想办法续谱。因此，台湾地区的早期社会的宗族组织并不发达。我们所了解的多是"闽粤分类""漳泉械斗"，地缘组织起着更重要的作用。但随着时代的推移，一个家族从一个人发展到几十人至几百人，为了维系他们之间的关系，血缘组织也随之发展，因此，现代台湾地区的农村，族居现象还是相当普遍的。

然而，现代台湾地区姓氏组织的发展，早已超越了农村的族居。宗亲会组织发源于东南亚，现代也席卷了台湾地区。对这一组织最感兴趣的已不是台湾地区农村的农民，而是城市商界的头面人物，他们大都出面组织本身姓氏的宗亲会。并用以发展与海外同姓宗亲会的关系。海外宗亲会大都有世界性的组织，这与台湾地区商人的积极参与有相当关系。而且，这一组织也向大陆渗透，在中国内地都有自己的影响。总的来说，当今闽台血缘组织的繁荣是商品经济发展的产物。

二、闽台社会的地缘纽带

由于福建位于中国的边远地带，福建的方言一向与中原区域有一定距离，唐代的《十道志》论闽中："嗜欲衣服别是一方。"[1] 刘禹锡也说福建："闽有负海之饶，其民悍而俗鬼，居洞砦、家浮筏者与华言不通。"[2] 因此，一旦闽人北上中原，方言成为绝响，这使他们在异乡感到十分的孤独。在五代时，曾发生这样一茬事件："荆楚贾者，与闽商争宿邸，荆贾曰：'尔一等人，横面蛙言，通身剑戟，天生玉网，腹内包虫'。闽商应之曰：'汝辈腹兵，亦自不浅'。盖谓荆字从刀也'。"[3] 由此可见，唐代的闽商常被中原民众视为"蛮夷"。然而，这种文化歧视反而使他们加强联络。宋代有人说福建人："一路虽不同，相逢则曰乡人，情好倍密。"[4] 宋代朝廷中的"福建帮"是有名的，他们相互引援，在朝廷中形成很大的势力。乃至传出"闽人不可为相"的谣言。

---

① 乐史.太平寰宇记：卷一百 [M].同治十年金陵书局刊本，3.
② 刘禹锡.唐故福建等州都团练史兼御史中丞赠左散骑常侍薛公神道碑 [M]// 全唐文：卷六百九.北京：中华书局，1982：6155.
③ 陶谷.清异录：卷上 [M].文渊阁四库全书本，25.
④ 王得臣.麈史：卷下 [M].文渊阁四库全书本，4.

对普通闽人而言，同乡往往是他们在异乡可以求援的对象。因此，不论移居何地，他们都喜欢居住一起，宋代的广州，"濒江多海物，比屋尽闽人"①。清代的苏州，"自阊门至枫桥多闽中海贾，各饰郡邸，时节张灯陈百戏，过从宴犒"②。为了联络乡情之谊，他们在异乡建立会馆，以福建的省会福州来说，在其最为热闹商业街——南台市区，拥有46座以上的福建各县市民众自建的会馆，至于江南与京城等福建人来往较多的地方，明清以来，皆有福建会馆的建置。如上海设有泉漳会馆，"建自乾隆年间，其规模之宏远，气象之堂皇，横览各帮，洵无多让"③。苏州有八座福建会馆④；至于明清的首都北京，一共拥有25座福建各地的会馆⑤。会馆成为异乡闽人交流信息之所。在这里，无论是儒生、官员，还是商人、医卜之流，都以同乡的面目出现，他们相互帮忙，互通信息，在异乡拧成一股力量。值得注意的是：清代台湾已成为一个独立的府，但是，台湾却没有自己的会馆，由于他们多来自福建的漳泉二府，所以，他们在异乡都自动加入漳州、泉州各自的会馆，或是泉漳合办的会馆。如晚清的王韬记载："闽粤大商多在东关外，粤则从汕头，闽则从台湾运糖至沪，所售动以百万金。于沪则收买木棉载回。其地闽粤会馆六七所，类多宏敞壮丽。最盛者闽为泉漳，粤为惠潮。皆择其地绅士董习其事，凡事曲直不定者，咸就决之。无不服焉。"⑥

在海外诸国，凡有闽人聚集处，皆有闽人的会馆。如西贡的福建会馆，在当地是相当有名的。这些会馆虽说不是严密的组织，日常活动也只是些敬神、演戏，但它提供了一个公益活动的场所，使同乡在交往中加深了感情，而且，一旦有什么事发生，同乡人总是相互帮助，共渡难关。例如，台湾开发之初，"土著既鲜，流寓者视同井犹骨肉。疾病死丧相恤，贫无归者，集众捐囊助之，虽悭者犹畏讥议"⑦。他们在异乡相互帮助，逐步形成了同乡人共同居住一地的情况，这也就是台湾多"闽庄""粤庄"之类称呼的由来。清代台

---

① 刘克庄 . 后村先生大全集：卷十二，城南，352.

② 朱仕琇 . 梅崖居士文集：卷八 [M]. 乾隆刊本 .

③ 上海碑刻资料选辑 [M]. 上海：上海人民出版社，1980：233-236.

④ 范金民 . 明清时期活跃于苏州的外地商人 [J]. 中国社会经济史研究，1989（4）.

⑤ 以上参见：李景元《闽中会馆志》等书，此处引自胡春焕，白鹤群 . 北京的会馆 [M]. 北京：中国经济出版社，1994：80-81.

⑥ 王韬 . 瀛壖杂志 [M]// 小方壶舆地丛抄·第九帙，51.

⑦ 胡朴安 . 中华风俗全志：上编 [M]. 石家庄：河北人民出版社，1986：126.

湾的乡贯是极为重要的。一旦发生诉讼、械斗之类的事件，同乡人总是帮同乡。著名的台湾分类械斗，大都是以乡贯为单位的。

三、闽台社会的神缘纽带

在信仰习俗上，中国南北有很大的差异。中国的北方地形平坦，气候干燥，春夏秋冬，四季分明。经过千百年的开垦，这片土地对北方人民来说不再有神秘感。所以，北方人民对宗教的态度比较超脱，"天道远，人道迩"，是他们精神世界真实的写照。与其相比，南方的群山起伏，森林茂密，气候潮湿，微生物生长速度快，每当瘟疫流行，人口死亡率较高。对死亡的畏惧，成为南方人宗教生长的土壤。古代闽越人即以"信巫尚鬼，好淫祀"闻名于世，他们遇到疾病、伤害、旱涝等各种生活中的问题，总要先行向神灵祷告。比之北方人，闽台民众对神明信仰的投入要比北方人更多些。而南方人中，又以古代越人的后裔对民间信仰最为重视。在浙江省、福建省、广东省、广西壮族自治区，民间信仰都成为民众生活中相当流行的社会现象。人们曾经以为：随着社会的发展，对神的崇拜会逐渐淡化，而与之相关的人际关系自然不受人重视。然而，事实上，随着商品经济的发展，闽台的神灵崇拜不是淡化了，而是加强了。与古代社会相比，商品经济社会的特点是动荡不安的，商场上的斗争更加变幻莫测，于是，普通的民众百姓更需要神的"保佑"。在闽台区域，不论是城市还是乡村，到处都有神灵的庙宇，乃至每家每户都有神像设置。当今福建民间信仰之盛，是历史上所罕见的，几乎每一个乡村，每一个村庄都有五六座至十几座神庙，金碧辉煌的古式建筑与红砖的现代民居形成鲜明的对比。而福建城市中的庙宇，香火之盛，也是外省城市不多见的。至于台湾地区，民众对神明的崇拜更是社会中普遍的现象，由于近三十年来台湾经济的发展，大量的富余资金被投入神庙建设中去，因此，台湾的神庙建筑甲于全国。总之，闽台的神灵崇拜在全国最盛。

无处不在的神灵崇拜，成为古人生活中的一件大事。古代中国流行多神崇拜，百姓信奉的神灵有多种，在福建与台湾域内，最为著名的是妈祖、观音、关帝、吴真人、临水夫人等。信仰的多元化，导致信徒的多元化，一座城市里，有人最信奉关帝，也有人最信奉妈祖，南方人在信仰上的选择是多元的、随意的。于是，一个家族里，有信奉上帝的，也有信奉妈祖的；一个村庄里，有信佛教的，也有信仰道教的。这种情况说明：尽管神明崇拜往往与地缘关系与血缘关系有关，但也有不同于地缘关系与血缘关系的时候，因此，信仰便超越了民众血缘组织与地缘组织，成为民众的另一种"缘分"。这种缘分，有时是宗教，表现为宗教组织；有时仅仅是对某一神明的共同信仰，表现为"神明会"组织。例如，福建古代的摩尼教是信众崇拜"摩尼光佛"的组织；而"阿妈会"则是民间崇拜妈祖的组织。当然，两种组织的组合力度是不同的，宗教是终身性的组织，诸如基督教与伊斯兰教，一旦成为这两种宗教的成员，都要严格地遵守教规与教仪，终身服膺教主的教谕。而信仰某一神明的神明会，则是一种相当松散的组织，人们只有在共同的祭祀节日，才聚集在一起，共同操办祭祀仪式。

由于神灵在古代闽台社会的信徒中成为绝对权威的象征。因此，由共同敬奉某一神明从而形成的社会组合形式，在闽台社会中也发挥了相当重要的作用。宗教徒之间所产生的合力自不待言，普通的神明会，也能在社会中发挥特殊的作用。闽台乡村有一个特殊的现象——每一个"境（村庄）"都有自己的"境主神"，这一境主神，或是某某将军，或是某某元帅，有时也选用泰山、城隍等著名神灵，关键在于：他们传播到当地的时间最早，最早成为民众崇拜的对象。他们本身的地位并不一定最高，但百姓相信他们是当地最灵验的神，他们在神灵世界的地位犹如人间的乡长、县令、知府，是地方事务的掌管者，百姓相信他在当地有绝对的权威。因此，当地热心于公益事业的人，都愿意借用神的权威来协调民众的利益。据郑振满的研究，莆田江口平原一带的水利事业，是由地方乡绅组织的，他们以当地的城隍神为号召，利用百姓对境主神的崇拜，将他们组织起来，每年进行水利的维修，或进行水利资源的分配。[①]这种习俗实际上广泛存在于福建各地，在台湾，由于民众赴台开垦多是民间的行为，而台湾的早期居民之间大都没有血缘关系。因此，民间自然形成的领袖，多运用神明崇拜的权威，来组织民众进行公益事业，诸如水利事业的运行、墟市的设立，往往与神缘有关。由此可见，民间信仰的神缘在闽台社会中起了相当重要的作用。

对于神缘，我们还要注意的是：神缘对缘际关系的其他二缘都有渗透，血缘关系往往始于对祖先的崇拜。裔孙以拜神的心理敬祖，开基祖在他们的

---

① 郑振满.神庙祭祀与社区发展的模式——莆田江口平原的例证 [J].史林，1995（8）.

眼里，其地位如同神明。而且，他们利用这一崇拜，将子孙都团结在一起；地缘关系也和神缘紧密相连，福建在外省的会馆，都少不了供奉妈祖，而且，会馆的重要活动之一，便是在三月二十三的妈祖诞，举行一次盛大的游行。其次，在福建、台湾各地公益事业中起核心作用的神明崇拜，大都是地方性，得到某一地方民众的认可，因此，这一类神缘关系，其实与地缘关系是密切相关的；人的缘际关系中，还有业缘与学缘，业缘是同业者共同关系的体现，闽台各地多有同业者创办的同业公所，公所中各有自己的祖师崇拜，例如，木匠崇拜鲁班，药店崇拜药王菩萨。这说明业缘与神缘有密切关系；至于学缘，其来源是同学之缘，表面上看与神缘没有关系。但在古代中国，各级学校都要设置"至圣先师"的像，每年有春秋二祭，每一个学校的生员，都要参拜文素王——孔子。所以，神缘在闽台的缘际关系中的地位是相当重要的。

四、闽台社会的业缘纽带

同业者因为工作内容相同的缘故因而聚合起来，我们称之为业缘。业缘是相当古老的一种"缘分"，最早出现于自由手工业者之间。原来，中国古代手工业多是官营的，官府因其需要设置了种种手工业作坊，在这些作坊中工作的手工业者没有人身自由，他们的生产与分配，都取决于管理者的安排。但是，随着商品经济的发展，许多手工业脱离官府的管辖，他们自行生产、自行销售，其身份相当于农村的自由农。对这些自由手工业者来说，必须解决的首要问题是自我的管理。他们必须防止不正当竞争，规定商品统一的质量、价格，制定行规。这些手工业者的组织，我们称之为行会，同业者的行会是一种典型的业缘组织。

行会的萌芽时期还不很清楚，但在唐宋时代已有一定的发展。其时中国的城市每每有各种手工业者的行会。不过，当时的行会尚要受到官府的控制，为其承担税收与徭役。明清时代，随着官府对工匠控制的松懈，城市中的行会基本成为手工业者之间的组织，与官府没有直接关系，获得较完整的自立。福州与厦门，在清代都是典型的工商城市，手工业相当发达。其中福州的手工业尤其著名。在福州有"三百六十行"的组织，几乎每一种手工业，都有自己的"行"。例如，南台牛皮行，其中包括牛皮箱的制造者、皮箱的经营者。中国旧式行会组织的一个特点是工商不分，福州的三百六十行，几乎每一个行会都包括手工业者与商人，不像欧洲中世纪的行会，商人与手工业者是分开的。不过，在中国，手工业者与商人之间，没有绝对的界限，大多数手工业者都是前店后厂，一边在工场中生产自己的产品，一边在店中出售这些商品，当他们积累起一定的资金，也可以进行某种手工业商品的批发经营。在明清福建的城市，商人与手工业者之间没有严格的区别，只要条件具备，二者之间可以相互转化。行会对他们的意义在于：某一种生意，只有某一种行业的人才可以进行，别人要进入这一行业，就要拜师学艺，经过三年漫长的学徒生涯，学会本行业的技术之外，还要学会本行业的规矩，要出师是不容易的。如此严格的规定，是为了防止技术外泄及不合理的竞争，导致本行业利润下降。这类组织对该行业的人们来说，是维持生活的前提。一个外国人曾经这样描述福州的行会："对于不按行会规定发给工资，或超过行会规定多收学徒的店东，采取极严厉的报复。这种事实的记载是常有的，玛高温曾经描述福州一个违犯行规的人被残酷地打死的故事。但他指出，这种办法是很少采用的，行会内部问题，一般不需采取不正当的冲突而获得解决。"[①]

手工业者经营的范围主要在自己的城市，他们即使上升为商人，也是"坐贾"。而商人中有"行商坐贾"之分。坐贾与手工业者有很深的关系，他们的行会大都与手工业者有关。但行商的组织，则与手工业者关系不大。清代福建的福州与泉厦等城市，都有自己的商人行会，福州商人的组织称为"帮"，闽南商人的组织称为"郊"。苏州的三山会馆由福州商人捐建，由其署名中，我们可看到福州商人的行帮，如洋帮、干果帮、青果帮、丝帮、花帮、紫竹帮等等。[②]厦门城与泉州城有著名的"郊商"组织，其中有经营福建与台湾贸易的"鹿港郊"，有经营北路贸易的"北郊"，以及经营南路贸易的"南郊"。在泉州的南关，有一座铁钟，上有"鹿港郊公置铁钟铭文"，由铭文中我们可以知道：鹿港郊下辖46家经营闽台贸易的商号。

进入晚清时代，随着西方制度的影响，西方同业者联合起来的做法也传入中国。于是，中国各地有了商会之类的组织，它的组织特点是将城市中各行各业的商人集中起来，成立统一的组织。这类组织的建立，其实并未打乱中国原有的行会组织，它仅是在原有的分行业的商人组织之上，建立一个共

---

① 转引自彭泽益.中国近代史手工业史资料：第二册[M].北京：中华书局，1962：31.

② 道光三十年重修三山会馆勤助姓名典[M]//苏州历史博物馆.明清苏州工商业碑刻集.南京：江苏人民出版社，1981：352.

同的组织，它也是以业缘为主的。晚清的商会之类的组织在地方政治上有一定影响。由于统治者开始意识到工商业是国家发展的希望，商会在政治上的发言权明显增加了。从晚清到民国，地方的公益事业，几乎都离不开商会的作用。但在民国时期，商会最突出的作用是为过境的军队筹资，也就是说，承担军队对城市的剥削。因此，中国的行会组织，在近代政治上，还没有获得真正的权力。

总的来说，业缘关系存在于闽台的古代，但它主要是城市中手工业者与商人的组织，在传统社会的影响远远不如血缘、地缘与神缘。但是，随着闽台社会的发展与近代化，业缘组织日益普及、扩大，标志着近代阶级意识的觉醒。然而，闽台社会的特色在于：尽管业缘关系日益重要，古老的血缘关系、地缘关系与神缘关系仍然存在。

五、闽台社会的学缘纽带

对五缘的构成，各方有独特的解释。个人觉得应当以学缘取代物缘会更好一些。

师生之情，同学之缘，我们称之为学缘。有的同志将学缘与业缘合在一起，以为学缘其实是业缘的一种。从表面看，同学是同业的延伸，实际上，由同学之情而产生的学缘，不同于其他四缘。学友，可以是不同血缘、不同地缘、不同神缘、不同业缘的一群人，只要他们曾经在一起学习过，他们便可以超越国家、信仰、血统、专业，寻找到共同的语言。

其实，学缘也可以在中国社会寻找到古老的社会根源。自孔夫子以来，中国一直是一个重视师门传统的国家。在中国，人们将老师与学生的关系比作家庭中的父子关系，由此而来，同学的关系也就成了同门中的兄弟关系。我们知道：在古代中国，兄弟关系是一种非常亲的关系，由它延伸而来的同学关系，受到相当的重视。学缘，它甚至成为行为的规范。例如，我们在潜意识中都认为：一位旧日的同学一旦遭了难，我们都有责任伸出救援之手。对同学的苦处视而无睹，在中国社会被视为不道德的行为之一。在古代官场，每隔三年就要进行一次考核，这种考核，不是现代意义上的考核，衡量是非的标准只是表面文章，关键在于人际关系。如果与考官的关系好，只要不出太大的差错，总能轻松过关；倘若平时得罪了考官，关键时刻考官落井下石，不得升迁还是小事，可能还会遭受免职等意外之祸，将使官场的喜剧变为悲剧。因此，在官场建立人际关系是非常重要的，这就要重视人与人之间的缘分。而在古代官场，大家都是官员，业缘已不存在，血缘是令人忌讳的，神缘让人可笑，地缘过于瞩目，只有学缘在官场被认为最为正常的关系，同学帮同学，不仅是被认为正常的现象，而且还被视为应尽的义务。所以，学缘在官场是极为重要的。

在古代中国官场，最为突出的是同门学生的共进退。唐代的"牛李党争"，是唐代中后期重要的党派斗争，起源于牛僧孺与李德裕的门户之见。其后，他们的学生分别纠合成"牛党"与"李党"，党同伐异，相互攻击。牛党执政，起用牛党成员，李党纷纷告退；李党执政，起用李党成员，牛党纷纷告退。在这一时代，同学即为同派，倘若有谁敢于背叛自己的门派，很可能是既得不到对方的认同，也得不到同学的支持，陷入众叛亲离的境地。孔子对其学生冉求施政之道不满，呼吁自己其他的学生"鸣鼓而攻之"。对冉求而言，受到自己同学的攻击，不能不说是他在政治上的一大失败，他原来是作为孔门的代表进入鲁国政坛，他若得不到孔门的支持，鲁国执政者起用他的意义何在？这肯定会削弱他在主人心中的地位。所以，古代官场，学缘是非常重要的。

学缘的影响同样表现于明清时代的地方官场。明清时代，府州县都设有学校，称之为：府学、州学、县学，学校中生员在当时是广泛意义上的后备官员。他们之中会有人考上举人、进士，成为国家正式官员。因此，地方官对于地方的生员与举人，不敢十分小视，因为：他们的同学中，可能已有些人进入仕途，成为自己的上级。事实上，县令在其地方行政中，相当重视秀才、举人及一般生员的作用。有的县令亲自给生员讲课，选拔一些优秀人才，在地方行政方面，也极为重视生员的作用。明清时代的一些杰出的生员，或是秀才、举人，都会在当地行政中有重大影响，从而成为当地著名的人物。

如果说古代社会学缘的影响主要是在政坛，当代社会则发展到每一个角落。这是因为：古代社会的读书人是极为少数的一部分人，大约占全体人民的百分之一二，除了极个别地方，一般不会超过百分之十。但在当代社会，学校已是每一个人必经的阶段，不论每一个人的职业是什么，工人、商人、农民、军人、公务员，他们都经历过学校的培训。可以说，普及教育造成学缘的普遍化，就像每一个人都有其血缘关系、地缘关系一样，每一个人都有了学缘关系。今天的中国，不论是台湾，还是福建，到处都有同学会，有小学同学会，有中学同学会，有大学同学会，当代社会的学缘关系已是重要的人际关系纽带。无处不在的校友会，不仅是联络同学之情的松散组织，而且是寻找个人发展支持点的来源之一。人们在同学会上的叙旧，是一种典型的感情投资，在需要的时候，同学之情便成为自己事业的支撑点，因此，同学之缘已成为当代社会重要的社会网络。学缘对于个人的重要性，其实不亚于其他各种缘文化。

中国人一向怀念夏商周三代，在他们看来，那一时代是一个人际关系极为协调的时代。在这种黄金时代，每一个人都不要为自己操心，他只要为公家认真地做事，便能得到自己应有的一切。但到了秦汉以后，中国社会发生了很大变化，明代福建著名学者蔡清分析道："三代以降，井牧之制不复，又别是一乾坤矣。天下之生，纷纷董董，上之人大概都不甚照管他，号照管者，恐亦未尽其道。只是任他自贫自富，自有自无。惟知有田则有租，有身则有庸而已。田连阡陌由他，无卓锥之地由他。"[①]在这种社会里，每一个人都不能像以往一样以清高自许，他们若要获得成功，便得与社会上各种人发生关系，每一个人在社会中的成功，都离不开人际关系的建立，只有在人际关系上处理成功的人，才能得到自己的东西。这是中国与西方社会不同之处。而中国社会的人际关系，主要来自五缘。这是五缘在中国得到重视的原因。有人对商品经济发展时代五缘文化的发展极为不解，但只要我们参透了五缘文化在人际关系中的作用，便可知道：它在当代的发展并非偶然的。社会学不能再忽略这一现象，对此加强研究，有助于加强对当代中国的理解。

第二节　明清官府和宗族的相互关系

明清社会有四大权力：政权、族权、神权、夫权。因此，官府与宗族的关系是研究古代社会之治乱所不能不涉及的问题。过去学术界对这个问题研究得较多的是二者关系中互为支持的一面，实际上，明清官府和宗族的关系还有相互制约的一面。本文试图探研官府与宗族关系的二重性，以揭示其深

---

① 蔡清. 虚斋蔡先生文集：卷二 [M]. 文渊阁四库全书本，16–17.

刻的社会本质。

一、明清时代官府对宗族制度的维护

在中国古代社会，官府和宗族关系主要方面是互相支持的。官府对宗族共同体的鼓吹一向不遗余力。这种在中国被视为司空见惯的现象，从世界史角度来看却是奇特的。通常认为，国家产生的历史就是与血缘关系作斗争的历史，血缘权力的崩溃是国家产生的前提。这是贯穿恩格斯名著《家庭、私有制和国家的起源》一书的中心思想。中国的情况则相反，国家政权始终与宗法关系搅在一起，难解难分。直到明清时代，官方儒学代表人物还竭力鼓吹恢复夏商周三代的宗法制度。其原因何在？我们若分析他们的主张，可发现其主题都是为了利用宗族共同体进行对百姓的统治，以弥补官府行政机构的不足。

首先，他们认为宗法制度可使上下相维，贫富相安，从而消除社会动乱的因素。清代冯桂芬说："宗法者，佐国家养民教民之原本也。"[①] 方孝孺认为夏商周三代统治成功的基本经验在于宗法，"先王之盛，以井地养民，以比闾族党之法联民"，所以"宗族之序然，贫能相救，患能相恤。"[②] 而三代以后宗法制度被打碎了，"天下之生纷纷蠢蠢，上之人大概都不甚照管他，号照管者，恐亦未尽其道，只是任他自贫自富、自有自无。"[③] 他们清楚地看到这种情况是天下动乱的根源。明清之际李世熊说："天下由治而乱，毒虽酝于士大夫，难多发于闾左"，"夫闾左之变非一朝也，微见于人情锼薄，瘤视其族戚，轻弃乡井，不知有骨肉宗党之可爱，而后贼戾叛弑，延至鼎迁社移而后已"。他大声疾呼："孟子曰：亲亲长长而天下平，人伦明则小民亲，岂非千载治世之要道哉！"[④] 倘使能够模仿上古宗法制度，设置族有公产，慎始追远，使族人团结一致，"岁时有合食之恩，吉凶有通财之义"，互相周济，"不待王政之施，而鳏、寡，孤、独、废疾者皆有所养矣"[⑤]。贫者不至于因不能自存而蹈险。就

① 冯桂芬.复宗法议 [M]// 近代中国史料丛刊续刊：第七十九辑.台北：文海出版社，1027.

② 方孝孺.逊志斋集：卷十三 [M].文渊阁四库全书本，383.

③ 蔡清.虚斋集：卷二 [M].文渊阁四库全书本，789.

④ 李世雄.寒枝初集：卷五 [M].同治甲戌年刻本，1.

⑤ 顾炎武.日知录：卷六 [M].合肥：安徽大学出版社，2007：344.

像冯桂芬所说："宗法之善，在有余则归之，家不足则资之宗。邪教之宗旨，大都窃此二语，以聚无赖之民。"①他觉得，只要宗族能做到互助互济，常常造反的民间会社便不能吸引穷人入社，而天下便可长治久安了。

官府扶持宗族共同体原因之二，是他们看到可以利用宗族组织和权力完善政权的统治。冯桂芬提倡仿效上古宗法制度，在聚族而居的宗族中实行宗子制度，给予他们相应的权力管理族众。他认为宗子管理族众比通过官府管理更好。比如对于百姓，"则牧令所不能治者，宗子能治之，牧令远而宗子近也，父兄不能教者，宗子能教之，父兄多从宽而宗子可从严也。"②张海珊则主张把政权的部分职能交给族长，用以"管摄天下之人心"，"凡族必有长，而又择其齿德之优者以为之副，凡劝道风化，以及户婚田土争竞之争，其长与副先听之，而事之大者，方许之官。国家赋税、力役之征，亦先下之族长。族必有田以赡孤寡，有塾以训子弟，有器械以巡徼盗贼。惟族长之以意经营，而官止为之申饬。"③在这些主张的支持下，清代南方的一些地方，族长成了官府承认的乡村管理人，代表官方行事。如福建的宗族，"有族长，有房长，有家长，有事则推族长为之主，有司有所推择征索亦往往责成族长。"④江西地方："如地方村庄聚族满百人以上，拣选族中人品刚方，素为阖族敬惮者，立为族正。若有匪类，令其报官究治。"⑤其他各省也有相同的情况。

明清官府扶植共同体之意还在于凭借强宗大族的力量，平内乱，御外侮，支持统治阶级的政权。顾炎武道："呜呼！自治道愈下而国无强宗，无强宗是以无立国，无立国是以内溃外衅而卒于灭亡。"他认为宗法之存，"所以扶人纪而张国势"，所以他主张给巨族以封建之权，否则"一旦有变，人主无可仗之大臣，国无可依之巨室"，那样的话，国家就危险了。他总结宋代的历史，认为北宋没有世族阶层是其失败的原因。当"靖康之变，无一家能相率统师以自保者"，所以入侵者长驱直入，迅速覆亡。⑥这实际上是他对明王朝灭亡原因的看法吧。同时代人钱谦益目睹"楚豫之间寇未至而先溃，名都大邑弃

①　冯桂芬.复宗法议 [M]// 近代中国史料丛刊续刊：第七十九辑.台北：文海出版社，1031.

②　冯桂芬.复宗法议 [M]// 近代中国史料丛刊续刊：第七十九辑.台北：文海出版社，1027.

③　张海珊.聚民论 [M]// 近代中国史料丛刊：第七十四辑.台北：文海出版社，2136.

④　陈寿祺.左海文集：卷六 [M]// 续修四库全书：1496册.上海：上海古籍出版社，1995：270.

⑤　凌焘.西江视臬纪事 [M]// 清史资料：第三辑.北京：中华书局，1982：201.

⑥　顾炎武.顾亭林诗文集：卷五 [M].北京：中华书局，1983：100—101.

之如遗肋焉"之类的情况，不胜感慨地说，如果士大夫能够像宗族一样依恋土地，"视朝廷之军师国邑，咸如祭器之不可鬻，坟墓之不可去，则祖宗之土宇版章可复，而流亡溃败之祸其少止乎"？^① 所以明清之际士大夫多主张恢复上古封建宗法之制，利用宗族组织拱卫中央政权。如顾炎武所说："欲藉士大夫之势以主其国者，其在重氏族哉！其在重氏族哉！"^②

以上论述可以看出，明清政权的统治非但不能与族权分家，而且非得仰仗族权的支持不可。那么，为什么中国封建社会不能形成纯粹依靠行政、司法等法权的机构统治国家呢？敝文认为，这和中央集权型政权的早熟性与不成熟性有关。世界史上普遍出现中央集权型国家是近世的事，而中国早在秦汉期间就出现了。由于其早熟，就不能不带不成熟性。比如说：地方政府建设很薄弱，正式官员仅几人，他们要贯彻中央政府的意旨仅凭行政机构绝对是不行的，所以它一定要依靠地方宗族权力来实行统治。再者，明清时期南方数省聚族而居已是普遍的事实，如江西省："江省士民，率皆聚族而居，族各有祠，以敦岁祀。"^③ 福建省："闽越之区，聚族而居，丁多者数千，少亦数百，其间有族长房长。"^④ 又如："广东人民率多聚族而居，每族皆建宗祠，随祠置有祭田，名为尝租。"^⑤ 这些聚族而居的宗族都有牢固的宗族组织，官府离开他们就无法进行统治。因此，中国封建社会中政权和族权相伴而生的现象，也是历史演变的必然结果。

官府依赖族权进行统治，大力扶植宗族共同体，实行这种政策的结果如何呢？应该说，官方从中得益很多，官府与宗族相互支持是二者关系的主要一面。

二、明清宗族对官府统治的维持

官府扶植宗族，当政权与族权的关系比较正常时，统治者确实能够得力于宗族。族权对于官府的支持可概括为几方面。

---

① 钱谦益.牧斋初学集：卷四四 [M]// 近代中国史料丛刊三编：第九辑.台北：文海出版社，1131.

② 顾炎武.顾亭林诗文集：卷五 [M].北京：中华书局，1983：102.

③ 凌焘.西江视臬纪事 [M]// 清史资料：第三辑.北京：中华书局，1982：216.

④ 陈寿祺.左海文集：卷六 [M].左海全集本，63.

⑤ 王检.请除尝租锢弊疏 [M]// 琴川居士辑.皇清奏议：卷五十六.台北：文海出版社，1967：4697.

其一，镇压游民叛乱，维护地方"治安"。"福建长乐诸县大姓，父老绅士多有自纠其族乡毋得为盗者。"[①] 有些宗族则通过族规的"奖善惩恶"条例来控制族众，如九江陈氏家族族规规定："族有孝友以纯善可称者，家长颂之，合族奖之，其有为恶不悛之徒，家长诫之，合族苦言劝之，或决杖三十儆之，不改则令送官重处之。"[②] 这样的族规官方当然很欢迎。宗族共同体大都有自己的武装，通常他们都能维护本族地区的治安。例如漳州郊区："乡民自卫，贼不敢近"，而漳州城由官方兵役守警，反而失盗、抢劫等案层出不穷。[③]

其二，调解民事纠纷。大多数宗族都有自然形成的惯例，凡族内争端，由族长或受尊敬的族人出面调解。如："漳平民间，家长之外，有所谓公亲者，其任务以调解证见为要务，民间细微事件，大抵就理于公亲，较重要之契约，家长之外，必加入公亲若干人之署名，公亲资格，亦不必其人为当事者公共之亲，大率大小乡绅，以及一造之戚属，皆得随时认为有公亲之资格。"[④] 又如武昌近郊保安，永丰等乡，设有族正，族正有管事权，"民有争执之事，先经本系族正房长，暨村正与村之贤德者平之"。[⑤] 由于族长一类人熟悉本地情况，往往为官府器重。如明代华亭县杨周，"郡邑长贤其才，里中有疑事不能决者，辄牒令剖之。某甲者为族人侵其田，周奉檄劝返之"[⑥]。

其三，缓和贫富矛盾。明清时期的宗族共同体大都设有祠堂，备有祠产，其收入有相当一部分用作赈济族内穷人。这种例子很多，随手举一例。《蓉门陆氏宗谱》规定："凡贫老无依不能自养者，无论男女，五十一岁为始，每月给米一斗二升"，"凡寡妇贫之者，十岁以内，每月给米八升。"[⑦] 总之，凡鳏寡孤独皆能得到族田的赡济。这样，多少能使贫穷之户不致于流离失所，转为社会对立面。

其四，宗族组织经常担负一部分地方公益建设。比如龙岩一带每一个宗族都有自己的组织，各族又联合成坊社，其组合以"股"为单位："大姓为一

① 陈庚焕．惕园初稿：卷十三 [M]. 咸丰刻惕园全集本．

② 陈雪涛．义门陈氏大同宗谱：卷四 [M].1940 年铅印本．

③ 徐宗干．斯末信斋杂录 [M]// 近代中国史料丛刊续刊：第九十八辑．台北：文海出版社，14.

④ 郑丰稔．龙岩县志：卷十六 [M]. 民国三十四年刊本．

⑤ 法政学社．中国民事习惯大全：第三编 [M]. 上海：广益书局，1924.

⑥ 杨开弟修，姚光发等纂．重修华亭县志：卷十四 [M]. 清光绪四年刊本，21.

⑦ 转引自清水盛光．中国族产制度考 [M]. 宋念慈，译．中华文化出版事业委员会，1956.

股或两股，各小姓组合为一股或半股，股出乡长一个，按股敛谷，储为公用。遇官府征发，或造桥修路等事，由乡地保具事传齐乡长会议。"①封建时代官方对地方公益之事往往不能顾及或等根本无心顾及，所以道路失修，陂塘毁坏的情况很普遍，像龙岩这样具有完备宗族组织的地方，这类问题就能得到较好的解决。据说，龙岩县城乡公有设施始终是维修良好的。

其五，在战乱时用武力保卫政权。如明末福建沿海地区自动组织起来抗御海寇："村落塘讯各设四旗，器炮错综，其数几十。如某乡有警则其乡声几炮，举旗，邻近各乡如其数应之，顷刻传遍海壖。"②抗倭时期福建沿海一带宗族武装起了很大的作用。如泉州柯姓赞筑安平城，其族管事人柯奇卿"复部署族人为捍御"。"计比倭至，率以登埤，兼治糜以哺保者，与众共守，城卒以完。"③清代台湾也有强大的族姓武装，当蔡牵进攻台湾攻陷凤山县时，临近的嘉义县仓卒之间召集当地乡族武装，"各分地而守"。④蔡牵攻城不下，只得退走。在朝廷垂亡之际，宗族武装给予封建政权的支持也是很重要的。山东明清之际，"大姓多拥兵自卫"，南明将领"以虚札委之，使彼从军，不一日得兵三千余"，迅速扩张了军队。⑤南明王朝能坚持几十年抗清斗争，其原因之一是得到了南方强宗大姓武装的支持。如王兴"团结丁壮，保乡井，约束训练久之，皆成劲旅"。他聚保广东顺德县文村，凭险据守，清军屡攻不下，一直坚持到桂王入缅时期才最后失败。⑥

政权和族权互相维系，这是官府扶植宗族共同体的收获。然而，这仅是官府和宗族关系中的一面，二者关系中还有不可忽略的另一面。

三、明清乡族组织对地方政权的反制

宗族共同体的发展，也有和官府发生对抗的一面。一般地说，在朝代初期官权较盛，对违法乱纪的强宗大姓毫不留情地给予打击，所以，宗族共同

① 郑丰稔. 龙岩县志：卷十六 [M]. 民国三十四年刊本 .

② 陈庚焕. 惕园初稿：卷十三 [M]. 咸丰刻惕园全集本 .

③ 黄任 等. 泉州府志：卷五十九 [M]// 中国地方志集成·福建府县志辑：第24册 . 上海：上海书店出版社，2000：308-309.

④ 陈庚焕. 惕园初稿：卷六 [M]. 咸丰刻惕园全集本 .

⑤ 丁耀亢. 出劫志略 [M]. 明史资料丛刊：第二辑 [M]. 南京：江苏人民出版社，1982：154.

⑥ 陈庚焕. 惕园初稿：卷一 [M]. 咸丰刻惕园全集本 .

体大多是自相约束，不敢胡作非为。但时间一长，情况便发生变化。官府的权威由于官僚机构自身腐败而不断削弱，强宗大姓却由于人丁的繁衍，族内有人做官等因素，势力不断增强，渐渐地太阿倒持，某此地区的族权气势压倒官府。而族姓与官方的关系也发生质变，仗着强宗大姓势力支持的豪强，不能满足于法律给他们带来的利益，在贪欲驱动下，他们伸手攫取非分的东西。这样，族权的膨胀便向官府所不愿看到的方向发展了。

族权破坏法治的手段是多种多样的，突出地表现以下几个方面。第一，豪强凭着大族的支持称霸乡里，侵吞小民财物。如明代丁氏家族："曾大父湖南公曜，少年自雄其才，起家数万。族有数百人，世居湖滨，敢而负气，公好施，收其豪有力者，岁时椎牛置酒高会，威惠并行，有事夜半一鼓而集。无赖者驾巨艇湖中，使酒好斗，人闻丁氏船多咋舌避易。"[1]凭着宗族武装，他们横行乡里，无视法律，用各种手段欺夺百姓田产。如仙游县夹在大族豪强间的"寡弱之良民"，日子非常难过。强宗大姓，趁机窥伺。"吞田索贷，连绵其券，不陷之以人命则诬之以军丁，吏缘而罗织，不竭货产以赔之，不止也。"[2]普通百姓生命财产没有保障，"仙游小姓畏大姓甚于畏官，其畏之奈何？一朝之忿，呼者四应，直有剑及寝门，车及蒲胥之势。"[3]在诏安地区，小姓为了生存被迫向大姓纳贡称臣。"诏安小族附近大族，田园种植，须得大族人为看管，方保无虞。其利或十而取一，或十三而取一，名曰包总。否则强抢偷窃，敢怒不敢言。"[4]而潮州地区"世家大族，轻蔑孤姓，呵叱若奴仆不如。"[5]凭借宗族势力，豪强还私设刑堂，谢金銮《泉漳治法论》揭露：逋租负债之人由于未还债，绅士富民之家"则掳其人而私加拷掠焉……其法率多毙命。"[6]他们还和官府的黑暗势力勾结，用钱贿赂污吏，"多或十数金，少或逾贯陌"，官吏便为他们逮系平民"窘辱楚挞"。积威渐久，"遂使良善吞声，惟豪右所鱼肉"。[7]对国家政权来说，小农经济是赋税的源泉，小农被豪强兼并，

① 丁元荐．西山日记：卷下 [M]// 续修四库全书，1172.

② 郑纪．送万廷器之仙游序 [M]// 陈寿祺．福建通志：卷五十五．同治九年重纂本．

③ 陈盛韶．问俗录：卷三 [M]．北京：书目文献出版社，1983：60.

④ 陈盛韶．问俗录：卷四 [M]．北京：书目文献出版社，1983：92.

⑤ 蓝鼎元．鹿州初集：卷十四，潮州风俗考 [M]．文渊阁四库全书本，28.

⑥ 谢金銮．泉漳治法论 [M]．同治七年重刊本抄本，10.

⑦ 陈庚焕．惕园初集：卷六 [M]．清道光元年刻本．

对封建政权来说，也是非常不利的。所以，官府往往在一定程度上保护小农。而强宗大姓的肆意横行，显然与官府愿望相违。

第二，强宗大姓往往漏租瞒役，恃强不纳官粮。明代葛守礼说："南方丁差，一户每数十人，才出一丁应役，十年才轮当一差。"①说的就是南方大族瞒役的情况。这种情形很普遍，而以诏安最典型，如："官陂廖氏，附城沈氏及为许、为陈、为林，田不知其几千亩也，丁不知其几万户也。族传止一二总户名入官，如廖文兴、廖日新、许力发，平式甫是也。更有因隐避徭役，数姓合立一户，如李林等户合为关世贤，叶赵等户合为赵建兴是也。"②数万户的大族才立一两个户头，国家损失税额之大是可想而知的。他如平和县的田地"纳赋不及十之二三。"③但这还只是瞒租，比之公然恃强抗纳赋税的强宗大姓还逊色许多。广东省"乡村族居，多建炮台，县官催科，动必发兵，幸而战胜，惧乃纳税。"④潮州山门城赵姓宗族，"赵氏聚族千丁，衣冠之士，济济数十，左右乡村推巨擘焉。排户赵麟、赵伯、赵镐，自康熙六十一年以来至雍正六年，积欠正供粮银一百六十九两，米六十八石有奇。"官府差役去催缴粮税，不应。派兵下去，赵姓关闭寨门，"鸣鼓列阵，执戈扬盾，以示必欲拒敌官兵"。直到县令扬言要派大兵围剿，赵氏宗族才勉强低头答应纳粮。⑤再如潮州大族。潮州城内诸大族中文武生员不下七八百人，捐纳监生一千三百人，按过去的说法，这些大族"受皇恩尤深"，应当知恩报恩按时纳粮为民表率。但实际情况正相反，潮州的世家大族"素有健遁之癖"，不肯交纳粮税。"威权恒赫，如虎如狼。持檄催粮之差，孰有过其宅而问者，见之惴惴，莫敢仰视，稍有片言获戾，则缚入其家，禁闭楚挞，否则追至县堂，众殴公庭之上，由来久矣。"⑥在县衙门所在地的城市，豪族大姓竟敢在光天化日之下殴打官府代表、催粮的公差，其气焰何等嚣张！

第三，窝盗举兵，武力对抗官府。强宗大族往往成为窝藏盗匪的窝主。蓝鼎元《鹿洲公案》仙楼村条，叙述了一个潮阳巨豪马仕镇窝盗分赃之事。

① 葛守礼 . 葛端肃公家训：卷下 [M]. 嘉庆七年刊本 .

② 陈盛昭 . 问俗录：卷四 [M]. 北京：书目文献出版社，1983：92.

③ 姚莹 . 东溟外集：卷三 [M]// 东溟全集 . 道光二十九年刻本，10.

④ 胡朴安 . 中华全国风俗志·下篇：卷七 [M]. 郑州：中州古籍出版社，1990：2.

⑤ 蓝鼎元 . 鹿洲公案：卷下 [M]// 鹿洲全集：上册 . 厦门：厦门大学出版社，1995：432–433.

⑥ 蓝鼎元 . 鹿洲公案：卷上 [M]// 鹿洲全集：上册 . 厦门：厦门大学出版社，1995：373.

马仕镇家，筑一楼房，专门结纳四方强盗，坐地分赃，家中常有匪盗数十人为座上客。这些匪徒大白天行劫于潮阳各地，官府莫奈之何。马仕镇敢于这么猖狂，除一方面结纳贪官污吏外，另一方面就是依仗宗族武装："马氏故巨族，其丁男二千有奇，分三寨鼎足而居，左右乡村，莫敢睨视。"曾有一守令想捕他归案"借兵四百，亲诣仙村擒捕之"。想不到马氏宗族武装公然反抗，闭门拒守，施放火炮，县令只好灰溜溜地逃回。"前后任潮邑摄潮篆者十令，拘之三十有四年不能获。"①像马氏宗族这种情况，并非单独的例子。如潮州的卓州溪有姚绍聪为著名强盗，但在县令审判他时，姚氏宗人生员监生都为他作保。本地的保正明知其为强盗，可是"畏其族大强凶"，不敢察举。②再如漳州地区，"盗贼之风，历称猖獗，或白日伺劫于中途，或聚众劫于黑夜"。这些盗匪都以本族作为藏匿之地，抢劫后逃回家里，官兵因其族大不敢往捕。在沿海一带做过多年官的姚莹说："漳、泉、惠、潮各郡人民聚族而居，强悍素著，藏匿凶慝，常临以兵役数千，不能得一罪人。"③还有些宗族甚至整族为盗。如安溪县赤岭地方林姓宗族拦路掳劫行人，勒索钱财，造成"赤岭道梗不通者五六年"。而林姓宗族中"以掳抢勒赎而致富者数家"④。又如龙溪地方，宗族武装控制道路分头抽税，"北溪一路，七十余里，截河私征者十数处"⑤。强宗豪族发展到这种地步，可以说已成了官府的对立面了。

第四，逞强械斗，捣乱治安。明清时期宗族武装林立，特别是东南沿海一带，几乎每一个族姓都有自己的武装。他们逞强欺弱，横行霸道，最后也导致他们之间互相火并械斗。械斗以闽广二省最突出，"一夫修怨，千百为群，连斗累月，互相死伤数十百数而不息。"⑥宗族械斗中双方死伤人数肯定是不同的，伤亡多的一方必不心甘，一定要订期再斗。这样循环反复，累经数十年上百年不息。在清代中后期，闽广二省械斗已成严重的社会问题，陈寿祺说：福建省"今比县械斗，月数起矣。每斗辄杀十余人，多或数十人"⑦。较典型的

---

① 蓝鼎元.鹿洲公案：卷下 [M]// 鹿洲全集：上册.厦门：厦门大学出版社，1995：422-423.

② 蓝鼎元.鹿洲公案：卷上 [M]// 鹿洲全集：上册.厦门：厦门大学出版社，1995：402.

③ 姚莹.东溟文集：卷四 [M]// 东溟全集.道光二十九年刻本，12.

④ 谢金銮.泉漳治法论 [M].1965据同治七年重刊本抄本，10.

⑤ 姚莹.东溟文集：卷四 [M]// 东溟全集.道光二十九年刻本，1.

⑥ 姚莹.东溟文集：卷三 [M]// 东溟全集.道光二十九年刻本，18.

⑦ 陈寿祺.左海文集：卷五 [M]// 续修四库全书·集部别集类1496册，207.

如道光甲寅年间的龙溪县："尔者古县之郑姓及杂姓五十余社，械斗于南，天宝之陈姓及杂姓七十余社械斗于西，田里之王姓及洪岱之施姓械斗于东，归德之邹姓与苏郭等姓械斗于北，西北则乌头门之詹陈等姓，东北则鳌浦扶摇之吴杨等姓，浦南芹里之梁宋钟林等姓，丰山龙架坂之杨林等姓，金沙银塘之陈赵等姓，东南则官田宅前之吴杨等姓，各社接连，大者数十，小者十余，频年以来仇怨相寻，杀夺不已。"① 像龙溪这种情况可以说是四野沸腾，无一片安静的土地。尤其使官府担心的是这些宗族都结成会社，大者数十姓一会，小者十余姓一会，互相结联，形成一股巨大的力量。如果这股力量将其矛头对准官府，随时会发生一场反政府巨变。台湾地区结成的宗姓同盟以地域分类，有泉州人、漳州人、粤人等三大派，三派都有雄厚的武装。天地会等反清复明组织秘密活动于其间，凭借这种武装常常掀起全台性大暴动。林爽文起义便是一例。所以清政策对台湾地区的乡族武装一直耿耿不安，感到如坐火山之上。

以上这些事实都说明官府与宗族共同体的关系不仅有相互支持的一面，而且还有互相斗争的一面，这种斗争有时是非常激烈的。这种斗争反映了地方豪强的个人利益与整体利益的冲突。理论上，法律是保护全体利益的。各乡宗族中的每一分子若遵守法律，都能得到相应的利益。但个人的贪欲是无底的，一些有权有势的地方豪绅不能满足法律赋予他们的权益，而想凭借自身的势力攫取更多的东西，宗族势力正是他们进行这种非法活动的靠山。因此，官府要保护全体的利益，就不能不打击豪强，为达到这个目的，就要削弱豪强依靠的宗族势力。官府打击非法强宗大姓的政策，构成官府对宗族政策的另一面。

四、官府对族权的管制和打击

官府处理自身和族权发生的矛盾，首先是想利用原有的宗族组织将它纳入轨道。明清时代的族长除了少数之外，大多是名义上的，对族众没有实质性的约束权力。当时有人提出给族长、族副约束族众的实权。清代陈庚焕说："水乡山谷，恃众凭险，抗官逋赋，凌弱暴寡者，所在多有，必皆无赖之徒倡

---

① 姚莹. 东溟外集：卷四 [M]// 东溟全集. 道光二十九年刻本，9.

率把持之，非人人顽梗也。其俗或重族长……则因其地之所重，假之以权，使率宗族乡里，则逋负可清，奸宄可散。"①这些主张者认为给予族长事权，可以将非法事情消灭在萌芽中。陈寿祺说："豫于是又择其乡之齿长而端悫者，立族正及副二人，如古三老、啬夫。凡乡有不便于民及讼事，族人以告族正，小事族正判其曲直而罢，大事族正自诣县告，或率其俱至，以俟令长听断，令长有所问，以片纸召族正，亦如之。"②姚莹曾将这些措施贯彻于闽南一带，起到了控制宗族的作用。漳州平和县有强大的宗族联合团体叫作"社"，它是一种械斗中产生的联合组织。姚莹在这些社中选择一些人做家长："兹特颁给以札谕戮记准尔某为某社家长，约束子弟理其社之事，以某某为之副"，"给予信记官牒约束族众。"③凡族中有事，皆令宗社家长处理之："今与尔约，尔与族人约，自兹以后，凡子弟有不甘心如上事者，不得擅自相争，必先告尔本社之中，尔即理处之。如两社则彼此家长共议之，不决则请邻社家长议之，再不决，然后控诉。傥子弟不遵，则会集族众于祠，共擒而解官惩治之。"④姚莹的这些措施很快把局面控制住了，漳州一带出现少有的平静。

官府在利用宗族组织控制宗族之时，又将保甲连坐法引入。如姚莹不仅给予族长家长管理族众的权力，而且还允许他们有宗族武装，"复择壮丁大社百人，小社五十人藉其名与年貌为乡勇。"⑤但责其负起维护治安的责任，逐捕盗贼。他让这些宗社划地联防，若发生盗窃案件，"凡白昼中途被劫者，察地界何社，先责其地之家长族正以赀偿客，然后捕贼。其夜中纠劫者，令事主侦贼去入何社，亦责偿于社，苟能捕贼者免。"⑥姚莹并要求宗社各自约束族内，社内族众，使不得为盗，若发生这种事，"先罚家长，照数赔赃，仍勒令拿解盗犯。"⑦

违法乱纪的强宗大族，其中多有为头者，这些为头的人多由生员充当，打击生员，也是官府控制大族手段之一。明清的生员是地方一霸，如人说：

① 陈庚焕. 惕园初集：卷六 [M]. 清道光元年刻本.
② 治南狱事录 [M]// 陈寿祺. 左海文集：卷三，106.
③ 姚莹. 东溟外集：卷四 [M]// 东溟全集. 道光二十九年刻本，11.
④ 姚莹. 东溟外集：卷四 [M]// 东溟全集. 道光二十九年刻本，12.
⑤ 姚莹. 东溟文集：卷四 [M]// 东溟全集. 道光二十九年刻本，2.
⑥ 姚莹. 东溟文集：卷四 [M]// 东溟全集. 道光二十九年刻本，13.
⑦ 姚莹. 东溟外集：卷四 [M]// 东溟全集. 道光二十九年刻本，12.

"士习之陋，莫甚于今日。一做秀才，即有开赌局、交衙蠹以自肥于内而树威于外者！若其守己安分不能使人畏，人亦不重之。故秀才之不谋非分者，难也。"①明清的生员是族内出头露面人物，殴打粮差，诉讼夺产，乃至组织械斗，大多数是这些人倡首作俑。但生员也有一小辫子抓在官府手里，他们的特权从秀才身份中来，一旦失去这称号，威势杀半。所以每当一些强族大姓发生抗官械斗等事时，官员便威胁要革除该族生员的身份。例如："谢金銮教谕南靖，南靖有同姓而斗于城邑者，教谕……悉召生监而谕之。其弱房者稽首悔罪，缚起事者以献于县官。"但强房势大不愿息斗，谢金銮乃"具文书详革生员二人，讲戒饬者七八人。"②强房在威胁下，只好罢手。

革除生员是比较缓和的措施，当官府与强宗的矛盾尖锐时，官府也不惜采用杀戮的手段。如前述潮州普宁仙楼村马氏宗族中的马仕镇，为诸不法事多年，蓝鼎元任县官时，将其拘捕，欲杀之未果。不过，明清两代杀戮强宗大姓不法者之事并非罕见。明清的传记中，大都以摧强宗、辟大姓为地方官的政绩之一。至于朱元璋的迁豪富政策，更沉重地打击了东南一带的强宗大姓。清代《福建通志》记载雍正皇帝的"圣训"："朕闻闽省漳泉地方，民俗强悍，好勇斗狠。而族大丁繁之家，往往恃其人力众盛，欺压单寒。偶因雀角小故，动辄纠党械斗，酿成大案。及至官司捕治，复逃匿抗拒，目无国宪。"雍正要他们"幡然醒悟，共相勉励，而成礼义仁让之乡乎？"③否则，为非者必受处置。雍正、乾隆间，官府在闽南办过一些大案，沉重打击了当地的强宗大姓。

若说对强宗大姓中为非作歹的不法豪强给予打击，还带有因人因事之意，那么，官府直接干涉宗族内部事务，力图削弱宗族共有因素，则更直接地体现了官府对宗族血缘共同体向不利于己的方向发展而感到忧虑。如江西省，宗族祠堂公产被用于打官司，好事者"更或图谋风水，占夺峦林，诡立祖名，择族中之狡黠者，冒名混告，一切盘费食用，皆取给于公祠，狡黠之徒藉以为利"官府认为这正是"刁讼之风，所由不息"的原因。江西按察使凌焘对此规定："凡公租所积，概令增置公产"，"族中遇有讼事概不许指此为

---

① 谢金銮. 泉漳治法论 [M].1965年据同治七年重刊本抄本，20.

② 谢金銮. 泉漳治法论 [M].1965年据同治七年重刊本抄本，8.

③ 黄任等. 泉州府志：卷二十 [M]// 中国地方志集成·福建府县志辑：第22册. 上海：上海书店出版社，2000：493-494.

用。"① 广东省大族祠产收入之数甚巨，尝租收入除用于祭祠祖先外，也用于械斗。凡械斗所需枪炮，抚恤费，偿命钱皆由祠产支出，所以，广东宗族武装很强大。他们视械斗为儿戏，甚至抗官不纳租税。张之洞分析其原因时说，"种种刁恶，皆由于尝租之为厉"。因此，他奏请朝廷限制广东宗族所有田地，"凡本处城乡之祠，每年祭祀所需，酌留尝田数十亩，而后严禁添积，其余所存之田，有近年捐置者，仍归本人收管。如系久远流传，以及递年租息所置，即按其合族支派，均匀散给。"② 儒家学者的理想是复古，因而他们对保留三代之意的宗族组织极为看重，把它当作通往上古社会的桥梁。但是，同为儒家大师的张之洞目睹广东强宗大族的情况，却主张削减宗族共有地，这一决策的意义是深远的。

官府和宗族关系的本质是国家与地方自治团体的关系，二者的根本利益是一致的。共同利害关系构成双方利益互相维系的方面。但是，当地方乡族势力不满足法律赋予的权力，依仗强大的宗族组织采取破坏法治的手段来攫取个人利益时，二者便发生冲突。国家政权不得不打击这部分人，并且打击这些人仗以横行的宗法组织。于是便产生政权与宗族相抗的情况。明清的历史说明，政权和族权的关系如何，关系到朝代的兴亡。如果官府能够控制族权，二者相维相系，相得益彰，政局安定。倘若控制不了，族权的发展离开官方的轨道转到对立面去，官府的统治便发生动摇。总之，官府与宗族的关系是对立统一的关系，既有相辅相成的一面，也有相互对立的一面，虽说对立面仅是次要的一面，但也不可忽略，否则我们无法解释明清时代官府与族权相抗的情况。比如捻军以安徽宗族武装为基础，韦昌辉全族加入太平天国运动，林爽文起义与地方宗族武装的关系等等。一分为二看问题，才是正确的。

第三节　清代闽粤乡族械斗研究

乡族械斗是一种以地缘和血缘关系为纽带的人的群体之间的暴力冲突，是一种诉诸武力解决人际矛盾的野蛮行径，它是人类无力约束自己的表现。在历

---

① 凌焘.西江视臬纪事 [M]// 清史资料：第三辑.北京：中华书局，1982：208.

② 王检.请除尝租锢弊疏 [M]// 琴川居士.皇清奏议：卷五十六.台北：文海出版社，1967：4701.

史上，乡族械斗以其普发性、持久性和破坏性成为闽粤地区的治安之"癌"。

一、清代闽粤乡族械斗的普发性

清代的中国已有数千年的文明史，闽粤二省虽然开发较迟，但也早已不是荒蛮之地。清代二省的文化水平很高，广东的潮州府："士笃文行，家蓄图籍，人习礼仪，穷乡隘巷，弦歌之声相闻。"[①]福建的漳州、泉州、兴化人才之盛不亚于江南，每次科举考试都有一大批人登第。若以科举名额来衡量某地区的文化水平，广东和福建无疑是佼佼者。况且，在明清以前，闽粤二省的治安也是较好的。宋代的朱熹说泉州："此地古称佛国，满街都是圣人。"翻开闽粤各地的方志，诸如"海滨邹鲁"，"礼义之邦"，"士读诗书，家藏法律"之类的评价，不胜枚举。为什么这两个中古时期还是"礼仪之邦"的省份，迨至清代却幡然成为械斗最盛行的地区？清代官员说道："臣闻械斗之风莫甚于福建漳、泉、台湾，广东之潮州、嘉应及广州府属之东莞、新安。"[②]熟悉这两省情况的人都知道，这些地区恰是闽粤二省文化最为发达的区域，但它同时却又是械斗最为激烈的地区，若就参加械斗的族姓来说，当官最多的家族卷入械斗最深，如平和的黄氏宗族，"元勋忠义彪炳天朝，人物科名于今为烈"，可是，黄氏的支脉八房之间，却是斗得不可开交，死伤众多。[③]再以械斗的策划者来说，他们大都是各族的生员，他们最有文化知识，却最热衷于乡族械斗。文明和野蛮在这块土地上呈现出最不协调的统一。

清代人们对福建民风有这样一段评论："闽地环山负海，民俗素称强悍，每因雀角微嫌，动辄聚众械斗，甚至拆屋毁禾，杀伤人命，通省皆然，惟漳泉为尤甚。"[④]当时我国南方沿海省份，包括隔海的台湾府都盛行械斗之风，但是，大家都认为这股械斗之风是从漳泉二府传过去的。广东的官员也说：械斗之风"起于福建之漳泉，流传于潮州"，渐染于广东各地。陈徽言的《南越游记》写道："闽之滨海漳泉数郡人，性皆重财轻生，剽悍好斗。潮地接壤，

① 阮元修，陈昌齐，刘彬华等.广东通志：卷九三 [M].上海：上海商务印书馆，1934：1796.

② 陈澧.东塾集：卷五 [M].清光绪十八年刻本，8.

③ 姚莹.东溟外集：卷四 [M]// 东溟全集.道光二十九年刻本，467.

④ 德舒.奏报饬有司秉公审断械斗折 [M]// 台北故宫博物院.宫中档乾隆朝奏折：第二辑.台北：台北故宫博物院，1982：18.

年久亦染其习。凡剑、棒、弓、刀、藤牌、火铳诸器，家各有之。少不合意，纠众相角，戾夫一呼，从者如蚁。将斗，列兵家祠，所姓宗长率族属男妇群诣祖堂，椎牛告奠，歃血痛饮，大呼而出。两阵既对，矢石雨下，已而欢哗如雷，胜者为荣。"

汪志伊说："查闽省械斗之风，漳泉尤盛。缘民俗犷悍，生齿日繁，仇怨甚深。且聚族而居，大者千余户，小者亦百数十户。大户欺凌小户，小户忿不能平，亦即纠合亲党，抵敌大户。每遇雀角微嫌，动辄鸣锣号召，千百成群，列械互斗，其凶横若此。且各立宗祠，元旦拜后，即作阄书，写多名。以为殴毙抵偿之名次。拈得者，颇以为荣。族人代为立后，并设位于祠。其愚若此。"① 由此可见，宗族制度是械斗的基本组织。宗族的居住情形很耐人寻味，例如诏安县："四都之民，筑土为堡，雉堞四门如城制，聚族于斯，其中器械具备。二都无城，广筑围楼，墙高数仞，直上数层，四面留空，可以望远。合族比栉而居，由一门出入。门坚如铁石，器械毕具。"② 这种居住情形有如准战争状态下的民族。村族之间怀有很深的不信任感，细微的冲突也常常引起械斗："一夫修怨，千百为群，连斗累月，互相死伤数十百数而不息。"每场械斗中各族成年男子都倾巢而出，按军法部伍勒众，其场面相当壮观。有人目睹惠安地区的械斗情况："臣前过惠安时，见械斗方起，部伍亦甚整齐，大姓红旗，小姓白旗，枪炮刀矛，器械具备，闻金而进，见火而退。"③ 一场大规模械斗，往往死伤数十人。为了确保械斗的胜利，各族之间产生了联盟，以一个大族或大姓为首，纠合一些小姓，组成同盟，互相支援。这种同盟就叫作"社"。道光时龙溪一县有一千零八社，社形成以后，导致械斗规模日益扩大，人们论说道："昔日之斗，会社犹少，今各处无不会社。"④ 会社之上，还有同盟关系，这使械斗规模突破乡区界限。"泉民之斗以乡斗，漳民之斗则以姓斗。以乡斗者，如两乡相斗，地画东西；近于东者助东，近于西者助西，其牵引尝至数十乡。以姓斗者，如两姓相斗，远乡之同姓者必受累，受累则亦各自为斗，其牵引亦能至数十乡。"⑤ 按照当地的习俗，一场械斗下来，双方

① 汪志伊.敬陈治化漳泉风俗疏[M]// 贺长龄.清经世文编：卷二三.北京：中华书局，1992：596.
② 陈盛韶.问俗录：卷四[M].北京：书目文献出版社，1983：85.
③ 张集馨.道咸宦海见闻录[M].北京：中华书局，1981：266.
④ 谢金銮.漳泉治法论[M]// 丁曰健.治台必告录.台湾文献丛刊第17种，103.
⑤ 谢金銮.漳泉治法论[M]// 丁曰健.治台必告录.台湾文献丛刊第17种，104.

都要计算死亡人数，死人较多的一方，本着血亲复仇的原则，定要约期再斗，以期杀死对方相同的人数，抵偿己方死者之命。然而，新的械斗在大多数情况下又会产生新的不平衡，结果是再酝酿一场新的械斗，如此循环报复不止，宗族间的械斗常有延续数十年至数百年的。例如有人论说："若泉之同安，漳之漳浦，冤家固结，多历年所。杀父杀兄之仇，所在多有。甚或刳及数代之祖坟，出其骸髅诸市，题曰：'某人之几世祖骨出卖'，列诸墟，众遍观之。此其不共戴天，非国法所能止也。"[①]在有些地方，胜者还乘胜追击，掳掠对方财产。"彼村所有米谷赀财尽行席卷，搜括既罄，并将房屋一炬焚烧，且毁弃尸身，扬灭形迹，荼毒之惨，所不忍言。"[②]

乡族械斗给闽南地区造成了严重的治安问题。每场械斗都要死伤很多人。"南安三十都大姓李氏众数千，与三十五都杂姓数千人大斗，互杀四十余人，或曰死二百余人。"[③]在械斗频繁的地区，总死伤人数相当大，例如道光时的龙溪县，各乡族间"积怨深仇，蔓延滋斗，视杀人如草芥，以虏劫为故常，一日之中或十余命，一岁之内伏尸盈千，剖腹刳肠，莫形凶惨，四郊近地，皆为战场，岂复知有法令哉？"[④]道光时姚莹论龙溪县："尔者古县之郑姓及杂姓五十余社，械斗于南，天宝之陈姓及杂姓七十余社械斗于西，田里之王姓及洪岱之施姓械斗于东，归德之邹姓与苏郭等姓械斗于北，西北则乌头门之詹陈等姓，东北则鳌浦扶摇之吴杨等姓，浦南芹里之梁宋钟林等姓，丰山龙架坂之杨林等姓，金沙银塘之陈赵等姓，东南则官田宅前之吴杨等姓，各社接连，大者数十，小者十余，频年以来，仇怨相寻，杀夺不已，其焚掠截房死伤破败之惨，概不可胜言矣。"[⑤]龙溪县这种情形可说是四野沸腾，民无宁日。

乡族械斗给闽粤的社会生产带来无穷无尽的危害。例如由械斗引至的掳掠勒赎之风，"多出于仇雠之家，二姓忿争，素有嫌隙，则互相掳掠……掳其人以困辱之，亦勒其财以赎焉，赃则无多，志在辱之，以快雠而已"。但到了后来，各族都有不少无赖故意掳人勒赎，借以发财。如安溪赤岭"以掳抢勒赎而致富者数家"，"此辈控案以百数十计，而县官不能治。赤岭道梗不通者，

---

① 谢金銮.漳泉治法论 [M]// 丁曰健.治台必告录.台湾文献丛刊第17种，102.

② 郑振图.治械斗议 [M]// 贺长龄.清经世文编：卷二十三.北京：中华书局，1992：48.

③ 陈寿祺.左海文集：卷三 [M].清刊本，31.

④ 姚莹.东溟文集：卷四 [M]// 东溟全集.道光二十九年刻本，405.

⑤ 姚莹.东溟外集：卷四 [M]// 东溟全集.道光二十九年刻本，9.

五六年于兹矣。近村赴县邑者，皆倍道出他途以往"①。掳禁之风盛行，使不少坦途成了鬼域，行人不敢通行，甚至田地无人耕种任其抛荒。械斗也消耗了人民的财富，械斗的经济负担沉重，漳州诏安各族为械斗筹集资金的办法是征集丁亩钱，"八口之家，或无立锥之地，典售不足，继以称贷，称贷不足，至于鬻子。妇儿牵裙泣下，索钱豪恶，疾目切齿，须臾难缓"②。穷人常因无力负担械斗的开支而破产，而富人在械斗中常成为对方的勒索对象。被打死人命的家庭往往不控告真凶，而是妄控对方家族的富人，借以敲诈财产。若遂其愿，破费很大，而且，下次还可能成为敲诈的对象；若不遂其愿，上衙门打官司，则又会被贪官污吏剥一层皮。所以，械斗也会导致许多富人破产，"一斗而富者失富，再斗而富者转贫，三斗而贫者流离死亡"。③清初的漳州，城市经济非常繁荣："漳州郡城与厦门对峙，该地绅士富户半系贩洋为生，较之他郡尤为殷实，而城市之繁华，胜于省会。"④但后来由于附近乡村盛行械斗的缘故，经济渐趋萧条，当地官员叹道："嗟吁漳郡，古称繁富之区，而比来人物凋敝，商贾萧条，元气大亏，疮痍满目。"⑤可见械斗造成极坏的后果。

　　总之，参加械斗的双方，不论富人还是穷人都遭受惨重的损失。若说有例外的话，那只有一些游离于社会之外的渣滓——游民。因此，站在理性的立场上，很难理解这种不理智行为产生的社会原因。

二、清代各界对闽粤乡族械斗的关注

　　鉴于械斗对治安的破坏，清代政府一直很重视这个问题，雍正皇帝曾发表了如下诏谕："朕闻闽省漳泉地方，民俗强悍，好勇斗狠，而族大丁繁之家，往往恃其人力众盛欺压单寒，偶因雀角小故，动辄纠党械斗，酿成大案，及至官司捕治，又复逃匿抗拒，目无国宪。两郡之劣习相同……闽省文风颇优，武途更盛，而漳泉二府人才又在他郡之上，历来为国家宣猷效力者实不

---

① 谢金銮.漳泉治法论 [M]// 丁曰健.治台必告录.台湾文献丛刊第 17 种，104.
② 陈盛诏.问俗录：卷四 [M].北京：书目文献出版社，1983：93.
③ 陈盛诏.问俗录：卷四 [M].北京：书目文献出版社，1983：93.
④ 潘思榘.奏报巡历各邑地方情形折 [M]// 故宫博物院.宫中档乾隆朝奏折：第一辑.台北：台北故宫博物院，1982：743.
⑤ 姚莹.东溟外集：卷四 [M]// 东溟全集.道光二十九年刻本，8–9.

乏人，唯有风俗强悍一节，为天下所共知，亦天下所共鄙，何不幡然醒悟，共相勉励，而成礼义仁让之乡乎？"[①]封建时代的官僚政府很少过问社会问题，而由皇帝亲自过问的更为少见，然而对于闽南的乡族械斗，雍正皇帝亲自出面干涉，督促各级官员治理，仅此一事，说明闽南乡族械斗影响之大。雍正之后，乾隆皇帝也频频过问闽南的乡族械斗，但即便如此，闽南乡族械斗并未有所收敛，终有清一代，闽粤乡族械斗对清代政府来说，一直是个头痛的问题。

　　为什么闽粤地区会发生如此野蛮的乡族械斗呢？对社会学家来说这是个迷。一般来说，当时没有健全的法制，人们不善于处理人之间的矛盾，小范围内和平地解决氏族内部的矛盾，凭借风俗和习惯的威力，他们犹可做到；在扩大范围内和平地解决氏族间的矛盾，他们便难以做到。对古人来说，血缘是高于一切的关系，是正义的准则，涉及本族与外族成员之间的矛盾，感情将掩盖他们的理智，本族人不管干了什么犯罪的行为，都会得到原谅和庇护，而本族成员哪怕受到最轻微的侮辱，共同的血缘关系则使他们把它看作对自己的侮辱，而为此拼命一战。

　　正如野蛮随着文明的发展而消失，械斗也随着民族的成熟而成为往事。发达民族都有国家组织和法律制度，人与人之间的血缘关系也随着国家的建立而淡薄。个人之间的摩擦发展为血亲团体之间的械斗，对他们来说是不可思议的。发达民族以一定的准则处理人之间的矛盾，这些准则在外表上至少蒙着一层公理的外衣，并以维护人民的共同利益的外貌出现，得到多数人的承认、默认和接受。这些准则就是法律。法律以高压态式维持了人之间的和平交往，使国家形态得以延续，人的社会性得到实现。因此，发达民族将以流血方式解决人之间冲突看作法治的失败，械斗和文明民族是格格不入的。

　　闽粤地区是我国最发达的区域之一，自宋朝而后，这个地区为我国贡献了许多优秀人才，若按照封建时代的惯例，以科举名额来衡量某地区的文化水平，闽粤无疑是我国文化水平较高的区域，每县都有数百至上千名生员。闽南又是儒佛道三教盛行的区域，自古有"海滨邹鲁""闽南佛国"之称，三教的道义都宣传克己待人，其思想和暴力是格格不入的。但是谁想得到呢？偏是这样一个文明程度较高的区域，同时又是械斗最盛行的区域。一些名门

---

① 黄任等．泉州府志：卷二十 [M]．影印光绪重刊本．上海：上海书店，2000：492．

望族也参与械斗。例如平和县的黄氏，据姚莹说，黄氏宗族，"元勋忠义彪炳天朝，人物科名于今为烈"，但其支脉八房之间，却是斗得不可开交，死伤众多。文明和野蛮在这块土地上呈现出最奇妙的统一，给社会学家提出了一个有趣而又困难的问题。

倘使分析引致械斗的直接原因，这个问题的难度就更进了一步。以我所见，械斗原因有以下几种：

其一，争夺沙田。闽粤两省的江河入海处，海滩每年都要往外伸展几十米至数百米，这些土地非常肥沃，成为沿海大族争夺的对象。清初的漳州府，"海滨民犬牙争猎，至纷斗相贼杀，又莫如埭田"[①]。在两姓之间即使仅是一犁地的田土竞争，也可能爆发械斗。

其二，争水。闽粤沿海的水利工程大都要穿越几个乡的地区，水源的分配很容易引起争议，如"乾隆五十九年四月初三日，长泰薛林两姓，因在山重院地方各有公田，天旱争水起哄，发生械斗"[②]。

其三，争风水。清代闽粤两省百姓酷信风水，以为风水的好坏会影响家族的兴亡。所以，风水极易引起人们的冲突。钱琦的风水示诫写道："有觊觎他人吉壤，倚仗势力用强侵占者，有无力制人，私将祖骸盗葬他人界内者，有己地希图凑锦成局，硬将邻界赖为己业……至于阳宅，则顾惜自己风水不容邻家兴土木工，或指祠庙为一方保障，禁止附近居民兴工修造种种……或理不能胜，则聚众行强，毁人成工，挖人棺椁，甚纠约械斗，酿成人命。"[③]"卜宅建厝，动关风水，停枢择地，遗害良多，往往以尺土之竞争，片言之拒斥，小则兴讼，大则械斗。"[④]

其四，迎神赛会。闽粤沿海地区每逢盂兰节和元宵节都要举行迎神赛会，村民舁神像游行境内，佐以装扮戏剧故事人物，游行队伍人多嘈杂，相互间经常爆发冲突。如"安溪某乡以赛神起衅，酿巨案"[⑤]。

其五，争地租。"漳泉械斗，多起于公田公佃，祖孙父子久假不归之租。"[⑥]

① 沈定均，吴联薰等.漳州府志·赋役[M].上海书店影印清光绪三年刻本，245.

② 郑丽生.闽广记：卷六[M].厦门大学图书馆藏手抄本.

③ 钱琦.风水示诫[M]//陈寿祺等.福建通志：卷五十五.同治九年重纂本.

④ 侯鸿鉴.晋江乡土志[M].民国十一年刊本.

⑤ 陈庚焕.惕园初集：卷六[M].清道光元年刻本，26.

⑥ 陈盛诏.问俗录：卷四[M].北京：书目文献出版社，1983.

其他各类引起械斗的原因还很多，例如，争夺蒸尝田、赛龙舟、争夺码头、渡口、争夺墟市管理权、争夺搬运权，等等。然而，最多的是数不清的口角细故，"闽俗聚族而居，桀骜不驯，偶遇口角细故，动辄争竞。"许多相类似的记载都证明了这一点，这里不再一一列举。在后人看来，这些导致械斗的原因中，只有争地、争水、争风水等数项是尚可理解的。因为土地毕竟是生存的基本条件，争水则关系到粮食收成。至于争风水，虽然它实际上是没有价值的，但在迷信的古人看来，风水是有关家族兴亡的大事，为它而争，也还说得过去。最不可理解的是为口角矛盾引起一场大械斗，互相死伤数十人，这值得吗？在其他地方，口角矛盾之类的细小矛盾一般是在相互忍让中得到解决，而闽粤地区的一切矛盾都会遵循着不断激化的道路发展下去，最后引致一场大规模的械斗。看来，我们无法从引发械斗的争端探讨乡族械斗的根本原因，必须从其他方面着手。

有人从气质上去解释它的原因，认为闽南人特别好名尚气，爱护个人与家族的荣誉，比较有代表性的有赵翼的言论："闽中漳、泉风俗多好名尚气。凡科第官阀及旌表节孝之类，必建石坊于通衢。泉州城外，至有数百坊，高下大小骈列半里许。市街绰楔，更无论也。葬坟亦必有穹碑，或距孔道数里，则不立墓而立道旁，欲使人见也。民多聚族而居。两姓或以事相争，往往纠众械斗，必毙数命。当其斗时，虽翁婿，甥舅不相顾也。事毕，则亲串仍往来如故，谓斗者公事，往来者私情，两不相悖云。"[①]可见，闽粤人民把家族荣誉放在至高无上的地位，为此不惜牺牲一切。在和外姓的冲突中，他们觉得让步是可耻的，不管遇到什么样的挑战，他们都针锋相对，随时准备以流血来捍卫家族荣誉。以妇女来说，外地的妇女在男人冲突中，通常是起降温作用，唯有闽粤的妇女却是男人械斗的帮手。每当发生冲突，她们便回家呼唤男人相帮助斗，有时还拿起锄头助斗。由于闽粤人民尚气好斗，谁也不肯让步，那么，一切冲突都只好以武力来解决了。这也是闽粤械斗发生的原因之一。闽粤人民为什么会养成这种气质？是什么样的环境迫使他们养成这种气质呢？

---

① 赵翼. 檐曝杂记：卷四 [M]. 北京：中华书局，1982：78.

三、清代闽粤乡族械斗发生的背景

清代闽粤社会的重大变化之一是人口剧增，生存竞争日益激烈。下以闽南地区为例：闽南自宋元以来一直是我国经济最发达的区域之一，但也就在宋元时代，闽南的土地资源基本开发殆尽，传统农业达到了自然条件所能提供的饱和点。以后，闽南农业虽有发展，但速度是不快的，基本处于滞涨的状态中，粮食增产的幅度赶不上人口增长的幅度。漳州府在宋代仅十万户人家，清代中期则达到57万户，增长了472%；泉州府宋代有21.1万户，清代为54万多户，增长了157%，人口增加了，田地却增加不多，宋代福建人均占有地为4.62亩，据公元1829年统计数字计算，漳州府人均田地仅为0.29亩，泉州府为0.57亩，人均占有地大大下降，表明当地的生存条件大为恶化了。明代万历年间的《泉州府志》记载："近年生齿日繁，山穷采樵，泽竭罟网"[1]，"封疆逼陿，物产硗瘠，桑蚕不登于筐茧，田亩不足于耕耘"[2]，清代这种情况更为厉害，泉州人说："按，吾泉地瘠民贫，岁稔亦无储蓄，一季不登，则嗷嗷待哺矣。"[3]由于缺粮，清代中叶以后，漳泉沿海区域一石稻谷的价格达到二至三两银子，是全国粮价最高的区域。生存条件的恶化导致生存竞争日益激烈。清代人说"漳，闽南雄郡，生齿日多，而地不加广。户口日增，而财不加丰。"[4]

闽南区域出现的情况在闽粤二省有一定的普遍性。清初顺治十八年，闽粤两省的人口密度分别是每平方公里12.48人和4.29人，乃至清代后期的咸丰元年，分别上升到每平方公里172.31和121.69人[5]，约为原数的14倍和28倍。与此同时，闽粤两省的田地数增长幅度不大。福建在明弘治年间已有耕田1352万亩[6]，三百年后的咸丰元年也只有1362万亩[7]，仅仅增加10万亩。广东在清初有2508万亩田地，雍正二年为3176万亩，咸丰元年增长到3439万

---

① 黄任等.泉州府志：卷二十 [M]// 万历府志，487.

② 黄任等.泉州府志：卷二十 [M]// 万历府志，482–483.

③ 黄任等.泉州府志：卷二十 [M]，483.

④ 沈定均，吴联薰等.漳州府志 [M].上海书店影印清光绪三年刻本，243.

⑤ 梁方仲.中国历代户口、田地，田赋统计 [M].上海：上海人民出版社，1980：272.

⑥ 梁方仲.中国历代户口、田地，田赋统计 [M].上海：上海人民出版社，1980：347.

⑦ 梁方仲.中国历代户口、田地，田赋统计 [M].上海：上海人民出版社，1980：380.

亩^①，田地数增长了一半，但自雍正以后增长速度就降低了。由于田地增长速度大大落后于人口增长速度，所以，清代两省人民的生活水平随着人口增长却不断下降。广东的潮州在明代还是有名的大米产区，粮食源源不断地输往福建，迨至清代，潮州却成了粮荒最严重的区域。如澄海县"纵大有年，不足供三月粮"^②。广州府的粮价急剧上升，当地人说："国初至雍正末年，谷价平贱，每官石价不过壹两，或八九钱，今则贵至三倍。"^③生存条件的恶化，导致生存竞争日趋激烈。土地之类的生产资料成为人们必争的东西。与此相似的各类土地诉讼数量也大大增加了。在这类竞争中，各阶层的人都感到了联合的必要，以加强自己的地位。大家知道，个体经济的特点是一盘散沙，他们欲达成联合，比较可行的方法是借助于古老的宗族制度，这是清代乡族关系得到加强的原因之一。例如诏安县有海涂之争，清代人论述诏安地区说道："乃自前代以来，宦族豪民踞为私产，天启七年勒石永禁。迨康熙二十七年郑与李争。康熙二十九年陈又与郑争，违禁私占，罔利害民，莫此为甚。"^④可见，诏安的土地的争夺是以族姓相争出现的。

闽粤地区近世数百年又一重大变化是商品经济的迅速发展。此处再以闽南区域为例。明代初年有人这样描述漳州："闽为南服，漳州又为闽之南郡，可谓远矣。其地介乎山海之间，商贾不通，市鲜物货，民惟务稼穑，以为生业。"^⑤文中所描述是一片道地的自然经济情景，但在明代后期，人们的评论大有变化："漳州地瘠民贫，艰于治生，故乐于商贩，趋货财什一之利，蹈不测之渊，回易于蛮夷之境。"^⑥可见，当地商品经济发展甚速。明清两代，漳州、泉州二地海上贸易十分发达，输出的货物有烟草、荔枝、龙眼、柑橘、茶叶、红白糖、丝织品、棉纺织品、染料、瓷器；闽南的海船往来于祖国沿海，对外则与日本、琉球、菲律宾、马来西亚、印度尼西亚、泰国、安南、柬埔寨、缅甸、印度、锡兰以及阿拉伯诸国和西欧的英法荷西等国通商。发达的海上贸易给当地带来巨额财富，而当地人民也深深地卷入到海上贸易中去。有人

① 梁方仲.中国历代户口、田地，田赋统计 [M].上海：上海人民出版社，1980：380.

② 李书吉等.澄海县志：卷六 [M].清嘉庆二十年刊本，12.

③ 龙廷槐.敬学轩文集：卷一 [M].道光二十二年刊本，14.

④ 陈荫祖等.诏安县志：卷二 [M].民国三十一年排印本，28.

⑤ 徐溥.徐文靖公谦斋文录：卷二 [M].明人文集丛刊本.台北：文海出版社，1970：262.

⑥ 龚用卿.云岗选稿：卷十四 [M].万历三十五年刊本，101.

论漳州府："府人民原有三等，上等者以贩洋为事业，下等者以出海采捕、驾船、挑脚为生计，惟中等者力农度日，故各属不患米贵，只患无米。"①商品经济的性质和自然经济截然相反，自然经济是封闭的，老死不相往来，而商品经济却以人的交往为前提，它使互相隔离的人的个体融合为互相交流的人的群体。商品经济的又一特点是风险性较大，贫富起落不常，罕有长久富贵者，这造成了商品经济下人的活动的特点：交流日多，矛盾益多，风险大，往来更不择手段，总之，其间的竞争也日趋激烈。由于同样的理由，工商者也需要联合与组织，明清时代，工商阶层在各大城市都组织了同乡关系的行会，这些行会都崇拜乡族关系，为加强自身的联合，他们都有意扶植本乡本族的联系，例如捐钱购买祠田、会田，等等，这也加强了当地的宗族组织。

　　伴随着生存竞争的激化和商品经济的发展，阶级斗争也趋于激化。明代前期，福建爆发了我国历史上第一次直接由租佃关系对立导致的农民起义，这就是邓茂七起义。广东、浙江与之相当的是黄肖养起义、叶宗留起义。这几次起义对闽粤社会的阶级关系有很大的影响。后人在评述邓茂七起义影响时说："八闽自沙尤之变以来，民桀骜，下凌上，贱犯贵，相师成风。而强宗大族，依凭城社，横暴犹甚。"②这说明地主和农民双方都采取了更为尖锐的立场。明后期有人论福建的缙绅豪强："仕宦富室，相竞蓄田，贪官势族，有畛隰遍于邻境者。至于连疆之产，罗而取之，无主之业，嘱而丐之，寺观香火之奉，强而寇之，黄云遍野，玉粒盈艘，十九皆大姓之物，故富者日富而贫者日贫矣。"③佃农方面也屡屡掀起反抗斗争，如明代万历年间的泉州："佃农所获，朝登坻亩，夕贸市廛，至有预相约言不许输租巨室者。"④这种斗争在明清之际发展为武装斗争，崇祯十一年有南安斗栳会起义。崇祯十五年，张六角、林隆文等相继起义，起义席卷永春、安溪等县⑤；约在同时，有同安芒溪十八保佃农倡导平斛斗争。这些斗争对缙绅豪强打击甚大，"南安之变作，一日而杀田主数人"，"自是收租者不戢自敛"。⑥明末清初，福建、广东的佃农、

① 德福等 . 闽政领要：卷中 [M]. 上海市图书馆藏乾隆刊本，22.
② 何乔新 . 椒丘文集：卷十六 [M]. 文渊阁四库全书本，30.
③ 谢肇淛 . 五杂俎：卷四 [M]. 上海：上海书店出版社，2001：79.
④ 黄任等 . 泉州府志：卷二十 [M]// 引万历泉州府志 [M]，487.
⑤ 黄任等 . 泉州府志：卷七三 [M]，595.
⑥ 黄任等 . 泉州府志：卷二十 [M]，487–488.

奴仆反抗浪潮风起云涌。有南安的斗栳会起义，永春、安溪张六角，林隆文起义，同安苎溪十八保佃农的平斛斗争，潮阳的李班三佣奴起义，广州府的奴变风潮持续了四十年之久。清代闽粤地主与农民之间的关系就是在尖锐的阶级对抗中揭开的，双方的冲突十分频繁。乾隆时有人说："潮郡佃丁大半悍黠，视业主如弁髦。始而逋租，继且占产，构讼不绝。粮田质田，混淆虚实；里中无赖，性尤犷险，或籍丐尸冒作亲人，界至富家，或故杀病丐，移尸勒诈，非有司明决，往往全家倾陷。"① 福建的地主与农民之间的关系也相当紧张："闽人业主佃户，并无情意浃洽，彼此视为仇雠。佃户以抗租为长技，收割之时，恃强求减，田主往往畏其凶横，勉强依从。待佃户入城市，则拘禁于家，令其补完田租，始行放回，否则任意凌虐。佃户自顾孤掌，畏其势力，忍怒还租。窥业主下乡收租，佃户亦纠合众佃，成群相攒殴，或灌以秽物，恃众报复，租竟抗赖，颗粒不给。以致业佃互相讦讼，终年不休。"② 可见，清代闽粤的阶级矛盾相当尖锐。

官府控制的松散。中国的封建国家制度由于各种原因一直带有不成熟性，以县级机构来说便是非常原始的。一个数十万人口的县，只有二至三名正式国家官员，民政事务也没有严格的分工负责，县官要总揽一县的司法、公安、行政、公共工程等各类事务，他们往往不胜负担。闽粤二省还有一个特殊情况——语言不通。清廷不许官员在原籍任职，派到闽粤两省的外地官员大都不通当地语言，无法和民众直接交谈，这样，便给官吏处理政务增加了一层困难。最重要的是清代吏治相当腐败，而闽粤地区又是全国吏治最坏的地区，张集馨感叹道："吏治之坏，至闽极矣！"至于广东，清廷官员来这个全国最富庶的省份做官，打定主意是为了发财。所以，清廷在闽粤的官员非但不能解决社会矛盾，反而由于他们行私受贿，冤屈者无法申冤，更加激化了社会矛盾。此外，我们还应看到，由于清代闽粤地方势力的抬头和乡族武装的发展，官方也无力控制地方的强宗大族。例如，潮州的世家大族"素有健遑之癖"，不肯交纳粮税。"威权恒赫，如虎如狼。持檄催粮之差，孰有过其宅而问者，见之惴惴，莫敢仰视，稍有片言获戾，则缚入其家，禁闭楚挞，否则追至县堂众殴公庭之上，由来久矣。"③潮州的大族敢在光天化日之下殴打代表

① 刘业勤，凌鱼.揭阳县志：卷七 [M].乾隆四十四年原刊，民国二十六年重刊本，3.

② 德福等.闽政领要：卷二 [M].上海市图书馆藏乾隆刊本，28—29.

③ 蓝鼎元.鹿洲公案：卷上 [M]// 鹿洲全集：上册.厦门：厦门大学出版社，1995：373.

朝廷的粮差，其气焰何等嚣张！清人说广东，"乡村族居，多建炮台，县官催科，动必发兵，幸而战胜，惧乃纳粮。"①可见，县官纵使想管当地的强宗大族，也常是心有余而力不足。

官府的控制力量不足，造成清代闽粤的社会渣滓——游民队伍日益膨胀。由于明清时代二省的人口剧增，"耕商工贾之事，不足以养之"，所以，出现了大量的游民。明末泉州，"又有骈胁多力之雄，如虎如狼，十百为群"②。清代闽粤社会的游民就更多了。这些人没有正当的谋生方式，是社会动荡的根源。如潮州的游民"习演鸟枪，以待雇请，专以杀人为生涯"。清代官员描述广东游民："至匪徒之伙，无逾东省，其勒索银钱给以单据，遂不复扰者，谓之打单，其棍徒诡诈不遂，架词诬控，畏累者出资贿和谓之买输服，更有不逞之徒，每结党掳人关禁勒赌，以坚木凿两穴钳其足，谓之柴鹅。"③总之，游民是通过破坏社会秩序的手段来谋取财富，游民队伍的发展，加剧了社会动荡。

在社会矛盾不断增多，激化的背景下，既然官方无法解决社会矛盾，人们不得不把希望寄托于乡族组织。

四、明清闽粤乡族武装的形成

清代闽粤社会最大的变化是乡族组织的发展和军事化。明清时期福建、广东两省盛行聚族而居的风气："闽越之区，聚族而居，丁多者数千，少亦数百。"④孟超然说："余世居闽中，见乡井多聚族而居，数百年不变，其居城市者亦罕轻去其里也。不得已而迁徙，阅百十年子孙犹以为故居，敬其耆长，往来不衰。"⑤宗族内部不仅保持着密切的来往关系，而且设有族产作为共同活动的经济基础，有自成体系的等级和管理制度，整个宗族紧紧地抱成一团。

在这种形式下，缙绅豪强也乞灵于古老的宗法制度。对缙绅豪强来说，要在混乱的社会中确保自己的生存和超经济强权的实现，无非有三种方式，其一是依靠国家的保护，其二是蓄养家奴，其三是依靠乡族势力。对闽粤缙

①　胡朴安.中华全国风俗志·下篇：卷七[M].郑州：中州古籍出版社，1990：2.

②　阳思谦修，徐敏学、吴维新纂.泉州府志：卷三[M].台湾图书馆1987年影印万历四十年本，294.

③　张心泰.粤游小志：卷十三[M].光绪二十六年刻本.

④　陈寿祺.左海文集：卷六[M].左海全集本，63.

⑤　孟超然.瓶庵居士文抄：卷三[M].嘉庆二十年刊本，36.

绅豪强来说，第一条路是走不通的。闽粤二省是抗清武装坚持最久的地区，因此，来到闽粤做官的清廷官吏，向来是心照不宣地把打击巨姓大族当作首要政务，第二条路，自明末清初的奴仆运动打击后，闽粤缙绅豪强都把豢养家奴视作畏途。况且，闽粤很少田连阡陌的大地主，养不起很多家奴；第三条就只剩下借助于乡族势力一路。对于缙绅豪强来说，强大的族权不仅可以模糊族内阶级界限，而且还可以确保自己土地权力的实现，对外称霸，攫取更多的利益。清代的闽粤强宗大姓在地方有极大的势力，"漳俗族姓大小强弱之分最明，小役大，弱役强，由来旧矣。缙绅之士，强大者，多平素指挥其族人……愚民不知畏官，惟畏若辈，莫不听其驱使"①。因此，缙绅豪强完全可以凭借族权来实现超经济强权。清代有人记载闽南的缙绅豪强："至其坟田树木之争讼，于官不到案，逋租负债之人，恃其强而不还，则掳其人而私加拷掠焉。……虽绅士富民之家亦恒为之，其法率多毙命。"②鉴于以上这些理由，清代闽粤缙绅豪强全力支持宗族建设。例如，出资建宗祠，置祠田，以小恩小惠救济族内贫农，加强宗族团结，从而在地方造成强大的势力。"仙游小姓畏大族甚于畏官，其畏之奈何？一朝之忿，呼者四应，直有剑及寝门，车及蒲胥之势。"③在诏安地区，小姓为了生存被迫向大姓纳贡称臣，"诏安小族附近大族，田园种植，须得大族人为看管，方保无虞。其利或十而取一，或十三而取一，名曰包总。否则强抢偷窃，敢怒不敢言"④。在这种情形下，缙绅豪强是可以凭借族权为护身符的。鉴于这些理由，清代缙绅豪强全力支持宗族建设。例如，出资建宗祠置祠田，以小恩小惠救济族内贫农，加强宗族团结。因此有清一代宗族组织回光返照呈现出一派异常旺盛的景象。

清代缙绅豪强之间的斗争也是很激烈的，在这种斗争中，有宗族武装的一方占有明显的优势。据安溪县志的记载，清代当地发生了一次大规模的地租转移："惟民间田亩向悉入于郡宦之家手，比来俱归于本地之有力者，粟不入郡"。⑤泉州府郡的城居地主并非没有族权的支持，但势力不及安溪，因此，土地权力逐渐被当地大族中有力者剥夺。相反，若有强大的族权支持，

---

① 姚莹. 东溟文集：卷三 [M]. 清刻本，19.

② 谢金銮. 泉漳治法论 [M]. 1965年据同治七年重刊本抄本.

③ 陈盛韶. 问俗录：卷三 [M]. 北京：书目文献出版社，1983：80.

④ 陈盛韶. 问俗录：卷四 [M]. 北京：书目文献出版社，1983：92.

⑤ 沈钟等. 安溪县志：卷四 [M]. 厦门：厦门大学出版社，1988：111.

则可在地方横行无忌，例如："晋江南门外有扦水塘，名六里陂……灌溉田禾数十万顷。道光间有巨族林姓据为己有，私开私闭，以致上流堤岸多被冲塌，下流畎亩常苦旱干。"① 六里陂关系到数十万顷农田的收成问题，是当地的公产，可是林姓宗族却敢冒天下之大不韪，据为己有，旁人敢怒不敢言，这说明林姓宗族势力十分强大，别族怯于其威，不敢二辞。

对农民来说，古代宗法制度贯彻的平均主义，是他们千百年来的梦想，因此他们是举双手欢迎宗法制度的复辟的。尽管明清时代建立的宗法制度和古老的制度实质上完全不一样，但拯救贫穷，协力对外的原则很容易将他们迷惑。农民是个体生产者，由于他们分散的生产方式，囿于所见所闻，很难觉悟到他们贫困的真正原因。

闽粤自嘉靖年间的倭乱后，将近一百年内战乱不息，倭寇之后有海寇、山寇。随之而来的是明清之际的战乱。直到三藩之乱平定，台湾收复，和平局面才出现。为了在战争中生存，沿海人民纷纷以乡族为单位武装起来，他们筑寨自守，全民皆兵。例如诏安县："四都之民，筑土为堡，雉堞四门如城制，聚族于斯，其中器械具备。二都无城，广筑围楼，墙高数仞，直上数层，四面留空，可以望远。合族比栉而居，由一门出入。门坚如铁石，器械毕具。"② 这种居住情形有如准战争状态下的民族。和平局面出现后，各乡族仍然保有强大的武装。它对闽粤社会的影响不可低估。

在宗族之间有复杂的同盟关系。这类同盟有以血缘关系为基础的，也有以地缘关系为基础的。以血缘为纽带的同盟大都是通过通谱进行的，其中又有同姓通谱和异姓通谱之分。如陈田二姓，这两姓在春秋以前还是一家，春秋战国之交，迁居于齐国的陈氏改姓为田。两千年之后二姓间的血缘已是很淡薄了，但清代福建的田陈二姓可以通过通谱结成联盟，此之谓异姓通谱。其他通谱情况大抵如此，有的甚至溯及尧舜之时。这种风气盛行于漳州、潮州一带。以地缘关系为纽带的有会社组织。如广州府附近各乡联盟成立社与社学的两级同盟组织。例如，亭冈乡、古料乡、浮山乡、风冈乡等十三乡组成石井社，石井社又和怀清社，六顺社等十三社组成升平社学。台湾的同盟组织有自己的特点："台湾之民不以族分，而以府为气类，漳人党漳，泉人党

① 卞宝第. 闽峤𫐉轩录 [M]. 厦门大学图书馆藏本.

② 陈盛韶. 问俗录：卷四 [M]. 北京：书目文献出版社，1983：85.

泉，粤人党粤，潮虽粤而亦党漳，众辄数十万。"①这类乡族组织若和乡族武装相结合，便会形成很大的力量。

对农民来说，宗法制度贯穿的拯救贫穷，协力对外的原则是他们千百年来的梦想。对商人来说，为了在激烈的竞争中站住脚，工商业者需要联合与组织。明清时代，工商阶层在各大城市都组织了同乡关系的行会，这些行会都崇拜乡族关系，为加强自身的联合，他们都着意扶植本乡本族的联合关系，例如捐钱购买祠田、会田，等等，这也加强了当地的宗族组织。

由于清代闽粤各阶层都欢迎乡族组织，并想通过乡族组织实现自己的目的。于是，各类社会矛盾都转化为乡族之间的矛盾。但是，乡族组织是否有能力解决社会矛盾呢？我们不能一概否定这种可能性。在两种情况下乡族可自己解决矛盾。其一是族内矛盾，一般可以协商解决；其二，各族势力均衡，有可能制定乡约解决相互之间的矛盾。然而，若矛盾发生在乡族组织之外，而各族之间的力量不平衡，矛盾就无法解决了。因为乡族组织绝非一种公道组织，乡族之间矛盾的解决，皆以乡族势力大小为前提。若势力大的一方占不到便宜，他们便会觉得这种解决是"不公道"的。因此，清代闽粤的乡族矛盾若能以和平的方式解决的话，那势力大的一方一定更为合算，而弱的一方永远吃亏。不难设想，这并没有真正解决问题。对吃亏的弱族来说，一两次用吃亏来换取和平是可容忍的，但每次冲突都以吃亏来了结的话，久而久之，就会使自己无法立足。因为来自大族的侵犯是没有止境的。因此，忍耐到一定程度，小姓便不惜以流血来捍卫自己的生存权力。如清人所说："大村住一族，同姓数千百家，小村住一族，同姓数十家，及百余家不等。大姓欺凌小姓，而小姓不甘被欺，纠数十庄小姓，而与大族相斗。"②明白了闽粤社会矛盾演变为乡族矛盾，进一步激化为乡族械斗的过程，我们对闽粤人民为什么会具有剽悍好斗的性格就不难理解了。因为在官僚机构腐败的清代，闽粤的社会矛盾绝对无法得到和平的公道的解决，谁若在冲突中让步，只会受到更进一步的侵犯，因此，人们只能以武力来捍卫自己生存的权力。由于对立的双方早已存在着一决雌雄的决心，迟早注定要爆发械斗，所以，由什么原因引起械斗实是无关紧要的。这是口角矛盾也能引起一场死伤数十人的械斗

---

① 姚莹.东溟外集：卷四 [M]// 东溟全集.道光二十九年刻本，9.

② 张集馨.道咸宦海见闻录 [M].北京：中华书局，1981：266.

的原因。

　　总而言之，文明和野蛮原本是两个对立面，但由于官僚机构的腐败，无力解决社会矛盾，这些社会矛盾便转化为乡族矛盾，进一步激化为乡族械斗。这样，具有五千年文明史的中国沿海地区，便爆发了最为野蛮的械斗，这是中国的不幸。乡族械斗是一种慢性的战争，每场械斗死亡的人数虽然不多，但其长久性却是任何战争不能比拟的，两姓间的械斗常常会延续数百年。因此，它对社会生产的破坏绝不亚于一场战争。闽粤是我国最早进入国际市场的区域之一，海上贸易带来了巨额财富，但本地经济却未能茁壮成长，其原因之一，是乡族械斗消耗了当地的财富，从而影响了商业资本的积累。

第四节　天地会与清代福建的秘密会社

　　清代福建社会的一个特点是秘密会社的发展。在其中最为著名的是发源于闽南的天地会，最后发展为一个影响全国与海外华人的大组织。从发展源流而言，清代福建出现秘密会社有其历史与文化的原因。

一、秘密会社起源与清代闽南的社会组织

　　会社在中国民间，本是普通的社会组织，例如爱好踢球的人组织球社，爱好吟诗的人组织诗社，敬奉某一神明的人组织神明会，这都是福建民间极为普通的社会组织。这类会社，一直到清代仍然流行于民间。福建东南沿海一带的习俗，几户人家或几十户人家组成一个敬奉某一神明的社，每到重大节日，他们便抬着自己敬奉的神明上街游行。久而久之，这些社成为固定的组织，社中人家相互团结，共同应付面临的社会问题。因此，在许多地方，社取代了传统村庄的名称，成为地名之一。

　　秘密会社成为官方注意的对象，是因为它主要是一个游民的组织，和传统民间会社相比，它的组成，往往跨越了共同爱好的界限，并且跨越居住范围的界限。游民一旦组合在一起，便惹是生非，敲诈钱财，最终演变成为反社会、反政府的力量。

　　清代秘密会社的起源，与晚明以来闽南社会的变化有很大关系。简单来说，在倭寇事件发生以前，闽南一直是福建治安较好的地区，早在宋代，泉州即有"泉南佛国"之称，相传朱熹曾评价泉州："满街都是圣人"。其时的闽南人以乐善好施、民淳讼简闻名于世。这种风气一直保持到明代前期。明代中叶，东南沿海发生了倭寇之乱，倭寇骚扰闽南达一二十年，这一历史事件，使闽南的社会风气发生巨大的变化。为了抵御倭寇的入侵，闽南乡族普遍组织起来，他们修筑堡垒，建立乡族武装。而乡族武装的兴起，必然导致官府威望的降低。老百姓不再重视官府的权威，开始自行其是。我们知道：明清官方机构的人员极少，一个县不过五六个正式官员，他们之所以能够统治一个县的民政，完全靠官府的权威。若然百姓不尊重官府的权威，实际上官府是无法统治的。官府是社会秩序的维护者，一旦官府无法维护社会秩序，民间的社会冲突必然增多。整个社会风气发生变化。晚明商品经济的发达，也使闽南社会富裕起来，富裕使人们的思想发生变化。新的富户想要相应地提高自己的社会地位，老的富户想要保持自己超人一等的地位，竞争便不可休止的日益激烈起来。晚明万历年间的《漳州府志》描述当时的社会风气：

> 人无贵贱，多衣绮绣，意制相诡。华采相鲜，盖一二华胄贵人，或存寒素，而俗子、官仪、奚童、妇饰，每每瓶无余粟，桁列残衣。尝见隆万初年，布衣未试子衿，依然皂帽，今则冠盖相望于道，不知何族之子弟也。叹世者谓：竞盛之端，即伏衰之路，省繁裁僭，是当世第一吃紧。然一家之繁费，十家取给焉。贫人因得糊口其间……又其甚者，豪门上族，实繁有徒，蜂目既嗔，豺声乍展，始犹祸中黔庶也，终且煸虐士绅矣。间左无赖跋扈，朝张鸡肋安拳螳臂推辙，始犹横施村落也，终且明目都市矣。大都竞胜终讼，竞利启衅，鼠辈因凭社作威，虎冠以生翼滋暴，狡者视暗劣为奇货，后进凌长大作死灰。此漳与四方所同也。①

　　文中说到：晚明的漳州，随着社会风气的变化，大姓强宗欺辱百姓，而贫民之中，亦有结社之风，"横施村落"。按，福建自古以来宗族势力发达，

---

① 袁业泗等.漳州府志：卷二六，风土考[M].万历四十一年刊本，5-6.

大姓人口，常有数千上万人。以故，大姓的乡绅可以凭借宗族的势力欺辱小姓。而小姓为了抗击大姓，便串联诸多小姓组织起来，以对抗大姓。不过，小姓组织形成后，也会在乡村形成强大的势力。因此，万历《漳州府志》的作者会说他们在乡村跋扈横行。这种小姓组织，民间称之为"社"。关于闽南的结社之风，从已发表的文章来看，仅仅追溯到清代初年。但从漳州府志的记载来看，实可追溯到明代后期，它是明末社会风气转换的产物。不过，在这方面我们还没有更多的史料佐证。

结社风气在清初依然延续。据邓孔昭的研究，康熙十九年福建总督姚启圣的布告中，有多篇提到当时漳州会党结盟的事件。十九年七月初二的《禁结社党》布告云："棍徒纠党结盟，新例立置重典，邻右不举，连坐治罪。……讵访漳郡恶俗，尚有奸徒倡立社党，纠结投诚员兵、劣衿、练长、衙役及一切流棍、讼师人等，多至一二百人，少亦数十人，歃血誓盟，武断乡曲，生端寻衅，扎诈善良，通线作奸，擒人勒赎。近而城市交关，远而庄村圩埠，靡不肆行无忌，播毒难堪。"十一月二十二日的《申禁结盟》云："近访漳属各乡黄口竖子，学为无赖少年，串交各营兵丁，联络村庄地恶，纠合立社，多至一二百人，少亦数十人，设酒歃血，名曰结盟，自恃有党有羽，可以放胆横行，于是咆哮闾里，欺虐善良，甚而或合伙执械，昏夜剽掠，或兴贩货物，透越出界。"十月初四的《访禁结盟》云："近闻处各属多有穷凶巨棍，自称大哥，歃血盟神，结拜兄弟。或一伙有百十余人，或一伙有三五百人。凡讼师、衙蠹以及投诚弁兵，无不联为党羽。恃势咆哮，因而骗害乡村，横行里门。乘睚眦之际，此殴彼攻，侦富厚之家，东诈西诬。根蒂久深，网罗四布，良善莫得安生，有司不敢过问。"①这些材料都说明清初的漳州流行结社习俗，而其参加者多为社会上的游民。而其中最为典型的是漳州万氏集团。

关于万氏集团，《台湾外志》记载：顺治七年，郑成功出兵粤东，屯兵闽粤交界处一带，"五月，诏安九甲万礼从施郎招，领众数千人来归"。关于万礼，该书注道："礼，即张要，平和小溪人。崇祯间，乡绅肆虐，百姓苦之，众结同心，以万为姓，推要为首。时率众统据二都，五月来降。"②由此可见，万礼所部，即为明末漳州府的贫民组织。他们原为异姓，因要抗击大族，诸

---

① 姚启圣.忧畏轩文告，转引自邓孔昭.从康熙前期福建会党活动的几条史料谈天地会的起源 [J].清史研究，1993（1）.

② 江日昇.台湾外志：第六卷 [M].上海：上海古籍出版社，1986：110.

异姓结盟，以万为姓，排出兄弟序例。在江日升的《台湾外志》第十一卷，还记载了与万礼（张要）结盟的其他诸姓。例如：排行第二的郑成功战将郭义，排行第五的和尚道宗，排行第七的郑成功战将蔡禄。如其所说，"万众合心，以万为姓。"① 这一异姓组织的特点是参盟众人都以万为姓，可见，他还带有浓厚的宗法意识。其后，在康熙十六年三月，闽南又出现了民间的秘密会社。其时，清军平定三藩的斗争已经进入最后阶段，清兵进入闽南，郑经的部众大败，而闽南民众却在此时掀起反清起义。《海上见闻录》云："漳州巫者朱寅挟左道，诡称三太子，聚集海上残兵，率二百余人于十九日夜袭泉州，攀堞而入，鸣鼓扬旗，从开元寺前至西街，守兵以为海兵复至，乃于双门前发一大炮，寅乃抽回出城而去。人以为神，附者日众，屡战屡胜，蔓延于漳泉属县，凡深山穷谷岩寨，无所不到，派粮以食，头裹白布，时人谓之'白头贼'。"② 关于朱寅，《台湾外志》的记载有所不同："时有漳州人蔡寅，以左道惑人，乘郑经泉漳之败，收其余党，诈称'朱三太子'……自是人益信其术神。卢世英、纪朝佐、郑不越、吴金龙、欧九、王鼎等群然尊奉。众至数万。驻南靖、长泰、同安等县山谷，声势益盛。其众皆裹白头，众咸目为白头贼。官军屡为所败。"③ 由此可见，朱寅本名为蔡寅，由于他伪称"朱三太子"，以故，有些文献称之为朱寅。朱寅的部众一时扩至数万人，他们实际上也是一种异姓的组织。不过，这一组织有其天然缺陷，未能延续很久，后来，朱寅的部从大都被清军镇压，而朱寅投入郑经的部下。

二、天地会与其他秘密会社的发展

清初东南的反清斗争失败以后，结社之风仍在民间流传。康熙三十五年，台湾诸罗县有吴球聚众结盟，发动起义；康熙四十年，诸罗县又有刘却等人"歃血为盟"；康熙五十八年七月，福建有薛彦文纠人结会；康熙五十九年，福建惠安出现南斗会与北斗会；康熙六十一年，台湾凤山县朱一贵等歃血结盟，发起暴动；雍正六年三月，诸罗县莲花潭地方，蔡荫纠合二十多人结盟，成立"父母会"；雍正八年，福建厦门李彩等人结拜，组成"一钱会"。其时，

---

① 江日昇.台湾外志：第十一卷 [M].上海：上海古籍出版社，1986：191.

② 阮文锡.海上见闻录 [M].福州：福建人民出版社，1982：64.

③ 江日昇.台湾外志：第二十卷 [M].上海：上海古籍出版社，1986：315.

福建总督高其倬称：福建向有铁鞭会，以后改称为"父母会"①。乾隆七年三四月间，福建漳浦有蔡怀等人倡立小刀会，起兵攻打诏安县。②其后，小刀会传播到台湾，在台湾下层社会有一定影响。乾隆七年七月间，在闽粤边境有子龙会在活动。乾隆十八年，邵武有铁尺会组织。③乾隆三十二年，漳浦有卢茂等人聚众起义，举兵袭击漳浦，失利。乾隆三十五年，李少敏与蔡乌强等人在诏安准备起义，结果被诏安知县侦破，李少敏与蔡乌强等人都被杀。这两次起义，在几十年后闽浙伍拉纳审陈彪案中被视为天地会起义之一。但是，当事人两百多人，都没有供认自己为天地会员。看来，它只是一场普通的拜盟结会起义。④

闽南影响最大的会社组织还是天地会。关于天地会的起源，学术界除了认定其起源于闽南漳浦县高溪乡观音寺外，在天地会起源的时间方面，学者中存在两种观点。其一是"天地会起源于清初说"，其二是天地会起源于"清代中叶乾隆年间说"。天地会起源于清初说，原来是天地会中的传说，也见载于天地会内部流传的文献。据其记载，天地会起源于康熙十三年，少林寺僧人为皇帝征西鲁，功大不赏，反遭镇压，逃出去的僧人组织了天地会，以万云龙为大哥。因为这些文件多不是清代初年的原始文件，内容上也有许多经不起推敲的东西。因此，在学术界引起争议。20世纪60年代，蔡少卿与秦宝琦等先生根据清代的档案，提出了清乾隆说。⑤大约在乾隆后期，台湾地区的林爽文起义，将天地会组织在其中的作用暴露于官方，官方大力追查天地会的缘起。一些官员通过审讯，认定天地会起源于乾隆中期的粤东，或说闽南。而其组织性质，原来不过是民间的互助团体，由于商品经济的发展引起的社会矛盾加深，下层人民组织自卫抗暴组织。该说问世后，由于有清廷档案史料的支持，曾风行一时。但其弱点在于：若天地会是在乾隆年间问世的，在民族矛盾已经淡化的前提下，为何其组织会有"反清复明"的宗旨？而且，清代官员的调查究竟可靠不可靠？所以，"乾隆说"尚有其内在的缺陷。

---

① 秦宝琦.清前期天地会研究[M].北京：中国人民大学出版社，1988：110-115.

② 中国人民大学清史研究所，档案系中国政治制度史教研室.康雍乾时期城乡人民反抗斗争资料：下册[M].北京：中华书局，1979：621-625.

③ 连立昌.福建秘密社会[M].福州：福建人民出版社，1989：126，133.

④ 连立昌.福建秘密社会[M].福州：福建人民出版社，1989：167.

⑤ 蔡少卿.关于天地会起源问题[M].北京大学学报：社科版，1964（1）；秦宝琦.清前期天地会研究[M].北京：中国人民大学出版社，1988.

"康熙说"经过很长的演变史，早期的学者提出康熙说，其立足点是根据天地会内部文件，但天地会内部文件颇有不足相信的内容，例如，少林寺和尚为清廷征西鲁的传说。其后，学者研究民间史料，渐有新的发现。在20世纪50年代，台湾地区学者蒋君章提出了万五道宗创立天地会说。1975年，郭廷以在《台湾史事概况》一书中再次提出天地会是漳州"以万为姓"民间组织的扩大；1977年，翁同文在《康熙初年"以万为姓"集团余党建立天地会》文中，进一步补充发挥了这一观点，他们认为：天地会的发起人为漳州万氏集团的万五道宗，他就是天地会传说中的万云龙大哥。该说不论在台湾地区还是在大陆，都有许多学者赞同。① 但是，关键在于：至今尚未找到乾隆以前文献中有关于天地会的名称及详细记载。现在看来，二说皆有其一定的史料基础，还很难断定谁是谁非。

现在可以说的是：天地会组织在清代中期开始引起世人的注意。乾隆二十六年，漳浦县云霄高溪乡观音亭僧人提喜——俗名郑开，组织了一个天地会。至于这个天地会是最早的创建组织，还是早期组织的延续，正是学者争议的焦点，现在无从回答。提喜建会后，在当地传布天地会，入会弟子有卢陈彪、赵明德、陈丕、张破脸狗等人。天地会组织较为严密，"凡要入这会，须设立香案，在刀剑下鸣誓。遇有事情，同教之人大家出力，公同帮助"②。入会者都要对天起誓，保守会中秘密，因此，它在漳州民间传播二十多年，官方基本不知。乾隆四十四年，提喜病故。其弟子平和人陈彪于乾隆四十七年再次传会，其中最重要的弟子是严烟。严烟与陈彪是同乡，入会以后，去台湾经商，在台湾发展天地会，在台湾的漳州乡亲中传播很快。其中林爽文为北路的长房。乾隆五十一年十一月，林爽文在台湾彰化县发动起义，全台湾的天地会众纷纷响应，义军连克彰化、凤山、诸罗、竹堑诸城，在台清军困守府城，一筹莫展。直到清廷调来福康安率领的大军，台湾军事才向有利于清廷方面转化。乾隆五十三年二月，起义军最后失败。

在台湾林爽文起义的影响下，福建漳浦有天地会员张妈求发动起义响应。他们于乾隆五十二年十二月纠合天地会徒众发动起义，因事先透露风声，很快失败。林爽文失败后，仅过二年，台湾又有张标、谢志等人企图复兴天地

① 胡珠生.清代洪门史[M].沈阳：辽宁人民出版社，1996：10.

② 中国人民大学清史研究所，中国第一历史档案馆合编.天地会：一[M].北京：人民大学出版社，1980：110—111.

会。乾隆五十七年，台湾彰化吴光彩也在复兴天地会，结果都被官方侦破。该年，天地会组织发展到泉州，同安县陈苏老、苏叶等人是其核心。乾隆六十年，龙溪县有郑伯武等人结拜天地会；而在台湾凤山县，天地会的陈周全发动起义，于三月初一攻下台湾中部港口鹿港，其后又攻克彰化县。但不久也失败了。嘉庆四年，福鼎县境内侦破了三帮天地会。嘉庆六年，邵武的吴韬在当地传播天地会，次年，他又开创阳盘教。阳盘教在江西传播得很快，从其内容来看，其实质是天地会的分支。由于天地会遭到清廷残酷的镇压，其后，天地会多改名为其他各色名目的会党，除了阳盘教外，嘉庆八年，建阳县人江水柏、江孝孝等八人，结拜双刀会；嘉庆十年，瓯宁县李于高等人结拜百子会；嘉庆十一年，在福建参会的江西人周达滨，回到江西后，将天地会改名为三点会，以后三点会在中国南方传播极快，成为民间重要秘密会社之一。另一天地会重要分支是添弟会，该组织早期出现于福建与台湾，其后逐渐传播到广东，嘉庆七年广东人陈亚和福建漳浦人蔡步云等人结拜的添弟会，很快发展到一二万人。再后，添弟会又从广东与福建传播到广西、湖南、四川、贵州、浙江、江西等地。在福建内部，添弟会的传播也很快，不过，他们为了迷惑官府，多改名其他会社，例如嘉庆十七年武平县朱德辉等人的江湖串子会；嘉庆十八年三月宁化县熊毛等人结拜的仁义会；嘉庆十八年光泽县境内封老三等人结拜的仁义双刀会及仁义三仙会；嘉庆十九年长汀县曹怀林结拜的"拜香会"；嘉庆十九年霞浦县欧狼等人结拜的父母会；嘉庆十九年建宁县境江文兴等人结拜的洪钱会；嘉庆二十一年沙县邓方布结拜的明灯会；嘉庆二十五年瓯宁人江哑呶等人结拜平头会；道光十三年，邵武李江泗等人结拜的保家会。[①]

从天地会传播的历史来看，它早期诞生于闽粤边境的漳州府，信仰的人不多。乾隆末期传播到台湾是其发展的关键。台湾原来即有漳泉之分与闽粤之分，漳州移民分布于全台各地，相互之间联络较多。因此，天地会由漳州传播到台湾之后，在台湾漳州人中间传播很快，有如星火燎原，全台各地都有信仰者。其后虽然清廷大力镇压天地会，但天地会气势已成，再不是清朝所能遏制的。而且，清廷的残酷镇压，迫使天地会成员向四方逃窜，他们在异地传教，造成天地会在全国各地全面开花的形势。

---

① 秦宝琦. 清前期天地会研究 [M]. 北京：中国人民大学出版社，1988：133-140；连立昌. 福建秘密社会 [M]. 福州：福建人民出版社，1989：192-206.

　　天地会在清代的燎原，其实与当时的治安情况有关。清代是中国历史上商品经济最发达的时代，尤其是乾隆年间，东南各省商品经济的发展，造成了许多流动性较大的小商人、手工业者与雇工。这些人口的特点是要在异地谋生，而在异地，他们人生地不熟，往往受到本地民众的欺辱。由于清朝制度的缺陷，对普通民众利益的漠视，他们被迫组织帮会来应付社会上的种种事情。如严烟所招供："要入这会的缘故，原为有婚姻丧葬事情，可以资助钱财；与人打架，可以相帮出力；若遇抢劫，一闻同教暗号，便不相犯；将来传教与人，又可得人酬谢，所以，愿入这会者甚多。"[①] 其实，根本原因在于清代的治安，如果清代有完整的法制，每一个民众都能得到人身安全的保护，权利得到社会的尊重，人们并不需要结成帮派。但在清代的社会，治安情况极坏，下层百姓的人身安全没有保障。因此，人们乐于加入某种会社，从而得到帮助。在这一背景下，天地会似的帮会组织在下层民众中得到欢迎，发展很快。此外，天地会的一些制度也有利于他们的传播。天地会规定，凡入会者要向会首纳钱二三百文，这样，会首发展会员越多，便会得到越多的钱财。而入会者虽然付出一笔钱，其后他们也可成为会首，通过发展新会员来发财。这种制度其实很类似现代的商品传销制度。商品传销制度被引进中国不过十多年，但一传十，十传百，很快成为遍及全国的组织。清代的天地会也是这样发展的。

　　天地会首先发生于闽南，它的出现，其实是闽南治安恶化的反映。只有在治安极坏的地区，天地会这类组织才会有传播的土壤，而天地会的出现，正说明清代闽南治安之坏，已经到了不可思议的地步。天地会的出现，当然不会给闽南带来平安，它只是加剧社会的动荡。而且，天地会发动的多次起义，直接威胁到平民的生活与经济的正常进行。它与流行于清代福建的械斗以及蔡牵的海上暴动，都是使闽南沿海经济衰退的重要原因。

---

① 中国人民大学清史研究所，中国第一历史档案馆合编.天地会：一 [M].北京：人民大学出版社，1980：111.

第四章 聊不完的话题：女性与婚俗

常人以为，在中国传统社会中，妇女没有社会地位。但这并不表明她们没有家庭地位。事实上，中国古代女性，作为妻子被放在配偶中的从属地位，但是，她们作为母亲，往往又是家庭的核心。一起来看一看真实的古代女性吧。

第一节 宋代福建的女性与其家庭地位

宋代的福建是一个本土民众与移民相互融合的时代，闽越遗民与北方移民相互交融而形成新的福建人，他们的家庭、宗族及社会习俗，都体现出浓郁的地方特色。一般认为：古代中国妇女的社会地位不高，但在宋代的福建，女性在家庭中地位不可忽视。之所以出现这种情况，与宋代妇女从事体力劳动和经商有关。

一、宋代福建妇女劳动习俗

按照《周礼》《诗经》所描述的古代中原民俗，周代的中国人实行"男耕女织"的自然分工。男人下田劳动，出外经商，女性操持家务，在家种桑养蚕。相对而言，南方习俗略有不同。古代的长江以南地区属于楚越文化区，楚人、越人的生活习惯与北方人有差异，但与今日南方少数民族颇为相似。

《汉书·地理志》说江南"多女而少男",其原因在于"江南卑湿,丈夫多夭。"战国时代成书的《周官·职方典》则谓:"扬州之民,二男五女。"由于男少女多,所以,南方的农田劳动一向由妇女承担。这种习俗,我们在明清时期的畲族、瑶族、壮族等南方少数民族中仍可看到。福建是北方汉族移民区,自汉、晋以来,北方汉族不断南下,与福建本土闽越族遗民融合,构成了中古以来的福建居民。由于早期移民多为男性,所以,两大民族的结合方式主要是汉族娶闽越女子为妻。这样,闽越女子劳动的习俗便自然而然地移植到汉人中去。南方妇女,不仅可以下田劳动,而且可以出外经商。晋代的张华述及南方习俗:"豫章郡衣冠人有数妇,暴面于道,寻道争分铢以给其夫舆马衣资。"①据其所说,当时南方的习俗是妇女养男人。男人可以悠游自在,妇女却要以辛勤劳动来养家。这种习俗在南方长期延续,《隋书·地理志》介绍南方汉族的风俗时说:"豫章之俗,颇同吴中。其君子善居室。小人勤耕稼,衣冠之人,多有数妇,暴面市廛,竞分铢以给其夫⋯⋯新安、永嘉、建安、遂安、鄱阳、九江、临川、卢陵、南康、宜春,其俗又颇同豫章。"②豫章郡即为江西南昌郡,隋代福建名为建安郡,《隋书》的记载表明:隋代江西、福建以及浙江、安徽部分地区,存在着妇女上街经商、赚钱养家的习俗,这在当时北方士大夫看来,十分不雅。然而,妇女经商的习俗在福建一直流传下来,例如:"绍兴十七年,泉州有妇人货药于市,二女童随之。凡数日。"③有的女性还获得很大的成功:"建安人叶德孚,幼失二亲,唯祖母鞠育拊视,又竭力治生",后来,叶德孚的祖母共"蓄金五十两,银三十锭。"④可见,叶德孚的祖母是一位能干的商人。

福建妇女还能下田劳动,陈藻的《田家妇》评说:"笑说福唐风俗恶,一田夫妇两身泥"⑤;"种麻卖布皆贫妇,伐蔗炊糖无末游"⑥。南宋时,祝穆说福州"市廛田陌之间,女作登于男"⑦。这是说,福州农村妇女的劳动能力更胜于

① 张华.博物志:卷十 [M].文渊阁四库全书本,2.

② 隋书:卷三一 [M].标点本.北京:中华书局,1973:887.

③ 洪迈.夷坚志 [M]// 夷坚甲志:卷一七.标点本.北京:中华书局,1981:184.

④ 洪迈.夷坚志 [M]// 夷坚丁志:卷六.标点本.北京:中华书局,1981:587.

⑤ 陈藻.乐轩集:卷一 [M].文渊阁四库全书本,17.

⑥ 陈藻.乐轩集:卷一 [M].文渊阁四库全书本,6.

⑦ 祝穆.方舆胜览:卷十 [M].影印宋本.上海:上海古籍出版社,1991:2.

男子。从文献的记载来看，当时的福建妇女能做男人做的一切事情，例如抬轿子，是一种重体力劳动，向来由男人担任。但在福建，宋代却有女子抬轿的习俗："泉福二州妇人轿子，则用金漆，雇妇人以荷。福州以为僧擎。至他男子则不肯肩也。"[1] 杀牛是一项既要技巧也要体力的劳动，只有身强力壮的男人才能担当。然而，宋代福建的女子也能杀牛："绍兴初，建州瓯宁县妇人汤七娘，本屠家女，亦善宰牛，平生所害以百数。尝买一牛于野外，相去稍远，乃跨之以归。拟至家屠杀。"[2] 这位妇女出身于屠夫世家，杀死过一百来头牛，这种事迹若发生于当代，一定是吉尼斯纪录，当时福建妇女的能干，于此可见。

宋元时期，福建妇女还常被征发到文绣局劳动，福州的文绣局中有男女工人数千，范德机《闽州歌》："闽州土俗户不分，生子数岁学绣文，围绷坐肆集男女，谁问小年曾识君？古来夜行秉斯烛，今者衢路走纷纷；那更诛求使者急，鞭棰一似鸡羊群，古来闺阁佩箴管，今者女工征六军。"[3] 如其所记，当时的福州女孩因为善于刺绣，还被征发到文绣局去劳动。

对于南方的妇女劳动习俗，宋末元初的陈普有一首《古田女》的诗见于记载：

古田女

序：吾州（福州）近郭五六县，土风悉如老杜所赋夔州，而郭尤甚，每惭无以答四海兄弟之诘问。一日来古田，见傍县一二十里内，于插秧时亦如之，以为三时惟此时最忙，不可不为夫子之助也。其说则甚善，而其事则未可。愚以为不如其已也，皆吾人也。作诗以道之，幸其一听作华夏人，岂不足以美吾东南一隅哉！诗云：

昔年过饶州，一事独唏嗟，清川俗妇人，以昼不以夜。

上流濯垢腻，下流汲归舍，供佛与事尊，共用如啖蔗。

朝昏卖鱼虾，晴雨亲耕稼，樵采与负戴，咸与夫并驾。

流汗事岂非？失礼事可讶！我时适逆旅，一见为汗下。

欲言不可得，况敢加讥骂，静惟天下事，无边可悲咤。

一从文王没，声教不逾华，巴蜀与闽粤，至今愧华夏。

男不耕稼穑，女不专桑柘，内外悉如男，遇合多自嫁。

---

① 庄绰.鸡肋编：卷中 [M].北京：中华书局，1983：53.

② 洪迈.夷坚志 [M]// 夷坚志补：卷四，1577.

③ 范德机.范德机诗集：卷四 [M].文渊阁四库全书本，2.

云山恣歌谣，汤池任腾籍，插花作牙侩，城市称雄霸。

梳头半列肆，笑语皆机诈，新奇弄浓妆，会合持物价。

愚夫与庸奴，低头受凌跨，吾闽自如此，他方我何暇？

福州县十三，予幸穷崖下，十里近郭县，此俗独未化。

一日来古田，拔秧适初夏，青裙半绞扎，水泥和拨迡。

事事亦不恶，位分无假借，三王二帝年，人伦密无罅。

冀方古当涂，沣水今沪灞，见恶如豺狼，嗜礼如脍炙。

固无期桑中，亦无舞台榭，一国皆若狂，一年唯有蜡。

盛年事耕织，斑白可休暇，习见宜如常，骤异良以乍。

劝君但勤俭，兹事宜永谢，倘能用吾言，鸡豚愿同社。①

该诗概括了古代福建的习俗。她们下田劳动、上街经商，为了家庭，她们抛头露面，在所不惜。由此可见，尽管宋代的儒学对闽人造成极大的影响，但在民俗方面，闽人仍然保持了许多自己的习惯，其中，妇女体力劳动习惯即为其中一个。

宋代福建妇女在其他方面的能干，也可见于记录：黄铢之母是有名的才女，号冲虚进士，"少聪明，颖异绝人，于书史无所不读，一过辄成诵。年三十，先君捐弃，即抱贞节以自终。平生作为文章，诗辞甚富"②。这类才女并非个别的，建阳范砺，"一女名德静，颇知书，能诗文，嫁为邑中程氏妇"③。建阳虞道永，"性喜读书，读《易》《论语》，得其大意，下至练养医药卜筮数术，无不通晓"④。翁氏孝女，"猎涉方册，览曹娥碑，心慕之"⑤。胡安国之母，"幼通诗书，皆能析其大义"。胡安国之父早逝，胡安国能成为大儒，与母亲的教诲有关。她让幼年体弱的胡安国出外读书，并告诫他不得轻率回家。安国登进士第后，喜欢弈棋。其母批评他："业止一第耶"？其后，安国戒掉棋瘾，一心读书，成为一代儒学大师。⑥可见，胡安国的成功，离不开母亲的督促。

① 陈普.石堂先生遗集：卷十六。此处录自郑方坤.全闽诗话：卷五[M].文渊阁四库全书本，69.

② 张世南.游宦纪闻：卷八[M].北京：中华书局，1981：67.

③ 洪迈.夷坚志[M]//夷坚志补：卷一四[M].1682.

④ 张琦等.建宁府志：卷四十[M].南平地区方志委1994年标点本，802.

⑤ 张琦等.建宁府志：卷四十[M].南平地区方志委1994年标点本，803.

⑥ 张琦等.建宁府志：卷四十[M].南平地区方志委1994年标点本，803.

宋代闽中妇女擅长管家。"刘氏，崇安人，翁福清妻，福清为人友爱，刘能宜其家，治内井井有规度。福清垂没，谓刘曰：'吾兄弟幸子姓日庶，汝能约束之，毋令异心'。福清没，刘益笃忠信，家人岁鬻笋市竹之利，必入于刘，不敢私蓄。一门八十口，四世同居。"①可见，翁福清家能够四世同居，完全靠刘氏从中主持。又如浦城的沈氏："章甫妻，经理家事无巨细，皆有节法。甫襟度简远，未尝问生事，然奋羁旅起家。阖门千指，有宅以居，有田以食，悉沈氏力也。"②个别妇女的精明能干让人佩服："晏氏，宁化人，嫁为曾氏妇，夫死抚幼子。绍定庚寅，寇破宁邑。晏依山为砦，贼遣人索妇女金帛甚急。晏召田丁谓之曰：'汝曹衣食我家，念主母当用命，不胜即杀我，无被贼辱。因解首饰悉散与之。田丁感奋，晏自挝鼓，使婢鸣金。贼败退。乡人挈家趋砦甚众。晏助其不给，又析砦为伍，互相应援，贼不能攻。全活老幼数万人。招捕使陈韡遗以金帛，晏悉散给其下，韡具请于朝，封晏为恭人。"③这位女性在大难临头时表现出来的果决、机智、刚毅，相信使许多男人逊色。在福建历史上，这类女性还有不少。她们的存在，必然要影响到女性的家庭地位。

二、妇女的财产权与兄弟异爨

女性的财产权。由于宋代福建妇女下田劳动、上街经商，而且精明能干，在家产分配方面，便得体现她们的贡献。在中国北方的中原区域，历来实行的是"诸子均分制"，继承人一般只限于男性，女性是没有继承权的。但在南方，女性有一定的继承权。王得臣记载："闽中生子既多不举，而无后者，则养他人子以为息。异日族人或出嫁女争讼，其讼财无虚日。予漕本路，决其狱，日不下数人。"④出嫁女敢于与养子争夺继承权，反映了闽人认为出嫁女比养子更有继承权的观念。事实上，南方妇女的财产权逐渐得到官府的承认，尤其是南宋时期，朝廷南迁临安，更为重视南方的习俗，官府规定："在

---

① 张琦等.建宁府志：卷四十 [M].南平地区方志委1994年标点本，803.

② 张琦等.建宁府志：卷四十 [M].南平地区方志委1994年标点本，804.

③ 曾曰瑛等.汀州府志：卷三七 [M].乾隆刊本，389.

④ 王得臣.麈史：卷三 [M].文渊阁四库全书本，4.

法：父母已亡，儿女分产，女合得男之半。"① 可见，宋代女性也有部分财产继承权，虽说她们的继承权只有男子的一半，但比北方女子没有继承权好得多了。从宋代的一些案例看，民间分家，确实照顾了女性的财产权。例如，熊振元有一块田可种"三百五十把"秧，"以其价钱不满三百贯，从条尽给付女承分"。因其女早死，从而引发了财产之争。② 又如蒋森之家，有一子名汝霖，一女名归娘，还有后娶的妻子——叶氏。在叶氏娘家人裁定下："割其田业为三，汝霖得谷一百七十硕，叶氏亲生女归娘得谷三十一硕随嫁，叶氏自收谷五十七硕养老。"③ 可见，蒋家的女子都有继承权，尽管她们的继承权只有男性的二分之一。福建女性的财产权还可由其卖地权中看出，陈藻在其诗中咏及一位妇女卖田："下乡老妪何大娘，小郎遗业孤女当。……女将三十年及格，依法卖田何所疑？"④ 该诗表明：陈藻认为：此女年龄已快要三十岁，完全可以自行处置手中的田地。这说明她们的财产权是充分的。

妆奁田。女子出嫁后，将田地带到男家，此田民间习称为妆奁田。在福建民间，妆奁田属于妻子所有，男家不得吞并。例如，吴贡士"有屋一区，有田一百三十亩，器具、什物具存"，其后娶妻王氏"原有自随田二十三种，以妆奁置到田四十七种"。吴贡士死后，王氏带上这些田及"质库钱物"改嫁他人。⑤ 又如吴子顺父子相继死后，唯子顺妻阿张仍在，她有"自随奁田十余种"，吴氏远亲想侵占她的田地，官府判曰："所余田是张氏自随田，非吴氏之产也。"⑥ 陈元靓发现，有些兄弟同居的人家，往往自蓄财产，而且，这些财产每每以妻家置产名义保留下来，这样，分家时便不必将这些财产均分。然而，这样做有很大的后遗症，"身死而妻改嫁，举以自随者亦多矣"。⑦ 这都说明妻子的财产权是不可侵犯的。再如以下这个故事：福州人郑畯"先娶王氏，生一女泰娘。王氏且死，执夫手嘱之曰：'切勿再娶，善为我视泰娘'。既卒，郑买妾以居。"后来，郑违背诺言，再娶滕氏，遭到报应。⑧ 郑畯之妻死前允

① 佚名辑.名公书判清明集：卷八 [M].北京：中华书局，1987：277.

② 佚名辑.名公书判清明集：卷四 [M].北京：中华书局，1987：110.

③ 佚名辑.名公书判清明集：卷五 [M].北京：中华书局，1987：141.

④ 陈藻.乐轩集：卷二 [M].文渊阁四库全书本，13.

⑤ 佚名辑.名公书判清明集：卷十 [M].北京：中华书局，1987：365.

⑥ 佚名辑.名公书判清明集：卷八 [M].北京：中华书局，1987：258-259.

⑦ 陈元靓.事林广记：乙集卷上 [M].影印元刻本.北京：中华书局，1999：35.

⑧ 洪迈.夷坚志 [M]//夷坚甲志：卷十六，143.

许其夫买妾而不许其娶妻，应是涉及奁田的继承权问题。妾没有权力继承与管理妻的奁田，后妻则至少有权管理前妻的产权，郑畯若是买妾而不娶妻，女儿的继承权可以保证。娶了后妻，便危及前妻之女的继承权，因而要受到惩罚。这都证明女性的财产权。

兄弟异爨习俗的形成。妇女拥有财产，常导致家庭分裂，这是因为：妇女带来财产后，她的本意是将这些财产供给小夫妻生活，而其丈夫若还在大家庭中，这些财产的收入就得属于大家共有，小夫妻只能得到其中的一部分。其次，只有分家，才能使妇女掌握家庭的控制权。由于这一原因，几乎每一个婚后的妇女都是分家的鼓吹者："多少人家好弟兄，不堪闺妇似吹笙。"① 陈元靓竭力主张："妇女言，不可听。人家不和，多因妇女以言激怒其夫及同辈。"② 若妇人之言得以施行，一个家庭往往会过早分家。据史料记载：宋代的福建流行"父母在，子女分家"的习俗，"家产计其所有，父母生存，男女共议，私相分割为主，与父母均之"。③ 王得臣的《麈史》也说，闽人和蜀人都有："亲在堂，兄弟异爨"的习俗。④ 这是说：福建的习俗是：子女成婚之后，便与父母分家。于是形成了父母在，兄弟异爨的习俗。这种习俗儒者是看不惯的，按照儒家的传统，子女最好不要分家，至少父母在的时候，不可分家。"人子之孝，本于养亲，以顺其志，死生不违于礼，是孝诚之至也。观今之俗，贫富之家多于父母异财、兄弟分养，乃至纤悉无有不校。""兄弟之爱，出于天性。少小相从，其心欢欣，岂有间哉？迨因娶妇，或至临财，憎恶一开，即成怨隙；至于兴诉讼，冒刑狱，至死而不息者，殊可哀也。盖由听妇言，贪财利，绝同胞之恩、友爱之情，遂及于此。"但与儒家这一说教相背离的是：福建民众流行分家的习俗："观今之俗，为父母者视己之子犹有厚薄，迨至娶妇，多令异食。贫者困于日给，其势不得不然，富者亦何为之？"⑤ 总之，尽管儒者劝说民众不当父母在世时即分家，但在实际上，民间仍然流行兄弟异爨的习俗。一般地说，一个家庭有一个儿子成婚后，家长便让其分家自过。其中，女儿若是出嫁，也可带走一部分妆奁田。

---

① 陈藻. 乐轩集：卷一 [M]. 文渊阁四库全书本，2.

② 陈元靓. 事林广记：乙集卷上 [M]. 影印元刻本. 北京：中华书局，1999：35.

③ 徐松辑. 宋会要辑稿·刑法二之四九 [M]. 北京：中华书局，1957：6520.

④ 王得臣. 麈史：卷三 [M]. 文渊阁四库全书本，4.

⑤ 蔡襄. 蔡襄全集：卷二九 [M]. 福建：福建人民出版社，1999：655.

不过，宋代福建受儒家影响的大家族，或者是源自北方移民的家族，也有保持北方习惯的。也就是说，他们实行父母在、兄弟不分家的习俗。例如：陈元靓在其《事林广记》中告诫人们：兄弟同财，不可藏私，因为，藏私会带来许多问题，例如：财产因私自蓄备而不增值，有些财产被改嫁的妻子带走，等等。[①] 这都说明当时福建也有兄弟同财的大家庭存在，他们要等到父母都去世后才分家。这与闽人的小家庭形成鲜明的对照。

总的来说，家庭是女性的战场，婆媳之间、妻妾之间、妯娌之间，都会为了对男人的控制权而全力相争，为了平息这类斗争，最好的方式是让她们分家，闽人的习俗——儿子结婚后就分家，父母与儿媳各过各的，其实是解决家庭矛盾最好的方式。

三、女性在家庭中的地位

论及古代中国妇女的社会地位，通常认为她们受到夫权严重的压迫。这一点不能否认。事实也证明：古代福建妇女的社会地位较低，福建的许多乡村都规定：女性不能进祠堂。这是因为：女性一定要出嫁外姓，不能给自己的家族繁衍后代，而且她们也不能像男人一样读书做官，给家族带来荣誉。因此，她们的社会地位低于男子。但是，女性在家里的权利，却是各个家庭不同。我们知道，古代福建的妇女自有其有利的条件：其一，古代福建男多女少，妇女出嫁易，贫穷的男人娶妻很难。由于成婚困难，男人对娶进家门的女人看得较重——她是繁殖后代的工具，尤其是生儿子的女人，在受到家庭长辈的重视，她们的地位较高；其二，古代福建女性拥有财产权，她们可以从娘家带来大笔财富，并一直掌握这些财富。由于她们一方面享有夫家的财产，另一方面还有自己的"小金库"，至少经济状况比夫家要强一些。在这两点的支持下，女性便可以利用她的特殊地位，争取家庭地位。

女性统治家庭，也有其独特的艺术。福建民间流传，女性统治家庭的办法是"一哭、二闹、三上吊"，这主要是指没有文化的下层妇女。她们为了控制家庭——控制她们的丈夫与孩子，甚至是老人，采用哭闹为主的方法。如果男人不接受她们的主张，她们不是以理服人，而是以哭、闹、上吊的方式，

---

① 陈元靓. 事林广记：乙集卷上影印元刻本. 北京：中华书局，1999：35.

迫使男人接受。对一个男人来说，如果妻子整日与他吵架，日子便无法过了。他们或是对妻子打骂，或是接受妻子的主张，二者必居其一。自杀是妇女控制男人最有效的办法。古代中国妇女的自杀率极高。由于相信佛教，相信死后可以再投胎为人，妇女一旦遇到不满意的事，便选择上吊、投井等自杀方式。为了防止女性投井，农村的许多井口都要加上盖子，仅留一个或数个小口，让人提水。一般来说，男人很难面对哭闹的女性，而本着重视生命的道德选择，大多数家庭都会对要自杀的女性让步，这样，女性便在部分家庭得到了主宰权力。

怕老婆问题。闽人的家庭中，主妇权力较大，家内的事务，大都由妇人做主。男人受数落是常有的事。在前引《古田女》一诗中，宋元之际的儒者陈普谈到这种妇女凌驾于男性的情况时说："愚夫与庸奴，低头受凌跨，吾闽自如此，他方我何暇？"这是真实情况的写照。女性在家中的权力过于扩张，便成为"母老虎"。"潭州益阳赵知县女，嫁泉州滕迪功而寡。生男女五人，男已娶妇。而赵性惨酷，自专家政，门户遇夜扃锁，皆身自临之，非侵晨弗启。待妾婢尤严，或有获罪，辄留伴宿，然后囚缚，鞭挞以数百计，气几绝，始命拽出。淳熙十六年冬，妾陈馨奴者，掇怒颇甚，手杀之。断其头及手足为五贮于糠笼。"[①]可见，这位赵姓夫人在家中的权威谁也不敢冒犯，她甚至违反法律，残杀奴婢。又如宋代范正敏的《遁斋随笔》记载了一个典型的"母老虎"故事："延平吴氏姊妹六人，皆妒悍残忍。时号'六虎'。其中'五虎'尤甚。凡三适人。皆不终。平生手杀婢十余人。每至夜分，尝闻堂庑间喧呼击朴之声，同室者皆惧。五虎怒曰：'狂鬼敢尔邪？'命辟户移榻于中庭，乃持刃独寝。于是，彻旦寂然。人语：'五虎之威'鬼犹畏之也'。"[②]这个故事的意思是说：连鬼都怕凶悍的女性，乃至不敢骚扰女性。

一般来说，女性要主宰家庭，自己也要行为端正，否则，必然受到社会的压力。可见以下这个故事：

> 福州怀安县津浦坊民郑四，以鬻羊为生。年六十余，唯一妻，而年方及半。尝告其夫曰：汝老而无子，脱有病，若做经纪不得时，

---

① 洪迈. 夷坚志 [M]// 夷坚三志己：卷六 [M]，1346.

② 范正敏. 遁斋随笔. 引自：陶宗仪等. 说郛三种 [M]. 上海：上海古籍出版社，1988：1186-1187.

何所赖？今东家儿十七八岁，上无父母，我欲求之为义男，汝意何如？郑颇知妻与此子相染，初未然其请。他日再告，度终不可辍，且虞其狠悍肆虐，勉从之。既同居，公为奸通，视夫如路人。郑不能堪，又畏邻里耻笑，自缢以死。众为之不平，共告于县逮系两奸置狱中。①

以上这个女性通奸外人，并将年老的丈夫逼死，因此引来了众乡邻的干涉，结果自食其果。所以，女性在家庭中的主宰权力是有限的，不能过于夸张。

再以一夫多妻制来说，尽管妇女在家庭中地位较高，但并不能干涉丈夫娶妾的行为，赵子潚任泉州知州时，"吏有掠民女为妾者，其妻妒悍，杀而磔之，贮以缶，抵其兄兴化掾，安廨中。妾父诣郡诉，吏不决。子潚访知其状，亟遣人往兴化，果得缶以归，狱遂决。"② 可见，此女虽然凶悍，却无法阻止丈夫娶妾，只能将火气撒在妾的身上。最后，她因谋杀小妾而受到法律审判。又如："范斗南，字一卿，瓯宁人。淳熙二年登第，待次某州教授。买一妾，宠之，而内子游氏不容。"③ 结果，范斗南只好将小妾带到外乡生活。在多数情况下，有钱人家一妻数妾是常见的："林氏，富人也，用千缗买美妾。"④ 莆田广化寺东塔记录了官员赵师造"助缘建造东塔"，追荐"亡妻孺人鲁氏念二娘子、亡妻孺人张氏小四娘子、亡妻孺人胡氏小二娘子"⑤，可见，他已故的妻子有三位。不过，小妾入门，不能动摇妻子的地位，男人将妾娶入家门后，仍然要受妻子的统治。例如：有一女子"历数其夫，某事为非是，某妾有何过，某仆有何失，皆的的不诬"。⑥ 这一段文字反映了主妇在家中的权力，她可以数落丈夫，斥骂妾与家仆。

古代闽人的习惯是女性统治家庭，但这也不是绝对的。有的家庭仍然是男性统治一切。例如，邵武光泽县有一富民邓生"买一妾，嬖爱殊甚。妻不

① 洪迈. 夷坚志 [M]// 夷坚支志：卷四，1252.

② 脱脱等. 宋史：卷二四七 [M]. 标点本. 中华书局，1977：8748.

③ 洪迈. 夷坚志 [M]// 夷坚支丁：卷八，1029.

④ 洪迈. 夷坚志 [M]// 夷坚乙志：卷十六 [M]，322.

⑤ 郑振满，丁荷生. 福建宗教碑铭汇编·兴化府分册 [M]. 福州：福建人民出版社，1995：26.

⑥ 洪迈. 夷坚志 [M]// 夷坚志补：卷十六，1701.

能堪，遂自颈而死，即日响怪百端，邓苦之，而无计可息"。^①这一例子是男子不顾妻子的反对，娶妾入门，导致妻子自缢。这一家庭应为男子掌权。总之，夫妻之间的关系犹如一场没有硝烟的战争，或是丈夫统治妻子，或是妻子统治丈夫。在福建较多的情况是妻子统治家庭，这是南方少数民族的传统，而其习惯，慢慢地渗入汉族中。

从当代民俗调查来看，闽东人、闽北人的家庭，女性权力较大，一般是女性统治家庭；而闽南人的家庭中，男性的权力更大些，男人统治家庭的情况较多。所以，典型的女性统治家庭的案件，多发生于闽东与闽北。

离婚。不论是女人统治家庭还是男人统治家庭，男女之间总要建立一个稳定型的家庭结构。倘若男女双方都不服对方的统治，男女之间的平衡无法出现，其最后结果必然是家庭的破裂。要么是男子出走，要么是女子自杀，最和平的方式是分居与离婚。以福州儒者陈烈来说，他与妻子合不来，双方分居已久，有十年不通音信。后来，陈烈得到蔡襄的推荐，本可有所作为，但其妻子却向官府控告他抛弃妻子，而福建官府也因而上奏，"福建提刑王陶，奏烈以妻林氏疾病瘦丑，遣归其家，十年不视。烈贪诈人也。已行之命，愿赐削夺"。^②这给陈烈相当大的打击。幸亏得到司马光的救助，才得保全，不受处分。但是，陈烈一生不得出仕，只能在本州任教官。^③可以说，陈烈的一生都毁在其妻子之上了。这是家庭内部夫妻关系破裂后产生了你死我活的对立。这种家庭，不如早些离婚。从宋代保存的民事案例来看，有许多案例是离婚案，男子有"七出"之权，女子偶尔也有起诉离婚的事。这一切与后世是一样的。不过，宋代的法律赋予男人较大权力。

总之，女性对家庭的统治仅限于家庭，这种统治不可能超越家庭的狭小范围。事实上，女性走出家庭，马上要面对强大的男性家族势力。闽南人的家庭之所以男性地位较高，是因为闽南的家族组织极强大，男人的一切行为都可得到家族的包容，而女性的一切行为都受到家族的监督。这种情况必然导致男权的上升。由于这类史料多现于明清时代，这一问题且留到以后再讨论吧。

婚姻的缔结是古人一生中最重要的大事，宋代闽人的婚姻，即有与其他地区相同的地方，也有自己的特点。

---

① 洪迈 . 夷坚志 [M]，890.

② 叶梦得 . 石林燕语：卷十 [M]. 北京：中华书局，1984：148.

③ 脱脱等 . 宋史：卷四五八 [M]. 标点本 . 北京：中华书局，1977：13443.

四、贞洁与改嫁

贞洁问题。宋代的理学家程颐说过一句话："饿死事小，失节事大"，这反映古代中国重视女性单方面的贞洁，并将其扭曲到有违人性的地步。不过，若是人们从程颐的这句话去理解宋代社会，以为当时的性生活十分保守，那就错了。事实上，凡是有人的地方，都存在某种程度上的性开放，而且，这都是双向的，有一个男子突破了戒律，必有一个女子在有意无意间失去了对戒律的尊重。所以，尽管宋代儒者制定了种种清规戒律，实际上民间存在着某种程度上的性泛滥，前述故事中，郑四的妻子与外人通奸，又如："邵武军奏谳，妇与人奸，谋杀其夫，已而夫醉归，奸者自杀之。法寺当妇谋杀为从，而刑部郎中杜纮议妇罪应死。"①再如《夷坚志》记载了一户婆媳当家的人家，其媳"刘年尚壮，失妇道，与一僧宣淫于家。姑见而责之，刘恚且惧。会姑病，不侍药，幸其死。置蛊以毒姑之二婢，未及绝，强殓而焚烧之"②。这都是十分极端的例子。普通百姓中的通奸问题更为常见。朱熹任同安簿，"禁女妇之为僧道者"③。朱熹在漳州任职时，夸张地说当地习俗："不婚之男，无不盗人之妻，不嫁之女，无不肆为淫行。"④大致说来，中国儒学的戒律只能约束愿意遵守它的人，实际上对民众的约束力极小，大多数农民都生活在自然状态中，不管是富人还是贫民，他们都将生活放在第一位，而其戒律极少。以为这些大字不识两个的平民会把儒家戒律看作比天还重，其实是不可能的。也许是城乡实际上存在性自由，所以，宋代儒者对贞洁女性的歌颂显得十分突出。宋代的儒者开始赞扬贞节的妇人，如李吕的《贞妇》诗，"婉彼邹氏女，其父尝籍兵，嫁作耕夫妻，妇道以勤称。厥夫惰农业，居肆寄郊坰。薪爨不时给，贮粟未满瓶。"⑤有一财主企图勾引邹氏女，被女拒绝。李吕为其作诗歌咏。当然，儒者对贞洁的歌颂，只能影响少部分人，大多数民众仍然按照自己的方式而生活。

改嫁问题。宋代的儒者歌颂为丈夫守节的女性："赵子乙妻王氏，其家世

---

① 脱脱等.宋史：卷二〇一[M].标点本.北京：中华书局，1977：5010.

② 洪迈.夷坚志[M]//夷坚甲志：卷五，41.

③ 脱脱等.宋史：卷四二九[M].标点本.北京：中华书局，1977：12751.

④ 朱熹.晦庵集：卷一百[M].文渊阁四库全书本，7.

⑤ 李吕.澹轩集：卷一[M].文渊阁四库全书本，11.

居睢阳，靖康之乱时，王氏以坒土自毁，背负姑、携幼子，避地而南。……
辗转乱尸间，越四年，始达温陵，徙居于莆终焉。一时名士二十余人，皆以
诗表之。"①诗人群起为贞洁女性作诗，歌颂她守节的行为，这在社会上产生
一定影响。宋代有一些妇女在丈夫死后以贞洁自守，誓不再嫁；德化县的蒋
九娘"年十八，归刘惟义，越六年，惟义死，家贫甚。蒋忍饥寒，日夜纺织，
奉养舅姑，抚二幼儿成立。舅姑殁，丧葬如礼。勤苦三十九年。始终一节，
祀节孝祠"。也有一些妇女为丈夫自殉，德化县的黄桃娘，"年十六适陈得琛，
期年，琛以服役卒于外，讣至恸绝，誓无独生"，"尸既归葬，母怜其少而无
子，舁归，冀改图之。"后黄桃娘自杀。②不过，这类现象在宋代的福建还是
极个别的，大多数情况下，死了丈夫的女性都是改嫁，所以，黄桃娘年轻丧
夫，其母亲很自然地为其谋划改嫁。甚至大臣家的女性，夫死之后，也可以
改嫁。浦城人参知政事吴育在朝，曾被唐询攻击："育弟妇久寡，不使改嫁。"
实际上，此时的吴育弟妇已有六子，年纪恐不小了。③但是，不让弟妇改嫁，
仍然成为旁人可以攻击吴育的罪名。以此来看，宋代士族的家庭里，寡妻改
嫁是很正常的事。④再如建阳人施必达，因投入范汝为部被宋军所俘："得旨
编隶河外，与妻泣决，度无生还理，嘱其改适。妻悲不自胜，尽鬻奁具以给
行囊。"⑤可见，其丈夫还劝妻子改嫁。此外，宋代福建妇女的家庭地位虽高，
但她们的社会地位仍然很难得到保障。死了丈夫的妻子往往受旁人欺辱，普
通百姓家，死了丈夫的妻子，不改嫁，很难在社会上生存。陈藻在诗中咏到
一个丧夫的妇人："故人身死妻贫病，买药无钱留性命。半箪赤饭一盂蔬，对
不能食双泪流进。阿官卖田妾未归，税在夫农田卖谁，乡胥改割全隐匿，妾
典衣裳空被追。零落生涯种片园，朝朝夜夜盗开门。邻翁苦妾妾租客，客也
无输叫妾论。那更双棺四缶灰，伐山博米图葬埋。呜呼，豪强欺妾夺山去，
不许盐丁燃妾柴。孤儿出县庭，空手携状投杳冥。黄堂走罢走使进。文书送
县已三月，依旧含冤说我听。"⑥可见，这位妇人在死了丈夫之后，受到各方面

① 李俊甫 . 莆阳比事：卷四 [M]. 江苏古籍出版社宛委别藏本，183-184.

② 鲁鼎梅等 . 德化县志：卷十四 [M]. 德化方志委 1987 年版，390.

③ 李焘 . 续资治通鉴长编：卷一五八 [M]. 文渊阁四库全书本，25.

④ 张邦炜 . 宋代婚姻家族史论 [M]. 北京：人民出版社，2003：149.

⑤ 李再灏等 . 建阳县志：卷十六 [M]. 建阳县志办 1986 年重刊本，738.

⑥ 陈藻 . 乐轩集：卷一 [M]. 文渊阁四库全书本，7-8.

的欺辱，根本无法自存。在这一背景下，丧偶之后的女子多改嫁。如福州罗源一村民，"有妻及三子，死后，妻携子改嫁"①。宋代的闽中男多女少，许多男子无法成婚，因此，改嫁的女性大都可以找到丈夫。例如，有一个小名为阿常的女子，先嫁钱氏，后嫁徐氏，徐氏亡故之后，又改嫁张氏。②又如徐氏乃陈师言之继妻，婚后生二子一女，子女皆三十岁左右，而徐氏改嫁陈嘉谋。③再如，有一个小名为阿区的女子，先嫁李孝标，再嫁李从龙，三嫁梁肃。④由于宋代闽中男多女少，许多男人娶不到妻子，所以，女性改嫁是很容易的。

　　大致说来，儒家的戒律对儒者自身的影响较大，也许只有缙绅阶层认真贯彻其中部分的教条。对大多数民众来说，他们尊重儒者的戒律，但很少有人照着去做。在实际生活中，许多下层百姓为突破这些戒律而享受快感。事实上，儒家的主要影响体现于上层社会，而中国下层社会则按照自然规律来办事。也就是说，中国传统的伦理道德主要体现于上层社会的士大夫中，下层社会只能接受其中的一些观念，例如：忠、孝、仁、义、礼、智、信七字儒家教条中，下层社会最多只能接受忠、义、智、信之类的观念，而诸如孝悌、仁爱、礼仪等观念，下层社会只能部分接受。所以，诸如"改嫁不好"之类的观念，只能影响上层社会的女子，下层社会的女子则是毫无顾忌地按自然规律行事。因此，不能过份夸大理学对宋代民众的影响。尽管宋代的史书充斥着理学家的教条，实际上，它只存在于理想中，而不体现宋代的社会现实。

第二节　明清福建妇女的劳动习俗和社会地位

　　在古代中国北方农村的两性分工有一个标准模式——男耕女织，即男子下田劳动、女子在家纺纱织布、操持家务，由于男子是家庭经济收入的主要创造者。他们在家庭中的地位较高，被称为家主。所以，北方的家庭形成了男主女从的家庭结构模式。这种模式，也是中国各地农村家庭的主要形式。

---

① 洪迈.夷坚志 [M]// 夷坚支戊：卷一，1055.

② 佚名辑.名公书判清明集：卷十 [M].北京：中华书局，1987：325.

③ 佚名辑.名公书判清明集：卷九 [M].北京：中华书局，1987：296.

④ 佚名辑.名公书判清明集：卷九 [M].北京：中华书局，1987：344.

然而，在古代福建的许多地区，男女自然分工并不像北方那样确定，妇女像男人一样下田劳动、上街经商，乃至下海捕鱼，打破了"男耕女织"的模式。这种习俗是怎么形成的呢？它对女性的家庭地位与社会地位有什么影响呢？本文试图从中国南北文化比较的大背景里探讨这一问题。

一、明清福建妇女劳动习俗的变化与发展

从南宋到元代，福建理学昌盛。自从杨时返闽传道开始，经历罗从彦、李侗的改造，迄至朱熹集大成开创闽学流派，福建渐成为理学的中心。在朱熹的弟子中：有黄干、蔡元定、陈淳、真德秀等闽籍名儒，他们造成的影响，使福建享有"海滨邹鲁"之誉。元代，闽学传向全国，被视为道学正宗。道学以改造天下风俗为其宗旨，而其理想的风俗境界是以北方中原民俗为标准的。因故，福建的理学家们普遍要求改造福建民俗。朱熹在漳州做官时写了《谕俗文》，不许妇女进庙烧香，严防"男女混杂"。《同安县志》说朱嘉任同安主簿时，要求妇女用手巾遮住头脸，出门时不可让脸部裸露。所以，同安民间把这种包头巾叫作"文公帕"。① 元代儒士李良玉做了一首赓和陈普《古田女》的诗，李良玉承认古代福建是"蛮陬之地"，不懂婚嫁礼节，"应无雁币聘，宁识枣修嫁"。不过，自宋元以来，福建有很大变化，"昔时蛮隶国，今作齐鲁化"。然而，令人遗憾的是："独余男女俗，缺漏留微罅。"因而，他主张用儒教"男女授受不亲"的一套改造福建民俗。这种观念得到许多士大夫的赞同。明清时期，在理学家的影响下，朝廷才开始重视民间习俗的改造。朱元璋从登基第一天起，就很重视表彰烈女节妇，翻阅《明太祖实录》，表彰烈女节妇的例子随处可见。同时，不少地方官也把风俗改造当作主要政绩。例如，"郭宗文，洪武中知罗源县，教民以孝、悌、忠、信、礼、义、廉、耻，民渐其化，及卒，民泣慕如父母。"② 儒教观念的推行，标志着北方中原文化观的南传，它冲击了福建社会，改造了人们的观念，首先，男女之别日兹严

---

① 道光《福建通志》：卷五六风俗志引同安志："宋朱子主簿同安及守漳时，见妇女街中露面往来，示令出门须用花巾兜面，民遵公训，名曰公兜。见泉漳多控拐案，示令妇女鞋底下添设木头，使之步履有声，名曰木头屐。一兜一屐，防杜之意深矣。"

② 黄仲昭. 八闽通志：卷三七 [M]. 福州：福建人民出版社，1990：791.

厉，漳州府，"妇人务女工，谨容止，稍有衣食者，不出闺门"①。龙溪县，"妇人非有故，虽君舅小郎弗见也。家贫者出必以巾，男女之别尤兢兢焉。"②"漳俗尤慎男女之别，妇人非有大故不相见"。③泉州，"最严于男女之别，功缌之亲，多不相见，戚属姻眷，屏绝交游"④。那么，妇女下田、经商的习俗有否改变呢？有些地区确实改变了：邵武府"四邑之俗，大抵男任劳在外，女任逸在内，隋志所谓暴面市尘，竞分铢以给其夫者，无有也。供饷则有之，耘获、车灌与男子同事者无有也。然亦事纺织以衣其夫，故有夜浣纱而旦成布者。谓之机布。其余则贸易以为利"⑤。可见，邵武府妇女劳动的习俗转化得最为彻底。他们的妇女基本上不参加大田劳动，也不经商。据笔者所见，这类习俗还流行于建宁府、延平府。例如延平府的南平县："女虽至贫，纺织不出户。"⑥

但是，除了以上闽北三府外，其余各府仍然保持着妇女下田劳动的习俗。例如福州府"田则夫妇并力而使用，女作多于男。"⑦其实，福州不仅种田是夫妇并作，就是为官府服徭役，也有"夫妇并役"的。明清时期，外地来福州做官的士大夫最看不惯妇女服徭役，有时叫百姓抬轿，来的却是一批"雄赳赳、气昂昂"的女汉子，八抬大轿，扛起来就走，令人咋舌。其实，福州女轿户一向有名。"女人能轿。洪武初，取女轿三十户以应内宫之役。"⑧其后，明朝还增加南京的女轿户数量。《明太祖实录》记载：洪武二十年十一月己卯，"初闽俗妇女有以舁轿为业者，命取至京师，居之竹桥，以便出入宫掖。至是复取之。凡二百余户。"因而也有人说福州的习俗是"女作率登于男"⑨。泉州"妇人芒屩负担，与男子杂作。"⑩兴化府的妇女能干男人所做的一切事："他邑国民责任皆男子负之，惟莆则男妇并重。田野妇女皆能躬耕，深山妇女皆能

① 罗青霄 . 漳州府志 . 卷三十 [M]. 万历元年刊本，3.

② 吴宜燮修 . 黄惠，李畴纂 . 龙溪县志：卷一 [M]. 乾隆二十七年刻本，4.

③ 薛凝度等 . 云霄厅志：卷三 [M]. 民国铅字重印本，4.

④ 怀荫布，黄任等 . 泉州府志：卷二十 [M]. 清乾隆二十八年刊本（民国重刊本），12.

⑤ 刑址等 . 邵武府志：卷二 [M]. 天一阁藏本 . 上海：上海古籍书店，1963：45.

⑥ 何乔远 . 闽书：卷三八 [M]. 点校本 . 福州：福建人民出版社，1994：944.

⑦ 何乔远 . 闽书：卷三八 [M]. 点校本 . 福州：福建人民出版社，1994：941.

⑧ 何乔远 . 闽书：卷三八 [M]. 点校本 . 福州：福建人民出版社，1994：941.

⑨ 黄仲昭 . 八闽通志：卷三 [M]. 福州：福建人民出版社，1990：38.

⑩ 何乔远 . 闽书：卷三八 [M]. 点校本 . 福州：福建人民出版社，1994：92.

樵采。沿海妇女皆能捕鱼。家谕户晓，不烦督促，此全国所未见也。"① 汀州妇女的能干不亚于沿海，"闽中风俗之俭，至于妇女务勤劳，无若永定者。每旦戛至锅蓐食，披衣衼，抹花帕罩髻，少长，什伍为侣，樵采一二十里林莽崖谷间，造夕阳衔山，各荷薪刍而返。虽衿绅儒士家不仕婢仆。凡负贩、舂汲、种作、缝纫之事胥自任焉。妇女不能佐子夫衣食成立者，群起非笑之。"② 清代一个外省官员作总结："闽妇最勤苦，乡间耕种、担粪、砍柴等事，悉妇女为之。单裙赤足，逾山过岭，三五成群，有头插花枝而足跣肩负者。"③ 由于要参加田间劳动，福建妇女不缠足，清初旅游福建的王澐说："泉漳之间，弓步绝迹。殆南越之遗俗欤。"④ 其实，泉州与漳州的妇女中，也有一些是缠足的，不过，那只限于大家闺秀。对这些地区妇女来说，缠足是一种"奢侈"的习惯，平民家庭无法供养这些高贵的"娇女"，因而，她们即使羡慕小脚女人，也没有办法模仿。明清时代，缠足习惯流行全国，但在福建受阻，它从一个侧面反映了福建妇女参加田间劳动的广泛性。

对社会史研究来说，令人感兴趣的是：在中原文化的强烈影响下，为何福建妇女仍保持古老的下田劳动习俗呢？她们的男人做什么？毫无疑问，福建有一些地区是男女杂作，共同从事田间劳动。但是，我们在这一区域看到一种普遍的趋势——男子出外做工、经商，乃至做官。郑善夫说："闽八郡其四衼海，民之半鱼盐为生，福清田益卤，益患其田下下，不蕃粟稷而蕃人，故四人外给恒十之七八焉。"⑤ 古田县"地瘠难以蕃聚，壮者多佣于四方"。⑥ 这是说，这些地区都存在着人口压力问题，男子在本乡谋生不易，便到外乡去做工经商。又如泉州市安平的风俗："吾郡安平镇之为俗，大类徽州。其地少而人稠，则衣食四方者十家而七。故今两京、临清、苏杭间，多徽州、安平之人。第徽人以一郡，而安平人以一镇，则徽人为多。是皆背离其室家，或十余年未返者，返则儿子长育至不相别识。盖有新婚之别，聚以数日离者。"⑦

① 张琴等.莆田县志：卷二一 [M]. 福建省图书馆藏抄本，86.

② 杨澜.临汀汇考：卷三 [M]. 清光绪四年刻本，26.

③ 彭光斗.闽琐记 [M]. 福建省图书馆藏 1980 年手抄本，18.

④ 王澐.漫游纪略：卷一 [M]. 笔记小说大观本. 扬州：江苏古陵出版社，1983：3.

⑤ 郑善夫.郑少谷集：卷十 [M]. 文渊阁四库全书本，9.

⑥ 何乔远.闽书：卷三八 [M]. 点校本. 福州：福建人民出版社，1994：941.

⑦ 何乔远.镜山全集：卷四八 [M]. 日本内阁文库藏明刊本，12.

兴化、泉州二府都是以读书做官出名，"莆之科目，肇于唐，盛于宋，尤盛于明，每科与试者，视闽居半，与计偕者视解额恒得三之一。祖孙、父子、兄弟、叔侄登科第者，先后接踵。科目得人之盛，天下罕俪。"① 他们的子弟从小读书，考科举不成则出外经商，莆田"通有韵之文，十人以三四，故其学书不成者，挟以游四方，亦足糊其口。"② 明清福建商人以向海外发展著名于世。"闾巷少年，仰机利泛溟渤，危身取给，不避刀锯之诛，走死地如骛者，徼重获也。"③ 明末，马尼拉城有两万多福建商人侨居。清代，福建华侨遍布东南亚各国，成为西方殖民主义者的劲敌。20世纪50年代，福建进行华侨统计，总数达六百万，而当时福建人口不过一千二百万而已。

由于男子大量外流谋生，留在家乡的妇女便得承担起各种家务，奉养老人，还得种田、经商，维持生计。这是迫不得已的。何乔远说："《隋志》，'豫章之俗，衣冠之人，多有数妇，暴面市廛，竞分铢给夫。'以为不雅，而不知瘠土小民非是无所得食。"④

和沿海区域及汀州府相比，闽西北的延平府、建宁府、邵武府的风俗比较类似内陆省份。松溪县，"男务耕稼、女勤织纴，不事商贾末技"；泰宁县民，"少为商贾，耕织自给"；尤溪县"民鲜工商"；平县"民惮远出为商贾"⑤，总之，他们共同的特点是以农业为重，不事工商。虽然生活水平很低，但也不愿离开家乡。这类地区的生活方式使他们能够更深刻地接受中原文化，改变女子下田劳动的习俗。而福建的沿海人民以及汀州客家人不安于现状，他们总想到世界各地去闯一闯，他们对中原文化的接受，也只能适可而止。若他们也像内陆省份一样把女性关在家里，他们便无法向外发展了。对此，杨澜的《临汀汇考》承认：如果没有能干的汀州妇女支撑家庭，他们的男人中绝不会产生那么多人才。

二、明清福建妇女的社会地位浅探

在福建的闽东、闽南以及闽西客家方言区，妇女参加田间劳动，他们的

① 郝玉麟等.福建通志：卷九 [M].文渊阁四库全书本，6.

② 何乔远.闽书：卷三八 [M].点校本.福州：福建人民出版社，1994：945.

③ 林烃等.福州府志：卷七 [M].北京：书目文献出版社，1990：5.

④ 何乔远.闽书：卷三八 [M].点校本.福州：福建人民出版社，1994：942.

⑤ 何乔远.闽书：卷三八 [M].点校本.福州：福建人民出版社，1994：944.

男人大多外出做工、经商。所以，妇女成为家庭的栋梁，例如泉州安平镇。李光缙说："吾温陵里中，家弦户诵，人喜儒不矜贾。安平市独矜贾，逐什一趋利，然亦不倚市门。丈夫子生已及弁，往往废著鬻财，贾行遍郡国，北贾燕，南贾吴，东贾粤，西贾巴蜀，或冲风突浪，争利于海岛绝夷之墟。近者岁一归，远者数岁始归，过邑不入门，以异域为家。壶以内之政，妇人秉之。此其俗之大都也。"① 翻阅这些地区的列女传，一些妇女在维持家庭方面付出的代价与牺牲，让人油然起敬。例如：福清施回宋二十三岁守寡，"家中郎叔五人皆幼稚。自舅姑以及家人计口二十，皆氏一人操井臼"②。她操持家务，抚养兄弟子侄，奉俸老人。又如陈升宋，"家贫，耕种薯麦，纺织不懈，以供朝夕"③。龙岩的苏氏尾姑，"龙岩州民魏东未婚妻也。东往楚贸易不归，其父秉恒殁，母亦苏姓，孑然耳。氏归魏侍焉。时年十六，事姑惟谨。东流落江楚间二十余载。"苏尾姑代夫养母二十多年。④ 又如莆田林茂正为王崇贡的妻子。"夫亡时年二十一，生一男稜方二岁。王氏产业多荒，而赋税繁重，茂正内外支持，家计渐裕。葬姑及夫，教稜读书成立。"⑤ 林贞一，许配方氏，"未及归而方氏子远戍"，她"家居营葬父母，抚教弟侄，有女丈夫风"⑥。

福建的习俗最尊敬这类贞女节妇，凡是族中有这类贞女的，整个家族为此而感到荣耀，他们千方百计为这些妇女申请旌表。赵翼说："闽中漳泉风俗多好名尚气。凡科第官阀及旌表节孝之类，必建石坊于通衢。泉州城外，至有数百坊，高下大小骈列半里许。市街绰楔，更无论也。"⑦ 彭光斗说："会城节妇牌坊崇焕林立，见者每叹其风俗之美。"⑧ 施鸿保也说："福州旧俗以家有贞女节妇为尚。"⑨ 有时，个别节妇的事迹感人，文学之士便组织诗会，赋诗歌颂，诗人高云客的烈女诗长达432行，2160字。⑩ 由于文人学士的推波助澜，

---

① 李光缙.景璧集：卷四 [M].影印崇祯十年刊本.扬州：江苏广陵古籍刻印社，1996：726.

② 林昂等.福清县志：卷十九 [M].福清县方志委，714.

③ 林昂等.福清县志：卷十九 [M].福清县方志委，716.

④ 徐铣等.龙岩州志：卷十一 [M].福州：福建省地图出版社，1987.

⑤ 黄仲昭.八闽通志：卷七二 [M].福州：福建人民出版社，1990：720.

⑥ 黄仲昭.八闽通志：卷七二 [M].福州：福建人民出版社，1990：721.

⑦ 赵翼.檐曝杂记：卷四 [M].北京：中华书局，1982：78.

⑧ 彭光斗.闽琐记 [M].福建省图书馆抄本，13.

⑨ 施鸿保.闽杂记：卷七 [M].福州：福建人民出版社，1985：106.

⑩ 施鸿保.闽杂记：卷三 [M].福州：福建人民出版社，1985：62–65.

明清时代福建沿海及客家地区的贞烈妇女特多，明代宰相叶向高为其家乡福清作列女传，收入贞烈妇女达七百多人。他说："学者率尊三代，而三代政俗亦有不如后世者，江汉之游女，以不可求为被圣化，是则被化者，亦不能不游也。自洙泗之教兴，而男女之防始峻。史籍所载，彬彬可称矣。""吾邑山川峭绝，风气刚劲。笄黛之流，以贞烈著者，后先相望，不可胜述。""使咏江汉者见之，不知其咨嗟颂赞又当何如！余故稍次其事，以见圣化所被有如此焉，非徒为一邑光也已。"① 可见，这位宰相是以家乡妇女为骄傲的。那么，这能表示福建沿海人尊重妇女吗？从表面看，我们似可得出这一结论，我翻阅过数百部沿海及客家文人的文集，他们极少用轻佻的语言谈及妇女，偶尔提到家乡妇女，大多是赞美不已。这和闽北三府大不一样。闽北妇女不下田劳动，男人对女性的轻蔑常常露于言表。"王申，建阳人。有才而轻薄。乡人游必举连生二女，作汤饼会，王必与席。至于三，惭不招客。王赠诗曰：数年生女必相邀，今席如何不见招？但愿君家常弄瓦，弄来弄去弄成窑。"② 这类轻薄语在沿海文士的文集中难以见到。然而，为贞女节妇建造牌坊，赋诗赞颂就算是尊重妇女么？用现代的观念来看，妇女的地位主要表现在社交的权力、工作的权利、与男子同等的占有财产的权利。明清福建妇女可以下田劳动，这似乎是"工作的权利"。但这只是付出，并非享受。实际上，按照当地的习俗，女子生来就是为了男人。她们要为男人养育儿女。男子出外做工、经商，她们要为丈夫养育儿女，奉侍公婆。社会所要求她们的除了奉献，还是奉献；在另一方面，福建沿海及汀州人对女性的禁戒特别繁多，漳泉妇人，"毋论老少，出必以幅布蒙遮头面，宽衫长袖，绰有古装。会城绅士家入市买物，尽用使女。"③ 所以，在古代福建这块土地上，妇女付出最多，但得到最少。

三、"搭台殉节"与贞女崇拜

清代福建沿海流行一种习俗，强迫未嫁女子为夫殉葬，以为本家族博得礼教家族的名声。《闽杂记》载：

---

① 林昂等 . 福清县志：卷十六 [M]. 福清县方志委，607.

② 郑方坤 . 全闽诗话：卷六 [M]. 文渊阁四库全书本，56.

③ 彭光斗 . 闽琐记 [M]. 福建省图书馆抄本，18.

> 福州旧俗，以家有贞女节妇为尚，愚民遂有搭台死节之事。凡女已字人，不幸而夫死者，父母兄弟皆迫女自尽。先日于众集处，搭高台，悬索帛。临时设祭，扶女上，父母外，皆拜台下，俟女缢讫，乃以鼓吹迎尸归殓。女或不愿，家人皆诟詈羞辱之。甚有鞭挞使从者。此风省城尚少，乡镇之间，虽儒家亦有之，盖藉以请旌建坊，自表为礼教家也。[①]

过去说"礼教吃人"，以上一事，可以说是活生生的事例了。不过，这一习俗的产生，其实和明郑小王朝灭亡前陈永华之女自杀殉节有关。陈永华幼女为郑克臧之妻，郑克臧为郑经长子，原来是郑氏王位的合法继承人。不料他继位后，诸臣害怕他过于强势，将其杀害，另扶其弟郑克塽上位。郑氏政权从此不可救药。郑克臧死后，其妻决心自杀殉节。连横记载此事：

> 季女某幼秉母教，习文史，年十八。为监国世子克臧夫人。克臧治国，明毅果断，有乃祖风。亲贵皆惮。及遇害，夫人欲殉，董夫人劝之，不从。兄梦纬亦劝曰："女娠未震，盍存孤以延夫祀，不犹愈于死乎？"夫人对曰："他人处常，可毋死；妹所处者变也，纵生孤，孰能容之？"遂缢于枢侧，与监国合葬洲仔尾，台人哀之。是又从容就义，百折不移，可以贯金石而泣鬼神者矣。[②]

郑氏灭亡之后，旅居台湾的宁靖王不愿降清而自杀，他的五个妃子竟然随同自杀，这也是公开的自杀，旁人无法劝阻。于是，女性自杀殉节一时成为闽台一带的风气。当时，清朝也奖励这种风气，往往为节妇家族树立牌坊旌表，这可使家族争光。于是，一些家族为了获得旌表的机会，增大家族的地位，便形成了"搭台殉节"的风气。事情显然过分了。儒教有重视女性节烈的一面，但更多的是重视人的生命的一面。福州底层家族这种做法，自然受到儒学之士的反对，康熙年间，福建巡抚赵国麟出面禁止"搭台殉节"，他的告示写道：

---

① 施鸿保. 闽杂记：卷七 [M]. 福州：福建人民出版社，1985：106.

② 连横. 台湾通史：下册 [M]. 北京：商务印书馆，1983：708.

赵国麟禁止搭台殉节告示。为申明饬禁贤智之过以正人心以端风化事。照得妇人守节，从一而终，理之正也。身遭强暴，捐躯明节，理之变也。变而不失其正也。若夫舅姑无恙，叔嫂有依，必慷慨一诀，从夫九地，于死者虽无愧，于生者何其忍！此贤智之过，非理之正也。至于为父母兄弟者，家有守节之妇，当安抚以全其生，不当怂恿以速其死。孺子匍匐而入，皆生恻隐，牵牛无罪而就，犹然不忍，乃至亲骨肉坐视其死而不救，亦已忍矣。况更为之筑台设祭，扶掖投缳，俨然正法之场！死者何罪，观者何心？一人节烈，众人豺狼，名为美举，实伤风化。此不独非理之正，而更大背乎理者也。闽省旧有此习，本司素所深悯，正欲出示，晓谕禁止。忽有杨氏殉节一案，阖学佥呈旌其烈，舅氏互控，悉其由夫婚二日，迫继母而投河，氏痛哭终天，避郎叔而赴水，移冢妇为介妇。姑意早定于长子未死之前，易旧婚为新婚，叔志更切于嫂乎？既援之后，为杨氏者，虽有舅姑，竟成强暴，虽有伯叔，何异寇雠。归无所归，守无可守，有死而已。且能先葬姑柩，次登缳室，更可谓明于大道，从容就义者矣。所不合者，独筑台一节，犹染旧习，然非本心也。观其投河者再，其志亦诚可悲。已本司亲临其冢，为文致祭，枷号郎叔于墓下，扑责舅氏于坟前，用惩顽恶，以慰幽贞。但本司恐军民人等惑于俗习过当之风，不明本司一劝一惩之意，故特为申明，杨氏之节，所以有必死之心者，实无可生之路，非善其死之之迹，乃善其死之之心也。为此示谕阖属知悉，凡守志者，当思愿为节妇，不愿为烈妇。凡为节妇之父兄亲戚者，当周旋防护，开导劝谕，使其知一死之不足以塞责，则有节妇之乐，无节妇之苦。庶人心风俗皆得其正，若仍循故套，轻生钓誉，登台生祭，本司不独不为表扬，枷扑之刑，且将加于烈妇之门矣。慎之戒之，毋负本司化民成俗之意可也。①

从赵国麟告示中所揭示的惊心动魄的事实来看，清代福州底层社会的妇女极为可怜，一旦丈夫去世，且又没有儿子，家族中的其他成员便会逼她为

---

① 赵国麟. 禁止搭台殉节告示 [M]// 郝玉麟等. 福建通志：卷七四. 文渊阁四库全书本，33–34.

夫殉死，然后吞没她的财产。由于殉节可获官府表彰，不仅丈夫的家族逼她，娘家父兄也逼她，许多妇女是被逼得走投无路才殉死的。清代福建妇女贞节牌坊特多，其中有多少是冤鬼！旌表使那些寒门上升为"礼教大族"，但是，这又有什么意义？

在殉节被官府禁止之后，民间是怎样处理寡妇的？许多家族把妇女当商品。年轻妇女死了丈夫，她的大伯、小叔等人便会设法将她卖了换钱。例如泉州高浦的张氏，丈夫死时她年仅24岁。"姑与其兄强使改适，张氏知不可沮，佯若之，至夕，自缢而死。"①这类例子在福建方志列女传中不胜枚举。它反映了福建妇女在丈夫死后难以自存的事实。那么，夫妇相守的家庭又是什么样呢？《福建省例》中有一条例值得我们注意："闽省妇女性不柔顺，轻生之案，几乎报无虚日。查律载：夫殴骂妻妾因自尽者勿论。又例载夫与妻角口，以至妻自尽无伤痕者，毋庸议。殴有重伤者，其夫杖八十。"其下，《省例》载了一个典型案例：长汀县江观发之妻罗氏，不肯为夫烧水，挨打后自尽。男方被判无罪。②

从清代"轻生之案，几乎报无虚日"一语来看。当时妇女因家庭不和自杀，已成为风气，这也反映了清代福建家庭中男女矛盾激烈，乃至妇女以死来反抗。但是，《省例》中载有："夫殴妻妾轻伤而自尽照律勿论"的条例，这样，即使妇女自杀抗议，丈夫也不会得到处惩，由此可见，清代福建妇女在法律地位上的可悲。

比较明清时期南北文化的差异，我们发现南北妇女的地位是大为不同的，以山东为例，山东虽是儒教的发源地，但到了明清时期，女性在家庭中的地位越来越高，实在有些"阴盛阳衰"的味道。这可从清代长篇小说《醒世姻缘传》得到证明，当代山东学者们的研究也表明了这一点。福建原为"南蛮"之地，接受中原文化较迟，而且，直到明清时期还保留着妇女下田劳动的习俗，可是，与经济决定上层建筑的定律相反，福建妇女辛勤的劳动并未为她们挣得社会地位，反而比山东妇女遭受更为深刻的压迫，导致这一差异的原因何在？

我认为决定性的差异在于：明清时代北方宗族组织瓦解，而福建宗族组

---

① 黄仲昭. 八闽通志：卷六八 [M]. 福州：福建人民出版社，1990：609.

② 福建省例：卷二七 [M]. 台湾文献丛刊本.

织极盛。明代王士性论北方:"宛、洛、淮、汝、睢、陈、汴、卫,自古为戎马之场,胜国以来,杀戮殆尽。郡邑无二百年耆旧之家,除缙绅巨室外,民间俱不立祠堂,不置宗谱。""民服制外,同宗不相敦睦,惟以同户当差者为亲。同姓为婚,多不避忌,同宗子姓,有力者蓄之为奴。此皆国初徙民实中州时各带其五方土俗而来故也。"① 同时期,南方却是另一种情况:"闽越之区,聚族而居,丁多者数千,少亦数百,其间有族长,有房长,有家长,有事则推族长为之主。有司有所推择、征索,亦往往责成族长。此犹古人同族尚齿之遗也。"② 宗族组织是男性的组织,它所制定的各种族规都是有利于男性而不利于女性。女性出嫁之后,所面对的是整个家族制度的压迫,单个的女性当然不是对手。这是明清福建妇女社会地位较低的原因。当然,这种习俗主要流行于宗族制度兴盛的闽南语地区。

第三节　古今闽北婚俗的演革

婚姻的缔结是人一生中最重要的大事,古代闽北人的婚姻,即有与其他地区相同的地方,也有自己的特点。

一、古代闽北的传统婚俗

婚姻的缔结。古代闽人婚姻主要由父母包办,这是中国南北各地都流行的习俗,闽北也不例外。不过,在一般的情况下,父母对子女的婚姻十分重视,不会随便为子女选择对象,朋友、亲戚的介绍,媒人对双方家庭的沟通,都是少不了的。陈元靓说:"男女议亲,不可贪其阀阅之高,资产之厚,苟人物不相当,则子女终身抱恨,况有不和而生它事者矣。人家有男,虽欲择妇,有女虽欲择婿,又须自量。我家子女丑,彼家子女美,夫万一不和,卒为所弃。男女婚嫁,切须自端如何,知我子凡下,若娶美妇,岂持不和? 或生它

---

① 王士性. 广志绎:卷三 [M]. 北京:中华书局,1981:41.
② 陈寿祺. 左海文集:卷六 [M],63.

事。"① 胡安定说："嫁女必须胜吾家，胜吾家则女之事人必敬必戒。娶妇必须不若吾家者，不若吾家，则妇之事舅姑必执妇道。"② 可见，他对婚姻的缔结非常慎重，为了子女长久的幸福，很注意家庭背景及对方人品的选择。

在一般情况下，进士及第的才子，最受各豪门巨族欢迎。不论进士原先家庭的情况如何，只要他能获得进士，都是各家豪门选择女婿的首选人物。这是因为，进士及第的才子，在仕途上有灿烂的远景，他们的起点往往是主簿、县尉之类的官员，宦途二三十年，仕至四品到五品，是正常的现象。其中有些人还可以当一品大员。所以，嫁给进士，少说是县长太太；高品级的官员夫人，还可以封为夫人，例如魏国夫人、齐国夫人等封号，都有希望得到。因此，少年进士成为豪门择婿的最佳选择。每一科进士诞生，都有豪门主动求亲，"建安刘思恭云：'福州一士少年登科，未娶。乡人为湖北宪使，多赍持金帛，就临安聘为婿。士之父以货茶笼为生，只有此子，闻之大喜，即从之。'"③ 当时进士受人欢迎，由此可知。

但是，普通的士子很少受到重视。对大多数人来说，在一个士人中进士之前便选其为妻，是一种赌博，因为，当时士人的中举率很低。所以，常人不敢冒失选婿。宋代许多贫穷的士人无人理睬，更由于福建流行溺婴，女子数量偏少，他们在娶妻方面十分困难。例如陈某人："病身四十未妻孥，墟墓那堪两世孤。"④ 秀才们只有"金榜题名"，才能换来"洞房花烛"，闽中签语说"有官便有妻，有妻便有钱，有钱便有田"⑤，这并不是一句笑话。当然，少数人慧眼识才也是有的。真德秀"四岁受书，过目成诵。十五而孤，母吴氏力贫教之。同郡杨圭见而异之，使归共诸子学，卒妻以女。"后来，真德秀成为宋朝著名的大臣，杨氏也因而门楣增辉。⑥

婚姻论财在宋代的福建是普遍的现象，除了进士外，财主人家的子女也是缔结婚约的上好选择。宋代婚姻制度一个很大的变化是：门户观念与财富观念相互并行，唐代豪门的婚姻，必选择门当户对的家庭，而宋代的官僚可

①　陈元靓. 事林广记：乙集卷上 [M]. 影印元刻本 . 北京：中华书局，1999：36.

②　陈元靓. 事林广记：乙集卷上 [M]. 影印元刻本 . 北京：中华书局，1999：28.

③　洪迈. 夷坚志 [M]// 夷坚三志壬：卷四. 北京：中华书局，1981：1497.

④　陈藻. 乐轩集：卷一 [M]. 文渊阁四库全书本，5.

⑤　洪迈. 夷坚志 [M]// 夷坚支丁：卷八，1030.

⑥　脱脱等 . 宋史：卷四三七 [M]. 标点本 . 北京：中华书局，1977：12957.

以和平民大财主联姻。古代福建流行厚嫁的习俗，尽管有儒者的劝导，民间厚嫁习俗仍然非常流行，宋代小民之间的婚姻，对财富的重视更为直观。蔡襄指出："娶妇何为？欲以传嗣，岂为财也？观今之俗，娶其妻不愿门户，直求资财，随其贫富，未有婚姻之家不为怨怒。原其由，盖婚礼之夕广靡费，已而校奁橐，朝索其一，暮索其二，姑辱其妇，夫虐其妻，求之不已。若不满意，至有割男女之爱，辄相弃背。习俗日久，不以为怪。此生民之大弊，人行最恶者也"①。可见，当时的闽人很重视媳妇带来的家产，小民家庭将娶妻当作一笔生意，把支出和收入相抵后，若能有盈余，他们就很满足，倘若入不敷出，他们就会责骂媳妇，从而产生家庭矛盾"俗多规财为婚，不如其欲，往往遂诬以非礼。"②这种习惯在儒者看来是不对的，所以，蔡襄等儒者竭力改变这一习俗。

重视婚约及媒妁之言，是这一时代的特点。宋朝法律规定：放定之后，期限三年，若男方无力娶亲，女方可以退还定金再嫁她人。有这样一个例子：崇安陈刘二家以三世交契论婚，刘家有女约嫁陈凯，然而，收定之后五年，陈家仍然无法娶妇。陈家"既闻其婿陈凯不肖破落，不学无文，母之爱女，情切于衷，不得不顾而之他。"③于是，刘家悔约，其女另行出嫁他人。只要定金及时退还，悔约是官府许可的。不过，对儒者而言，这都是异常的情况。儒者常以重视婚约而示教于人。"蔡襄初与刘屯田异约婚。后登侍从，异没，襄出守于福州，就寻前约。异家以非偶辞。襄曰：古人挂剑尚有心许，吾与刘君义气相联系，两家之好虽在，髫龀媒聘未行。其言岂可食耶？今所不足者不过谓奁具，凡女家资遣悉为办治。使仲子授室而归。"④可见，作为儒者的蔡襄非常重视当年的婚约，即使对方家道衰落，仍然尊重当年的婚约，将女儿嫁给对方。不过，这一事件也使我们看到，宋代悔婚的现象还是存在的，虽有当年的婚约，后因两家人地位变化，婚约被放弃或是修改，都是可能出现的。所以，蔡襄尊重婚约被传为佳话。

---

① 蔡襄．蔡襄全集：卷二九 [M]．福州：福建人民出版社，1999：655.
② 黄裳．演山集：卷三三 [M]．文渊阁四库全书本，6.
③ 佚名辑．名公书判清明集：卷九 [M]．北京：中华书局，1987：350.
④ 李俊甫．莆阳比事：卷四 [M]．江苏古籍出版社宛委别藏本，201.

二、晚清民国闽北婚俗的变革

迄至晚清民国，重视媒妁之言仍是各地的习俗，民国《南平县志》："婚姻之礼重门户，虽世契非媒妁不自缔结。先以男女庚帖相配合，名为'合婚'。合则男家以手钏或金器投女家，谓之'插茝'。女家立议单，聘金以四十、六十两为率。"光泽县的男女双方之间的家庭在订婚前后往来很多，"婚礼，首纳采如古制。其异者，通男女生庚，名曰'换庚帖'。前一日宾二媒，至期篚以女首饰四，佐以水陆之珍。女氏为女受篚，其诸珍受半反半，答以文具四、鞋一、袜一，或增束帛二。媒前后致二主人命，反宴于女氏。次纳徵，通二姓三代、里贯，男女命名，盖合问名，纳吉二礼也，名曰'订婚'。有聘金，有代席金，有代苎金，厚薄无常数，而聘金特加隆。女氏以受聘金疑于向女，却之而受代金，今亦有受聘金者。他仪如纳采。次请期，前数月婿主人遣使致期曰，'属得吉卜，将以某月日为男某成礼，敢告'。女氏曰'诺'。"《崇安县新志》记载，"清以前，均凭媒妁之言互通庚帖，庚帖至，陈祖先前七日，燃灯，点香烛。如灯熄香烛烬，或杯碗残破，合婚又不吉，则弗允。男家凭媒以聘书礼物诣女家，谓之'插记'（即古之纳吉）。男女既长，男家复以聘书、聘币（约六十元至一百二十元）、衣饰，礼饼、鸡鸭。豚肩、龙眼，荔枝，栗干，胡桃、五子果等物诣女家，谓之'订婚'，即古之纳徵。"清代《建宁府志》记载："婚，必择门户，凭媒妁两姓既允，则用钗镯、果酒之类，曰'问名、插记'。继行纳币礼，厚薄各称其家。女家设酒以待媒使，亦备冈礼，曰'回盘'。"可见，各地订婚之礼颇为相似。

婚礼的具体模式载于各地方志，《崇安县新志》记载清代婚礼相当详细："越岁（或数月），诹吉成婚。前夕，以花轿、鼓手、离母担（装礼物之担）接亲。女家请有福命者为新娘梳装（妆），试轿（一人坐轿中，抬者三），饮起马酒，分席（新娘从席间出），封仓（用封条封谷仓，恐新娘带去也），反鞋（新娘以旧靴上轿，坐定脱旧鞋，弟侄辈以衿承之。北乡间有抱新娘从轿顶下者，谓之"天上落"。其用意盖不带母家土也），出水口，燃灯以行（不带母家火）。既至，厨官（即司厨者）以鸡一，尺一，凭案诣轿前唱诗曰：'福喜一对蜡烛照旺旺，看见新娘与新郎，今年吃了交杯酒，明年生个状元郎。'牵婚者（择有福命女傧为之）扶新娘出，诣洞房，厨宫退，经柱与门，唱诗如之，有唱至十数首者。是日，新郎剃发洗浴，闻花轿至，盛服坐灶前，至是始与新娘行坐床礼，交杯拜堂（拜天地、祖先、舅姑及互拜）而礼成。"

道光年间的《光泽县志》记载当地婚礼，"次迎娶，婿主人先立女长宾二人，并简全福者，女氏如之。娶前一日，婿主人备水陆珍及催妆仪为新妇上头。女氏大延女宾，而推二长宾为女剪髻理妆。既讫，布几筵行教成之祭，遍拜尊长众宾，曰'辞堂'。婚日，婿不亲迎，托媒致命，导以彩乐。女三觯父母而登舆，女之兄弟或兄子送焉。婿主人则客送者及媒为上宾，是日上宾有尊长在咸避席。新妇及门，厨人割雄鸡血衅门，作吉语，如傧相。既止舆，二长宾饭新妇，三饭三哜，扶之下。与婿交拜讫，二长宾携幼男女捧戬斗尺概为导，行氎毹上，而入与婿骈坐床舷，行合卺礼。时新妇红帕蒙首，长宾送酒，哜而不饮，酒半为彻帕。婿出，遍揖众宾。新妇改妆于房，前时彻簪珥，去脂粉，反本质也，及是加焉。"可见，当时的婚礼禁忌很多。

婚礼的次日也有许多规矩，《崇安县新志》又载："诘朝拜亲属及来宾，各赐新娘以银币，谓之'见面礼'。开箱，视衣饰厚薄。三日入厨，挈米捞饭，切葱叶、猪肝，扫地，即'三日入厨下，洗手作羹汤'之意也。日午，新夫妇同诣岳家，宴毕而后反，谓之'翻马'。翻，反之转音也。期月，岳家以礼物至，谓之'做满月'。闰月必速女归宁，谓之吃'闰月饭'（惟南乡行之）。"道光《光泽县志》记载，"厥明，修妇见舅姑礼，遵古摄盛加冠帔，婿亦朝顶衣品服，相者双引出房，子拜父母，妇拜舅姑，三族六亲以次而遍（今并入婚日）。三日，新妇入厨下，婿捧前戬斗尺概前导。既讫，夫妇骈舆行庙见礼。四日礼宾（即媒及送者），陈盛馔，主人亲行酒（今在婚次日），复遗使致酒醴、饩牲于女父母，女父母乃迎女及婿，行反马礼。路远者另卜日，近者本日偕归。婚礼以毕。"以上婚礼极尽繁复，所以，一直有人呼吁改革。

民国时期，闽北的婚礼模式有所变化，《建瓯县志》记载："民国新婚礼，由两姓主婚人合订观礼券通知亲友，乃设礼堂。证婚一人，介绍二人、主婚两姓各一人、新婚男女二人、司仪一人、引导二人，男女招待各若干人。堂上秩序：一、司仪员登台宣布礼节，奏乐。二、男宾入席。三、女宾入席。四、证婚人入席，外向立。五、介绍人入席，东西两面对立。六、主婚人入席，外向立。七、引导员引新郎新娘入席，分左右内向立。八、全体肃立，向党国旗及总理遗像行三鞠躬礼。九、主婚人恭读总理遗嘱。十、新郎新娘相向三鞠躬。十一、证婚人为新郎所娘交换鲜花和饰品。十二、新郎新娘署印。十三、证婚人署印。十四、介绍人署印。十五、两姓主婚人署印。十六、证婚人训词。十七、来宾颂词。十八、主婚人致谢词。十九、奏乐。二十、新郎新娘谢证婚人及介绍人及男女来宾各一鞠躬。二十一、向主婚人三鞠躬。二十二、礼毕，摇铃鸣爆。至若试妆亲迎，庙见回参相同，惟旧时俗套一切屏除，省时省费，雅称简要。"

民国《政和县志》记载了当地婚后的习俗："男子新婚未弥月，恒在家，不远客于外。女子于归，弥月始归宁。越年正月，新婚必谒岳父母及其亲属，岳家备酒食宴之，并招亲戚陪宴，凡与宴者以次请新婿。宴毕，婿家设宴请岳家亲属，谓之'会亲'。或由岳家设宴，谢诸亲属，谓之'回食'。凡婚姻家，初逢端午节，岳家必送女婿衫裤、香囊、团扇、角黍等物，谓之'送新节'。岁除则婿家送岳家历书，烛爆及酒肉，糕粿之属，谓之'送新年'。自是岁以为常，惟物仪较俭耳。"[1] 可见，当地缔结婚姻之家很重视相互间往来。

第四节　琉球与福建的女神崇拜比较

琉球与福建同属古代东南亚文化圈，有关女性的习俗颇有一致之处，发源于中原的汉文化南传之后，福建文化逐步成为汉文化为主体的区域，同时残留部分古越人的习俗；而琉球遥居海外，汉族移民在琉球人中占少数，虽说琉球文化不可避免地受四周汉文化、日本文化、朝鲜文化的强大影响，但它毕竟是以琉球人为主体的国家，因而，较多地保留古代东南亚文化的一些特质。所以，比较琉球文化与福建文化，可以探索古代东南亚文化在汉文化冲击下演变的一些规律。本书着重点在于比较两地民间的女神信仰习俗。

一、中国南方文化圈与琉球古俗

中国南部的百越文化与东南亚各民族文化有许多相似之处，而与中国北方文化有相当的距离，著名的人类学家凌纯声教授在《南洋土著与中国古代

---

[1]　引自李熙等.政和县志：卷二十[M].厦门：厦门大学出版社，2010：474.

百越民族》一文中提出两种文化的共同特征十种，即：洪水传说、祖先崇拜、家谱、洗骨葬、铜鼓、干栏、龙船、凿齿、文身、食人、猎首。或曰还可增加几种：刀耕火种、人祭、梯田、嚼槟榔、蛇崇拜、女巫与女神崇拜，等等。我们翻阅琉球文献，不难发现琉球人在很长时期内仍保留上述习俗中的多种，例如洪水传说：

> 在上古的时候，有一对兄妹，在一个晴朗的日子，他们和其他的人一道下田耕地，突然，他们发现：在遥远的海上出现了像山一样的巨浪向岸边扑来，哥哥照拂妹妹登上高高的山岗。他们向四周望去，所有的人都不见了，地面上的一切都覆盖在洪水中，兄妹俩没办法，只好搭草棚住下来，并结了婚，以后子子孙孙不断繁衍，岛上的人类昌盛起来，于是，岛上的人们将他们作为岛上主神祭祀（大意）。[①]

在中国各地，都有洪水传说，此处不再引证。

其二，文身。古代越人"断发文身"的习俗十分有名，这种习俗的残余在琉球人中亦可见到，《文献通考》云："妇人以墨黥手，为虫蛇之文。"陈侃《使琉球录》亦曰"妇人皆以墨黥手，为花草、鸟兽之形。"清代徐葆光的《中山传信录》仍谓琉球女子"手背皆有青点，五指脊上黑道直贯至甲边；腕上下或方、或圆、或髻，为形不等：不尽如梅花也。女子年十五，即针刺，以墨涂之，岁岁增加；官户皆然。闻先国王曾欲变革，集众议，以为古初如此，或深意有所禁忌，骤改前制，不便，遂至今仍之。过市所见，无不尽然"。由此可知，琉球国直到清代仍保留一些文身习俗残余。

在物质文化方面，琉球人在清以前不懂植棉，纺织品以苎布、蕉布为主，这与福建古代也是一样的。此外，琉球古代的房子亦类似福建古代的"干栏"建筑，徐葆光说：琉球"作屋，皆不甚高，以避海风，去地必三四尺许，以避地湿。""无砖墙，每屋四旁皆夹设板为壁。""无砖，地多用版阁，高三四尺许。"[②] 以上以木板盖房，地板离地三四尺，皆为干栏建筑的特征。

---

① 引自外间守善《冲绳的历史与文化》，152.

② 徐葆光. 中山传信录：卷六 [M]. 康熙六十年二友斋刻本，7.

总之，翻阅琉球国史，犹如打开一部汉文化南下闽中之初的福建史，两地许多习俗皆有类似之处。由此我们想到：从琉球女神崇拜发展之路，我们可以看到：倘使中原汉族未曾大举南下福建，福建女神崇拜将如何发展。以下着重比较两地信仰习俗。

二、福建与琉球的女劳男逸的习俗

夏子阳《使琉球录》云："女力织作，男子反坐而食之。""男子多仰给于妇人"；汪楫《使琉球录》云："农习于惰，纤妇较耕男为勤。家织蕉布，非是则无以为衣也。负薪、运水、亦妇人为之。"李鼎元《使琉球记》云"余每出，见道旁聚观夷妇，衣服、勤作多有异，未悉其俗。昨归自集中，以问长史，始知国俗男逸女劳，无肩担、背负者。趁集、织纫及采薪运水，皆妇人主之。"钱氏的《琉球实录》亦云："男人日赖妇女以养生，罕有经营事业者。各席坐大树下，持扇纳凉，左置小烟具，右置小茶铛，潇然有羲皇上人之乐，绝不念妇女之劳苦为何如也。"

女劳男逸被北方汉族看作一种异俗，其实，它曾长期存在于中国南方，直到汉族入闽以后，这种习俗仍长期保留。

晋代张华的《博物志》云："豫章郡衣冠人有数妇，暴面于道，争分铢以给其夫舆马衣资。"《隋书·地理志》云："豫章之俗……衣冠之人多有数妇，暴面市廛，竞分铢以给其夫。""新安、永嘉、建安……其俗又颇同豫章。"宋代周去非的《岭外代答》则云："岭南农民习既获，则束手坐食以卒岁。其妻乃负贩以赡之，已则抱子嬉游，慵惰莫甚焉。彼广人皆半羸长病，一日力作，明日必病，或至死耳。"男人多劳动会病死，女子多劳动不要紧，这种观念看来是古代东南亚人普遍的观念，琉球男子坐视女子劳动而不顾，亦得助于这种观念。民族学的研究告诉我们：至今越南、柬埔寨、缅甸、泰国等地仍保持这种习俗。

汉族南下福建等地后，这种习俗仍然长期保留，宋代祝穆的《方舆胜览》论福州民众："市廛阡陌之间，女作登于男。"元初的陈普咏闽赣二省女俗："朝昏卖鱼虾，晴雨亲耕嫁。樵采与负戴，咸与夫并驾。流汗事岂非？失礼事可讶！""一日来古田，拔秧适初夏，青裙半绞扎，水泥和拨迓。"陈普还谈及：古田妇女经商"插花作牙侩，城市称雄霸。梳头半列肆，笑语皆机诈。新奇弄浓妆，会合持物价"①。

琉球女子也以经商闻名，据说，琉球有女集："女集向在天使馆东天后宫前；后徙马市街，今移在迁山沿海坡上。早晚两集，无男人，俱女为市。市物惟鱼、盐、米、菜及粗窳陶、木器；间有土织蕉、棉布，亦极薄恶，价复不贱。道中无肩担背负……闻首里市集亦女人为之。店肆惟使馆前略有数间；近皆移空，以居从役。"②

由此可见：琉球与福建妇女劳动的习俗十分类似，她们下水田劳动、砍柴、操持家务、上市集经营。忙里忙外，是家庭的主要支柱，这最终使她们成为家庭的主宰。夏子阳《使琉球录》说琉球人家庭"但为牝鸡司晨者十室而九，盖以男子多仰给于妇人也"。陈普《古田女》亦谓闽赣女性十分能干，"愚夫与庸汉，低头受凌跨。吾闽自如此，他方我何暇？"可见，福建与琉球妇女在家庭中起主导地位。

三、琉球与福建古代社会中的女巫

巫觋是沟通神祇与人类的中介者，古人遇事必通过巫觋征询神的意见，因而，巫觋对古人来说，是最为重要的行业，各个民族，在其远古时期，无不有巫觋，但一般以男觋更有势力，例如，商朝曾以巫咸为相，掌握国中大权。琉球福建等地，女子要负责家中的各种事务，于是，她们很自然地承担起沟通神灵的责任，所以，琉球与福建在古代都以女巫之多而闻名。宋代福州官员说："鬼神之为德不可弃也，而每为巫妪所累……然不论贵贱，愚者常易惑，不问富贫，弱者常易欺。故风俗至今未能尽革，每一乡率巫妪十数家，奸民为道地。遇有病者，相为表里。既共取其货赀，又使其不得访问医药以死。"③由此可知，宋代福建农村有许多女巫，百姓有病不求医，却信任女巫。更为让人惊讶的是：女巫在社会中很有影响，不论贫富，众人皆信仰女巫。我们知道，在福建很有影响的女神——妈祖、临水夫人等，最早都是女巫，由于她们生前在民众中很有威信，以故，死后被奉为神。

---

① 陈普.石堂先生遗集：卷十六，古田女。此处录自郑方坤.全闽诗话：卷五[M].文渊阁四库全书本，69.

② 周煌.琉球国志略：卷四下[M].乾隆二十四年刊本，21.

③ 梁克家.三山志：卷九[M].陈叔侗校本.北京：方志出版社，2003：118.

　　琉球的社会中亦有许多女巫，称为"祝女"。据朝日新闻社编的《冲绳的孤岛》一书，在被唤作神之岛的久高岛上，住着两家世代行巫的世家，她们以母系传承，相传受命于七百年前的第一代琉球王。她们在岛上享有特权，具有捕制特产海蛇干的权利，分配的土地也远多于其他人。每十二年，她们举行一次任命女巫的仪式，选择年龄在三十至四十之间的女性数名，授其法术，使之成为女巫。①

　　关于琉球的女巫，古文献有如下记载："信鬼畏神，神以妇人为尸，号女巫，女巫之魁称女君，白日呼啸，聚辄数百人。携枝载草，骑步纵横，时入王宫，亵游狎戏，一唱百和，音声凄惨，倏忽往来，莫可踪迹。冯附淫昏，矫诬祸福，王及世子陪臣，皆顿首拜跪。"②这些女巫的首领世代相传，据说是国王亲属，自洪水淹没琉球后，唯一一对兄妹结婚的后裔，她们一直享有权利。"国中敬神，神有女王者，乃王宗姊妹之属；世由神选以相代。选时，神附之言，送入女王宫，遂倏然灵异；虽适配者，亦不再合焉。惟国当播种，先一日，王诣其宫拜灶，女王以酒觞之；余亦不相见也。五谷成时，女王必渡海至孔达佳山采成熟者数穗嚼之，各山乃敢获；若女王未尝而先获者食之，立毙。故盗采之奸，不禁自息。闻昔有倭来寇，神辄化其米为沙、其水为盐，或时人忽为盲哑而舟倏为崩裂；倭反见困，解去。每宴请余辈之时，女王夜命女君一二百人各顶草圈，携杨柳枝入宫启蒙视，意恐物有误毒。所谓女君者皆良家女，当入宫时，闽役为王所倩作宴者，亲目击之；谓过声隐隐若蚊鸣。凡夷官、夷人遇之，悉叩首拜。"③

　　相似的记载亦见于明代谢杰的《使琉球录》："俗畏神，神皆以妇人为尸，凡经二夫者，则不之尸矣。王府有事，则哨聚而来；王率世子及陪臣，皆顿首百拜。所以然者，以国人凡欲谋为不善，神即夜以告王，王就擒之。闻昔倭寇有欲谋害中山王者，神即禁锢其舟，易而水为盐，易而米为沙；寻就戮矣。惟其守护斯土，是以国王敬之而国人畏之也。尸妇名女君，首从动经三五百人，各戴草圈、携树枝，有乘骑者、有徒行者，入王宫中以游戏，一唱百和，声音哀惨，来去不时。唯那霸港等处不至，以此多不良者家，兼有

---

①　引自朝日新闻社编《冲绳的孤岛》第38页.

②　傅维麟.明书：卷一六五 [M].康熙三十四年本诚堂刻本，21.

③　夏子阳.使琉球录：卷下 [M].台湾文献丛刊本.

汉人故也。"①

由此可知，女巫在琉球拥有很大的权威，并能对政治发生影响。阅览以上材料后，不禁想到明清闽人小说《晋安逸志》与《闽都别记》所载女巫陈靖姑的故事。五代时，福建有个割据国家——闽国，闽王后宫有蛇妖作怪，吞食宫女多人。于是闽王请女巫陈靖姑作法，陈靖姑与三十六姐妹率女兵围住王宫，与蛇妖大战，终于斩蛇妖为三截，王宫重又恢复平静。这个故事表明：古代闽人认为：国王应当尊重女巫，依靠女巫。

明清以后，儒学观念对福建民间习俗的影响日益加大，女巫在社会中得到尊重地位已不可见，尽管农村还有一定数量的女巫，但她们一直是舆论谴责的人，人们认为这些女巫装神弄鬼，诈取钱财、危害百姓，是社会的赘瘤。而琉球的女巫，一直是社会中受尊敬的人，琉球人相信，女巫能为她们带来神灵的庇护。所以，他们一直崇拜女巫，这种习俗延续至今。可见，受汉文影响的深浅，决定了女巫在福建与琉球社会中不同的地位。

四、福建与琉球的女神崇拜

从贞女崇拜说起。崇拜童贞女是东南亚与南亚许多民族中流行的习俗之一，以大家熟知的尼泊尔一国习俗而言，该国常选择七八岁的小女孩为女神，众人尽力奉待她，从她的谈吐测定祸福凶吉。小女孩长至十四五岁后，他们必定要新选一位女神，替代已成为少女的前女神。琉球人的习俗中，亦有崇拜童贞女的残余习惯，据下野敏见《大和文化与琉球文化》一书，琉球船民在远航时，都要带上童女头发与其他器物组成的护身符②，这反映了他们崇拜童贞女的习俗。

尽管闽人与琉球人的家庭中都存在"牝鸡司晨"的现象，可是，两地的习俗对女性贞洁看得甚重，琉球之俗，"如有夫之妇犯奸淫，男女俱死"③。李鼎元《使琉球记》亦有类似记载："今国中法，有夫之妇犯奸，即杀。"相传，琉球有夫之妇犯奸，其兄弟杀之是无罪的。琉球人以这种习俗为骄傲，"有寡妇不嫁，守其二子者，每谆谆对华人道之"。琉球人爱看宣传节孝的戏："居

---

① 陈侃 . 使琉球录：卷一 [M]. 万历刊本，28.

② 下野敏见 . 大和文化与琉球文化 [M].78.

③ 张学礼 . 中山纪略 [M]. 台湾文献丛刊本 .

常所演戏文，则闽子弟为多。其宫眷喜闻华音，每作，辄从帘中窥之。长史恒跽请典雅题目，如，'拜月西厢''买胭脂'之类，皆不演。即岳武穆破金、班定远破虏亦嫌不使见。惟姜诗、王祥、荆钗之属，则所常演，夷询知，感啧啧羡华人之节孝云。"① 据周煌所辑《琉球国志略》列女传，琉球国女性中，颇有节孝闻名的人物，庆路之妇乙鹤代主而死，大里按司的妻子，在丈夫死后抚养二子。丰姐为真壁按司的夫人，真壁被人所杀，有高官闻其美，欲娶之，丰姐以死拒之。对这些女性，琉球人十分尊重。

在福建，贞女受崇拜是极为普遍的现象，福建六十多个县，几乎每个县的节烈传都收入数十上百位守节扬名的女性，许多家庭也以此为荣，以忠孝家庭相互标榜。明代名相叶向高为《福清县志》贞女传作序："吾邑山川峭绝，风气刚劲。笄黛之流，以贞烈著者，后先相望，不可胜述，多湮没而不章，吾甚惜之。乃若衿缡未结，即矢志以相从，醮戒靡闻，遽捐躯而不悔，此尤闺中卓绝之行，恒情所震骇者。远者毋论，以余耳目所睹记，或女而贞，或女而烈，皆灼然可以对天日而泣鬼神。"叶向高以家乡贞烈女为荣的心理实际上代表了当时社会心理。至于闽中女子节烈故事，载于各部县志中，不胜枚举，此处不拟重复。

明清时期，儒者推崇节烈女性，因而，福建社会屡有女性在丈夫死后殉夫、或守节一生的事件发生。守节女性可得官府旌表，赵翼《檐曝杂记》云："闽中漳、泉风俗多好名尚气。凡科第官阀及旌表节孝之类，必建石坊于通衢。泉州城外，至有数百坊，高下大小骈列半里许。"据民国《长乐县志》列女传，该县节孝牌坊极多，计节孝坊及节烈坊146座，另有双节坊15座，三节坊3座，六节坊1座，这表明共有186名妇女得到表彰。这种以贞女牌坊为荣的心理，实质是贞女崇拜。

由于儒者推崇贞烈女性，人们下意识地以为：这种贞女崇拜心理源于儒教。然而，我们若考察中国北方儒学发源地，可知中国北方人只是一般地尊重贞洁女性，并不像南方人那样以贞烈女性为荣。而中国贞女崇拜最盛的区域，恰是徽州与福建沿海等典型的南方文化区。因此，应当换个角度看贞女崇拜——它是古代东南亚民族的普遍意识，而后，又寄生于儒教贞洁观中发扬，所以，贞女崇拜实质是典型的南方文化心理。

---

① 夏子阳. 使琉球录：卷下 [M]. 台湾文献丛刊本.

琉球人以贞洁为女巫的首要条件，在古代琉球，不是任何人都可成为女巫的，她必须是一个贞洁的女性，而且，一旦她成为女巫，就必须与丈夫脱离关系。琉球人的女神也是贞洁的典范。她们且是琉球人最高的神灵。《琉球国志略》记载："天孙氏：琉球始祖，其初有一男、一女、生于大荒，自成夫妇，曰阿摩美久。生三男二女。长男即天孙氏，开国始主也。次男为诸侯始，三男为百姓始。长女曰君君，次女曰祝祝，为国守护神，一为天神，一为海神。今寺院有三首六臂神，手执日月，名曰天满大自在天神。"从这条史料可看出琉球人有天人一家的思想，人与神都是始祖神的后裔，但其分工有别，男性是人类祖先，而女性则成为神灵，保佑人类。

其实，崇拜女神是琉球人社会的必然选择。

闽人也崇拜女神。闽人的社会中有男神亦有女神，男神多从北方传人，例如关帝、泰山、城隍、王灵官，而女神多为闽人自创，例如妈祖、临水夫人、马仙姑、莘七娘……她们毫无例外地都是贞洁女性，妈祖终身不嫁，泉州有个民间传说：有人撮合妈祖与保生大帝的婚姻，但被妈祖拒绝了。所以，妈祖是位贞女。而临水夫人也是忠于婚姻的典范，她曾多次抢救遇险的丈夫刘杞。至于马仙姑，在丈夫死后守节养母，亦受到广泛称赞。因而，崇拜以上女神，亦有贞女崇拜的心理因素。

妈祖、临水夫人、马仙姑都是唐宋时的女巫，在当时的闽人社会中受到普遍尊重，明清时代，在儒文化影响下，社会习俗大变，女巫渐受歧视。然而，妈祖与临水夫人渐被改造为国家认可的正神。以故，闽人对妈祖与临水夫人的崇拜仍然延续下去。不过，换个角度看：自北方儒文化传入南方之后，闽人的习俗逐步向北方靠拢，儒文化取得压倒性的优势，从表面看，似乎一切社会文化都有儒教化的倾向。例如妈祖崇拜被纳入国家祀典。但剥开其外壳，妈祖崇拜仍反映了古代闽人崇拜女性的潜意识，在其他方面也是这样。

第五章　华人社会的纽带

社会是人际关系的总和，它的区域特征往往表现于人际关系的侧重点。闽粤社区所体现出来的地方特色在于：尤其重视血缘、地缘、神缘、业缘、学缘关系，海外华人社会的组合，依然遵循祖地的传统文化特点。就思想意识而言，中国传统的儒学在东南亚仍然是华人的根底。从澳门华人庙宇的分布，我们可以看到当地华人仍然具有华人社会共同的文化性格。

第一节　五缘——世界华人社会的组合纽带

对于华人社会的认识，林其锬先生的五缘文化论是极为重要的，这是因为，"五缘文化论"抓住了华人社会区别于欧美社会的特点。除了遵守法律外，海外华人尤其重视血缘、地缘、神缘、业缘、物缘等五缘关系，从而在世界各地形成一个比较特殊的人群。

一、五缘文化——世界华人社会的组合特征

缘的本质是人际关系。人际关系是人与人之间行为交换构成的某一固定模式和特征。人是社会的动物，人们相处在一起，总会发生种种关系，这种关系，总是在人的相互行为里构成的，也就是说，孤立的人没有行为作用的对象，也就不与他人发生关系，但人作为群体之一，从来不会有真正孤立的

人，也就是说，不会有完全不与他人交往的人，如果这样，"人"也就失去其本性了。因此，我们说，人的行为的相互作用是人的基本特点。而一旦发生人的行为的相互作用，便有了人的关系的产生。但是，我们研究的真正的人际关系，不是偶尔发生的人的行为，而是长期发生的、具有共同特征的人际行为，只有这一类行为，才形成某种固定的关系。举例说：街头的两个行人擦肩而过，他们之间已发生了行为的交换，产生一定的"关系"，但这一"行为"作为相关的两人来说，是极为偶然的一刹那，几乎不存在重复的可能性，在这里没有研究价值。而亲人之间的长期相处，相互行为固定地作用于双方，便建立了牢靠的关系；扩而广之，凡是两人以上的人的相互行为，如果在某一领域连续发生，便形成了某一关系，于是有了朋友关系、同学关系、亲戚关系、国民关系，乃至对敌关系、盟友关系，等等。人的社会，便是这一系列关系的总和。我们试想，除了人际关系的重叠，人的社会还有什么呢？简要地说：人是一种群居的智慧动物，个人不可能离开社会而独立存在，所以，社会对人来说，是生命存在的基本形式。那么，社会又是什么？社会是人与人之间行为交换构成的群体组织，人的行为交换会形成一定的运动规律，犹如火车总是沿着轨道行驶，人的行为轨迹即构成人际关系，社会是人际关系的总和。

我们习惯地将人的世界分为物质与精神两大部分，相对这两大世界，我们又可将人的社会性相对独立出来，另立狭义的社会关系。这样，人的世界便有了三个层次：精神关系、物质关系、社会关系（狭义）。人际关系不论多么复杂，都可以纳入这三个层次。以五缘文化来说，例如，人们由于某种神灵崇拜组合在一起，我们称之为神缘，神缘是属于精神领域的人际关系；又如地缘，它的内核实质是以空间观念去规范人类在物质世界的存在与交往，所以，它是属于物质世界的人际关系；人的又一大类关系是在经济领域结成的改造自然的关系，这一类关系在多数场合表述为经济关系，在五缘研究领域，业缘即是属于这一范畴；亲缘，它是由人的关系直接产生的缘分，属于狭义的社会关系；至于物缘，在五缘里显得大而无当。物质是人类活动的一大世界，如果将它浓缩为物缘，那么人的世界实际只有三缘："物缘""精神缘""人缘"，或者说，物缘即是"经济缘"。正如我们以上所说，物缘是一个很大的概念，在此范畴内可以划分为多种缘分，诸如地缘、业缘，实际上都是"物缘"之一，在这一前提下，如果将"物缘"与亲缘、神缘、地缘、业缘并列，便导致大概念与小概念的等同，这是不相称的，所以，笔者认为：在五缘中，不如以"学缘"等概念取代"物缘"。

二、五缘文化与华人社会特征

五缘是人类社会普遍存在的现象，不论东西方社会，都存在着五缘。以欧洲社会来说：家庭的存在就表明亲缘文化的重要性；而诸多国家的创立，则是以地缘为存在的前提；他们对基督的崇拜，则是共同的神缘；欧洲各国存在千年的行会，则是业缘最充分的说明；而学缘——只要学校存在，学缘就无处不在，即使在今天的欧美社会，同学仍是人们重视的关系。如果我们以五缘观去分析伊斯兰社会，仍然可以得出五缘也存在于伊斯兰社会的结论。那么，我们为什么还说"五缘"是华人社会的特征呢？这是由于五缘在东西方社会的不同地位的缘故。

对中国人来说，五缘是最基本的人际关系。有的学者正确地指出：五缘发源于传统的农村社会。不论在古代中国任何一个小村庄，五缘都是主要的人际关系。一个村民在其世代居住的小村庄，刚刚出生便有五代亲的亲缘关系；而其一生几乎全部时间居住在某一小村庄，又使其与村民结下浓厚的地缘关系；对古代中国来说，几乎每一个村庄都有自己的守护神，于是，他们又结下了神缘；如果他们中有人上学念书，学缘被视为一个重要的缘分；他们选定一个终身的行业后，又产生了业缘。在中国古代的农村，当然还会有其他的"缘分"存在，但只有这几种缘分有普遍意义，几乎涵盖了他们一生主要的活动范围。对中国人这样一个重视伦理而又讲人情味的民族，一个人在五缘范畴里的表现，是其人生成功的唯一尺度。对西方人来说，人生的成功也许是金钱和名气，而对传统的中国人来说，人生的成功是别人对你的看法，如果所有的人都说你是一个好人，那么盖棺定论时，你就是一个好人。如果事实情况相反，大家都说你是一个坏人，那么，这一生不管你多有钱，在中国人看来，你都是不成功的。

那么每一个人好坏的判断又取决于何处？关键在于人际关系的处理。如果你能以孝悌仁义的原则处理好亲人之间的关系（亲缘），并将这一原则推及乡邻（地缘）与同事（业缘），对朋友讲义气，并以孝的原则指导对神明的信仰（神缘），那么，你在这一社会便获得了成功，成为当地有名望的人，并成为当地自然的领袖。

由中国小村庄产生的心理模式，实际上成为中国人的行为准则，尽管两千年来中国由无数的小国统一为一个世界屈指可数的大国，尽管中国的人口从黄河流域时代的数百万人发展到近代以前的四亿人，但这一心理模式仍然是中国人不变的文化传统。中国的传统是以儒立国，而儒者的追求即为"仁、义、礼、智、信"原则的实现。这一原则并不神秘——它即为人对五缘的处理原则，只要能以这一原则去处理人的五缘，就成为被整个社会认可的人。由于儒家学说在中国历史上的地位，造成五缘在中国社会成为不可取代的原则。

与东方社会相对，在欧美社会，五缘关系虽然存在，但在社会中的地位远不如中国。在欧美文化发源的古希腊与古罗马时代，西方人便以契约关系为重，由此建立了以法制为基础的社会。至于近代，欧美国家的法制更加完善，整个社会以契约关系为特征，人与人之间的一切关系，都以契约为表达。所以，在西方社会不是不存在五缘，而是五缘的地位远不如契约。在西方人看来，过于重视五缘，本身是法制不健全的表现，是人类幼稚的表现，是已淘汰的历史现象。例如：在罗马立国之前，罗马是以亲缘为基础的社会，父权、家族在这一社会都是非常重要的，但是在罗马法问世后，这一切原始的关系都成为次要的，而且是落后的。基督教出现后，号召人们走出家庭成为上帝之子，更使亲缘淡化为社会中次要的关系。二十年前，美国有一部著名的小说——《根》，它以亲缘的探寻风靡一时，但这对美国人来说，不过是文化发展后一时的时髦，与中国这样一个五千年来一直将亲缘的追寻当作头等大事的民族相比，不可同日而语。其次以神缘关系而言，对中世纪的西方人来说，神缘是最重要的关系。他们认为一个人只有相信上帝才是好人，不信上帝的异教徒是十恶不赦的坏人，所以，神缘是至高无上的。这一关系，形成了教皇在西方社会里至高无上的地位。但是，迄至近代西欧民族国家的兴起，神缘便成为西方社会里次要的关系，一个人不信神是可以的，但不爱祖国是不可接受的，祖国是至高无上的。其三，在地缘方面，在古代欧洲，也有乡村及其相应的观念，然而，迄至近代的都市化以后，欧美人不再是一生定居一个村庄，也不是一生从事一个行业，美国人自称为车轮上的民族，因此，"乡缘""业缘"对他们来说，早已是遥远的过去。他们以国家的概念取代过去的地缘，地域的划分已是很不重要的了。一个人尊重法律，遵守契约，便是一个好人，还要什么其他的标准呢？所以，所谓五缘在西方社会虽然存在，但其重要性要让位于契约。欧美人的夫妻、父子、好友之间都有契约，契约是神圣至上的，人的其他一切关系，都要服从于契约。所以说，如果用一句话来概括西方社会的特点，那就是"契约社会"！

进入近代，西方文化如同潮水一般涌进中国社会，对中国人的社会与文化产生极大的影响。人们曾以为传统儒家思想会如同腐朽的大堤一样被西方文化彻底冲垮，并淹没在西化的浪潮之中，然而，实际上，尽管中国的现代化飞跃发展，可是，中国人重视人际关系与伦理道德的思想，仍然深深地潜伏于人们意识的深层次，这就给五缘文化的存续打下了坚实的基础。进一步说，即使是离开中国，移民到外地的华侨，不管他们在外地传了多少代，甚至不管他们是否还能使用中国语言，在他们的身上，往往能体现五缘文化的影响。在这一点上，中国人与西方人是有很大区别的。在欧美国家，民族与国家是人际关系中起主导作用的一面，如果他们从自己的本民族与国家中游离出来，便要找一个新的依托，加入某一民族与国家。而且，他们一旦成为新国家的一分子，便效忠于新的国家与民族，过去对他们来说已是过眼烟云，或者说是必须割断的过去。与欧美人相比，在国外的华人社团有独特的运作方式，华人从19世纪以来便大量移民世界各国，他们中的大部分虽然加入所在国籍贯，成为各国的公民，但他们自身仍然保持一个以华人为主的文化圈。在守法的前提下，他们相互来往，互相提携，共同发展，成为当地富有特色的一群人。这种华人文化圈，不论是在东南亚还是欧美诸国，都表现得十分典型。

那么华人社会为什么会长期存续？他们相互联系的纽带是什么？全世界对独特的华人社会都感兴趣，而五缘文化的提出，恰恰填补了这一空白。由于华人重视以五缘为特点的人际关系，即使他们到了异国他乡，仍然重视亲缘、地缘、神缘、业缘、学缘，这就使他们很自然地形成一个共同的文化圈。而从这一意义上去看五缘，五缘也就成为华人社会的特征。所以说，五缘是解开华人社会之谜的金钥匙。

三、华人社会中五缘文化的地位

五缘在欧洲人看来是一种落后的观念，在中国的新一代知识分子中，也有不少人将它当作一个讨厌的传统，甚至是民族愚昧落后的象征。但它在中国人中的延续，并在很多方面发挥出的有益于社会的作用，便迫使人们重新思考它的社会价值。目前对五缘文化的研究，我们也不妨把它当作一种反思。那么，为什么在华人的社会里，五缘文化仍然得以发展？很显然，这是群体本位观念的作用。

五缘文化在现代社会的发展，与人类社会竞争日趋激烈有关。在东西方社会，文化的深层结构的差异，导致东西方人群对待竞争的观念也有所不同。在进行中西文化比较时，学者很早就注意到西方人崇拜个人奋斗，而中国人强调群体，所以，有的学者提出中华民族的群体本位说，这是很恰当的。西方人面临竞争日益激烈的形势，他们强调的是个人奋斗的作用，而东方人更多的是想到依靠群体的力量去克服困难。西方人会感到，遇到困难便向亲友求援是一种耻辱；而东方人则认为，不论遇到什么事，都要与朋友、亲人交心，遇到困难更要与亲友商量，否则便是瞧不起亲友了。事实上，华人在遇到问题时，总是发动亲友帮忙，所谓"在家靠父母，出外靠朋友"。在华人的潜意识里，朋友越多，解决困难的可能性也越大，而朋友遍天下的人，是没有解绝不了的问题的。这种观念，是群体本位潜意识的反映，也是造成华人重视五缘的关键原因。

为了在竞争激烈的社会里打开局面，华人认为，最重要的是广交各方面的朋友。而其朋友的来源，则与中国人传统的五缘有关。例如在东南亚极为流行的姓氏宗亲会组织，将海外同姓的华人全部联系在一起，其意义不在于亲缘上的攀亲，而在于又交到一大批可能是同盟者的朋友。其他地缘、神缘、物缘、业缘方面的联络，无不建立在这一实用性很强的目的之上。在这一现实的目的面前，古老的五缘便发挥其重要的作用，成为华人联络的最可靠的网络，也就成为华人社会从古至今的特征。

至于中国的缘文化，为何是亲缘、地缘、神缘、业缘、物缘等五缘，而不是其他的缘分？这是因为这五缘在中国社会里发挥最大作用的缘故。我们说过，"缘"，实际上就是人际关系，所以，从某种意义上说，任何人际关系都是一种缘分。但是，在人际关系中，并不是所有的人际关系都具有普遍意义，我们所说的五缘，是在华人社会里最能发挥网络作用的五种人际关系，也是华人社团运作的主要方式。那些不具有普遍意义的，对华人社团运作不能发挥重大影响的人际关系，在这里就从略了。

华人社会的五缘特点。欧美社会的特点是重视人与人之间的契约。卢梭的《社会契约论》研究人的自然状态发展为社会组织，其关键因素是人与人之间结成了契约，契约确定了人与人的关系，只要大家都重视契约，社会就能保持稳定，从而发挥其应有的力量。在西方国家，人之间的契约主要表现为法律，所有的人都是上帝之子，法律面前人人平等，因此，一个人，只要尊重法律，他就是赢得尊重的"好人"。但华人社会不同，除了尊重法律外，华人社会的"好人"还要在"五缘关系"方面有所表现，只有处理好五缘关系，并尊重法律，才能成为华人社会的好人。

一个华人，即使出生在海外社会，也在五缘关系的笼罩中。他们出生之后，便与家人结成了亲缘，长辈带着他们到庙宇进香，种下了最初的神缘，同乡们聚集在一起划龙舟比赛，则是小社区神缘的体现；他们进入学校之后，就有了乡缘与同学之缘，进入社会，参与工作，便有了业缘；至于物缘，它无处不在，人们以茶会友，是为以茶为核心的物缘，人们在经济领域的往来，也可视为物缘的一个侧面。作为华人，他们的一生，处理好五缘关系也许比任何事都更重要。他应当对父母孝顺，对亲友爱护，赢得亲缘；在与乡邻交往方面，他必须尊重老少乡亲，时刻将家乡的利益放在前面，这样才会得到乡亲的赞赏；在神缘方面，他应该乐善好施，为乡村公益事业做出贡献；在同业之中，他应当是一个遵守一切行业规则的好人，不论是显规则还是潜规则；在经济领域，要对朋友讲义气，重视人情胜于重视物质，生活于物质社会，但要超越物质社会。可以说，五缘概括了华人社会基本的社会关系，一个人对五缘关系的处理，是其在华人社会发展的前提。赢得亲友的好评，也就成为亲友倾力帮助的对象；在乡情方面的支出，会得到多数乡亲的潜在资助；若能成为神庙人员夸奖的好人，当然也会有来自"神缘"物赞赏；善于处理业缘关系，会得到较多的赚钱机会；至于物缘，也会使你开拓一个领域。总之，五缘概括了华人社会基本的社会关系，一个人对五缘关系的处理，则是其发展的前提。一个人若能较好地处理五缘关系，赢得众人的尊重，大家都说你是"好人"，他在华人社会如鱼在水，不论办什么事，都较容易成功，于是，名利与财富都将迎面而来；反之，不论办什么事，都是很难成功的。五缘对华人来说，其重要性在此。

五缘在华人社会，以其坚韧性闻名。移民对世界各民族来说，都是一个问题。一个人移居其他国家，在法律上意味着解除他与原居国家的契约，并加入所在地国家的国籍，建立与新国家的契约，他与原居国家的关系，必须割断。环境往往迫使他们做出改变。移民到了新的国家之后，会遇到许多问题。他们要和陌生的民众打交道，这里不仅有机会和友情，还有来自各方面的白眼和漠视。因此，移民在新环境中感到孤独是很自然的。对其他各民族来说，在这一背景下，他们只有加速溶入新的国家，成为其中一个分子，若不成功，他们只有退出。不管是什么结果，他们原有的文化都会消失。然而，对于华人来说，不论他加入什么国家，并不意味着原有的五缘关系结束，它只是转换一个空间延续。

从华人移民的过程来看，华人进入一个陌生的国家，在获得新的机会的同时，他们首先寻找的是同在异国的乡亲，不论所处环境如何，他们都不会忘记原有同胞。形成这一文化特点，不仅源于他们的文化意识，也与他们所处环境有关。华人在异国他乡谋生，往往感到当地的法律对自己的忽略，使他们无法保证自身生命财产的安全。在这一背景下，他们为了生存，就得求助于同乡的帮助，于是，古老的五缘关系得到重视。例如在东南亚极为流行的姓氏宗亲会组织和地缘关系组织，这些组织将海外同姓及同乡的华人全部联系在一起，其意义不在于亲缘、地缘上的攀亲，而在于又交到一大批可能是同盟者的朋友。其他如神缘、物缘、业缘方面的联络，无不建立在这一实用性很强的目的之上。一个人在异乡有了朋友，就不会孤独，也就有了发展的前提。在这一现实的目的面前，古老的五缘发挥了极为重要的作用，它成为华人联络的最可靠的网络，许多人就是凭着这一网络打下了发展的基础，而后凭着这一网络而发挥其才华。理解这一特点，就可知道，对华人而言，有时候，获得同胞的友谊比得到所在国的谅解更为重要，因为，没有同胞的认同，他们在新的国家只是一个孤单的存在。而同胞的宽容和接纳，会给你带来一个温馨的生存环境，那意味着，不论你遇到什么问题，都会有同胞给你出主意，当你挫折时，会有同胞安慰你，当你发达时，第一个赶来与你分享喜悦的，也许就是你的同胞。在华人中，只要你妥善处理五缘关系，你永远不会感到孤独。换句话说，华人在东南亚的成功，与华人的五缘文化有关，是五缘使他们团结在一起，相互支持，共同发展，事实上，他们也获得相当程度上的成功。在其他各民族的眼里，华人成为最善于在了陌生环境中生存的民族，他们不论到什么地方，都会有一定的商业成功，他们的生活水平，总是略高于当地民族。

五缘对于海外华人社会有利弊两个方面。从有利这一面来说，它使华人社会保持一定程度的团结，这是他们成功的基础。华人从明清时期开始移民东南亚国家，1840年之后，他们又走向欧洲、美洲乃至非洲，五大洲无处不在的唐人街，是中国人喜欢聚在一起生活的表现。唐人街不仅再现他们家乡的风貌，更为重要的是，在这里，传统的五缘关系体现出最大的温情和友谊。大体上，唐人街的主人们，能够共同面对困难，其原因在于：唐人街的生活环境，使他们保持一定深度的往来，遇到问题时，他们才能共同面对。从另一方面来说，华人重视五缘关系，也会遇到法律与人情冲突的问题。对各国民众而言，守法者是好人，违法者是坏人。但对华人而言，守法与违法，只是人生的一个侧面，人生还有另一个侧面：就是对伦理关系的处理。在祖国，人们对伦理的重视，使人们对法律边缘的亲情抱着宽容态度。有时候，五缘关系似乎比法律还重要。孔子教学时，有一个学生提问：如果一个父亲发现自己的儿子偷羊，该怎么处理？这个问题的难点在于：若父亲守法，就应当向官府举报自己的儿子，这样，他是一个好公民，却不是一个好父亲；若他不肯举报儿子，他是一个好父亲，却不是一个好公民。这个刁钻的问题揭示了法理与伦理的矛盾。孔子的回答大家都知道——"父为子隐，子为父隐"，孔子还是将亲情放在了法理之上。

然而在讲究法律的国家，人们重视法律胜于亲情，用孔子这种方法处理相关问题只会受到歧视。在所有的法治国家看来，当法律与亲情产生矛盾之时，人们必须执行法律，其实，这也是一个法治国家的正常反映。但对华人而言，法律和亲情都是不可忽略的，人们为法律抛弃亲情，对欧美人是正常的，但对一个华人而言，这是极为困难的抉择，只有手腕活络的人，才能做到法律与人情两不误；对多数人而言，要么是顾人情而弃法律，要么是重法律而弃人情。对华人而言，不顾人情，将会断绝一条发展之路，而不顾法律，又会遭到所在国舆论的谴责。选择上的窘境，反映了华人社会传统五缘关系在现代法制社会的两难处境。即使他们下决心以法律为重，所在国公民对他们仍然会有看法，对他们来说，一个人过于重视亲情，往往是其奉行法律不力的起点，这会使他们的发展受到阻碍。

五缘关系在现代法治社会的两难，迫使华人社会做出选择。我认为，华人社会应在尊重法治的前提下谈五缘关系，这样，五缘关系只会是发展的助力，而不是华人发展的障碍。另一方面，我们也要看到：随着华人的后裔成为所在国的本地居民，华语在他们中间淡逝，似乎理所当然的五缘关系将会淡化，所以说，华人社会如何延续五缘关系将会成为问题。如果我们认识到这一前提，就要注意，在发展五缘关系方面，我们必须更注意其"乐成"的特点，也就是说，将其打造为快乐、成功的助力，而不是让其拖累华人青年，只有这样，华人社会的五缘，才会得到延续和发展。

第二节　儒学文化与东南亚的华人社会

东南亚国家是世界上各种宗教发展的热土，在历史上有印度教、佛教、伊斯兰教、天主教、基督教等宗教的传播，由于华人、华侨的作用，儒学在东南亚社会也占有一定的地位。儒学给东南亚传统社会带来了勤奋、积累、和平、忍耐等儒学价值观，这些观念与东南亚国家固有的文化观念及外来文化相结合，形成了东南亚人富有特点的生活方式，它对人类的发展有重要意义。

一、东南亚、东北亚民众文化的性格的比较

从地貌来说，古代东南亚是一个覆盖着茂密雨林的丘陵地带，不论是东南亚半岛国家还是印度尼西亚、菲律宾等群岛，到处都是连绵不断的丘陵，这里是植物的乐园，由于降水丰富，植物生长速度快，高大的乔木与藤萝纠缠在一起，形成遮天蔽日的雨林，这些雨林吸进二氧化碳，吐出新鲜氧气，所以，科学家称东南亚雨林是地球的肺。但对早期人类来说，藤萝密布的雨林是最难开垦的土地，种下的庄稼往往被野草吞没，万幸森林中还有各种可食用的植物与动物，古代东南亚人采摘香蕉、椰子与各种果实，捕捉小型野兽与昆虫，度过了一年又一年。相对中国北方来说，古代东南亚谋生较为容易，但农业不易发展，因此，虽说东南亚是人类走出非洲之后一度发展较快的地方，但东南亚的农业却迟迟不见大发展，其原因在于：东南亚的食物来源较广，当地人没有发展农业的迫切需求，而农业是古代各大文明的基础，没有农业，就谈不上文明的起源。这是早期东南亚区域落后于各大文明古国的原因。不过，东南亚优越的地理条件，也培养了东南亚人民乐天知足的文化性格，由于食物来源丰富，他们从来不为食物发愁，每当太阳落山，他们就在海边燃起篝火，围着篝火跳舞唱歌，累了倒下就睡觉，天亮后又开始新

一天的生活。他们的生活方式其实是人类梦寐的理想境界，可惜这世界上能够理解这一境界的人太少。

和东南亚人相比，古代黄河流域的中国人生活得太累。他们生活在物种贫乏的黄河流域，可以食用的植物不多。由于气候寒冷，东北亚的植物生长缓慢，而且有一个万物冬眠的冬季，每当冬季来临，万物凋零，人类寻找食物非常困难。人类要在这种环境里生存，就要寻找稳定的食物为源，这是东北亚农业较早发展的原因。由于黄河流域的黄土不如恒河流域、尼罗河流域肥沃，粟的产量也比不上小麦、水稻等农作物，黄河流域的民众养成了勤奋的生活习惯。从《诗经》《周礼》等书的记载来看，上古时期的中国农民每天天刚蒙蒙亮就起床，吃完早餐后便下地劳动。中午，他们的妻子送来午饭，一直到太阳下山，这些勤劳的农民才扛起锄头回家。他们的妻女同样勤劳，白天忙完家务，晚上聚在一起纺织，夜深了才分别回家。中国人的勤奋是世界有名的，中国上古史告诉我们，中国农民主要是在恶劣的环境中养成了勤奋的习惯，这种习惯一旦形成，便世世代代地传下去，成为中国人的一种文化传统。秦汉以后，由黄河流域迁出的移民散布到中国各地，也将这种习俗带到中国各地，事实证明，勤奋是中国人最宝贵的文化财富，中国人不论到世界任何一个地方，都能凭自己的双手生存下去，在同等条件下往往比别人生活得更好，所以说，勤奋是中国人最大的财富。勤奋的反面，是中国人生活得太累，总想攒集更多的财富，这使中国人永远在追求过程中，从而忽略了生活的本身。

中国人第二个特点是重视财富的积累，这种文化性格同样形成于远古时期的黄河流域。如果说东南亚的地理特征是永远是夏天，那么，黄河流域的特征就是四季分明，即有酷热的夏天，也有凉爽的秋季，对古人来说，最可怕的还是严酷的冬天。每当秋冬之际，寒流南下，气温陡降，大雪纷飞，瞬间成为一片白茫茫的世界。这时能飞的动物早已南下，剩下动物一部分进入冬眠，另一部分饥肠辘辘，与人类争夺仅剩的食物。人类要在这种环境里生存，就得在秋天时候积累食物。古代种植业发展起来后，黄河流域的民众围绕着农业形成了新的生活方式，他们在春天播种，夏天耕耘，秋天收获，粮食收割后，他们将粮食晒干，存进家内的仓房。这样，即使到了冬天，他们也不愁没有饭吃。这种生活方式扩而广之，就形成了"积累"的文化观，丰年时为可能来到的歉年积累粮食，挣钱的时候要为挣不到钱的时候着想。中国人总是为将来的生活而犯愁，为了结婚，他们年轻时就攒钱；结婚后，为了养育子女，他们宁可节衣缩食也要攒钱；为了老年时过得好些，他们早在中年时就开始攒钱。积累的文化观使中国人致富，也使中国人的文化传统得到积累，从而形成一个文化财富丰厚无比的国家。不过，积累一方面使中国的财富增长，另一方面也使中国人总是忧心忡忡，不论挣到多少钱，总是害怕未来没有钱花，钱积累到一定程度，又害怕失去这一切。这使中国人活得太累。

　　相对而言，东南亚人对生活的态度较为潇洒。他们生活的地理环境使他们永远不缺乏食物，不论是什么季节，不论是什么时候，茂密的森林都会为他们奉上各种食物，只要他们想要，上山可以摘采果实，下海可以拾取贝类，河里的鱼类捕捉不尽。东南亚人面临的生活问题则是直面死亡，森林是人类的财富，也是人类的大敌，丛林中的老虎与各种毒蛇，都将死亡带给人类。在瘴气弥漫的森林里，还有各种无名的瘟疫，一旦瘟疫爆发，人类与动物成片死去，他们的尸体很快在潮湿的森林里腐烂，又被食腐动物吞食，顷刻之间成为一堆白骨。在这种环境里，古代东南亚人很难长寿，突然袭来的灾难，使许多人夭折。面对不可预料的死亡，财富的积累其实没有什么意义，所以，东南亚古人有及时行乐的观念，对财富看得较淡。他们手中有了钱，便尽快将其消费，享受生活是他们的价值取向。随着医疗条件的变迁，大多数的瘟疫都被人类控制，不再肆意掠夺人的生命，但是，自古以来形成的文化观念已经累积了深厚的文化积淀，迄今为止，东南亚民众还是最知道生活的一批人，他们乐天知命，对财富不是看得太重，有钱的时候就消费，没钱的时候先举债，钱到了手中，则尽快将其花掉，享受钱带来的最大乐趣。这种生活观念在东南亚看来十分平常，但对中国人而言，则是令人不太能接受的生活习惯，中国人有钱总是存起来，所以，中国市场永远是消费不足，所生产的大量商品，都是供外国人消费，形成外国人消费享受，中国人打工受苦的局面。

　　总之，中国人与东南亚民众的价值观有较大的差异，实际上各有优点，各有不足。但在社会发展的特定阶段，对各种价值观的需求是不一样的。当世界进入资本主义时代的时候，发展经济成为第一主题，正是在这一阶段，东南亚华人的儒家价值观曾起了重要作用。

二、儒家价值观与华人对东南亚经济的贡献

和佛教、伊斯兰教相比，儒家价值观最为接近资本主义价值观。佛教、伊斯兰教、儒教是三种东方宗教，这三种宗教里，伊斯兰教最富有战斗力，当资本主义东来时，总是在伊斯兰教地区受到最强烈的阻击，至今伊斯兰仍是直接与西方世界抗争最为激烈的地方；而佛教则有以柔克刚的韧力，泰国在五百年殖民主义狂潮中竟得以保持独立，充分反映了佛教的内在力量。儒家的宗教内涵比不上伊斯兰教及佛教，而其特点在于内省更重于外部的抵抗，面对局势的骤变，儒教使人反省积贫积弱的原因，因此，当发源于欧美的世界市场席卷东方的时候，华人没有拒绝世界市场的扩张，而是以勤劳的工作来适应世界市场带来的机会，他们从福建、广东两省来到东南亚各国，寻找每一个工作的机会，在东南亚市场迅速扩张的背景下，他们承担起将东南亚传统市场与世界市场联系起来的任务，也就是说，他们大举进军东南亚的零售市场。早在荷兰人进入印度尼西亚之初，华人便以巴达维亚（今雅加达）为据点，挑起担子下乡贸易，他们将来自中国的小商品出售给印尼的普通民众，购取欧洲及中国市场需要的各种土特产，这种贸易网络的不断扩张，建立了遍及印度尼西亚的全国性市场，对印度尼西亚形成全国性的市场起过重要作用。从现在回顾历史上印尼全国市场的形成，这是一个极为艰难的并让华人付出巨大代价的历史过程。让我们将时间推前四百年，当太阳初露晨曦的时候，一个华人小贩推开简陋的柴门，将他沉重的货担挑在肩上，然后沿着大路向市区之外走去。离开市区不久，脚下的大路变成了狭小的山路，再往前，小路变成羊肠小道，这时，太阳已经升起，火辣的阳光使他满身流汗，担子日渐沉重，山路上的小石头刺得脚底生痛，幸好，已经来到了一条小溪边，于是，他放下担子在树下休息，从担里拿出一只碗舀一碗溪水喝，拿出手巾擦去汗水，再在溪里洗尽，绑在头上，路还遥远，不能多休息，他吸一口气，重新挑起沉重的货担，踏上艰难的山路。傍晚，他挑着重担重回这条山路，但因早上的货物都已经售尽，且带回了能在城市里销售的货物，他很高兴，一路哼着小调，并盘算：这一趟贸易，他挣了五十个铜板的辛苦费，明天再走一趟，就能挣一百个铜钱，一个月坚持下来，就能挣三千个钱，换得五块光洋，一年做下来，就能得六十块光洋，就算一年做不满，也能存下四五十块光洋，这样做上几年，也许就有了本钱，可以开一个小店，不再要

挑担下乡了。在贸易途中，他们会认识本地经营小买卖的土著妇女，如果顺利的话，他们有可能娶得一位当地女性，其后两人将资本合在一起经营，开一家小店。在华人的影响下，他的妻子也参加共同积累财富的奋斗。为了早日发财，他们每天六点开门，晚上九点打烊，这样，每天就可挣两块光洋，积上一年，就会有七百元左右的资本，再积几年，就能开一家大店。以上所说的是普通华人的理想，实际上，除非一切顺利，他们很难达成这一理想。他们在挑担的途中，有可能遇上劫匪，一年只要遇上一次，可能就血本无归。沉重的劳动使他们易于生病，由于舍不得用钱治病，小病还得劳动，大病只能苦熬，不少人因而丧生。尤其是瘟疫袭来的时候，城乡民众一片又一片地倒下，他们很可能埋骨异乡。事实上，十个挑担贸易的人，其中也许只有一个能混到小店主，而十个小店主，很可能只有一个混到大店主，要从大店主上升到资本家，也许需要几代人的奋斗。对欧洲法律一知半解的华人，常常在打官司中输掉大半财产，或是在莫名其妙降临的遗产税中被夺走大部分家产。然而，不管华人的经营情况怎样，一代又一代华人、印尼人的共同努力使一座又一座市镇崛起在印度尼西亚，开创了城市化的进程。

总之印度尼西亚等东南亚国家市场的形成，与华人的勤奋与积累有关，这种观念是他们在东南亚崛起的主要原因，在他们的带动之下，印尼建立了遍及全国城乡的商业网络，将整个国家联合在一起，而华人经济也成为印度尼西亚经济共同体的一个部分。必须注意的是，印尼华人在经济上的贡献只是为印尼工商业的发展起一个示范作用，它本身是印尼民族工商业的一部分，它的发展，带动了印尼民族工商业的发展，最终形成国家独立的基础。也就是说，华人在印尼的工商业活动，是推动印尼近代化和现代化的主要力量。我们知道，殖民印尼的荷兰人经常自吹他们将近代化带给了印度尼西亚，这句话只能肯定一部分，因为，荷兰人确实给印度尼西亚带来了欧洲的金融制度，许多港口的建设也离不开荷兰资本，但因殖民制度的影响，荷兰资本在印度尼西亚一开始就是垄断资本，荷兰人的东印度公司垄断印尼的东方贸易达二百多年，这一垄断使欧洲资本无法在印度尼西亚顺利发展。将印尼和马来西亚相比，英国人较早取消英国东印度公司的垄断，所以，欧洲资本在新加坡等地的发展比在印尼的发展更为顺畅。毫无疑问，荷兰东印度公司在印尼的垄断，是印尼长期落后的原因。而新加坡等地，由于实行开放的自由港政策，活跃的华人经济给新加坡等地带来繁荣。在英国的影响下，荷兰等国最终也取消了各国大资本对殖民地的垄断，允许各种资本自由发展，这是十九世纪东南亚国家经济突飞猛进的根本原因。由于垄断使荷兰等宗主国资本在东南亚市场上丧失活力，华人经济在十九世纪及二十世纪初取得较大发展，所以，华人的勤奋与节俭，才是东南亚国家近代化的主要动因。必须说明的是：华人在东南亚的经济活动，并没有使其与中国经济联为一体，而是促成了东南亚国家本土经济的发展，最终为东南亚国家的独立打下了经济基础。

三、华人正义观与东南亚国家独立运动

二战之后东南亚国家的独立是世界史上的一件大事，它与非洲、拉丁美洲的独立运动相互呼应，成为一个重大的历史趋势。然而，关于东南亚国家独立的主导因素，史学家是有争议的，日本人说是他们发动的大东亚战争给东南亚国家带来独立，西方人认为是西方世界的宽容及人权运动的发展，给东南亚带来独立；中国史学家很少对这些问题发表看法，但我认为，是东南亚的抗日运动为东南亚独立打下了坚实的基础，而华人在东南亚抗日运动及独立运动中起了重要的作用。

欧美国家殖民东方有五百年的历史，他们早期的殖民活动往往与奴隶制度结合在一起，曾经给东南亚国家带来无数的痛苦。但是，随着欧洲国家政治上的不断发展进步，欧洲国家的人权有很大的改善，他们的殖民政策也在不断调整中。例如，英国曾是贩卖黑奴最多的国家之一，但到了17世纪后期，英国成为严禁贩卖黑奴的国家，由于当时的大英帝国掌握海上霸权，一切胆敢贩卖黑奴的船只都遭到英国的镇压，这是黑奴贩卖运动逐渐绝迹的原因。在经济上，强大的英国人则是自由贸易的主张者，虽说他们的势力一时未能进入东南亚大多数国家，但英国人在新加坡港的示范作用，给当地带来了欣欣向荣的影响。以后一个很长的时期内，凡是采取自由贸易政策的地方，经济就有较大发展，否则，经济长期停滞不前，在西班牙统治下的菲律宾，便出现了这种情况。应当说，欧洲人政策的调整，给东南亚带来经济的繁荣，尤其是华人经济在这一时期得到壮大，所以，这一时期华人及东南亚本土民众与英国人之间的矛盾略有缓和，这是欧洲殖民者能够长期统治东南亚国家的原因。不过，在经济发展缓慢而政治上十分黑暗的菲律宾，本土民众与殖民者之间的矛盾十分突出，反抗殖民主义运动十分激烈，十九世纪后期，福

建晋江籍华人黎刹为菲律宾的独立运动献出了生命，最终在美国与西班牙人的战争中，菲律宾取得了自立的权力。

美国人取代西班牙人之后，应当说，欧洲人殖民东方最黑暗的一页已经成为过去，欧美殖民者在东方，也开始注重当地人的权力，以期获得更大的利益。其后，东亚的形势有很大的变化。二十世纪前半期的世界，爆发了"第二次世界大战"，其主角是欧美国家。在正式战争爆发之前，欧洲国家也形成了严重的对立，这使他们对殖民地的统治放松，而且力争讨好当地民众。时势发展至此，欧洲国家与其殖民地的矛盾大大缓和，实际上只欠还给东南亚国家一个独立。美国人更是明确声明：让菲律宾独立是他们的政治目的，剩下的只是培养他们满意的政治家统治菲律宾。在日本人抵达东南亚之前，东南亚国家的情况大致如此。

日本人打着建立大东亚共荣圈的口号发动了对东南亚的战争，表面上，这是一场对欧美国家的战争，实际上，东南亚的本土经济都成为它掠夺的目标，日本人并不讳言，东南亚的战略物资——石油与橡胶是他们发动战争的根本原因。从政治目标来讲，日本人侵略东南亚不是为了解放东南亚人民，而是为了建立日本对东南亚的殖民统治，所以，他们表面上扶植东南亚民族势力，实际上不顾一切地掠夺东南亚人民，尤其是不遗余力地摧残当地华人经济，新加坡华人被日本屠杀数万人，同样的命运也落在其他东南亚国家华人之上。日本人的残暴掠夺，使东南亚人民很快转变了对日本帝国主义的看法，一开始有些民族主义者将其视为通向民族独立的桥梁，随着日本入侵的加深，他们很快转变立场，与英美联军一起反抗日本的侵略。在这场斗争中，崇尚正义的华人成为抗日运动的主要参与者与支持者，他们组成游击队打击日寇，最终形成了一支强大的力量。日本投降后，这支强大的力量开始了谋求东南亚民族独立的运动，经过多年的奋斗，最终建立了印度尼西亚、马来西亚、新加坡、缅甸、菲律宾等独立国家，加上原有的泰国，形成了现代东南亚国家的雏形。其后，越南、柬埔寨、老挝三国，也在长期的反法、反美斗争中取得了独立地位。从东南亚国家独立的过程看，华人的作用是显著的，牺牲是巨大的，他们广泛卷入反殖民主义者的斗争，反映了华人一贯崇尚正义的文化传统。在东南亚各国，都有华人设立的关帝神像，对华人来说，关帝就是侠义之道的象征，"路见不平，拔刀相助"，华人对东南亚独立运动的广泛参与，是因为他们认为殖民活动是不正义的，日本人对东南亚的侵略是不正义的，所以，他们可以为东南亚的解放事业抛头颅、洒热血，最终在这场活动中获得自己的解放。

东南亚是各种宗教传播的热土，多种宗教相互容忍、相互渗透，成为东南亚人的文化传统与文化财富，其中，每一种宗教都为东南亚带来了独特的价值观，并为东南亚的发展做出贡献。儒学价值观只是东南亚多种价值观的一部分，此处对儒学价值观的赞美，不妨碍我们对其他宗教的认同与评价。就世界的发展趋势而言，多种宗教的并存是一种发展趋势，如果每一种宗教都将其核心的、优秀的价值观贡献于人类，人类世界一定是更为丰富多彩。

第三节 澳门庙宇体现的华人文化特色

实事求是地说：澳门在明清时代不是一个华人文化发达的城市，尽管往来游客为澳门写下了许多瑰丽的诗篇，但澳门华人自身的鸿篇巨制少见。这使澳门华人文化的研究困难重重。尤其是澳门下层民众的文化，它一向为文人所忽略，在有限的文献中，仅存一些零星的记载。不过，人类学的方法为我们开拓了新的天地。人类学强调从民众自身创造物中去研究民众的文化，因而，庙宇成为人类学解剖当地民众最好的路径之一。它是民众亲手所建，反映了当时民众的思想感情与爱好，它们自身的存在，也是民众生活最好的展现。澳门人常说澳门是弹丸之地，但这里各色庙宇之密集，在世界各地的华人城市中少见。因此，我认为，可以从澳门明清时代的华人庙宇分析澳门华人的文化特色。

一、妈祖崇拜与澳门人的航海文化

澳门有八座直接供奉妈祖的庙宇宫殿。它们分别是妈阁庙、莲峰庙内妈祖宫、望厦康真君庙内天后宫、普济禅院内天后宫、马交石天后宫、凼仔市区天后宫、凼仔卓家村天后宫、路环天后宫。八座妈祖庙在澳门历史上占有重要的地位。例如，澳门三大庙都与妈祖信仰有关。其中，妈阁庙是澳门最早的庙宇，先有妈阁庙的建立，后有澳门市区的发展。因此，妈阁庙是澳门历史的见证人，至今也是澳门香火最盛的庙宇。再如，三大庙宇中的澳门莲峰庙，它最早是一座妈祖庙，而后发展了多神崇拜，但妈祖崇拜在莲峰庙的核心地位不可动摇。又如，普济禅院也是澳门三大庙宇之一，它以观音供奉为主，但是，它也在自己的庙宇内增加了妈祖庙，以吸引信众。此外，妈祖庙在澳门分布最为广泛。现代的澳门可分为三个区域，澳门半岛老市区与凼仔、路环两岛。在澳门半岛上，除了三大庙宇之外，还有望厦康真君庙内天后宫与马交石天后宫。而在其他地区，凼仔的两座妈祖庙是凼仔岛民众崇拜妈祖信仰的反映；路环妈祖庙则是该岛民众的信仰。总而言之，妈祖是澳门历史最为悠久、信仰最为广泛的神明。

妈祖在中国一直被视为航海保护神。她的信众主要是渔民、水手以及经常走水路的商人。至今在中国，她的主要信仰区分布于沿海，从北疆到南疆，各地沿海都有其庙宇。反过来说，拥有较多妈祖庙的区域，往往可以说明该地航海文化的发达。天津奉妈祖为主要保护神，为其举办每年一期的娘娘会，其原因在于：天津是一个由水运而发达的城市，早先该城市的主要生业，都围绕着水运而运转。澳门也是一个类似的城市。澳门原来只是一个小渔村，明代前期，由于朝廷的海禁，一些福建人到澳门附近水域进行走私贸易，于是，澳门附近水域逐渐成了中国商人与东南亚商人私下交易的地方。其后，葡萄牙人进占澳门，澳门逐渐成为东亚的一个重要的贸易城市。明清时代，在葡萄牙人统治的三百年内，澳门一直是一个依赖海上贸易为生的城市。由于这里贸易机会较多，来自福建、广东等地的商人、水手、小贩云集于此，形成了当地的华人社会。妈阁庙的建立，是最早来到当地经商的福建人所建的；莲峰妈祖庙的建立，则与广东商人有关；至于普济禅院的妈祖庙，其背景是福建商人，所以，它也与福建商人有关。当清代澳门市区发展到一定程度的时候，各地民众为了信仰的方便，都在自己新开发的区域建立妈祖庙宇，这是康真君庙妈祖宫与马交石妈祖庙建立的原因。至于凼仔与路环两岛，历来是渔民、商人乃至海盗活动的地方，他们的生活方式都依赖于海洋，因此，他们对妈祖崇拜也是长久性的。为了满足生活的需要，他们必须建立自己的妈祖庙宇。

总的来说，由于澳门在明清时代的主体居民都与航海有一定关系，因此，在澳门华人中，对妈祖的崇拜最为广泛。不过，澳门妈祖信仰在沧桑岁月中也有它的变化。过去，在交通以双腿为主的时代，一个人的活动半径只有双腿一日里能来回的地方，对于上年纪的信众，他们的活动半径只能在一公里以内。因此，为了满足他们的信仰需要，必须多建一些庙宇，这是澳门半岛有多座妈祖庙的原因。至于澳门两个离岛，与半岛来往颇为不便，因此，更需要自己的妈祖庙。但是，随着时代的变化与交通条件的改善，公共汽车与离岛大桥的建设，使澳门人在半天内即可以往来于澳门半岛与离岛的任何地方。在这一背景下，澳门人若想拜妈祖，都可以乘车到妈阁庙进香。这就使妈祖阁的香火大增，而澳门其他地区的妈祖庙却因香火稀少而被冷落，成为只有旅游价值的庙宇。不过，这些变化是由于交通改善而出现的，澳门华人在所有的神灵中，最为重视的还是妈祖。

对于中国人来说，妈祖体现的是一种勇于航海的冒险精神，在妈祖的保佑下，闽粤民众远航海外各地，在大陆沿海与东南亚各国口岸都建立了自己的经营点。澳门是明清两代东亚海域最重要的贸易点之一，因此，它也是闽粤民众着力开发的港口之一。在明清时代，许多闽粤民众的帆船在这里靠岸，寻找贸易机会。有的从这里出发，到东亚各国去探航。澳门妈祖阁庙前地的一块大礁石上，有一幅闽中"洋船"的石雕。相传这位商人于明代从福建远航澳门，在路上遇到风暴，全船人呼唤妈祖保佑，随即一盏红灯出现在船头，不久，大海风平浪静。船在澳门妈阁庙靠岸时，一位老妇穿过众人上岸，随即不见。谁也不知道这位老妇何时来到他们当中。商人认为：这是妈祖显灵保佑他们。为了感谢妈祖的保佑，他在庙前的巨石上雕刻了自己的大船模样，让它永远得到妈祖的保佑。这一民间故事，便反映了澳门妈祖文化的特色。在水上生活的商人与水手，相信妈祖会保佑他们远航。只要他们虔诚地信奉妈祖，便能战胜一切风浪的威胁。总之，早期澳门华人的生活建立在航海的基础上，也在大航海中得到发展。航海使澳门华人的文化有了自己显著的特征。

二、关帝信仰与澳门华人的英雄崇拜

在澳门的莲峰庙等地，有敬奉关帝的宫庙。许多澳门华人的家庭也敬奉关帝神像。我们知道：明清时代是关帝信仰大发展的时代，几乎全国各地，凡有汉人的地方，都有关帝的庙宇。关帝崇拜的发展，与《三国演义》这部小说的问世有很大关系，此处不拟论述小说的艺术成就，仅就文化传统而言，《三国演义》最大的成功，是对关帝的塑造。一个小说人物的模型，竟然影响中国人那么久，这是谁也无法想到的。那么，《三国演义》这部小说向我们传达了什么文化信息？《三国演义》是一部中国人的荷马史诗，它讲述一个英雄结义创就大事业的故事。书中的主人公本是三个生活于底层社会的平民，但他们不管前途有多么艰难，团结一心，以一往无前的英雄气概排除万难，为汉室的复兴而奋斗。由于他们一向以义气为重，从而吸纳了全国各地真英雄的投奔，从三个人的小集团发展到一个拥有数万军队的武装，进而建立了一个雄踞西南一隅的政权。虽然未能达到复兴汉室的目的，但汉祚在他们手中，多延续了几十年。这部小说最能感动人的是英雄的气质——义气。书中每一个真英雄都是讲义气的典范，而其中最典型的代表是关羽。关羽知道他所扶持的刘备是一个势力较弱的政治家，而对他百般引诱的曹操却可以给他富贵与荣华，纵然如此，关羽在刘备最为困难的时候，也不肯抛弃刘备。当时的曹操掌握了全国政权，而刘备却是寄人帐下的一名潦倒政客。然而，关羽一旦知道刘备的消息，便不顾一切地辞别曹操，投奔最潦倒时期的义兄。关帝是江湖义气的最佳代表人物，他在民间获得崇拜，其主要原因在于这里。义气又是英雄气概的体现。关帝为朋友两肋插刀，大义凛然，是非分明，敢爱敢恨，世界上没有他害怕的东西。这种继承中国侠义文化无所畏惧的气概，具有独特的魅力。一些海外书籍表明：对于外国人来说，关帝是中国的战神。对关帝的崇拜，是中国式的英雄崇拜。

明清时代是中国商品经济发展的时代，也是各种手工业、商业大发展的时代。工商业的发展造就了城市的市民阶层，而市民阶层，则是一个有自己新的文化观的阶层。经营工商业的人们与农民不同。农民的经营是分散型的，而工商业的经营需要人们的合作。农民的经营需要的是对土地的忠诚，而工商业的经营需要的是勇于开拓的精神。而这一切，都体现于关羽的身上。在中国人看来，关帝这位神明，代表着勇敢的战斗精神，也代表着义字当头的合作精神，因此，他在明清时代市民阶层中得到广泛的欢迎。市民们希望以他为榜样团结起来，共同奋斗，成就一番事业。

早期的澳门是冒险家的乐园。这是因为：进入澳门的早期居民主要是来自葡萄牙与闽粤各地的下层社会的大众，其中也有一些游民。换句话说，他们多是勇敢分子。首先我们看早期葡萄牙人的性格：龙思泰很公正地说："经验也告诉中国人，那些以躁动难安和飞扬跋扈为主要特征的冒险家，离开欧洲来到亚洲，是为了寻求财富。"①龙思泰转述广东地方官的话："澳门从前是个繁华之地，现在则变成了一个独立王国，有很多炮台，以及为数众多傲慢蛮横的人口。"②在这种环境中，只有随时准备好战斗的人才能生存，由于这一原因，在澳门生存的华人也多是勇敢分子。龙思泰的《澳门史》经常用这样的语言描述澳门华人居民："鉴于粗野的下层居留者不断增加。"③事实上，这与他们面对的竞争对手有关。虽说明清时代澳门仍然处于中国官员的管辖之下，但由于鞭长莫及，除了发生杀人之类的大事外，官府很少过问澳门的具体民事。因此，在澳门的华人主要依靠自己的奋斗维持自己的地位。这使当地的华人树立了面对现实的勇气。为了在竞争的社会里谋得较好的地位，他们必须无所畏惧地战斗。基于这种文化基础，流行于全国各地的关帝崇拜在澳门得到特别的尊崇，这是澳门关帝信仰尤其得到尊奉的原因。此外，我们注意到：流行于闽粤下层社会的秘密社会组织逐渐传到澳门。关于澳门天地会的传播，在澳门史册上一直没有明确记载。但多数学者与澳门人大都不否认洪门曾在澳门传播的历史。此处不拟评价洪门在历史上的是是非非，但洪门的发展，大都与关帝崇拜有一定关系。洪门的发展，其文化基础是桃园三结义似的义气。当年闽南漳浦一带，一些下层社会的人聚会在一起，不分姓氏，不分身份，组织了一个以反清复明为宗旨的天地会，这完全是在模仿刘关张桃园三结义。因此，加入天地会的人，多以关帝为他们的偶像，而对关帝的崇拜，对于他们来说，是永保义气的象征。其他澳门的华人，虽然不一定参加天地会组织，但以关帝为代表的义气，永远是他们崇拜的旗帜。沈志亮等人合谋袭杀葡萄牙的澳门总督之前，便在一所小庙中焚香结拜，愿同生共死。出事后，沈志亮挺身而出，承担所有的罪责，慷慨赴死，便与他是一个讲义气的人有关系。

总之，澳门人的关帝崇拜，体现了他们的勇敢战斗精神。

三、包公庙与澳门人的清官崇拜

包公在历史上是一个清正廉洁的清官形象，明清时代，中国民间流行包

①　龙思泰.早期澳门史[M].北京：东方出版社，1997：95.

②　龙思泰.早期澳门史[M].北京：东方出版社，1997：101.

③　龙思泰.早期澳门史[M].北京：东方出版社，1997：57.

公戏，在民间，他是公平、正义、明察的象征。但是，在大陆各地，除了包公的家乡——安徽省，其他地区的包公庙不多，至少不是每一个地区都有包公庙。民间对包公的崇拜，主要体现于包公戏的流行。因此，澳门有一个包公庙，是一个值得注意的文化现象。

澳门包公庙建于晚清同治年间。其时，正是澳门市区扩大的时代。五口通商之后，中国人去海外的禁令已经被取消，而葡萄牙人为了与香港竞争，鼓励华人定居澳门，于是，澳门的居民数量有了很大增长。林则徐到澳门巡视时，澳门的人口只有数千人，其规模仅相当于内地的一个市镇。其后，华人陆续迁入澳门。尤其是在太平天国时期，两广一带的战乱，使许多有钱人将澳门当作避难地，迁居于此。使它成长为一个十几万人的城市。来自各地的居民，将自己的信仰带到澳门，这是澳门大多数寺庙，都建于同治、光绪年间的原因。

那么，包公庙向人们传达什么文化信息？就包公的身份来说，他是中国古代的一位官员。在民间传说中，他一生主要的事迹，便是破获种种奇案，为民众主持公道。对民众来说，他首先是公正的象征。中国古代社会是一个表面平等的等级社会。虽说在法律上，"太子犯法，与民同罪"，但在实际上，与朝廷有关的人员，都会受到种种庇护，在官场上，官官相护才是真正的金科玉律。老百姓塑造的包公形象，却是突破这一定律的真英雄，他铁面无私，不讲情面，即使是他的亲侄儿犯罪，他也照样施以法律的惩罚。对于官场上的朋友、上级、亲信，他都能做到一视同仁，从而赢得民众的信任。

其次，包公是一个不畏权势的官员。中国的官场，最能引起民众反感的是权势观念。但是，中国的官场偏偏是权势观念最流行的地方。一些官员为了自己的私心能够得到实现，以权势欺压在他管辖范围之内的官吏，迫使他人按照自己的规矩行事。这种人的另一面则是媚上。他们若是遇到自己的顶头上司，便像奴才遇到了主子，奉承拍马，无所不至。这种恶劣的风气，成为官场极难克服的癌症。大多数纯洁的青年，在刚进入官场，都对这一风气看不惯，他们百般声讨，誓言抵制。但为时不久，他们便渐渐地被同化，同流合污。甚至青出于蓝而更胜于蓝。民众塑造的包公是一个不畏强权的人物。不论是多大的官员，他们都无法压服刚直不阿的包公。对于官场媚上胁下的风气，包公反其道而行之，他主持正义，支持受到权势欺辱的下级官吏。倘若看到民众被权势之门欺压，他一定要依法治理犯法的官吏。他平反冤狱，铲除贪官，保护民众。为了民众的利益，他也敢于挑战权臣与皇亲，倘若有人违反法律欺压百姓，即使他是皇亲国戚，也得不到包公的饶恕。在他的铡刀之下丧命的大官僚与皇亲贵族，并非少数。总之，在包公的铡刀下，体现了人间的正义。

再次，包公是一个清廉的官员。中国的官场缺乏自律的机制，官员的贪污几乎是公开的秘密。"千里做官为发财"，"三年清知府，十万雪花银"，这些明清时代的民谣，揭穿了那一时代官员的真实形象。由于官场普遍的腐化，给民众带来极大的危害。官吏们通过征收赋税过程中的作弊，为自己聚敛财富，这使老百姓的负担大为增加。他们办案，一切以钱为上，"衙门八字向南开，有理无钱莫进来"。这使官府的衙门丧失了维护正义与公道的力量。在民众看来，古代官场的一切腐败，都来自钱，若要官府发挥正常的功能，便不能够要钱。中国的儒学传统一直要官员们做到清廉自守，并相信只要官员做到了这一点，其他一切行政功能便能正常地发挥作用。在历史上不是没有清官，例如到澳门巡视过的林则徐便是人们公认的一位清官。这些清官人数虽少，但他们的存在，给予民众希望，缓解了社会矛盾，使行政机构能够正常地运转。包公则是传说中的清官形象。他清正廉明，刚直不阿，绝不接收贿赂，因此保证了官场不受外来势力干扰，能为民众服务。

清官是人们永远追求的理想型人物，尤其是对华人而言，包公的清正廉节，大义凛然，使之成为华人永恒的偶像人物。即使是在21世纪，包公戏仍然是影视界热门节目。包公庙在今天的澳门依然香火兴旺，已经超越了晚清特殊时代的特殊情节，而转化对人类普遍性的正义的追求。

四、金花夫人与澳门人的女神崇拜

金花夫人在广东区域是产妇与儿童的保护神。澳门有两座金花夫人庙，至于其他庙宇中配祀的金花夫人，其数未有精确的计算。大凡澳门的小庙，往往有配祀的金花夫人座像。这是由于金花夫人多由女性祭祀，因此，它在澳门民间有广泛的信众。为了解决各地民众的信仰需求，便需要增添一些金花夫人的神像。

澳门两座较大的金花夫人庙，都有三十六宫婆配祀。在现场看这些塑像，感觉上至少有几十年至近百年的历史了。我们知道：在"文化大革命"中，中国城乡的庙宇都受到大扫荡，除了个别影响较大的寺院的神像受到保护之外，民间庙宇的神像，几乎被扫荡一空。由此料之，当代的广东城乡，即使重修了金花夫人庙，但像澳门这样保存着几十年至百年以前神像的庙宇，只怕不多。因此，澳门的金花夫人庙，应是广东最典型的金花夫人庙之一。

中国各地都有区域性的女神崇拜，最为有名的是泰山的碧霞神君。在福建地区，最为有名的女神，除了妈祖之外，就是临水夫人。如果不看庙宇的题匾，走进临水夫人庙，也许会以为是金花夫人庙，因为，临水夫人庙中也有三十六宫婆配祀。而且，每一个宫婆也都有自己特殊的功能：诸如接生、佑童，等等。毫无疑问，两者之间必定有所联系。据福建方面的史料，临水夫人的信仰诞生于唐代，临水夫人生前是一位女巫，怀孕时施法捉鬼，因流产而死，死后被奉为救产之神。其主庙在古田县临水洞，名为临水宫。临水宫是在什么年代开始配祀三十六宫婆？我们至今不是很清楚。但在明代陈鸣鹤的《晋安逸志》一书中，已经有临水宫三十六宫女的记载。至于广东方面，金花夫人也是悠久的民间信仰，从其称呼来看，似乎与广东古代的苗瑶人有关。不过，在金花夫人信仰诞生之初，似乎不是专职的妇女儿童保护神。她从何时转化为类似临水夫人形象的女神，并且像临水夫人一样有了三十六宫婆，至今没有确实的记载。从现有资料来看，我们只能说是：广东的金花夫人信仰受福建临水夫人的影响，在清代逐渐转化为妇女儿童的保护神。

在澳门，进庙宇祭拜金花夫人的主要是女性。在女性的心中，家人的平安永远是生活中占第一位的内容，尤其是子女的平安，在女性的心中永远是最要紧的事。对她们自己来说，也有许多不足为外人道的困扰，需要向人叙说。在中国的寺庙，大多数神灵都是属于男性的。要女性向这些志向高远的伟大神明叙说自己在人生中的家常琐事，自然会产生无法出口的羞涩。于是，女性需要和她们亲近如同家人的女神，使她们可以坦然地向神明说说心中的一切，并请她们保佑自己，解决生活中的一切问题。这是观音与金花夫人等女神出现的原因。观音的适应面较广，任何人都可以祭祀。而金花夫人，则是专职管辖妇女生产与养子之类大事的神灵，所以，她在女性心目中，能够受到更多的欢迎。

在人的世界中，能够像观音与金花夫人一样关心女性与小儿成长的只有母亲，所以，金花夫人崇拜，其实质是母亲崇拜。

这样，我们通过澳门庙宇的分析，勾画出澳门下层社会华人基本的文化心态。他们大都经营与航海有关的营生，因此，他们崇拜航海的保护神——妈祖；他们同时也是一些勇敢的进取者，崇拜关帝以及他所代表富有中国特色的英雄精神；他们与大多数中国人一样，还是清官的崇拜者，一直盼望着正义与公道能够主宰人的社会；他们的女性，在心中最重要的是保佑子女的平安。可见，他们的所爱所望，都能与中国人的心弦共鸣。他们对我们不再陌生，虽然他们长期生活葡萄牙人的统治之下，但他们的文化，仍然是中华文化的一个组成部分。通过对澳门主要神明的祭祀，我们也可看到：澳门华人的文化，深受广东与福建文化的影响。从澳门人崇拜金花夫人以及本文尚未涉及的六祖慧能等广东地方性神灵来看，澳门文化是广东文化的延伸。可是，由于澳门历史上有许多闽人居住，澳门的信仰世界，亦有浓厚的福建文化色彩。除了澳门的妈祖信仰来自福建这一事实外，在金花夫人崇拜中，也可看到闽文化的潜在影响。不过，由于福建移民主要来自明末清初，时代久远，迄至20世纪，闽文化的影响已经成为潜流，而澳门文化的主体已经是广东文化的一个部分。

第六章　中外家庭制度的比较

西方人研究东方的家庭，往往喜欢套用西方社会古代的概念，例如，将希腊罗马社会的父权制套到中国古代社会，以为中国古代像中世纪基督教社会一样歧视同性恋者，这都是错的。当然，中国传统社会也有其不足之处。例如在下层社会流行的溺婴习俗等。比较中国与西方不同的家庭制度，对中西文化不同会有更深的理解。

第一节　古代中国、罗马家族制度比较

古代中国与罗马都是实行家族制度的区域。在中西文化比较中，许多人都强调这一共性。其实，古罗马家族制度与中国的家族制度有实质性的不同。由于忽略了两者的差异，西方学者在研究中国文化时，往往不自觉地以罗马家族制度为起点，从而对中国古代家族社会产生极大的误会。这一误会，使他们对中国古代社会的阐述与分析，建立在一个错误的起点上。我认为：西方人对中国家族制度的认识，建立在对罗马家族制度研究的基础上。但是，罗马的家庭其实质是父亲压迫家庭成员的奴隶制；而古代中国的家族与家庭第一位的是伦理关系的维持，父亲往往把子女看作比自己更重要。两者实际有本质的区别。然而，西方学者往往不自觉地从罗马家族制度来理解东方的家庭与父子关系，这使他们对东方社会的解剖从一开始就建立在一个错误的起点上。例如，他们将中国政治制度看作是以父权制为基础的专制主义，其

实，专制主义仅仅盛行于受古罗马文化影响的中近东国家。古代中国的君主制度更多地体现了中庸的观念。

一、古罗马家族制度的特点

对古罗马家族制度的研究，西方学者已有许多成果，这里引用德国学者缪勒利尔的综述：

> 罗马的大家庭在组织上与习俗上也很相类似。在那里，家长也是全家财产的所有者，是他的妻子的身体与灵魂的主人，是孩子们的孩子们、侍役及奴隶们的主人，那些人对他是完全服从的。他对于他们的权力有：（１）惩罚的权利；（２）生与死的权利；（３）出卖或当作负债的抵押品；（４）给他们订婚，以及使之结婚或离婚的权利；（５）不但对于家庭的财富，就是儿子们独立赚来的钱也由他任意去处理。所以，只要他高兴，对于他的最亲近的家人，对于"他自己的血肉"，他可以鞭挞、处死或出卖为奴，或出租付债。儿女的地位在一方面是比奴隶还坏。一个儿子由父亲卖为奴隶，他的主人把他释放之后，他必得仍然回到父亲的束缚，这样凡三次，到第三次的解放，然后他才可以自主；而奴隶则第一次释放，立刻就自由，而且永远自由了。父亲可以随他的意志，为儿子订婚、结婚。他可以从女儿的丈夫那里把女儿要回来，解除婚约，不管他们的婚姻是如何快乐与儿女众多。……虽然法律条文上订婚和缔结婚约要得女儿的同意，但因为女错了儿的年轻无知，与对父权的恐怖。所以，在这种事件上的实际自由是绝不会有的。这种权力，以及所连带之可怖的败坏德性的可能性，与父子的一生相终始。不管儿子有多大的成就，不管儿子在国家官吏的地位有多高，他的父亲有权剥夺他的工作的一切物质结果，有权把他卖身为奴或处死，检察官、执政官、司法官与他战战兢兢的小孩一样得受这个法的支配。罗马的家长们收获这个成果；他们通常都是非常可怕的，通常与其说可怕，毋宁说可憎的。他们是人子们躲避不了的暴君与压迫者，而他们的死对于成年的孩子是一件有利的事情。诚如勒启所说的，全部罗马史上很

难找出子女的爱的实例。在内战的时候，父亲常死于儿子的背叛之手。奴隶反要忠顺可靠些，因为其主人的死，并不足以解放他们！穆姆生，研究罗马政治史的权威，说：家庭中的男领袖之无限及完全不负责任的权力是终其生而不变、而不可摧毁的。衰老、疯狂都不足以剥夺他的这些特权，就出于他的自愿，出于他的自由意志也办不到……至于反对家长，一切家人都无此权利：他的妻子、儿子和他的奴隶、牲畜一样没有提出反对的权利。家庭之于个人的希望与快乐，正如坟墓般的土牢一样。①

由此可见：古罗马的家庭与中国人的家庭制度有很大的区别：在西方学者看来，古罗马家庭实行的父权制使其成为奴隶制的起点。在这类家庭中，家长与其他家庭成员的关系，便是奴隶主与奴隶的关系。从语法分析而言，古罗马人的家庭一词，是从"奴隶"一词转化而来的。应当说，他们的分析准确地抓住古罗马社会的本质，可是，这种家庭与东方人的家庭有很大差异。

第一，家庭中的父子关系的差异。对于古代中国人而言，父子关系是与婚姻关系并列的、家庭中最重要的两大关系之一，而在有些人看来，甚至父子关系比婚姻关系更重要。《三国演义》有一句名言："兄弟如手足，妻女如衣服"，这句与近代人观念大相径庭的"名言"，反映了古代中国人将兄弟关系看作比婚姻关系更为重要的观念。而兄弟关系，其实是父子关系的延伸，所以，古代中国人的父子关系在家庭中的地位极高。

古代中国人看重父子关系，是因为他们将以血缘为基础的家族关系当作人生的基本关系，一个人的人生价值，体现于家族的发展，在中国人看来，个人的成功是其次的，家族的延续才是一个人在世上奋斗的主要目标。甚至可以说，个人的成就只有在为家族的延续做出贡献时，才是有意义的。由于这一人生的目标不同于西方社会，便使中国古代社会的家族观有了不同于古罗马的起点。

家族发展的前提是子孙的繁荣，没有子孙，便没有家族。这一明显的事实使中国人将子孙放在极为重要的位置上。在中国，许多父亲都宣称：自己一生的努力，都是为了子女的幸福，他们奋斗的人生目标，是让子女过得比

---

① 弗·缪勒利尔.家族论 [M].王礼锡，胡东野，译.北京：商务印书馆，1935：261–262.

自己更好。因此，当在子女的利益与自己有所冲突时，他们常常愿意放弃自己权利而成就子女。这一立足点与古代罗马人是不同的。古代中国人将子孙放在自己之上，而古罗马人是将子孙看作是自己的商品。在古代中国人看来，子孙满堂是人生价值的第一体现，而断子绝孙是人生最大的悲剧。有这样一个故事：在一家四合院内住了两户人家，其中一户人家钱财很多，但没有儿女，另一户人家很穷，却有四个儿子。中秋佳节，两户人家都在院里赏月，有钱人家在桌上摆上了各种花式的月饼。相比之下，穷人家十分寒酸。但在月亮转向时，穷人家令四个儿子抬起桌子换个位置，而富人家却办不到，于是，富人家十分沮丧。这一民间流传的故事反映了中国人钱财多不如子孙多的观念。子孙，是家族延续的载体，它摆在一切事情之前。

在这一观念的影响下，古代中国人理想中的父子关系是父慈子孝的关系，这就是说：父亲将儿子当作自己身体与事业的延伸，他将自己所有的爱都给予儿子，甚至将儿子看作比自己更为重要。当然，古代中国人的父爱并非单方的，他们给子女的爱，也希望得到同样的回报。对于子女一方，中国的贤哲是这样要求的：孝敬父母，一切为父母着想。这样，父子关系便形成了双向的互维关系，父母以子孙为重，儿女以父母为重，这样相互尊重、相互谦让，每个人都尽自己的义务，家庭就会一代一代传下去，家族就会繁荣。

但对一个罗马的家庭而言，摆在最前面的是个人的利益，其次才是子女。如果子女妨碍个人利益的实现，他们会毫不犹豫地除去子女。如前所述，罗马人可以将自己的子女卖为奴隶，只要他觉得对自己有利。应当说，古代中国的父母也有这种权力，但对中国人来说，出卖子女是人生最大的悲剧，是自己一生事业破产的象征。因此，不到最后一刻，古代中国人是不肯出卖子女的。但对罗马人而言，如果出卖子女能为自己得到利益，或者这种威胁能迫使子女交出财产，那又何乐不为？在古罗马，即使儿子仕至高官，仍有被父亲卖为奴隶的危险，所以，父亲对儿子来说是最大的威胁。儿子只要有可能除去这一威胁，并因此得到财产，他们行事是无所顾忌的。

由此我们可知古罗马的父子关系是对抗的关系，他们是争夺财产的对手，各自是对方生命的最大威胁。如果说罗马人之间也存在友谊，那主要是在朋友之间，而不是在父子之间。

第二，罗马人的婚姻也受到父权制的干涉。父亲在子女缔结婚姻方面握有重大权力，这是古代东西方所共存的情况。在中国历史上，和在罗马历史上，都有父母决定的婚姻受到子女抵制的现象。但罗马婚姻制度的特殊性还在于：父亲不仅有干涉子女婚姻的自由，而且还有使之离婚的权力！在古罗马的家族里，父亲对子女的权利并非随着婚姻的缔结而立即告终，它还要延续很长一段时间，黑格尔说："再有一种婚姻方式叫做'乌苏斯'……就是指妻子留居于她的丈夫家中，一年之内没有'须臾'离开。假如做丈夫的没有遵照这些合法的婚姻方式结婚，妻子就停留在她的父亲权力之下，或者在她的族人保护之下，不受她的丈夫的管辖。这样看来，可以知道罗马妇女只有在离开丈夫而独立的时候，才能够取得光荣和尊严，并不是从她的丈夫和她的婚姻那里取得光荣和尊严的"[①]。这一种婚姻制度与古代中国是不同的。中国的婚姻，在一般意义上是永久的婚姻，离婚被视为人生的悲剧，除非有特殊的情况，一般不会出现离婚的情况。在妇女的所有权方面，中国古代的习俗也与罗马不同，古代中国的女子出嫁以后，她的所有权便属于丈夫，而不是属于她的家族。但在古代罗马，在许多情况下，女子出嫁后，仍然停留于父亲的权力之下。如缪勒利尔指出：当时有些父亲滥用这一权力，将其女儿从丈夫手里夺回，而不管其婚姻是否幸福。两种不同的婚姻制度造成不同的局面，东方的家庭较为稳定，离婚的现象罕见，其弱点是妇女一旦遇人不淑，几乎没有反抗的余地。只有家庭人口的自然代谢才能改变她们作为弱者的地位。与其相对，在古罗马社会，妇女可以利用离婚来取得自由，罗马的女性一生不离婚是极为罕见的。她们能常要换几任丈夫。一个罗马人说："妇女之中还会有谁会因为想到离婚而害羞么？有许多贵妇及名媛们，不以执政官而以她们离婚丈夫的数目来计算年号了。结婚即所以为离婚，离婚亦所以为再婚……妇女的现在的丈夫，就是从前她所曾以通奸引诱过的男子，那么，她为什么对于通奸还会害羞呢？贞节被认为是表示本人丑陋和残缺的证据——凡不懂得结婚就是长期的通奸者，他就是蠢货和废料。"[②]可见，特殊的家族制度造成罗马人家庭的不稳定。

罗马父权制对婚姻的干涉还表现于伦理关系的混乱，缪勒利尔借俄国喻古代罗马："古代俄国父权家庭内，间或有可怖的家庭暴君凌辱其年轻的媳妇，这种压迫在罗马极盛时代是比较常见的。"[③]虽然是轻飘飘地一语带过，但

---

① 黑格尔.历史哲学[M].王造时译本.北京：生活·读书·新知三联书店，1956：331.

② 弗·缪勒利尔.家族论[M].北京：商务印书馆，1935：291.

③ 弗·缪勒利尔.家族论[M].王礼锡，胡东野，译.北京：商务印书馆，1935：266.

它所传递的信息足以让人震惊，由此我们可知：为何古罗马人没有贞节观念，为何古罗马人以纵欲闻名于世，它是在罪恶的父权制压迫下社会结构的扭曲。然而，按照罗马法的规定，家长对其家庭成员有无限的权利，家长的意志在家庭中是至高无上的。罗马的法律不是去制止家长滥用这一权力，而是宽容家长权力的无限扩张。

可见，虽说古罗马家族制度的外在形式与中国相类似，但其内容与中国是不同的。康有为旅游意大利时，对罗马人的代际关系有这样一番评论："罗马以家族为治，与中国同。其族长有权，其父子相继，女不嗣位，莫不相类。惟其淫乱之俗，则不及我国远甚。盖其奥古士多，已立其后先夫之子。已而提庇留死，则兄孙继之，又以叔继侄。而革老丢斯又以侄女为后，又立其后先夫之子。而第度之贤，亦以其女妻其弟多米山。其他废后、杀子、弑母，不可殚数。即开国诸帝已若此，其他不必数矣。"[①]清代中国士大夫对古罗马的评语，是站在这一时代价值观念基础上做出的。的确，按照人类世界的传统观念衡量，古罗马世界有物质文明，但没有伦理文明，罗马的家族制度是"文明世界"的耻辱。

二、基督教与西方伦理观的建立

基督教是古代无产者的秘密组织，它的产生，是以挑战私有制为其特点的。早期基督徒反对私有制，也反对家庭，每一个基督徒都是离家出走的叛逆者。因此，古代基督教的传播，对家庭造成极大的冲击。在基督徒看来，既然天下的人都是上帝的儿女，为什么要厚此薄彼？即使亲如父子，也应同等对待，不要因家庭之爱，妨碍了对社会的爱以及责任。上帝之爱是超越家庭的，人类就是一个大家庭，人对社会的忠诚即是对家庭的忠诚，不应有亲疏贵贱之分。什么父子关系、邻里关系、民族关系，都是平等的。有一次，耶稣正在布道，有人告诉他：他的母亲与兄弟来了。"耶稣回答说：谁是我的母亲？谁是我的弟兄？就四面观看那周围坐着的人，说：看那！我的母亲，我的弟兄！凡遵行神旨意的人，就是我的弟兄姐妹和母亲了。"[②]耶稣要求他的

---

① 　康有为 . 欧洲十一国游记 [M]. 长沙：湖南人民出版社，1980：144.

② 　新约全书·马可福音·第3章 [M]，46.

弟子们不可为了家庭之爱而放弃履行对上帝的职责。有一个门徒对耶稣说："主啊，容我先回去埋葬我的父亲。"在中国人看来，这一门徒有孝心，他的要求是合情合理的，但耶稣却相当粗暴地回答："任凭死人埋葬他们的死人，你跟从我罢！"[①]耶稣曾经疾呼人们捣碎家庭的枷锁："你们不要想我来，是叫地上太平；我来，并不是叫地上太平，乃是叫地上动刀兵。因为我来，是叫人与父亲生疏，女儿与母亲生疏，媳妇与婆婆生疏，人的仇敌，就是自己家里的人。爱父母过于爱我的，不配作我的门徒！"[②]"从今以后，一家五个人将要分争，三个人和两个人相争，两个人和三个人相争，父亲和儿子相争，儿子和父亲相争，母亲和女儿相争，女儿和母亲相争，婆婆和媳妇相争，媳妇和婆婆相争。"[③]

当我第一次看到《圣经》中这些反家庭的思想后，很纳闷基督教如此激烈的反家庭思想却能在西方世界得到传播；但是，当我认识到古罗马家庭制度的本质，便意识到基督反家庭的思想在其时代是一场革命！反对家庭，对当时的罗马世界来说，便意味着反对家庭奴隶制，而当时那种残暴的家庭奴隶制，已是社会发展的枷锁，是罗马人走向文明的障碍。在这一历史的大背景下，基督教在西方世界的传播不是偶然的，它带给罗马世界全新的人际关系观念，必然引起西方世界的改革。应当说，在基督教传向西方的过程中，基督教也在不断地适应西方社会，早期基督教的传播，它奋斗的主要目标是砸碎古罗马可耻的家庭关系与家族关系；但在其成为统治宗教以后，家庭不可全部粉碎的事实，使基督教承认了家庭的存在。但是，家庭关系受到了基督教伦理的全面界定。我们知道：基督教起源于以色列人的犹太教，而以色列人是一个古老的文明民族，他们的伦理关系较为文明。随着《圣经》的传播，以色列民族的伦理关系被带到古罗马社会，改变了西方的家庭伦理制度。例如，在基督教的导引下，西方人社会一度禁绝了古罗马的滥交现象，将贞洁观念再次传播到西方；由于教会坚持离婚是非法的，在很长时间内，西方的天主教徒教不允许离婚，家庭得到了稳定。宗教也将伦理的观念传到西方，父亲不再能随意侵犯儿媳，也不能将儿子出卖为奴隶。因此，基督教对西方社会来说，它是伦理文明的象征。它的建立，埋葬了罪恶的古罗马家庭，而

---

① 新约全书·马太福音·第8章 [M]，9–10.

② 新约全书·马太福音·第10章 [M]，13.

③ 新约全书·路加福音·第12章 [M]，93.

建立了新式的、较文明的家庭制度与家族制度。这一历史，使西方人对家庭伦理的观念与东方人产生区别。在西方人看来，古罗马家庭与家族是罪恶的，而宗教是文明的，只有粉碎以父权制为核心的古罗马的家族制度，才能建立基督教文明。

由此可见，在西方基督教文明中，有反对家庭的潜意识。据说近代的基督教已成为维护家庭的基本力量，这一演变的过程，我们不是太清楚。不过，它在西方社会有多大影响力，只要看看现代西方难以挽回家庭瓦解的趋势，便可知道它的地位。其实，基督教教义的本质是反家庭的。根据基督教义，完美的基督徒应是脱离家庭完全献身于神的事业。家庭的存在，是对人弱点的让步。加上历史上罗马家庭制度的罪恶，在西方社会中，家庭的地位远不如东方社会，或者说，在潜意识中，西方人仍然认为家庭是丑恶的父权制的体现，是与自由相反的，一个人只有脱离家庭才能得到真正的自由。近代西方的思想家卢梭对理想的家庭关系有这样的描述："在所有的社会中间，最古老而且唯一自然的，乃是家庭这个社会。连儿女也只是在需要父亲抚养的期间，才保持对父亲的系属。这种需要一终止，自然的联系就立刻消失；于是儿女解除了对父亲应有的服从，父亲解除了对子女应有的照顾，彼此同等地进入独立状态。如果他们继续保持结合，那就不再是自然的，而是自愿的。家庭本身只是靠约定来维系的。"[①] 卢梭所表达的思想，一言以蔽之：家庭是父权制潜在的土壤，所以，一旦人们有了自立的能力，就应当脱离家庭，摆脱父权制的约束。如果一个人在成年后继续留在父母家里，那也只能是契约的结合，而不应停留在父权制之下。对西方人来说，只有从家庭中独立出去，才有真正的自由。

总的来说，在西方人的潜意识里，家庭是一个遥远的历史罪恶的回忆，只要一想到家庭，西方人便会想到古罗马时代丑恶的家庭奴隶制。近代西方家庭制度趋于瓦解，与西方从这种潜意识是有关的，这是西方社会的特点。此处不想深入评论西方社会的发展方向，我所想指出的是：西方人将家庭视同奴隶制的观念，与东方人对家庭的观念是不同的。作为科学的研究，我们当然希望西方人在研究东方家族制度时，能够摆脱西方意识深处对家庭的看法，但由于潜意识的无处不在，他们往往不自觉地受到自己西方家族观念潜

---

① 卢梭.社会契约论：第2章.引自北京大学哲学系外国哲学史教研室.十八世纪法国哲学 [M].北京：商务印书馆，1965：163，又见何兆武译.社会契约论 [M].北京：商务印书馆，1980.

意识的影响，并用以指导对东方家族观念的研究，从而对东方的社会制度产生一系列的误解。

三、古代中国家族制度的历史地位

中国文明起源于五千年前的黄帝时代，但由于文献的缺乏，使我们对当时的制度不是很清楚，这一时代中国的物质文明似乎不如古罗马，那么，这一时代中国人的伦理文明情况如何？是否会出现古罗马家庭的乱伦现象？这是不易回答的问题。

中国的古人一向认为伦理是后世教育的成果，如果一个人没有接受伦理的教育，而是让自己的欲望操纵自己，人，就会退化为野兽。假使我们接受这一点，我们必然要承认，在中国古代，也会有一个古罗马似的伦理混乱时代。王夫之在很多场合即表明了这一观念。但我们多数的儒家先哲，好将中国文明起源的黄帝时代描绘成中国真正的黄金时代，已有发达的伦理文明。这种矛盾与混乱，同样困扰当代学者，虽然人们曾以为前者才是古代的真实，但近代人类学与生物学的研究表明：即使在动物表面无拘无束的性行为中，也会有其一定的"伦理"，例如，在母兽与仔兽之间，在兄弟姐妹之间，一般不以对方作为性的对象。作为高级动物的人类，有些伦理是与生俱来的。我们知道，即使是群婚时代的人类，他们的性行为也有一定的伦理，诸如古罗马时代的乱伦现象，在那一时代，也是不许可的。

我一直认为：古罗马社会不自然的乱伦现象，其实是非常独特的，它是父权制极度发展的恶性产物，同时也是古罗马的独特产物。而在古代的其他民族中，父权制一般不可能极度扩张，因此，它也不至于成为破坏家庭稳定的因素。中国人作为古代诸民族中的一个普通的民族，它的发展规律应是和多数民族一样，在遥远的古代，已经有了一定的伦理制度，当然，它不像后世夸张得那样完美，但也不是徒具虚名。但是，随着文明的发展，建立于家庭制度的伦理，渐渐成为中国文明中最发达的一部分，它造成周公与孔子学派的建立，并构成中国文化的核心。家庭伦理与家族制度在文明占这么重要的位置，也许只有中国。从这一点看，中国古代文明与古罗马文明完全不同。古罗马的特色是物质文明，它的骄傲是宏伟的大理石建筑，而古中国的特色是伦理文明，它的骄傲只是人际行为的理性。

　　由于人际行为方面理性的胜利，古代中国的家庭与家族，都受到理性伦理的制约，因此，它不是古罗马父权制泛滥的家庭，而是典型的东方伦理家庭。虽说它的外在形式与古罗马家庭有相似之处，实际上，它的内涵是不同的。下以父权制为例。我们且看缪勒利尔对古罗马家族制度父权制的五点归纳：

　　（1）惩罚的权利；

　　（2）生与死的权利；

　　（3）出卖或当作负债的抵押品；

　　（4）给他们订婚，以及使之结婚或离婚的权利；

　　（5）不但对于家庭的财富，就是儿子们独立赚来的钱也由他任意去处理。

　　其中除了使儿女离婚的权力不像西方世界那么绝对外，古罗马父亲所拥有权力，周代社会的父亲也都拥有。但其本质的不同在于：古罗马社会的父权制受到法律的保护，几乎是无限的，罗马的父亲敢胡作非为，是因为有法律的后盾。但在西周社会，父权制并非最高的，在其之上，更具有权威的是伦理制度。

　　孔子对中国伦理制度最简约的概括是：君君、臣臣、父父、子子。对这一句话，有人解释为典型的父权制，以及建立在父权制基础上的政治制度。其实，孔子的意思十分明确：他要求无论君臣都要尽职尽责，君主要像一个君主，臣子要像一个臣子，父亲像一个父亲，儿子像一个儿子。所谓尽职尽责，就是不仅要想到权利，还要想到义务。我们知道：在权利与义务两个方面，中国文化的内核不是强调个人在社会上的权利，而是强调个人的义务。这种观念起源于古人对家庭的理解。在古罗马人看来，家庭属于父亲；但在古代中国人看来，父亲也只是家庭的一员，父亲属于家庭，而不是家庭属于父亲。因此，作为家庭中的父亲，也应当以家庭为主，而不是以个人为主。由此产生东方式整体大于一切的观念。在这一基点上，中国古代的父权制受到极大的制约。尽管在中国古代法律上，也规定作为父亲的拥有对儿女的生杀大权，但是，习俗要求他不是在儿女面前炫耀这一权力，而是应当为儿女着想。社会对父亲的要求，首先是尽自己的义务——对家庭的义务、对子女的义务。一个父亲，只有在为子女着想时，他的父权行使，才是可以接受的。其次，父亲永远没有滥用父权的权力，他的一举一动，都受到周公、孔子制定的仪礼规范，像古罗马父亲那样滥用父权，肯定不利于下一代成长，子孙受到伤害，也等于家族的根本利益受到伤害。因此，中国伦理制度限制父权制的无限扩张。古代中国的父亲虽然有出卖子女的权力，但他们若是随意出卖子女，只会被社会视为缺乏道德的弃民。又如父亲强奸儿媳事件，在古罗马是经常出现的现象，甚至是司空见惯的，但在中国，它被视为乱伦之中的最大罪孽。按照唐以来的法律，父亲做出这类不道德的事，则被视为自动放弃尊长的位置，以常人论处；而在古代中国，强奸罪是要判死刑的。可见，在中国古代，伦理对父亲是有约束力的。与中国相比，古罗马虽然被称为家族社会，其实，他们是以个人利益为上，家族利益为次。但在中国，家族为上的观念早在西周时期已经根植于中国人思维的深处。这些观念都使中国古代的父权制受到很大的制约。

围绕父权制的比较，我们可以看出：古代中国与古罗马的家族社会其实有不同的内涵，古罗马的家族制度意味着落后的、原始的、不健全的社会制度，它必然要被由东方传来的、先进的基督教伦理所取代；但在古代中国，家族制度及其伦理观念，却是相对先进的伦理文明的载体，没有这一伦理文明建立，古代中国社会便会陷入混乱状态。正如孔子所见到的春秋乱世——由于周王权力的衰退，西周制定的伦理已经无人尊重，于是，父杀子、子弑父、兄弟相残等伦理悲剧不断重演。

就伦理与文明世界的关系来说，如同基督教伦理是维系中世纪西方文明的核心一样，中国的儒教伦理也是维护古代中国文明的核心，与古代罗马家族制度相比，它们应是更先进的东西。

如果说西方的伦理制度来自基督教，它的倾向是反家庭。也就是说，只有取消古代的家庭制度，西方民族才进入了文明；与其相比，东方的伦理制度起源于儒教，它的主要倾向则是维护家庭。因此，中国的儒教不是家庭的对立面，儒教的发展，并不造成家庭与家族制度的瓦解，而是巩固了它。在东方人的伦理与家庭制度方面，我们不会看到伦理与家族制度的对立。西方文明的发展，必然淘汰古老的家族制度，而中国古代文明的发展，则体现于家族制度的理性。

四、西方学者理解东方社会的误区

古方学者研究中国已有四百多年的历史，早在中国的明清时代，西方学者便对中国的制度发表过不少精彩的见解。但是，早期西方学者研究中国有一个极大的弱点，他们大都没有亲自到过中国，仅是凭传教士带去的二手资料与文献来界定中国的事物。例如莱布尼茨、黑格尔、孟德斯鸠诸人往往凭着中国的儒家文献与法律规定来研究中国。但在世界上所有的国家中，真实社会与文献距离最大的，也许要数中国，仅就法律而言，西方社会的实质，可以从法律中得到完全的界定，但中国的法律是不完整的，在法律之外，还有许多民间习惯法。只有了解中国的人，才会知道：这些习惯法比法律更能展现真实的中国。然而，这些材料都在西方学者的视野之外。这就使西方学者对中国事物的界定，往往似是而非。

家族社会是古代中国的基本特点，它也是西方学者研究中国的起点。黑格尔描述中国的历史："现在让我们从中国历史上的这些年月日，转而探索那终古无变的宪法的'精神'。这个，我们可以从那条普通的原则——实体的'精神'和个人的精神的统一中演绎出来；但是，这种原则就是'家庭的精神'，它在这里普及于世界上人口最多的国家。"① 对黑格尔来说，只要了解了东方的家庭精神，便能勘破东方社会的结构之谜。然而，黑格尔并未到过东方，对东方的家族制度没有深切的体会。在资讯传播极为困难的时代，黑格尔的这种研究，误入歧途从而曲解东方社会的可能性极大。实际上，他在潜意识中，往往是用古罗马的家族制度去评价中国的家族制度。

孝悌是中国家族文化的核心。黑格尔评说孝悌："因此，这种关系表现得更加切实而且更加符合它的观念，便是家庭的关系。中国纯粹建筑在这一种道德的结合上，国家的特性便是客观的'家庭孝敬'。中国人把自己看作是属于他们家庭的，而同时又是国家的儿女。在家庭之内，他们不是人格，因为他们在里面生活的那个团结的单位，乃是血统关系和天然义务。"② 孝的观念是富有中国特色的家族文化，黑格尔从这里开始剖析中国社会是对的，但是，他对孝的理解却是出乎中国人意料之外的，他认为孝的存在，剥夺了中国人的独立人格，站在中国人的立场上去理解这句话，黑格尔的逻辑似乎是：只要一个人未放弃对父母的孝顺，他便无法成为一个有荣誉感的独立人。然而，这一推断是中国人所无法接受的。孝敬在中国人看来，是一个人成为人的必备人格，如果一个人放弃对养育自己的父母的尊敬，他将是被社会唾弃的人。

---

① 黑格尔. 历史哲学 [M]. 王造时，译. 北京：生活·读书·新知三联书店，1956：164–165.

② 同上。

即使在现代社会，孝敬父母作为一种东方道德具有普遍的意义，而且正在引起西方人的注意，它对改良现代社会的代际关系有着非同寻常的价值。所以，黑格尔如此贬低孝的意义，是违背人类价值观的。当然，黑格尔并非要挑战人类的价值观，而是因为他根本不理解"孝"的文化内容。因为，孝是西方社会所没有的观念。

从字面上看，"孝顺"应当解释为对父母的无条件服从。当我们不理解它的文化内涵时，在字面上，很容易将它与西方古罗马社会的父权制联系起来。而对父亲的无条件服从，正是古罗马家族社会的主要内容，这种服从，意味着家庭成员都是父亲的奴隶！因此，黑格尔将"孝顺"定格为人格的丧失，其实不足为怪。对古罗马社会分析的经验，使他很自然地得出这一结论。在以上部分，我们业已叙述了古罗马时代黑暗的父权制，可以说，没有一个人不憎恨这一不人道的制度与权利。黑格尔在潜意识中，将古代中国的家族制度混同于古罗马家族制度，乃至他以为中国人在十八世纪仍然接受历史上十分丑恶的罗马家族制，他对中国社会评价之低，也就不奇怪了。

其实，中国古代的"孝顺"有相当复杂的文化内涵，孝顺一词确实有对父母无条件服从的意思，但是，它从来不是单独存在的。古代中国人理想的父子关系是"父慈子孝"，这就是说，父亲爱子女胜过自己，与其相应，子女爱父母也胜过自己。但在实际上，天下多痴心父母，却少有孝顺的儿女。自古以来，中国的父母一向将子女看作比自己更为重要，但子女对父母的孝敬却是有限的。因此，中国对代际关系道德的培养，主要着眼于子女孝顺父母一面。中国的儒家教育着重于"孝悌"的培养，其原因也在这里。然而，外国人看中国，只看到中国人讲孝道，讲服从，很难看到字面下真实的父子关系。

其实，由于基点的不同，使东西方的父权有了不同的意味，当一位中国父亲在举手打自己的儿女的时候，它反映的文化内涵是：我希望你成长为一个杰出的人才，但你却不肯争气，让我太失望了，你应当尽快去改过。当子孙受责罚时，施罚父母的心里也许比子孙更难受；但在古罗马社会，父亲对儿女行使的责罚，只是为了显示自己的权力，为了让子女服从自己，安于奴隶的地位。在西方学者看来，中国以孝悌为核心的文化，便是宣扬奴隶制度的文化，而奴隶制是最丑恶的，所以，黑格尔认为：中国古代的一切都是落后的。在我们看来，由于黑格尔未到过东方，他并不理解中国人的家族制度及相应的观念，他在推理的过程中，不知不觉地以罗马家族制度取代了中国的家族制度，从而将对古罗马家族制度的批判施于中国古代社会。

黑格尔在指出中国的特性在于家庭的"孝敬"之后，将对中国家族观念的批判扩张到中国的社会，他说："在国家之内，他们一样缺少独立的人格；因为国家内大家长的关系最为显著，皇帝犹如严父，为政府的基础，治理国家的一切部门。"[①]"中国臣民中可以说没有特殊阶级，没有贵族"。[②]"在中国，既然一切人民在皇帝面前都是平等的——换句话说，大家一样是卑微的，因此，自由民和奴隶的区别必然不大。大家既然没有荣誉心，人与人之间又没有一种个人的权利，自贬自抑的意识便极其通行，这种意识又很容易变为极度的自暴自弃。"[③]"在中国，实际上人人是绝对平等的，所有的一切差别，都和行政联带发生，任何人都能够在政府中取得高位，只要他具有才能。中国人既然是一律平等，又没有任何自由，所以，政府的形式必然是专制主义。"[④]

以上将黑格尔的话集约在一起，他的逻辑是十分明确的：由于中国社会实行家族制，父权制构成社会的基础。皇帝成为所有人的父亲，亦即大家长，其他人都是他的奴隶，或者等于他的奴隶，而低贱的奴隶是不会有思想的，因此，中国的社会极为落后，在这一背景下，东方只能实行专制主义。由此看来，黑格尔应是"东方专制主义说"的始作俑者之一，难怪他的学生一直将"东方专制主义"当作东方社会的特点之一。但是，黑格尔只是由于对中国父权制的误判，从而引申至对古代中国政治制度的误解。如果说父权制是专制主义的基础的话，那么，它一向主要存在于古代的父权制国家，我这里说的是古罗马的帝国阶段及其继承者。虽然它有时是昙花一现，但它的萌芽确实是在西方的土地上，而不是在东方。它是西方文化的产物，而不是东方文化的产物。它的继承者是"半西方的"或是中近东的一些国家，如古代的俄罗斯及奥斯曼帝国。这些国家是父权制与专制主义体现最充分的国家，但它不是中庸之道盛行的中国。中国的儒家伦理一向制约父权的无限扩张，在古代政治中，它也一直制约帝权的无限扩张。平心而论，中国历史上的专制帝王，只是极个别的例子，成功的帝王从来是奉行中庸哲学的。但在古代西方与中世纪的东欧、中东，却有许多人自以为朕即国家。这是当地父权制习

---

① 黑格尔. 历史哲学 [M]. 北京：生活·读书·新知三联书店，1956：164–165.

② 黑格尔. 历史哲学 [M]. 北京：生活·读书·新知三联书店，1956：168–169.

③ 黑格尔. 历史哲学 [M]. 北京：生活·读书·新知三联书店，1956：174.

④ 黑格尔. 历史哲学 [M]. 北京：生活·读书·新知三联书店，1956：168–169.

俗的延伸。

在19世纪以前的西方学者眼里，广漠的东方是一块混沌的整体，由于不能接触中国社会的实际，他们往往以中近东国家与俄罗斯之类的半西方国家取代真实的中国，作为研究中国的材料。他们认为：由东欧与中近东历史中总结的东方社会特征，肯定符合中国社会，所谓亚细亚生产方式，正是这一推理的产物。令人遗憾的是：黑格尔等人的错误，往往左右当代西方学者对东方的研究，甚至左右中国学者对自己历史的理解。现在是清算这一错误的时候了。

我们深知，中国的传统并非完美的，我不否认中国传统社会的一些特殊结构，是妨碍中国社会进步的原因。我在这里对古代中国父子关系的分析，并不表明我认为这一制度是完全合理的。我仅是指出它不同于西方社会的特点。中国的进步需要对传统家族制度的批判，但我们对它的批判，必须建立在科学的基础上，为了这一点，清除学术界对古代中国的一些误解是必要的。

第二节　亚细亚生产方式的化石——义门

义门是中国古代富有特色的一种家族制度，它体现了古老的亚细亚生产方式的特点：所有的家人长期不分家，所有成员住在家庭公有制为基础的大家庭中。这一家族结构是奇特的，具有深厚的东方文化特点。

一、以同财共居为特色的义门家族

中国古代有一种"同财共居"的家族公社，过去有人这样描述它："百子千孙，居则同堂，出则同门，食则同餐，男无二心，妇无间言，帑无异帛，橐无私钱。"[①]历代封建政府认为这些家族体现了儒家仁义孝悌的原则，以故旌表其为"义门"。义门——或称家族公社，是一种以血缘关系为纽带的家族生产消费共同体，它是世界历史上从原始社会到阶级社会过渡阶段的一种甚为普遍的社会组织。以恩格斯描写的日耳曼人为例，他们"在罗马时代的居住

---

① 霍韬.家训·汇训下第十四 [M]// 丛书集成续编：第78册.上海：上海书店出版社，1994：465.

区……不是由村落组成，而是由大家庭公社组成的。这种大家庭公社包括好几代人，耕种着相当的地带。"①家族公社在亚洲历史上的地位尤其突出，它在印度、印度尼西亚等地长期存在，并构成生产组织的一个重要形式。它和农村公社同属于亚细亚生产方式的范畴。科学地解剖家族公社的内部结构，能够使我们进一步认识亚细亚生产方式。

中国古代史籍关于义门的记载，最早的似是西汉末年的樊重家族，《后汉书》写道：樊重家族"有法度，三世共财，子孙朝夕礼款，常若公家"②。当然，这不会是家族公社存在的前限。《商君书》中有一句话："民有二男不分者，倍其赋。"这话反映了先秦时期有世代同居的风尚。汉代以后，统治者开始注意表彰同财共居的义门，史籍关于义门的记载也逐渐多了起来。《新唐书》列举了一百八十多户人家，"皆数世同居者，天子皆旌表门闾，赐粟节夕州县存问夕复赋税夕有授以官者"③。其中仅安邑一地受表彰的就有十二门，郑县十一门。考虑到唐代已是同时代最发达的社会，应说这个数字是颇为可观的。宋代史籍中关于义门的记载也是唾手可得；明清以后，官方表彰义门的热情似乎稍有冷却，但每部地方府志中总能找出一二例。总之，义门的存在一直绵延于近世。

一般地说，一个义门能同居五世到六世，人们就称非常难得的了，个别义门也有同居十几世乃至二十多世的。所见比较可靠记载的有绍兴的裴氏："平水、云门之间，有裴氏自齐梁以来七百余年无异爨……大中祥符四年，用州奏旌其门闾，是时裴氏义居已十有九世，阖门三百口，其族长曰承询。至嘉泰初，又五六世，盖二十四五世矣。"④从祥符到嘉泰，大约二百多年，合计裴氏义门同居达九百多年，二十五世左右，真是一个可惊的纪录。一个家族共居的人口从几十到几百不等，大的规模有上千的。如清代龙溪县陈明节之家："六世同居，食指三千余。"⑤而宋代江州陈氏义门更号称："义居三千九百口人间第一。"⑥据说，这个家族吃饭时"击鼓传餐"，一年消费一万石以上的

①　马克思，恩格斯.马克思恩格斯全集：第21卷 [M].北京：人民出版社，1976：161.

②　范晔.后汉书：卷三十二 [M].北京：中华书局，1965：1119.

③　欧阳修等.新唐书：卷一九五 [M].点校本.北京：中华书局，1975：5577.

④　沈作宾.嘉泰会稽志：卷十三 [M]// 宋元地方志三十七种：第十册.台北：台湾国泰文化公司，1980：6391.

⑤　吴宜燮修，黄惠、李畴纂.龙溪县志：卷十七 [M].乾隆二十七年刻本.

⑥　陈雪涛、陈达科.义门陈氏大同宗谱：卷五 [M].1940年铅印本，10.

粮食，规模相当可观。像这样同财共居的家族公社，其内部的生产组织、财产所有、消费形态、权力结构等究竟是怎样的呢？下面详细分析。

二、义门内部的生产形态

义门内部的生产组织可分为几种类型。

第一，共作制。义门全体老幼在家长指挥下集体劳动，男耕女织，实行自然分工。如"新城丘方有丘姓者，农民也，其家百余年未尝分居，男妇百数十人，以一长而才主家政。其余壮幼各司其业，无游惰者。妇各有事，直中馈，进退以班，置一大竹筐于堂，聚孩幼其中，老人坐视"。① 又如："汤阴郑氏，小元村人也，不析爨七世矣。多田饶财，男子力耕治贾，女习蚕织。"② 再如："黄成富，福建连江人，同居六世，子弟各执其业，方田作，诸妇馈，以一妇守家，视卧儿于筐，饥则哺，不问何人子。"③"王家奖，同安人，五世同居，一门六十余口，男女各治其事，操中馈，五日轮一妇。"④ 以上这些家族都是实行以年龄、性别的自然分工，老人看小孩，妇女操持家务、哺乳婴儿、纺纱织布，男人下田劳动。他们的劳动共同进行。我们再看一个共作制最典型的例子，即山西尉迟氏。"相传前有一族长所举代己之族长才十四岁，云遍察合族人惟此儿可任此事，因召其人告之。其人殊不谦却，惟云须试办一二日乃敢定允否。族长曰可。其人因遍召族中各房长至，下令曰，明日可尽割田中麦，时才三月，非割麦时，然诸人皆唯唯受教，旋散去。其人又潜出巡视各处，即又召诸人至，令曰：顷已察得麦未熟，未可割，可即停止，诸人又诺而去。"⑤

第二，督责制。将家族人员编成若干独立单位，各自进行生产，家长率管事督责，收获全部归公，收多的获奖，少的受罚。据说写于唐代的江州陈氏义门家法这样规定："诸庄各立一人为首，一人为副，量其田地广狭以资安

① 邵子彝 . 建昌府志：卷十 [M]. 同治十一年刻本，20–21.

② 何乔远 . 名山藏・货殖记 [M]. 扬州：江苏广陵古籍刻印社，1993：5906.

③ 赵尔巽 . 清史稿：卷四九九 [M]. 北京：中华书局，1977：13793.

④ 怀荫布 . 泉州府志：卷五十八 [M]// 中国地方志集成・福建府县志辑24 . 上海：上海书店出版社，2000：271.

⑤ 瞿宣颖 . 中国社会史料丛钞：甲集 [M]. 上海：上海书店出版社，1985：636.

排弟侄，各令首副约束，共同经营。"① 这些庄里的生产者——弟侄辈均受到严厉的家法管束，"执作农役，应出市廛，买卖使钱，须具账目回赴库长处算明，稍有不遵命，便加责惩。"这些田庄如果经营得好，"供应公私之外，田产添修，食库充实者，庄首副依庄上次第加赏"；而经营不良的，庄首副要受到严重处分，"剥落衣妆，重加惩治"。义门家法还规。定庄的管理人员要规避最直接的血缘关系，"不得父子同处，远嫌疑也"。甚至对庄上人员和小家庭的联系也加以限制："出入归省，须候庄首指挥给限期，自年四十以下，归家限一日外须赴同例。"之所以严厉地限制最直接血缘关系，显然是为了防止化公为私、维护共有制。

陈氏义门的蚕桑业也体现了督责制的原则，将妇女分成一些小组各自经营。"婆母自年四十五以上至五十八者名曰蚕婆，四十岁以下者名曰蚕妇，于都蚕院内，每蚕婆各给房一间，蚕妇二人，同看桑柘，抑蚕首纽配。"倘使某个"蚕桑小组"经营得比较成功，也能得到奖赏："其有得茧多者，除给付外别赏之，所以相激劝也。"陈氏义门在个别环节还实行定额制，如织造："每年织造细绢仰库司分派诸庄丝绵与妇女织造，新妇自年四十八以下，另织二匹，细一匹，女孩一匹，婆嫂四十八以上者免。"又如元明时期婺州浦江郑氏义门也实行相似的制度："诸妇每岁公堂于九月俵散木棉，使成布匹，限以次年八月交收，通卖钱物，以给一岁衣资之用。"同样，郑氏家法也规定成绩不好要受惩罚："或有故意制造不佳，及不登数者，则准给本房，甚者住其衣资不给。"而按时完成任务的，也受到表彰："有能依期登数者，照什一之法赏之。"②

将督责制比之共作制可看出二点区别：其一，劳动者必须完成一定的工作量，否则要受处罚：其二，由于引进奖惩法，必然导致劳动者个人所得不同，因而引起共同消费制度的变化。这一点以后要详论，暂且按下不谈。其三，包田制。比督责制更接近私有制的是以成年男子为单位进行生产的包田制，它的生产单位更加小型化。这方面以广东南海县霍韬家族最为典型。霍韬所写的家训规定："凡子侄，人耕田三十亩，夏冬两季，效报所耕获以考功，纲领者岁会其功，第其入之数，咨禀家长，行赏罚。"而包田则是以是否成年为准："年二十五受田，五十出田。"家长为其配给辅助劳动力及生产资

---

① 陈崇. 义门家法 [Z]// 义门陈氏大同宗谱：卷四.1940年铅印本.

② 郑文融. 郑氏规范 [M]// 丛书集成初编：第0975册 [M].上海：商务印书馆，1939：17.

料和生产工具。每个包田的成年劳动力给"子侄未娶者一人，童子一人。大仆一人，相牛一具"；"凡种田三十亩，岁给公粪五十担，给粪赏钱千文，莳秧钱四百"。他们对生产资料只有使用权，而其所有权属于家族，所以像牛一类的生产资料是公养的。如霍氏家法规定耕牛"皆圈之一栏，积粪均资田圃，年轮纲领者一人均之"。而且，各个生产单位所生产的粮食要全部归公："凡纲领田事者岁验耕获，储之一仓，以给家众口食。"对他们的劳动也实行考成制："凡耕田三十亩，岁收亩入十石为上功，七石为中功，五石为下功。"在这些包产的单位之上，还专门设立一个"农官"管理："凡子侄，年轮一人纲领田事"，"岁春初即分田工丈量肥硗，号召使力耕，更获秋获，人稽其入，储之一室，俟完入，乃咨家长，稽其勤惰。"霍氏家族允许小家庭掌握一小部分土地种蔬菜："凡种圃，人十口，给地一分，余以是为差。"但又规定这些属于小家庭的园圃不得动用公有生产资料，如规定："凡种圃，听自取粪，不给公栏。"①

　　实行包田制的霍氏家族的生产组织比之督责制义门又有几点重要的变化。其一，虽然同是分田包干，多获奖，少受罚，但霍氏家族的生产单位更小，更接近于家庭。其二，霍氏家族允许小家庭掌握一小部分园圃，收入归自己享用。其三，在生产中引进奴隶——仆人。而实行督责制的陈氏义门家法规定，凡事须自己动手，不许假借仆隶。不过，这时霍氏家族使用的奴仆，也像生产资料一样属于家族公有，而承包者不过有使用权而已。

　　总之，上述的义门内部生产组织的三种形式——共作制、督责制与包田制，犹如历史上氏族公社向私有制发展的三个阶段，解剖它，有助于我们理解从原始社会走向私有制社会发展的具体细节。

三、义门内部的财产关系和消费形态

　　义门内部的财产关系和消费形态，随着生产组织形式的差别，也各具特点。实行共作制的义门，财产共有制贯彻得比较彻底。比如龙溪县蔡录敦，"长幼五十余口，同居共爨，一钱尺帛不入私室。"②"惠安小岞陈氏……男女业作皆归于公，家长掌之，无私蓄，无私馔。"③又如汤阴郑氏，"郑王老行贾

---

①　霍韬.家训・田圃第一[M]//丛书集成续编：第78册.上海：上海书店出版社，1994：451.

②　吴宜燮修，黄惠、李畴纂.龙溪县志：卷十六[M].乾隆二十七年刻本，44.

③　怀荫布.泉州府志：卷五十八[M]，248.

于临清，每归倒橐囊，钱帛委地，公之一家，其妻子不睨也"[1]。和财产关系相应的家庭成员消费水平是以绝对平均为准则。如同安王家奖家："一门六十余口……一物之微必长幼分。"[2] 宋代会稽裴氏："乡人谓尝有馈瓜者，族长集小儿十三岁以下者百余人，使自取之，各相推逊，以长幼持去。"[3] 又如"连江杨氏六世义居……武赐杨梅食之，群儿班立序啖，惟谨，虽至少者不紊"。[4] 这种平均消费以同餐共衣为最大特点。宋代河南姚家："早晚于堂上聚食，男子妇人各行列以坐，小儿席地共食于木槽。饭罢，即锁厨门，无异爨者。男女衣服各一架，不分彼此。"[5] 宋代莱州徐承硅家："其族三十口，同甘藜藿，衣服相让。"[6] 这种家庭任何一点可怜的财产，如衣服都属于公有，基本生活资料食物的消费也以绝对平均主义为原则，达到了财产共有的最高点，反映了历史上父系氏族社会的情况。

实行督责制的家庭私有制开始萌芽，出现了消费等级和家庭占有的小部分消费性财产。但是，这些家庭对主要财产的公有还是抓得很紧。如元明时期浦江郑氏义门对财产管理设立了这样的制度："家中产业文券，既印义门公堂产业，子孙永守等字，仍书字号，置立砧基簿书，告官印押，家长会从封藏，不可擅开，不论长幼，有敢言质鬻者以不孝论。"郑氏家族还规定："子孙倘有私置田业，私积货帛，事迹显然彰著者，众得言之家长，家长率众告于祠堂，击鼓声罪而榜于壁，更邀其所与亲朋告语，子所私即便拘纳公堂，有不服者，告官以不孝论。"郑氏家族对生活基本资料的控制也是非常严厉的："设主记一人，以会货帛谷粟出纳之数，凡谷匣收满，主记封记，不许擅开，违者量轻重议罚，如遇开支，主记不亲祀，罚亦如之，钥匙皆主记收，遇开则渐次付之，支讫复还主记。"郑氏家族虽然仍以平均分配为原则，但还是允许占有一部分消费品的。"诸妇之家，贫富不同，所用器物，或有或无，家长量度给之，庶使均而无怨。"和共作制家族的财产关系相比有了不同，共作制家族每一件东西都是共同消费公共保管，而郑氏家族则允许一些物品由个人

① 何乔远.名山藏·货殖记 [M].扬州：江苏广陵古籍刻印社，1993：5906.

② 怀荫布等.泉州府志：卷五十八 [M]，271.

③ 沈作宾.嘉泰会稽志：卷十三宋元地方志三十七种：第十册 [M].台北：台湾国泰文化公司，1980：6391.

④ 朱国桢.涌幢小品：卷二十 [M].北京：中华书局，1959：487.

⑤ 邵伯温.邵氏闻见录：卷十七 [M].北京：中华书局，1983：187.

⑥ 脱脱.宋史：卷四五六 [M].标点本.中华书局，1977：13387.

保管、使用。郑氏家法又规定："各房用度杂物，公堂总买而均给之，不可私托邻族，越分竞买鲜华之物，以起乖争。"①由此可见，各家庭对私有之物只有使用权，没有处置权和买卖权。实行督责制的家族还是维护共餐制，如江州陈氏义门家法规定："每日三时茶饭，丈夫于外庭坐作两次，自年四十以下至十五岁者作先次，取其出赴勾当故在前也，自年四十以上至家长同坐后次，以其闲缓故在后也。妇人则在后堂坐，长幼亦作两次。"②郑氏义门也是实行共餐制夕规定："子孙不得私造饮馔，以徇口腹之欲，违者姑诲之，诲之不悛，则责之。"③而陈氏义门出现了消费等级，老人和尊长受到较特殊的照顾。如壮年劳动力做活时也只能五天饮一次酒，而"尊长取便"，"仍别酝好酒以俟老上取给。"④陈氏义门也允许家庭掌握少量的消费品："诸房令掌事每月各给油一斤，茶盐等，以备老疾取便，须周全。"⑤陈氏家族每年按时授给家庭成员衣服，春给春衣，夏给葛衫，秋发寒衣"。⑥这些衣服都属于个人自有，但唯有老人和尊长才能享用丝绸类织物。⑦

实行包田制的明代广东霍氏家族，则连生产资料的完全公有也不能贯彻到底了，霍氏家法规定："凡娶妇有奁田，以三分之一，听奁其女，以三分之二归祠堂。"⑧这条规定虽然毫不客气地将女方嫁来的田地大部收归公有，但毕竟也承认了三分之一的陪嫁田可由小家庭自己掌握，"听奁其女"。这样，就会出现小家庭私有一部分田地的情况。而且霍氏义门小家庭私有财产完全可以自己处置，"凡妇有布帛，听自与其女"⑨。霍氏家族向私有制的一个重要发展是不实行共餐制，"凡家众，俱按月支谷，俾自爨"，"惟朔一会膳，望一会膳，以教敬让"⑩。这种共餐制只有形式上的意义。小家庭的主要消费资料由官方授予，在食的方面："凡男女大口，十岁以上，月支谷八斗，十岁以下，一

① 郑文融.郑氏规范[M]// 丛书集成初编：第0975册.上海：商务印书馆，1939：15.

② 陈崇.义门家法[Z]// 义门陈氏大同宗谱：卷四.1940年铅印本.

③ 郑文融.郑氏规范[M]// 丛书集成初编：第0975册.上海：商务印书馆，1939：15.

④ 陈崇.义门家法[Z]// 义门陈氏大同宗谱：卷四.1940年铅印本.

⑤ 陈崇.义门家法[Z]// 义门陈氏大同宗谱：卷四.1940年铅印本.

⑥ 陈崇.义门家法[Z]// 义门陈氏大同宗谱：卷四.1940年铅印本.

⑦ 陈崇.义门家法[Z]// 义门陈氏大同宗谱：卷四.1940年铅印本.

⑧ 霍韬.家训·冠婚第八[M]// 丛书集成续编：第78册.上海：上海书店出版社，1994：457.

⑨ 霍韬.家训·冠婚第八[M]// 丛书集成续编：第78册.上海：上海书店出版社，1994：457.

⑩ 霍韬.家训·膳食第七[M]// 丛书集成续编：第78册.上海：上海书店出版社，1994：455.

岁以上，月六斗。""凡耕田三十亩，给大力一人，月谷一石二斗，小力一人，月谷八斗，生员举人，给小力一人，月谷八斗。"① 在服装方面："凡丈夫衣服妇自供，儿女衣服母自供，只给吉贝"。给的数量是："凡女子六岁以上，岁给吉贝十斤，麻一斤，八岁以上，岁吉贝二十斤，麻二斤"。公家在男女成年时，都另给衣服，"凡女子十五以上，纱衣服一套，纻丝衣服一套"，"凡男子，冠后许服潮绢袍一，支公钱置"②。家庭对这些消费品，有自由处分权。

四、义门的权力结构和家法

义门大都推举一个家长掌握最高权力。如清代福建永春人陈福之家，"世以一人督家事"③。清新城丘姓，"以一长而才者主家政"④。宋代河南姚氏，"世推尊长公平者主家"⑤。清代山西尉迟氏，"其法族中必选有才行之人为族长……凡族中事皆听其一言为进止，无敢违"⑥。明代婺州郑氏义门，"郑氏家法，代以一人主家政"⑦。家长的权力一般是终身的，死后才另选下一任。或者由于家长年老，自动让出。这一点和中国传统习惯相同，勿须多言。值得注意的是家长挑选的方法，有的是推举，有的是由前任族长自选。上述的山西尉迟氏，"其继任之族长即由前族长自行选举"⑧。在家长的选任中，长辈和嫡派子孙被选中的机会较大。以明代婺州郑氏义门为例，郑氏的前一代家长"钦卒，弟钜继，钜卒，弟铭当主家政，以兄子渭宗子也，相让久之，始受事"⑨。郑氏家长的选举有点像夏商二代的帝王相传，兄终弟及制和传嫡制交互发生作用。而唐宋时期的江州陈氏义门，从其族谱所载系谱来看，家长的选择也是以嫡为长。

大的义门同居达数千人，一个家长是无法照管过来的，所以大的义门家

---

① 霍韬.家训·仓厢第二 [M]// 丛书集成续编：第78册.上海：上海书店出版社，1994：451.
② 霍韬.家训·布衣第五 [M]// 丛书集成续编：第78册.上海：上海书店出版社，1994：454.
③ 赵尔巽.清史稿：卷四九九 [M].北京：中华书局，1977：13793.
④ 邵子彝.建昌府志：卷十 [M].同治十一年刻本，20.
⑤ 邵伯温.邵氏闻见录：卷十七 [M].北京：中华书局，1983：187.
⑥ 瞿宣颖.中国社会史料丛钞：甲集 [M].上海：上海书店出版社，1985：636.
⑦ 张廷玉等.明史：卷二九六 [M].北京：中华书局，1974：7584.
⑧ 瞿宣颖.中国社会史料丛钞：甲集 [M].上海：上海书店出版社，1985：636.
⑨ 张廷玉等.明史：卷二九六 [M].北京：中华书局，1974：7584.

族都选择一些能办事的人分管家庭内外之政，辅助家长管理。如江州陈氏义门，"立主事一人，副事两人，管理内外诸事"。他的任务是："内则敦睦九族，协和上下，约束弟侄"，"照管老少应要之资，男女婚嫁之给，三时茶饭……纽配诸庄费用多寡"，处理具体的财政、内务、人事。又立"库司二人作一家之纳领……握赏罚之二柄，主公私之两途，惩劝上下，勾当庄宅，掌一户版籍税粮及诸庄书契等，每年应纳王租，公门费用俸给男女衣妆，考较诸庄课绩"。从这些事看，库司掌握了生产资料、生活资料的处理权。管理农业方面，则是"诸庄各立一人为首，一人为副，量其田地广狭以次安排弟侄，各令首副约束，共同经营。"其他还另派"弟侄十人名曰宅库，付掌事手下共同勾当"，帮忙搞些杂务。至于这些管理人员的挑选，义门家法反复强调要选贤。如主事的选择，"不以长少拘之，但择谨慎才能之人委之。"对库司的要求也是这样，"亦不以长幼拘，但须公干刚毅之人。"①

义门家长的权力是无上的，他有处置家庭一切事务的权力，当家族成员违反家法时他有惩罚该成员的权力。如陈氏义门家法规定："丈夫……执作农役等，稍有不遵者，具名请家长处分科断。"又规定："不遵家法不从家长令……各决杖二十，剥落衣妆归役一年改则复之。"②但家长的权力也是有限度的，家长也要遵守家法，如郑氏义门规定："家长专以至公无私为本，不得徇偏，如其有失，举家随而谏之。"③可见家长的权力受公众的意志支配。

严法治家。义门同居从数十人到数千挖人，维持这么多人的共居十分不容易。所以，义门大都立有森严的家法，如江州陈氏义门的第二代家长陈崇，"主家政二十八年；唐昭宗大顺元年，家有二百人，公恐乖负荷，乃立家法三一卜一条，家范十二则以维持之。"④龙溪县陈明节家，"有家训二十条，家规十八则。"⑤这些家法的执行非常严厉。霍氏义门家长霍韬说："处家之法，必家长极严，然后人心畏惮，各兄弟子侄须遵守家长之法，然后事体归一。"⑥

---

① 陈崇.义门家法[Z]// 义门陈氏大同宗谱：卷四.1940年铅印本.

② 陈崇.义门家法[Z]// 义门陈氏大同宗谱：卷四.1940年铅印本.

③ 郑文融.郑氏规范[M]// 丛书集成初编：第0975册.上海：商务印书馆，1939：3.

④ 陈崇.义门家法[Z]// 义门陈氏大同宗谱：卷四.1940年铅印本.

⑤ 吴宜燮修，黄惠、李畴纂.龙溪县志：卷十七[M].乾隆二十七年刻本，10.

⑥ 家书[M]// 霍韬.霍文敏公全集：卷七下。

婺州郑氏义门中："庭中凛如公府，子弟稍有过，未颁白者犹鞭之。"① 郑氏还设立奖惩制度控制家族成员：规定："造二牌，一刻劝字，一刻惩字，下空一截，用纸写帖，何人有何功，何人有何过，即上劝惩簿，更上牌中，挂会揖处，三日方收，以示赏罚。"② 陈氏义门中还专门设立刑杖厅，公然宣称："家秉三尺法，官省五条刑。"③ 义门的惩罚形式多种多样，有罚拜、"挑粪一年"、鞭打、棍打等种类，不一而足。义门最大的惩罚是革出宗谱，告官惩治。有趣的是，霍氏义门规定："凡子侄有过，只许祠堂责治，不许私家打骂，有乖和气。"④ 地点选择在祠堂，可能是象征着权力来自祖宗吧。

义门把家法看得高于国法夕严格限制族内成员去官府告状。江州陈氏义门规定："倘有不平，在宗族则具巅末诉之族长，从公以辨其曲直，毋挟私暗而偏轻重"，"共有恃强放恣，不禀尊长，擅自告官者，许尊长同族人直折其非，庶不致长刁风夕而伤孝义也"⑤。这条规定若完全实行，则使义门成了国中之国。义门这样做，是为了巩固义门内部的团结，一致对外，加强在社会上的竞争地位。

总之，义门权力结构和家法有以下特点：其一，家长权力是独裁形式的权力，全家再无一人能和其相颉颃。家长对成员有使役权、处罚权。所以，这种权力类似专制权力。有人认为专制权力是亚细亚社会的一个特点，义门的权力结构也反映了这点。但义门家长的权力和后世专制君主的权力有区别。对专制君主来说，社会是为他而存在，所以他有处置社会一切人的权力包括生死权。而义门家长之所以有权力，仅是因为他象征着公道，代表公众的利益，如果他违反这一点，就要受大家的指责，乃至失去权力。所以，义门家长的权力是位于族众意志之下的，与专制权有本质不同。

其二，义门的权力自成体系，自己制定家法，形成一个独立的法制单位。义门与国家的关系犹如古代一个村社与国家的关系。国家对其统治是通过其上层进行的，并未直接深入到家族中的每一个人。这也是亚细亚社会的一个重要特征。

① 家书 [M]// 霍韬. 霍文敏公全集：卷十下。

② 郑文融. 郑氏规范 [M]// 丛书集成初编：第0975册. 上海：商务印书馆，1939：5.

③ 义门陈氏大同宗谱：卷五 [Z].1940年铅印本.

④ 霍韬. 家训·子侄第十一 [M]// 丛书集成续编：第78册. 上海：上海书店出版社，1994：460.

⑤ 义门陈氏大同宗谱：卷四 [Z].1940年铅印本.

五、义门同居共财的经济基础

长期同居共财的义门，建立在有一定长期稳定的经济收入的基础上，否则不可能上百年同居。在古代能够提供稳定收入来源的只有农业，所以义门经济绝大多数都以农业为主，辅之以一定量的手工业乃至商业。以农业之外经济为主的，只有极个别的例子，如："黄廷榜，晋江人，机织为业……一门三十口，合居共爨无间言。"[1]像黄氏义门的机织业要受市场价格波动的影响，其能同居多久大可怀疑。

义门大多以自然经济为骄傲，他们男耕女织，力图做到自给自足。如新城丘氏义门，"惟仰盐于外而已"[2]。他们纵使经营工商业也是以自足为准。霍氏义门家长霍韬认为："居家生理，食货为急，聚百口以联居，仰赀于人，岂可也。"[3]出于不肯"仰赀于人"的原因，霍氏家族也搞一点工商业："凡石湾窑冶，佛山炭铁，登州木植，可以便民同利者，司货者掌之，年一人司窑冶，一人司炭铁，一人司木植，岁入利市，报于司货者，司货者岁终咨禀家长，以知功最。"[4]然而他们即使在经营工商业时还忘不了农业："司窑冶者，犹兼治田，非谓只司窑冶而已，盖本可以兼末，事末不可废本故也，司木司铁亦然。"[5]就义门的性质而言它和商业是不相容的。商业是个游离性比较大的行业，义门家族一般没有足够的手段控制经营商业的个体，经营者拿不拿回家，拿多少回家，全凭其对义门的感情而定，如汤阴郑氏义门，"五老行贾于临清，每归倒橐囊，钱帛委地，公之一家，其妻子不睨也"[6]。如果郑五老一转念，事情也许完全两样了。义门经营起商业，往往是其崩溃的开始。上述的广东霍氏义门家族中已有这种迹象的表现。如霍氏家族的一部分人要求发给每个小家庭银几十两，让他们自己经营，霍氏家长不得不答应他们的要求，"给各兄弟每人银数十两，听他各人用心"[7]。

力图使自己成为一个完整的消费生产共同体的义门，有的连医生都配备

① 黄廷榜传 // 怀荫布 . 泉州府志：卷五十八 [M]，251.

② 邵子彝 . 建昌府志：卷十 [M] . 同治十一年刻本，21.

③ 霍韬 . 家训·货殖第三 [M]// 丛书集成续编：第78册 . 上海：上海书店出版社，1994：452.

④ 霍韬 . 家训·货殖第三 [M]// 丛书集成续编：第78册 . 上海：上海书店出版社，1994：452.

⑤ 霍韬 . 家训·货殖第三 [M]// 丛书集成续编：第78册 . 上海：上海书店出版社，1994：452.

⑥ 何乔远 . 名山藏·货殖记 [M] . 扬州：江苏广陵古籍刻印社，1993：5906.

⑦ 霍韬 . 霍文敏公全集：卷七 .

上了。如江州陈氏义门，"命二人学医，以备老少疾病，须请识药性方术者，药材之资，取给主事之人。"① 陈氏家族甚至还设有搞迷信的场所："先祖筮法一所，历代祀之，凡有起造、屋宇、埋葬、祈祷等事悉委之。"② 连巫婆也不用外请。

六、义门内部矛盾

义门以孝义相标榜，在家庭关系上，强调上慈下孝，带着些温情脉脉的情调。然而实际上义门内部矛盾也是很深刻的。被视为义门典范的唐代郓州张公艺，一次被唐高宗问起其家数百口人能团聚一起的原因，"其人请纸笔，但书百余'忍'字"。③ 忍字底下掩盖着多少矛盾！后人有聪明者如王夫之一语道破："夫忍，必有不可忍者矣，则父子之谇语，妇姑之勃谿，兄弟之交痛⋯⋯皆有之。"义门内部矛盾最重要的还是经济上的矛盾。如霍氏义门总管抱怨他的兄弟取"资本做私意"，他的兄弟们则攻击他"只取公堂钱做私意耳"，"兄弟互相焦煎，皇皇求利"④。又如绍兴曹氏义门"会有叔行五者，以樗蒲私鬻公产"⑤。私将家族公产田出卖，其他人也拿他没办法。再如江州陈氏义门也曾发生子孙私下出卖田地一事。义门家长陈延赏上书皇帝说："臣家有不肖卑幼知崇，私图于近邻豪民处举债，利中翻利之后，填还不得，并不告知家长，擅将庄田卖在豪民户下"。为此，陈延赏请求皇帝"乞降敕命下江州，委汪白追勘臣家私典卑幼及受买豪民一处相究，愿将庄田钱谷交付与使去者，如果利中翻利，及契中无家长，名字不经官投契者，乞依敕格断还臣家"⑥。后来，陈氏义门在官方的干预下，将庄田收回。

不过，纵然有官方的干涉，义门最后的结果无疑是分居，官方的干涉只能将这种结果推迟，而不能消除它出现的根本原因。有人说得好："夫合族而食之大事也，虽王者犹且艰之，况齐民哉⋯⋯群其族而居之，尤易争，居之

---

①　陈崇 . 义门家法 [Z]// 义门陈氏大同宗谱：卷四 .1940年铅印本 .

②　陈崇 . 义门家法 [Z]// 义门陈氏大同宗谱：卷四 .1940年铅印本 .

③　刘昫 . 旧唐书：卷一八八 [M]. 北京：中华书局，1975：4920.

④　王夫之 . 宋论：卷二 [M]. 北京：中华书局，1964：38.

⑤　陈宗洛 . 三江所志 [M]// 中国地方志集成 · 乡镇志专辑25. 上海：上海书店出版社，1992：687.

⑥　陈延赏 . 清归义田疏 [M]// 义门陈氏大同宗谱：卷三 .1940年铅印本 .

久，争亦易深，故族之析，势也。"①陈氏义门最后也走上了这条路。从在《义门家法》以后出现的《推广家法》中，已可看到其族人的贫富分化："今之贫者为饥寒所迫，而甘自勤苦，已不必训，但富者袭父母余庇，不耕不织，不儒不商。"②可见，陈氏义门最后的结果也是分居。

义门中的妇女往往是析居的发起者，她们大都来自私有制家庭，对义门的家族共有制感到特别难以容忍。义门为了抵抗这一股代表私有制的势力，一般都郑重其事地强调不听妇言。如陈氏义门宣称："丈夫不听妻儿言语。"③明代婺州郑氏义门对明太祖说："臣同居无它，惟不听妇人言耳。"④为了抵制妇女产生的影响，霍氏家庭还订立了可笑的制度："众寝定，（值班者）击铃高声唱于各家之门曰：'勿听妇人之言'，朔望，则子侄唱于祠堂曰：'勿听妇人之言'。"⑤即使如此，义门还是走上了崩溃的道路，霍氏义门家长霍韬不得不允许义门成员分家："妇女欲私厚其子，或兄弟私便其身，或妇人长舌好说短长，俱听自拆渠本等田，自行另爨，非我分之也。"⑥

此外，社会消费的发展，也刺激着义门走上兼并之路，最后趋向分化。一般来说，义门的生活水平很低，仅能取得温饱的生活，有的甚至是半饥半饱的。但是，当家族里有人取得官位时，或家族取得表彰有了政治特权时，义门也加入兼并的队伍，大肆兼并土地。如江州陈氏义门，天圣三年，天下大灾，宋朝廷规定："应有官户只买水田三十顷。"⑦而陈氏家族上疏皇帝声称田畴窄狭，要求让它随意买地。结果"蒙准敕下，谓义门且与众户不同，许从便置产，故得于江南、江东凡各区诸路市买田宅大小三百九十一座，为子孙给衣食之业。"⑧购买数量相当惊人。又如明代"扬州卞家五世同居，朝廷为立牌坊，近日乃恃其富盛凌吞乡里，占人田土，被人讼，掌家者犹不知改过，反扳附权要，为之庇护，每年送夏尚书银数千"⑨。明代霍氏义门在兼并土地

① 桑桥于.表扬义门陈氏遗址序[M]//义门陈氏大同宗谱：卷三[M].1940年铅印本.

② 义门陈氏大同宗谱：卷四[M].1940年铅印本.

③ 陈泰.旧碑碎言[M]//义门陈氏大同宗谱：卷五[M].1940年铅印本.

④ 谢肇淛.五杂俎：卷十四[M].上海：上海书店出版社，2001：294.

⑤ 霍韬.家训·汇训上第十三[M]//丛书集成续编：第78册.上海：上海书店出版社，1994：465.

⑥ 家书[M]//霍韬.霍文敏公全集：卷七下.

⑦ 陈泰.义门累朝事迹状[M]//义门陈氏大同宗谱：卷三.1940年铅印本.

⑧ 义门陈氏大同宗谱：卷五[M].1940年铅印本.

⑨ 家书[M]//霍韬.霍文敏公全集：卷七下.

上也不下于他人，"广东提学道魏校毁诸寺观田数千亩，尽入霍韬、方献夫诸家"①，引起社会舆论谴责。霍韬不安地写信给家里："今后田土不许再经营了，沙田不许再做了，家业不许再增了，如何又与人做香山沙。"②从这些材料看，义门吞并土地的私欲一点也不亚于其他地主。对外私欲的扩张，对内也难再维持平均制度，到了这个地步，义门的崩溃就不会很远了。

七、义门对古代社会的影响

义门这种亚细亚生产方式的残余对社会的影响如何呢？是不是导致中国社会长期停滞的主要原因呢？这个问题要做具体分析。

其一，就其经济实质看，义门当然是极其落后的生产方式形态，但它在整个社会生产方式中所占比例极小，其影响可以忽略不计。其二，就义门与其他经济体的关系来看，一般来说，可以把义门看作是自耕农的扩大体，他们与社会其他阶级的关系就是自耕农与其他阶级的关系。有些义门富裕后有土地出租，那么义门与这些租地的农民的关系就是地主与农民的关系。社会上并未增添新的经济关系，所以在经济方面，义门的存在不可能抑制社会的发展。

义门对社会的影响主要表现在思想上。统治者一直将义门视作再现周礼的典范，并且将义门树为偶像，希望他们起带头羊的作用，引导其他阶层做统治阶级的顺民。此外，义门内部实行的平均主义一直受到绝大多数人的推崇。义门内部实行的平均主义措施影响很大，无论在官方的统治政策中，还是在农民起义的口号中，都可看到这种影响。平均主义不利于社会经济发展，如果说家族公社抑制了社会的发展，那正表现在这一点上。

---

① 张廷玉等.明史：卷二百 [M].北京：中华书局，1974：5278.
② 家书 [M]// 霍韬.霍文敏公全集：卷七下。

第三节　从溺婴习俗看福建历史上的人口自然构成

自明朝以后，中国地方志中开始有区分性别的人口记载，迄至民国时期，有了全国规模系统性的男女人口数字。不过，这些数字大都显示中国存在严重的性别比例失调，也就是说：男性所占的比例远高于女性①。一直到民国后期这种悬殊的性别比才有所缓和。学者对这一问题存在争议，或以为：中国历史上其实不存在男女性别比过于悬殊的情况，历史上出现的失调的性别比数字，主要是调查者较少录入女性人口数的缘故。我认为，人口学从来不只是一个人口学自身的问题，也是一个社会史的问题。以往的人口史专家较少考虑中国历史上存在的溺女婴情况，而在实际上，中国历史上这一问题是十分严重的。自宋元明清以来，福建一直流行溺女婴的习俗②，因而产生了男多女少的社会问题。民国时期，随着童养媳制度与高聘金习俗的流行，以及战争对男子数量减少的作用，福建的男女性比例渐趋缓和。推而广之，中国历史上确实存在性别比例失调的状况，不能轻率否定这一状况的存在。

一、宋代福建的"不举子"习俗

宋代中国社会曾经广泛存在不举子的习俗，这在《宋史》可找到不少记载：王鼎"徙建州，其俗生子多不举，鼎为条教禁止"③。文中的建州即为福建路的建州，位于闽北。可见，当时闽北的溺婴习俗已经引起了官方的注意，其后，杜杞"知建阳县，闽俗，老而生子辄不举。杞使五保相察，犯者得重罪"④。以上是北宋时期的材料。南北宋之交，又有宗室赵善俊在当地禁止溺婴，他也指出："建俗生子往往不举"⑤。李纲《瓯粤铭》："释氏之流，则谓瓯俗生子，仅留一二，余悉溺之。二百年间，所杀几何？因果报应，理宜然"⑥。

---

① 以往关于性比例失调的研究可见高凯.20世纪90年代以来中国古代人口性比例失调问题研究综述 [J]. 中国史研究动态，2001（6）.

② 关于这一问题我写过《福建古代溺婴习俗嬗变考》一文，《社会公共安全研究》1988年第1期。

③ 脱脱等 . 宋史：卷三百 [M]. 标点本 . 北京：中华书局，1977：9961.

④ 脱脱等 . 宋史：卷三百 [M]. 标点本 . 北京：中华书局，1977：9962.

⑤ 脱脱等 . 宋史：卷二四七 [M]. 标点本 . 北京：中华书局，1977：8761.

⑥ 刑址等 . 邵武府志：卷十 [M]. 天一阁藏本 . 上海：上海古籍书店，1963：34.

其实，这类习俗在东南广泛存在："衢、严、信、饶之民，生子多不举，子昼请禁绝之"①。"东南不举子之俗，伤绝人理，请举汉《胎养令》以全活之，抑亦勾践生聚报吴之意也"②。王信在浙东安抚使任上，"筑渔浦堤，禁民不举子，买学田，立义冢，众职修理"③。

可见，溺婴习俗曾在东南广泛存在，不过福建地区比较著名而已。有关福建溺婴习俗最早的记载，可以追溯到唐代顾况的"哀囝诗"，该诗写道：

> 囝生闽方，闽吏得之，乃绝其阳。为臧为获，致金满屋。
> 为髡为钳，如视草木。天道无知，我罹其毒。神道无知，
> 彼受其福。郎罢别囝，吾悔生汝，及汝既生，人劝不举。
> 不从人言，果获是苦。囝别郎罢，心摧血下，隔地绝天，
> 及至黄泉，不得在郎罢前。④

唐代的福建被视为蛮荒之区，存在着一些相当落后的习俗。顾况的诗反映了唐代福建的溺婴习俗与卖阉童习俗，入宋以后，卖阉童习俗受到官方的禁止，但溺婴习俗却保留下来，人们称之为"不举子"。宋代闽人"不举子"的原因在于以下几个方面：

其一，计产育子。宋代理学家杨时说："闽之八州，惟建、剑、汀、邵武之民，多计产育子。习之成风。"⑤根据家产多寡来决定养育多少儿女、这种观念是很进步的。假使不注明年代，人们很难设想过是古代福建人的观念。这说明古人并非都是盲目生育的。然而，由于古人不知避孕，就只好诉诸溺婴手段。《延平府志》论宋代的福建："闽人生子多者至第四子则率皆不举，为其赀产不足以赡也"⑥。因为当时的福建百姓普遍感到养子的困难，所以，有多生的，大抵要遭到溺杀的命运。总的来说，"计产育子"直接反映了人口增长与生产力有限性之间的矛盾。

---

① 脱脱等．宋史：卷二四七 [M]．标点本．北京：中华书局，1977：8746.

② 脱脱等．宋史：卷三八一 [M]．标点本．北京：中华书局，1977：11730.

③ 脱脱等．宋史：卷四百 [M]．标点本．北京：中华书局，1977：12142.

④ 顾况．囝一章．全唐诗：卷二六四 [M]．点校本．北京：中华书局，2930.

⑤ 杨时．杨时集：卷一七 [M]．福州：福建人民出版社，1993：420.

⑥ 郑庆云等．延平府志：卷二三 [M]．影印天一阁藏本．上海：上海古籍书店，1961：19.

其二，害怕多子分家。古代福建是闽越族居住之地，后来该民族虽然溶化于汉族之中，但他们的遗风对福建汉人发生很大的影响，例如遗产继承，中原汉人是在父母逝世后分家，而福建人只要子女成人，即使父母健在也进行分家："男女共议，私相分割为主，与父母均之。"这样，成年的子女很不愿父母再添弟妹，"既分割之后，继生嗣续，不及襁褓，一切杀溺"①。"父母容有不忍者，兄弟惧其分己赀，辄亦从旁取杀之"②。有些地方的百姓因怕多子分家，干脆只养一子。例如，宋代崇安人刘屏山说当地的风俗："何州无战争，闽粤祸未销。或言杀子因，戾气由此招。蛮陬地瘠狭，世业患不饶，生女奁分赀，生男野分苗，往往衣冠门，继嗣无双髫"③。在洪迈的《夷坚志》一书记载了崇安人黄崇的故事："初，崇母既亡，父年过六十，买妾有娠，临就蓐，崇在郡学。父与崇弟谋：'晚年忽有此，吾甚愧。今将不举乎？或与人乎？不然，姑养育，待其长，使出家，若何？'对曰：'此亦常理，唯大人所命。不若举而生之，兄归，须有以处。'妾遂生男。弟遣信报崇，崇即还，揖父于堂。父告以前事，命抱婴儿出。时当秋半，闽中家家造酒，汲水满数巨桶置廷内，以验其渗漏。崇以手接儿，径掷桶中溺杀"④。这是一个哥哥溺杀幼弟的故事，反映了当时福建的习俗。这种观念与北方人的"多子多福"是不同的。闽北人的独子继承习俗对当地的土地制度也发生了影响。本来，由于中国存在着遗产均分制，缙绅豪强巧取豪夺获取的大地产，很快会因分家而返回到小土地制。这样便形成了大土地制和小土地制的相对平衡。然而，由于崇安人节制生育，富人家子女也不多，他们的财产不易分割，于是这种平衡被打破，宋元时崇安大土地制特别发达。据《元史·邹伯颜传》：元代，崇安县的五十余户大地主尽占了全县耕地的六分之五，其他百姓仅有六分之一土地。这说明崇安富人确实是因害怕分家而溺婴的。

其三，人丁税苛重，不堪承受。福建古代一直存在着人丁徭役和人丁税。不少地方的民众因不堪承受苛捐杂税而溺婴。南宋的郑兴裔说道："盖自军兴以来，户口凋残，贪吏奸胥又复肆其凌虐，丁盐纳绢，诛求无艺，愚蠢小民

---

① 徐松等.宋会要辑稿·刑法二之四九 [M].北京：中华书局，1957：6520.

② 朱松.韦斋集：卷一十 [M].文渊阁四库全书本，12.

③ 刘子翚.屏山集：卷一二 [M].文渊阁四库全书本，3.

④ 洪迈.夷坚志：卷五 [M].中华书局本，573.

宁杀子而不愿输税"①。由于福建历史上多数朝代都有重税现象，所以，负担不起税收一直是产生溺婴的重要原因。

其四，害怕厚嫁破产。中国历史上有句谚语："盗不过五女之门"，是说女儿养多了家要穷，乃至窃贼也不愿光顾。由于闽越遗风的影响，福建古代流行厚嫁之风，如廖刚论漳州婚丧之俗："娶妇之家，必大集里邻亲戚，多至数百人。椎牛行酒，仍分采帛钱银，然后以为成礼。女之嫁也，以妆奁厚薄外人不得见，必有随车钱。大率多者千缗，少者不下数百贯。倘不如此，则乡邻讪笑，而男女皆怀不满。……富者以豪侈相高，贫者耻其不逮，往往贸易举贷以办，若力有不及，宁姑置而不为。故男女有过时而不得嫁娶……访闻泉福兴化亦有此风，而此郡特甚，臣尝询之，虽愚民亦或自知其非，而怵于流俗，莫能自革"②。

人们常说"多子多福"是中国人的传统思想，看来不尽符合历史事实。至少宋代福建的闽北人没有多子多福的观点。

南宋朝廷对溺婴习俗的禁止。如前所述，早在北宋时期，便有些地方官在闽北禁止溺婴习俗。但这一禁止，在当时只是一个道义问题，而在南宋时期，朝廷损失了北方的大量领土，很希望南方的人口能够有较大增长，以便增强国力。因此，来自儒家的禁止溺婴呼声，渐成为官方的政策。首先，理学家杨时对改变溺婴习俗有重大贡献。他在朋友俞仲宽任顺昌知县时，杨时给俞仲宽写过一信，要求他在当地禁止溺婴习俗。于是，俞仲宽"作戒杀子文，召诸乡父老为众所信服者列坐庑下，以俸置醪醴亲的而侑之。出其文，使归谕劝其乡人，无得杀子。岁月间活者以千计。故生子多以'俞'为小字。转运判官曹辅上其事，朝廷嘉之。就改仲宽一官，仍令再任，复为立法，推行一路"。数年后，俞仲宽还乡路经顺昌，有取名为"俞"的小儿数百"迎于郊"③。朝廷将俞仲宽的方法推广于各地，鼓励老百姓多生。绍兴八年尚书刘大中奏：

自中原陷没，东南之民死于兵火、疫疠、水旱，以至为兵、为缁黄，及去为盗贼，余民之存者十无二三，奸臣虐用其民，诛求过

---

① 郑兴裔 . 郑忠肃奏议遗集：卷上 [M]. 文渊阁四库全书本，27—28.

② 廖刚 . 高峰集：卷五，[M]//10.

③ 郑庆云等 . 延平府志：卷二三 [M]. 影印天一阁藏本 . 上海：上海古籍书店，1961：19—20.

数，丁盐、苧绢，最为疾苦。愚民宁杀子而不愿输，生女者又多不举，民何以至是哉！乞守令满日，以生齿增减为殿最。又诏应州县乡村五等坊郭，七等以下户及无等第贫乏之家，生男女不能养赡者，于常平钱内人支四贯文省，仍委守令劝谕父老，晓譬祸福。若奉行如法，所活数多，监司保明推赏。①

郑兴裔尤其强调在福建要禁止溺婴，他说：

臣伏闻人缘有不忍之心，乍见孺子将入井，怵惕恻隐，出乎性，发乎情，不俟勉强，在常人且然，乃若父子至性，残忍成习，至于生子恒多不举，伤天理之和，灭人伦之大，末俗相沿，所在多有。而建剑汀邵四州为尤甚。盖自军兴以来，户口凋残，贪吏奸胥，又复肆其凌虐，丁盐细绢，诛求无艺。愚蠢小民，字杀子而不愿输税，臣钦奉圣恩提刑福建路，二载于兹，闻见所及，惨状不可名言。窃见陛下轸恤斯民，每奏大辟，曲求生路，赤子何知忍令戕害至此。臣谨次本朝律例，故杀子孙徒二年所。宜申严禁令下四州，守臣告民法律，晓示祸福，召人告官，审实，以犯人守财给之。客户兼责成地主除饬属禁戢。外合恭请指挥申严。仰望陛下留神省察，速赐施行，庶生齿渐繁，户口日众，绵国祚，亿万年，无疆之福，不胜至幸。②

在宋朝这一政策的指导下，福建地方官以各种方式尝试改变流行于山区的溺婴习俗。朱熹父亲朱松任政和县尉时，曾作《戒杀子文》，"予来闽中，闻闽不喜多子，以杀为常，未尝不恻然也。无故杀子孙，官法甚明。"他劝导民众不可溺婴，言之谆谆，"他日有谓其子孙曰：'活汝者，新安朱乔年（乔年为朱松之字）'"③。魏掞之也采用劝说为主的方式，"建俗生子多不举，为文以戒，全活者甚众"④。有一些官员采取奖励生育的方式，刘允济在南剑州"善

---

① 马端临．文献通考：卷十一 [M]．文渊阁四库全书本，20.

② 郑兴裔．郑忠肃公奏议遗集：卷上 [M]．四库全书本，27–28.

③ 何乔远．闽书：卷五八 [M]．点校本．福州：福建人民出版社，1994：1640–1641.

④ 脱脱等．宋史：卷四五九 [M]．标点本．北京：中华书局，1977：13469.

诱而严戒之。举者给粟赈货，不举者罪焉。俗为之易"①。又如"余端礼、郑侨言，福建地狭人稠，无以赡养，生子多不举"。"福建提举宋之瑞乞免鬻建、剑、汀、邵没官田，收其租助民举子之费，诏从之"②。据《延平府志》的记载，宋代南平县设有举子仓，"嘉泰间知州事叶筠建。悯贫民之不举子者，发仓给之"。除此之外，当地还有提举司举子仓，"嘉定间知州事刘允济赈贫民之溺女者"③。朝廷则有给钱养子的政令。"庚子，禁贫民不举子，其不能育者给钱养之"④。福建之外，也有实施类似政策的，"己亥，以永、道、郴三州、桂阳监及茶陵县民多不举子，永蠲其身丁钱绢米麦"⑤。

朱熹等道学家也配合官方的行动，邵武军的光泽县存在溺婴习俗，"中下之家，当产子者，力不能举而至或弃杀之也"。但在朱熹等人的影响下，当地设立了举子仓与社仓，其中举子仓的收入，专门用于养活弃婴⑥。

应当说，民间习俗的改变并没有那么容易，尽管有官方的禁止，但在实际上，溺婴习俗在福建长期存在。不过，由于官府的禁令，宋代这一习俗毕竟受到了限制。溺婴恶习在一定程度上的改变，造成福建人口增长。例如："林积仁，宰欧宁三年，民户增一万五千余时以'四最六善'课群吏，瓯宁为第一焉"⑦。可见，宋朝廷对溺婴习俗的禁止，还是取得一定效果的。

必须注意的是：宋代闽人溺婴，不仅是溺女婴，而且溺男婴。宋代大儒胡寅是闽北崇安县人，《宋史·胡寅传》记载：胡寅在出生时，差点遭到溺杀的命运，"寅将生，弟妇以多男欲不举，安国妻梦大鱼跃盆水中，急往取而子之"⑧。但对闽人而言，男婴有更多的保存价值，所以，民间溺婴以女婴为多，"富民之家，不过二男一女，中下之家，大率一男而已"⑨。这一习俗一直延续到元代，如元代《通制条格》对溺女问题专门规定："今已后女孩儿根底水里

① 郑庆云等 . 延平府志：卷九 [M]. 影印天一阁藏本 . 上海：上海古籍书店，1961：7.

② 脱脱等 . 宋史：卷一七三 [M]. 标点本 . 中华书局，1977：04193.

③ 孔自洙 . 延平府志：卷三 [M]. 顺治十七年刊本，47.

④ 脱脱等 . 宋史：卷二九 [M]. 标点本 . 北京：中华书局，1977：536.

⑤ 脱脱等 . 宋史：卷三十 [M]. 标点本 . 北京：中华书局，1977：562.

⑥ 朱熹 . 光泽社仓记 [M]// 刑址等 . 邵武府志：卷三 . 天一阁藏本 . 上海：上海古籍书店，1963：17.

⑦ 李俊甫 . 莆阳比事：卷六 [M]. 江苏古籍社宛委别藏本，257–258.

⑧ 脱脱等 . 宋史：卷四三五 [M]. 标点本 . 北京：中华书局，1977：12916.

⑨ 杨时 . 杨时集：卷一七 [M]. 福州：福建人民出版社，1993：420.

撒的人每,一半家财没官与军每者"①。这条史料的存在,说明元代溺女婴习俗十分流行,在这种习俗引导下,必然造成男女性别比例失调——男多女少。

二、明清福建溺女婴习俗的流行

明代以来,福建溺婴习俗有很大变化。从男婴、女婴并溺,逐渐演变到只溺女婴。我们知道:宋代福建人溺婴主要有四点原因:

其一,计产育子;

其二,害怕多子分家;

其三,人丁税苛重,不堪承受;

其四,害怕厚嫁破产。

迄至明代,这四点原因有所变化。其一,在计产育子方面,宋代的闽北是一个缺粮的地方,经常发生粮荒②,因此,百姓不敢多养儿子。但到了明清时期,闽北成为福建的粮仓,大量粮食源源不断地运销闽江下游③,闽北农民不必考虑无法养活儿女的问题。

其二,在害怕多子分家问题上,闽人的观点逐渐向多数中国人靠近,多子多福成为普遍性的观点被接受。我们知道:南宋时期闽北为朱熹等理学家活动的地方,由于这些理学家的影响,源于北方的儒学的一些观念,逐渐被福建民众所奉行,这是可以理解的。如福安县:"男女安耕织,兄弟不相离。"④

其三,在人丁税方面,明代福建存在实际上的人丁税,这就是以人头计算的盐税。不过,明代福建是否征纳人丁税,其关键不在于人丁实际数额的多少,因为,明代福建普遍存在隐瞒人丁数字的情况⑤,官府所掌握的福建人口数远低于实际数字,这是明代福建史的常识。因此,民众即使有多育的情况,也可以通过各种方式隐瞒,从而减轻人丁税。

① 通制条格:卷四 [M]. 杭州:浙江古籍出版社,1986:64.

② 徐晓望.宋代福建的粮食生产和运销 [J].福建粮食经济,1989(6).

③ 徐晓望.明代福建粮食市场初探 [J].福建史志,1988(4).

④ 李拔.福宁府志:卷一四 [M].宁德地区方志编纂委员会1991年自印本,399.

⑤ 徐晓望.明代福建的人口统计问题——从人口统计看明朝官民关系的相互调整 [J].南开大学历史系.中国社会历史评论:第二卷.

其四，在害怕厚嫁破产方面，明清福建人仍然维持宋代的习俗。例如邵武，"其俗丰于嫁女俭于教子……嫁女资妆皆欲丰。或益以奁田，妇人以骄其舅姑"①。闽北人每逢婚丧喜庆大宴宾客，开支之大，往往超过自身能力。如邵武府的建宁县："宴宾盘如斗堆，累至尺余，故其谚曰：'千金之家，三遭婚娶而空；百金之家，十遭宴宾而亡'"②。福州，"婚嫁祇以财势相雄，市井有力之家，奁值累千金，至有鬻产治具者。若延师，则纤毫必校。谚云：'有钱嫁女，无钱教子'。其风为已下矣"③。由于嫁妆过重，人们在筹办嫁妆时不得不竭尽全力，如崇安县："生女数岁，母即筹办嫁资，其丈夫不以为非，有不吝千金者"④。沉重的嫁妆负担常常导致家庭的破产，如清代古田县："古田嫁女，上户费千余金，中户费数百金，下户百余金。往往典卖住宅，负债难偿。男家花烛满堂；女家呼索盈门。其奁维何？陈于堂者：三仙爵、双弦桌类是也。陈于室者：蝙蝠座、台湾箱类是也。饰于首者：珍珠环、玛瑙笄、白玉钗是也。然则曷俭乎尔？曰：'惧为乡党讪笑，且姑姊妹女子勃谿之声，亦可畏也'。缘是不得已，甫生女即溺之，他邑溺女多属贫民，古田转属富民"⑤。其实，这种情况是十分普遍的。如明代海澄县教谕金星徽论当地民俗："夫父子之道天性，何惨毒乃尔！情因势变也，平民婚嫁相夸耀以侈，张盖鼓乐，祁从如云，服饰炫煌，拟都卿相，尚且未厌厥心。妻谪姻诟，竭蹶经营，如输公课。至于婿车方来，积囊已破，合卺甫毕，索债盈门。忍饥寒于得妻之后，犹可痛赔奁而毖后患。则虽日严溺女之条不止。就其土风宜男，加以溺女，女安得不贵。当物力匮诎，给饔餐不暇之日，而从媒妁氏议贵女昏，白首无谐理，男安得不鳏。"⑥尽管有许多反对，但清代的海澄县仍有此俗："嫁女装资浪费……薄恶之俗，因而溺女，贼害天良，皆为异日装资虑耳"⑦。显见，明清时代福建仍然流行厚嫁习俗，而且，这一习俗导致福建流行溺女婴习俗。

习俗的变化使明清时期的闽人改变了溺男婴的习俗，但溺女习俗仍在流

① 刑址等.邵武府志：卷二 [M].天一阁藏本.上海：上海古籍书店，1963：45.

② 刑址等.邵武府志：卷二 [M].天一阁藏本.上海：上海古籍书店，1963：44.

③ 徐景熹等.福州府志：卷二四 [M].福州：海风出版社，2001：684.

④ 张彬等.崇安县志：卷一 [M].清雍正十一年刊本.

⑤ 陈盛韶.问俗录：卷二 [M].北京：书目文献出版社，1986：69.

⑥ 金星徽.上两台风俗书 [M]// 邓来祚等.海澄县志：卷二十一.乾隆二十七年刊，18.

⑦ 邓来祚等.海澄县志：卷一五 [M].乾隆二十七年刊，5.

传，这造成明代福建人口性别比例构成的变化。如："窃观漳地理宜男，丁族繁庶。然其中有室殊少，盖有数子之家，不得一妇，得一妇则以为吉祥异庆。由于有数子之家止畜一女，多一女则以为荡产招尤。"[①]各县人口统计数字也表明，许多地方都是男多女少。

表一　明代浦城县男女人口比例表[②]

年　代	男　子	女　子	年　代	男　子	女　子
洪武十四年	36795	28368	成化 八年	42915	18245
正统 七年	35591	22243	万历四十八年	32966	11628

表二　明清福建若干县男女比例表

地名	年　代	男　子	女　子	材　料　出　处
尤溪	1524	25960	22223	嘉靖《尤溪县志：卷三田赋志》
建阳	1492	55800	27438	嘉靖《建阳县志：卷四户赋志》
	1701	35688	28986	道光《建阳县志：卷四户口》
邵武	清初	32370	24520	《古今图书集成：卷一〇九一，职方典，邵武府户口考》
永春	乾隆	4216	3079	乾隆《永春州志：卷九 田赋》

以上数字是从明清时期福建各地方志中搜集而来，它们无不证明明清时期福建存在着男多女少的情况。不过，这些数字也有些疑问——明代的户口调查除了明代初年之外，大多数数字是不可靠的。本文仍然是使用这些数字是考虑到以下因素：明代的户口数字问题主要表现于统计数的缩水，但其统计者恐怕没有考虑到要在男女性比例上作假。如果只有部分数字说明当时性比例失调，我们确实无法对此做出判断，可是，若是所有可见的男女人口数都说明男多女少，它便在相当程度上说明男多女少是实际情况，而不是统计错误。更为重要的是，在明清时代的许多中方志中，都可看到有关溺女的记载，我们若将这些材料与男女比例数联系起来看，便能说明问题。以下请见

---

① 金星镦.上两台风俗书 [M]// 邓来祚等.海澄县志：卷二十一.乾隆二十七年刊，18.

② 祖之望等.浦城县志：卷八 [M].清嘉庆十四年刊本，7–8.

《清代福建各地溺婴情况表》：

表三　清代福建各地溺婴情况表

地区	具 体 记 载	材 料 出 处
松溪	贫家溺女，恶习相沿	卞宝第《闽峤辀轩录》
将乐	至溺女之风，四乡皆然	卞宝第《闽峤辀轩录》
南平	惟溺女之风最恶	卞宝第《闽峤辀轩录》
古田	至于焚尸溺女，四境皆然	卞宝第《闽峤辀轩录》
屏南	溺女	卞宝第《闽峤辀轩录》
闽清	停棺溺女	卞宝第《闽峤辀轩录》
永福	停棺溺女	卞宝第《闽峤辀轩录》
晋江	生女溺弃	卞宝第《闽峤辀轩录》
政和	贫民尚有忍为之者。①	民国《政和县志：卷二十，风俗》
福安	旧志云：邑俗不举女	光绪《福安县志：卷三八，杂纪》
长乐	里人郑勋创《戒溺女歌》	民国《长乐县志：卷一七，惠政》
金门	闽南风气，生女而溺者多。	道光《金门志：卷三，规制志》
海澄	薄恶之俗，因而溺女	乾隆《海澄县志：卷一五，风土》
云霄	俗多生女不举	嘉庆《云霄厅志：卷三，敝俗》

　　清代的统治者标榜施仁政，因此较为重视溺女婴问题，在朝廷的督促下，清代福建各县有溺婴习俗的县都设有育婴堂，其经费由政府拨给，或由富商捐赠，迄至晚清，一些西方教会也在福建各县设立了许多育婴堂。如巡视漳州府的一个官员说："漳俗多溺女者，余心为恻然。谓此非莅民责耶？爰集郡县诸长，谋所为收恤计，乃建育婴堂如京师、吴会诸地例。官出俸钱倡始，岁率为常"②。因此，从福建各县育婴堂的建立也可以看到当地溺婴习俗之严重，可见下表：

---

① 李熙等．政和县志：卷二十 [M].点校本．厦门：厦门大学出版社，2010：474.
② 沈定钧等．漳州府志：卷六 [M].清光绪论三年刊本，27.

表四　清代福建设置育婴堂的县

福州府：闽县、侯官、古田、屏南、闽清、长乐、连江、罗源、永福、福清；①
福宁府：霞浦、福鼎、福安、宁德、寿宁②；
漳州府：龙溪、长泰③、诏安④
永春州：永春、德化、大田⑤；
兴化府：莆田⑥、仙游⑦
泉州府：晋江、南安、惠安、同安、安溪⑧
邵武府：邵武、建宁、光泽、泰宁⑨
延平府：南平、沙县⑩、永安⑪
建宁府：建安、瓯宁⑫、浦城⑬、崇安⑭
汀州府：长汀、宁化、清流、上杭、武平、永定⑮
龙岩州：龙岩、漳平⑯

以上据不完全统计，清代福建共有45个县设有育婴堂，其时福建总共不过56个县而已，所以，我们可以说：清代福建各地普遍存在严重的溺婴问题，因此，有必要在各县遍设育婴堂。

---

① 徐景熹等.福州府志：卷二十 [M].福州：海风出版社，2001：331–333.

② 李拔等.福宁府志：卷一一 [M].福建省宁德地区方志办1990年标点本，274–277.

③ 沈定钧等.漳州府志：卷六 [M].清光绪论三年刊本，27.

④ 陈荫祖等.诏安县志：卷四 [M].民国三十一年刊本，22.

⑤ 郑一松等.永春州志：卷三 [M].清乾隆五十一年刊本，82–83.

⑥ 莆田县方志委编.莆田县志 [M].北京：中华书局，1994：722.

⑦ 胡启植等.仙游县志：卷一七 [M].同治重刊本，11.

⑧ 黄任等.泉州府志：卷二三，恤政志 [M].光绪递修本，29.

⑨ 张景祈等.邵武府志：卷七 [M].清光绪二十六年刊本，1.

⑩ 陶元藻等.延平府志：卷一一 [M].同治重刊本，38.

⑪ 孙义修等.永安县续志：卷九 [M].永安市方志委1989年重刊本，628.

⑫ 蔡振坚等.建瓯县志：卷二十 [M].1929年刊本，16–18.

⑬ 翁昭泰等.浦城县志：卷八 [M].清光绪二十三年刊本，23.

⑭ 郑丰稔.崇安县新志：卷一十 [M].民国三十一年刊本，5.

⑮ 李绂等.汀州府志：卷一十 [M].同治重刊本，65–66.

⑯ 徐铣等.龙岩州志：卷二 [M].福州：福建省地图出版社，1987：90–91.

三、民国时期福建人口的自然构成

民国时期，中国建立了早期的户政制度，每家每户都有户口簿，官方登记在册。应当说，这一户口制度比中国以往任何一个朝代的户口制度都更为严密，这是因为，民国管理户政的工作比清代有很大的进步，清朝是考里甲长登记人口，而民国时期有一支庞大的警察队伍，这支队伍虽然不像欧洲那么有效，但它的实行，将户口登记转为日常工作，毕竟是较为有效的人口登记。因此，虽说民国时期无处不在的官僚制度使人口清查工作打折扣，但毕竟使中国有了现代意义上的户政制度，而其对人口的统计，也就比清末要可靠得多。

民国时期的福建人口档案迄今仍保存在福建省档案馆。该馆的副研究员李少咏整理了民国时期的档案，将其编成《民国福建各县市（区）户口统计资料1912—1949》一书，今摘录其中有关人口构成的资料：

表五　民国福建全省户口统计表 [①]

（1912—1949 年）　　　　　　　　　　　　单位：户、人

期间	户数	总计人口	男	女	壮丁	备注
1912 年	3012394	15849296	8907602	6941694		内务部调查 *
1913 年	3088701	16166176	9113458	7052718		内政部调查
1919 年	1841133	9098533	5241922	3856611		中华续行委办会调查
1938 年	2028019	11894962	6455016	5439946		各县政府呈报
1939 年	2027370	12012198	6496586	5515612	2117361	各县政府呈报
1940 年	2112098	11945099	6419288	5525811	2063628	
1941 年	2111655	11868201	6281295	5586906	2030859	未含厦门、金门
1942 年	2156509	11540055	6068841	5471214	1935090	未含厦门、金门
1943 年	2166970	11654187	6090217	5563970	1924494	
1944 年	2304073	11349226	5917265	5431961		
1945 年	2366891	11099364	5789807	5309557		
1946 年	2397895	11097204	5798688	5298516		
1947 年	2442835	11120941	5752617	5368324		

---

① 福建省档案馆．民国福建各县市（区）户口统计资料1912—1949[M]．福建省档案馆1988年自刊本。

续表

期间	户数	总计人口	男	女	壮丁	备注
1948 年	2447970	11143083	5771334	5371749	2113114	1 月份数字
1949 年	2469020	11141921	5764645	5377276	2165772	1 月份数字

＊内务部调查经刘大钧陈华寅厘订

该表清楚地说明：其一，民国时期福建长期存在男女性比例失调问题；其二，民国时期福建性比例失调问题随着时间的推移有缓和之势，之所以发生这一转化，是因为福建在民国时期经历了十年红白战争、八年抗战、三年内战，男丁大量死亡——许多国家在经历了长期战争之后，女性所占比例都大大超过男子，而福建仍然以男子居多数，这表明福建性别比例失调之严重是不可低估的。此外，民国时期男女性比例失调渐趋缓和与溺婴习俗的改变有关。

四、育婴堂、童养媳、高聘金与福建溺婴习俗的终结

我们知道：自清代中叶以来，官府便在福建大力设置育婴堂，自广设育婴堂后。溺女之风有所收敛。如德化县："至于溺女恶习，前虽有之，自同治初年遍设育婴堂，此风遂息"①。又如永安县："若夫溺女恶习，自道光十年新建育婴堂后，屡经示禁遍谕，近亦渐少"②。恻隐之心，人皆有之。倘若有办法，事实上，没有一对父母愿意溺杀女婴。因此，随着育婴堂的普遍建立，溺杀女婴的习俗逐渐缓解。不过，育婴堂养育的女婴有一个出路问题，于是，童养媳制度逐渐兴起。

童养媳。童养媳制不知起源于何时，在明代的史料中我们看到个别的童养媳例子，例如《明史》记载胡贵贞"生时，父母欲不举，其邻曾媪救之归，与子天福同乳，欲俟其长而配焉"③。可见，胡贵贞是一个典型的童养媳。但明代这类例子不多见，而在清代的福建，由于婚嫁开支过高，穷人家难以成婚，于是，清代民间开始流行童养媳之风："小户人家多养苗媳于室中，俟长婚

---

① 方清芳等.德化县志：卷三 [M].民国二十九刊本，6.

② 孙义修等.永安县续志：卷九 [M].永安市方志委 1989 年重刊本，628.

③ 张廷玉等.明史：卷三百一 [M].北京：中华书局，1974：7714.

配，费少则事易集"①。事实上，各地育婴堂所抚育女婴的出路，不外是送给人们做童养媳。如政和县："城中及东平各设育婴堂，收养弃孩。乳养一二年，即由堂给钱与人抱养为媳"②。童养媳之风在清末民初最盛，如长汀县："城厢生女者多于分娩后与人抚养"，外乡则"多抱新产女孩抚为儿妇。此童养媳之所以独多也"③。可见，在历史上童养媳制度对保全女婴还是起了相当大的作用。不过，由于它根本不尊重女性自身的权利，而且往往使童养媳沦为事实上的家庭奴隶，因此，它在民国时期受到有识之士的批判，逐渐被淘汰。

高聘金。福建古代盛行厚嫁之风，谁家嫁女的嫁妆最多，谁就最有体面。清代福建最重视的是聘金，谁家的女儿收到的聘金最多，谁就最有面子。因此，女家往往是无限制地索取聘金，造成聘金像脱线风筝一样上升。如长汀县农村："聘金昔仅有百十千钱，今则动辄数百元。此外尚有猪酒鱼肉米糍等类。多则千金，少亦数百金。非家资殷富者莫办"④。道光时期的诏安县："中户娶妻聘近百金，下户五六十金，其余礼物不贽"⑤。与聘金高涨的同时，厚嫁之风却稍有衰替。人们对嫁妆的看法是：有当然好，没有也无所谓。许多女方的嫁妆实为男方付钱所购。自从这种风俗盛行后，女孩从"赔钱货"变成了"赚钱货"，人们再没有理由溺婴。如民国《永春县志》记载："百数十年前聘礼无过百金者，生女过多者辄溺之。虽经慈善家之劝诫、育婴堂之救济，然不能免。近则聘礼动至数百金，无在百金下者，而妆奁之厚薄转未过问，虽穷乡僻壤，女孩均得保全矣"。

总之，由于各地大建育婴堂及童养媳和高聘金之风的流行，清末民初，福建的溺婴之风逐渐消失，当然，这一消失也是不平衡的，沿海发达区早一些，内地山区迟一些。由于风俗的变化，导致出生的女婴受到保护，因此，民国时期福建男女性别比例失调的现象逐渐受到控制，迄至共和国时期，出现了正常的女多男少状况。

人口节制并非是现代社会才有的新观念，人口膨胀的压力对古人来说同样是存在的。比较起来，由于古人生产力低下，节制人口对他们来说更为重

① 林焜熿等.金门志：卷一四[M].中华丛书委员会，1956：350.
② 李熙等.政和县志：卷二十[M].点校本.厦门：厦门大学出版社，2010：474.
③ 邓光瀛等.长汀县志：卷二十[M].民国三十年刊本.
④ 邓光瀛等.长汀县志：卷二十[M].民国三十年刊本.
⑤ 陈盛韶.问俗录：卷四[M].北京：书目文献出版社，1983：83.

要。不过，古人缺乏科学的避孕技术，本来是很好的人口节制思想便转化为不人道的行为——溺婴。溺婴是一种残忍的、不人道的人口节制方法，它在福建历史上存在很久，造成宋元明清以来福建人口结构的失衡。我们对中国人口史的研究，不能忽略这一状况。

第四节　从《闽都别记》看古代东南的同性恋现象

同性恋是世界关注的一个社会问题，它的起源很早，在古希腊，它曾是史诗歌颂的一个重要内容，在古代中国，同性恋现象史不绝书。但至今为止，人们对同性恋的探讨主要集中于现代，缺乏溯本探源的研究，这方面和同性恋问题的禁区刚刚开放有关。另一方面，古代记载同性恋的文字史料虽然不少，但多是忌讳重重，一笔带过，很少深入，要做深入研究有困难。《闽都别记》是一部清代福建人编纂的地方性小说，长达一百二十万字，该书真实地反映了古代福州区域下层社会人民的生活，在社会史研究上有不可估量的价值。由于它的地方色彩很浓，又是运用福州方言写成的，所以，至今未引起外省学者的注意。笔者发现该书坦率地披露了福建古代的同性恋现象，为后人了解中国古代社会的同性恋问题提供了很好的线索，因此，笔者试图以该书为核心，分析探讨古代东南区域同性恋发生的社会背景、它的组合形式，以及对社会与家庭产生的影响，希望能够加深今人对中国古代东南同性恋现象的认识。

古代中国东南区域的同性恋现象是十分严重的，其中又以福建、广东两省为最。清人写道："书曰：无比顽童。逸书曰：美男破老。男色所从来远矣。逮汉昵邓通，嬖闳孺，极而思让帝位，拟立男后。其流祸未有不浸淫乱及于内者。沿至于今，闽广两越尤甚。"[1] 小说家凌濛初写道："原来这家男风是福建人的性命。"[2] 古代中国把同性恋叫作"男风"，又称"南风"，其原因在于同性恋在东南的福建、广东等省最盛。甚至有人认为中国的同性恋之风

① 褚人获 . 坚瓠五集：卷三 [M]，12.
② 凌濛初 . 初刻拍案惊奇：卷二十六 [M]. 长沙：岳麓书院，1989：267.

起源于闽粤，这当然是荒唐的。对此，闽人谢肇淛有一番辨解："今天下言男色者，动以闽广为口实，然从吴越至燕云，未有不知此好者也。"他考证道："男色之兴，自《伊训》有比顽童之戒，则知上古已然矣。安陵龙阳，见于传册，佞幸之篇，史不绝书，至晋而大盛。《世说》之所称述，强半以容貌举止定衡鉴矣。史谓咸宁、太康之后，男宠大兴，甚于女色，士大夫莫不尚之。海内仿效，至于夫妇离绝，动生怨旷……宋人道学，此风似少衰止，今复稍雄张矣，大率东南人较西北为甚也。"①这段话给探索同性恋的起源奠定了一个基础，它至少表明，同性恋在中国是很古老的社会现象，不过，福建和广东在唐以前尚属待开发区域，人口稀少，经济落后，对中原地区不可能发生什么影响。因此，说同性恋起源于福建，广东等地，显然是没有道理的。但是，从另一方面来说，人们会有这些言论，确实反映古代闽粤的同性恋现象比较突出。《闽都别记》中有那么多同性恋故事不是偶然的，值得我们把它作为典型去研究。

一、古代东南同性恋产生的社会背景

古代闽粤同性恋泛滥，和其独特的社会背景有关。第一，古代闽粤民众的性压抑现象比较严重，这是由多方面的原因造成的。首先，溺婴造成古代闽粤性别比例失调。宋代朱乔年曾说："闻闽人不喜多子，以杀为常。"②地方志写道："闽人生子多者至第四子，则率皆不举，为其赀不足以赡也。若女则不待三，往往临蓐以器贮水，才产即溺之，谓之洗儿，建剑尤甚。"③文中提到的建剑即福建的建州与南剑州，宋人一般认为二州是全国溺婴最严重的区域。在溺婴习俗流行的区域，女婴受溺的机会要比男婴大得多，据说，宋代福建人理想的子女结构是二男一女，女婴受溺的机会要大一倍。至于明清时期，人们只溺女婴，不溺男婴，这样，久而久之便造成男女比例失调。如清代福建的泰宁县："男多于女，故有僧道而无比丘尼。"④现略举几个县男女性比例数字：万历四十八年，浦城县的男子有32966人，女子11628人，两性比例接

---

① 谢肇淛 . 五杂俎：卷八 [M]. 上海：上海书店出版社，2001：145-146.

② 朱乔年 . 韦斋集：卷十 [M]. 文渊阁四库全书本，12.

③ 郑庆云等 . 延平府志：卷二十三 [M]. 影印天一阁藏本 . 上海：上海古籍书店，1961：19.

④ 张景祈等 . 邵武府志：卷九 [M]. 清光绪二十六年刊本，5.

近3:1！[①]嘉靖年间建阳县的男子为53970人，女子为29313人，两性比例接近2:1。[②]男多女少，造成许多男子无法成婚，如清代的漳州，"丁族繁庶，然其中有室殊少。盖有数子之家不得一妇，得一妇以为吉祥异庆。"[③]

其次，古代福建成婚率较低。古代福建人办婚事耗费极大，这给男女双方的家庭带来很大的压力，如邵武县："郡处万山中，素号贫瘠，乃风俗奢侈，每一婚嫁，动费全数百，一宴会费钱缗筐垒垒，炫熠耳目，山珍海错罗列几筵，富家仅足自完，中产一挥已罄。"[④]一种风俗一旦形成，人们就会不由自主地被卷进去，对结婚讲排场一事，谁都知道不好，但又不得不去做，"倘不如此，则乡邻讪笑，而男女皆怀不满，"结果出现了这种情况："富者以豪侈相高，贫者耻不逮，往往贸易举贷以办，若力有不及，宁姑置而不为。故男女有过时而不得嫁娶……皆是可深骇也。"[⑤]

其三，福建男性中流行出外谋生的习惯。在福建的福州、兴化、泉州、漳州、龙岩州、永春州、汀州等地，人多地少，人口压力自古以来就很严重，因此，当地男性大都走遍天涯，出外谋生，留在家乡是要被人瞧不起的。如晋江的安平镇："其地少而人稠，则衣食四方者，十家而七。故今两京、临清、苏杭间，多徽州、安平之人。第徽人以一郡，而安平人以一镇，则徽人为多。是皆背离其室家，或十余年未返者，返则儿子长育至不相别识。盖有新婚之别，聚以数日离者。"[⑥]古代交通不便，出外的男性"近者岁一归，远者数岁始归，过邑不入门，以异域为家。壶以内之政，妇人秉之。此其俗之大都也"[⑦]，这造成许多家庭的夫妻聚少散多，妻子在家乡的生活是很凄凉的："厦人多好远涉异域以谋生计，而留妻室于故乡，妇女未生育寂寞无聊，每嗣义子以自慰。"[⑧]

总之，古代福建的普通百姓家庭有"二难一少"，其一，男女性比例失调，成年男性求偶难；其二，结婚讲排场，筹措结婚资金难；其三，男性出

① 祖之望等.浦城县志：卷八 [M].清嘉庆十四年刊本，7–8.

② 朱凌等.建阳县志：卷四 [M].上海古籍书店1962年影印天一阁藏本，13–15.

③ 金星徽.上两台风俗书 [M]// 邓来祚等.海澄县志：卷二十一.乾隆二十七年刊，18.

④ 刑址等.邵武府志：卷二 [M].天一阁藏本.上海：上海古籍书店，1963：45.

⑤ 漳州到任条具民间利病五事奏状 [M]// 廖刚.高峰集：卷五，10.

⑥ 何乔远.镜山全集：卷四八 [M].日本内阁文库藏明刊本，12.

⑦ 史母沈儒人寿序 [M]// 李光缙.景璧集：卷四，726.

⑧ 茅乐楠.民国新兴的厦门 [M].厦门：厦门生活书店，1934.

外谋生，夫妻相聚时间少。"二难一少"造成古代福建人性压抑现象比较严重，于是，同性恋便成了宣泄口了。

第二，古代福建僧道数量多，寺观成为滋生同性恋的直接土壤。古代福建佛寺道观之多无法想象，宋代初年福建著名学者杨亿曾说他的家乡建州共有佛寺一千多所；而福州在北宋时有佛寺一千六百二十五所！① 其他各州寺庙之多也不亚于福建二州。寺庙多，出家人也多，据《三山志》《十国春秋》等书，五代时期闽王王审知一次度僧三千人，他的儿子王延钧一次度僧二万人。宋代有人说福州："生齿既滋，家有三丁，率一人、或二人舍俗入寺观。"② 因此，福建人口中僧侣比重很大："农家之子，去而从释氏者常半耕夫焉。"③ 以致有诗咏道："福州多僧天下闻，缁衣在处如云屯"。④ 佛教禁止僧侣结婚，他们中间流行同性恋是很自然的。关于这一点，沈德符说得好："宇内男色有出于不得已者数家，按院之身辞闺阁，阇黎之律禁奸通，塾师之客羁馆舍，皆系托物比兴，见景生情，理势所不免。"⑤ 他是以理解的态度描述这一切的。不过，佛教徒对这一切表述很隐晦。古书上罕见这一类记载，只有个别小说漏出一点信息。如《闽都别记》第五十三回写罗源白塔寺有一个小行者与一个头陀之间有私情，第一百一十一回记载了一个闽国时期福州乾元寺的和尚大觉极好男色，他的庙宇中有数十个沙弥长得十分漂亮，名为其徒，实为其同性恋奴仆。他还仗着是闽王替身的来头，在街上公然掳掠青年男子，结果被侠士打死。此外，第九十六回西禅寺的玉峦和净尘两个和尚"赤体同卧，犯盗淫戒"，结果被寺中长老"各责四十板，充当苦差赎罪"。

第三，海上商人、水手之间是滋生同性恋的又一土壤。中国东南区域人民有很多是从事海上生涯的。明代许孚远写道："东南滨海之地，以贩海为生，其来已久，而闽为甚。闽之福兴泉漳，襟山带海，田不足耕，非市舶无以助衣食；其民恬波涛而轻生死，亦其习使然，而漳为甚。"⑥ 可见，东南一带卷入海外贸易很深，其中又以福建最突出。据《福建沿海图说》一书，清

① 梁克家.三山志：卷三三 [M].陈叔侗校本.北京：方志出版社，2003：583.

② 请免卖寺观趱剩田书 [M]// 汪应辰.文定集：卷一三，148.

③ 卫泾.后乐集：卷一九 [M].文渊阁四库全书本，27-28.

④ 胡寅.斐然集：卷一 [M].北京：中华书局，1993：21.

⑤ 沈德符.万历野获编：卷二四 [M].北京：中华书局，1959：622.

⑥ 疏通海禁疏.许孚远.敬和堂集 [M]，26.

代福建海上的商渔船共达7344艘，清代有人说："闽地硗薄，无生产，人多地少，资于田者二，资于山者二，资于海者二，资于商贾者四。"[①] 如其所说，古代福建的水手、渔夫、海商的数量极多，约占沿海人口的二成。

在福建人的海上生涯中，流行女性禁忌，即禁止女性上船，民间俗语道："女人下船船会翻"。这条禁忌的执行是非常严厉的，《闽都别记》第一百七十三回记载了海盗们的禁令："不许携带家小，亦严禁劫掠妇女，如违令，即斩之。"有一位名叫林来财的海盗掳掠一名妇女"存匿船内"，未几，被海盗首领查出："将以违令之法斩之。"因此，海船之上成为清一色的男性世界。古代帆船的航速不快，一次航程通常要几个月至几年，航行生活极为枯燥无味。而且，船员的居住条件极为拥挤，一个英国人记载清代的中国海船："船长和水手一样睡在窄小得只能容人的铺位上，上面只有一张席和一个硬枕头，一个驳船上有四十至五十个船员。"[②] 显而易见，这种情况下很容易发生同性恋。尤其是成年累月在海上飘荡的海盗船，同性恋现象更为严重。如郑芝龙，"万历末为海寇颜振泉所掠，爱其少艾，有宠"[③]。从各种资料来看，差不多所有的海盗都是同性恋者，仅《闽都别记》就写了三个海盗同性恋的故事：第一百六十七回铁连环与攀桂，林来财与江涛，第二百二十九回海盗与都郎。因此，明代人有同性恋起源于海盗的说法，沈德符写道："闻其事肇于海寇，云大海中禁妇人在师中，有之，辄遭覆溺，故以男宠代之。"[④] 这似乎是站不住脚的。因为上古时期不存在女人不能上船的禁忌，一样存在同性恋。不过，话说回来，沈德符会有这种议论，确实表明海盗中同性恋十分流行。

古代福建社会同性恋的泛滥。因为福建有易于滋生同性恋的土壤，所以，古代当地的同性恋问题确比它处严重。明代的沈德符关于福建的同性恋有一番概括性的论述："闽人酷重男色，无论贵贱妍媸，各以其类相结。长者为契兄，少者为契弟。其兄入弟家，弟之父母抚爱之如婿，弟后日生计及娶妻诸费，俱取办于契兄。其相爱者年过而立，尚寝处如伉俪，至有他淫而告讦者，曰女嬲奸。嬲字不见韵书，盖闽人所自撰，其呢厚不得遂意者，或相抱系溺

---

① 谢章铤. 闽省形势答权守某公 [M]. 赌棋山庄全集文一，清刊本.

② 斯尚东. 英使谒见乾隆纪实 [M]. 上海：上海书店出版社，2005：253.

③ 洪若皋. 海寇记 [M]. 昭代丛书本，2.

④ 沈德符. 万历野获编·补遗：卷三 [M]. 北京：中华书局，1959：903.

波中。"①

从《闽都别记》所述故事来看，沈德符的叙述大致是正确的。

二、古代福东南社会同性恋者的行为特征

第一，表现的形式与内涵近似乎于异性恋。同性恋是人类爱情的异化，从《闽都别记》的一些事例中我们可以看出，一些同性恋者之间的感情非常专一，达到生死不离的地步，有如男女之间的爱情。如第一百三十四回的阮梅萼与马柳枝，她们从小在一起游玩，长大后"谊为生死姐妹"，"寝食不离"。她们不肯嫁人，"欲结庵山上，同去修真养性"。诗人称赞她们："鱼水夫妻应不异"，"金兰姐妹更称奇"。第五十二回田杲与归玉，"自各十五六岁同窗交纳起，今俱三十一二岁，犹不相离，人皆称之重生管鲍，再世左羊"。田杲长期供养归玉，两人亲密无间。同性恋者之间感情深厚。有不少人愿意为对方牺牲自己的切身利益，如第三十七回，一位名叫黄甫的船主救了一名落水青年，两人"寝食不离，宛如夫妇"。但这被救的人一上船便头眩目昏，呕吐不止。船主为了成全对方，遂改业开店，在市头开杂货一大行屋。船主正当壮年，妻已亡故，其女儿劝他："爷既回家开店，现无弟妹，何不再娶母？"黄甫深恋同性恋伙伴，竟不肯再娶。可见，这位船主为对方牺牲不少。第一百六十七回的铁连环和攀桂，铁连环在海上组织了一支数百艘船的海盗武装，是官方通缉的要犯。但他因恋慕官宦子弟攀桂，竟甘冒风险，潜入衙门，施尽各种手段，终于达到目的。后来，他为攀桂率海盗队伍接受闽王招安，在一次与外敌作战时，攀桂陷入重围战死，铁连环为救攀桂杀入重围，战死于一处。死时铁连环死死抱住攀桂尸体，拆也拆不开，人们只好将他们葬于一处。在一部明清笔记小说上，我还看到过这样一个故事：某个福建籍的政治家被流放于北方边疆，他的同性恋伙伴竟伴着他长途跋涉来到流放地，在冰天雪地的北国过了好几年。这种牺牲精神实在不亚于我们在异性之间经常看到的动人的爱情故事。

第二，不排斥异性恋。同性恋者有没有对异性的恋情？这对现代医学界一直是个谜，近年有个美国学者发现同性恋者也常涉足异性恋，大为惊讶，

---

① 沈德符. 万历野获编·补遗：卷三 [M]. 北京：中华书局，1959：902-903.

自诩为一大发现，其实，只要稍许了解中国古代同性恋的现象，就可得知同性恋者并非完全没有对异性的性要求。如《闽都别记》第一百六十六回，有一女子名采云，女扮男装，寄住于攀桂之家，攀桂是个同性恋者，以为采莲是同性，十分爱慕，后来偶然发现采莲是女性，便想和她结婚。旁人论述道："前以男遇男便亲爱，如今知是女，岂不锦上添花？"，又如第三十二回的俞百均和徐得兴。两人在药材店当学徒时，亲密无间，成年后，各自成立家庭，娶妻生子。大凡说来，同性恋者对异性的需求各有差异，有的对异性基本没有性要求，他们大都不愿结婚，即使结婚，也都流于形式。第一百一十八回的少年客商张青和梁韵乃"同年同月同日同时出世，品貌皆美，总角时寝食不离。其父母早为其同时婚娶，张音娶梁氏，梁韵娶张氏。归房只三夜，出仍同榻。其父母亦无奈之何。"有的对异性的需求和对同性的渴求是并存的，这类人比前者多。第六十九回的杨柳月是个很典型的例子，他在异性和同性两个方面同时"出击"，四处渔色。此外，如闽王王延钧设置了女皇后和"男皇后"，这些都是显示他性要求的两面性。

另有一些人实际上并没有同性恋的生理欲望，但出于某种目的，也参与同性恋。以福建古代的契儿、契弟来说，他们很多人就是因为钱财上的原因心甘情愿地扮演这种角色的。像《闽都别记》第三十七回的辛喜，第一百一十八回的易如愿都是这一类人物。第三百四十九回的袁喜，则是误把绸商王辑当作福建总督姚启圣而与他发生同性恋关系的。还有些人在家中蓄养姣童，玩弄小旦，则完全是为了赶时髦。这类人都不能说是真正的同性恋者，他们的行为也会出现两面性。

第三，同性恋团伙时有所闻。同性恋者之间可能有深厚的感情，但大多不专一，以第一百一十八回的张音和梁韵来说，两人寝食不离，感情应是非常深厚了，然而他们还想方设法寻找其他的同性恋伙伴，先是找林庆云，未成，后又找一戏子，将他供养在家中。所不同的是，他们是共同行动的。这样，成对的同性恋者很容易向三人以上的团伙发展。如《闽都别记》第一百一十一回的大觉和尚，有"大丛林十个沙弥"为其伙伴；第六十九回杨柳月与二个店管事组成三个人的团伙，第一百六十七回铁连环与其海盗伙伴实际上也是同性恋团伙；最为典型的是第二百八十四回至二百九十回以郑唐为核心的同性恋团伙，郑唐是个秀才，却有强烈的同性恋欲望，"若遇油头粉面不想，若见俊俏子弟便尖钻谋换。别事一毛不拔，惟男风挥金如土。"他先骗奸农家子弟云中凤，利用云中凤欠债的困难，将其收留于家中，令其男扮女装，作为自己的男妾；继而郑唐又诱奸李金蛟、顾里兴、宋万里、邹化里、高冠里等五名书院学生，他以教学为名，养五人于家中，共同生活五年之久。

第四，养男妾，玩戏子成为社会风气。如前所述，郑唐养云中凤于家中；又如第三十六回，陈基阉刘洛为男妾，蓄于家中。较为普遍的是"结契"，"长者为契兄，少者为契弟"。又有"契父"与"契儿"："壮夫好淫，辄以多赀娶姿首韶秀者与讲衾绸之好，以父自居，列诸少年于子舍，最为逆乱之尤。"①契父与契兄一般都将契弟与契子养于家中，供养他们的生活，如第五十二回，田杲供养归玉。契弟的人身比男妾较为自由，他们可以随意往来于契兄家及自己家，但他们的实际地位比男妾高不了多少。

同性恋者之间也存在着卖淫和犯罪现象，明清时期北京有专门的男性妓院——相公院。男妓的起源很早，宋代官方是禁止男性卖淫的，法律规定："男子为娼者杖一百"，有检举告发的人"赏钱五十贯"。元代的男妓便合法化了，周密写道："吴俗此风尤盛，新门外乃其巢穴。皆傅脂粉，盛装饰，善针指，呼谓亦如妇人，以之求食。其为首者号师巫行头。凡官府有不男之讼，则呼使验之。败坏风俗，莫甚于此。"②福建尚未发现存在这类男妓院的资料，但毫无疑问的是，一些戏班子扮演了这种角色："福州以下，兴、泉、漳诸处有七子班，然有不止七人者，亦有不及七人者，皆操土音，唱各种淫秽之曲。其旦穿耳傅粉，并有裹足者，即不演唱亦作女子装，往来市中，此假男为女者也。"③古代东南玩弄男戏子的风很盛，"优童媚趣者，不吝高价，豪奢家攘而有之。蝉鬓傅粉，日以为常。"④正如《闽都别记》的作者所写，"如行时之小旦，豪家子弟花去冤银无算，无有不做肝反被肺压，皆得意之甚。"（第二百八十八回）第一百一十八回的张音与梁韵即养了一个戏子在家，最后搞得倾家荡产。这些戏子大都很擅长勾引富家子弟，他们在台上演戏时便与观众调情。有些场景十分可笑："下府七子班，其旦在场上故以眼斜睨所识，谓之扑翠雀，亦曰放目箭，目飞眼来。其所识，甫一见，急提衣衿作兜物状，跃而承之，迟则由旁人接去。彼此互争，有至斗殴涉讼者。但俗之可笑如

---

① 沈德符.万历野获编·补遗：卷三 [M].北京：中华书局，1959：902-903.

② 周密.癸辛杂识：后集 [M].北京：中华书局，1988：109.

③ 施鸿保.闽杂记：卷七 [M].福州：福建人民出版社，1985：107.

④ 陈懋仁.泉南杂志：卷下 [M].丛书集成初编本，25.

此。"①玩弄戏子之风在北京与南京同样很盛，所以，明代的谢肇淛有这样的说法："今天下言男色者，动以闽广为口实，然从吴越至燕云，未有不知此好者也。""今京师有小唱，专供绪绅酒席，盖官使既禁，不得不用之耳。其初皆浙之宁绍人，近日则半属临清矣，故有南北小唱之分。然随群逐队鲜有住者，间一有之，则风流诸缙绅莫不尽力邀致，举国若狂矣，此亦大可笑事也。"②清代北京的京剧演员大多也从事这种行当。和卖淫现象相伴随的，是同性恋的犯罪行为。第六十九回，杨柳月骗奸两个妻弟，第一百一十一回，大觉和尚公开掳掠青年男子，第一百六十七回，林来财强奸江涛，第一百八十八回，江涛强奸南徽，第二百二十九回，都郎被海盗强奸。第二百八十四回，郑唐诱奸学生，这些都是犯罪行为。

第五，同性恋神灵的创造。清代福州有世界上独一无二的同性恋之神——胡天保。施鸿保写道："省中向有胡天保，胡天妹庙，男女淫祀也。胡天保亦曰蝴蝶宝。其像二人，一稍苍，一少晰，前后相偎而坐。凡有所悦姣童，祷其像，取炉中香灰，暗撒所悦身上，则事可谐。谐后以猪肠油及糖涂像口外。俗呼其庙为小官庙。"③对胡天保的崇拜据说发端于清初，清代学者袁枚写道："国初御史某，年少科弟，巡按福建。有胡天保者，爱其貌美，每升舆坐堂，必伺而睨之。巡按心以为疑，卒不解其故，胥吏亦不敢言。居无何，巡按巡他邑，胡竟偕往。……巡按愈疑，召问之，初犹不言，加以三木，乃云实见大人美貌，心不能忘，明知天上桂，岂为凡鸟所集，然神魂飘荡，不觉无礼至此。巡按大怒，毙其命于枯木之下。逾月，胡托梦于其里人曰：我以非礼之心，干犯贵人，死固当然。毕竟是一片爱心，一时痴想，与寻常害人者不同。冥间官吏俱笑我，揶揄我，无怒我者。今阴官封我为兔儿神，专司人间男悦男之事。可为我立庙招香火。闽俗原有聘男子为契弟之说，闻里人述梦中语，争醵钱立庙，果灵验如响。凡偷期密约，有所求而不得者，咸往祷焉。"④从其起源过程看，这是从真人神话过程中产生的新神灵。它的存在，反映了古代福建同性恋史的突出性。

① 施鸿保.闽杂记：卷七 [M].福州：福建人民出版社，1985：109.

② 谢肇淛.五杂俎：卷八 [M].上海：上海书店出版社，2001：146.

③ 施鸿保.闽杂记：卷七 [M].福州：福建人民出版社，1985：105.

④ 袁枚.子不语：卷一九 [M]，4-5.

三、同性恋和古代东南家庭的异化

家庭的存在是以异性婚姻为基础的，同性恋广泛存在于东南古代社会，这对家庭会产生什么影响呢？多方面的情况表明，同性恋造成东南古代家庭夫妻关系，财产关系，经营关系的异化，甚至出现了同性恋家庭。这些都说明同性恋对古代东南社会的影响是极为深远的。

同性恋和古代家庭夫妻关系的异化。同性恋者结为契兄弟、契父子、契姊妹，甚至在家里设置男妾，这给家庭的夫妻关系带来不稳定因素，《闽都别记》第一百一十八回写张音和梁韵玩弄戏子："有个戏子姓易名如愿，眉目风流，喜之。遂捐金代其赎身，日则伺候，夜则三人共枕。那音韵贪骑别人马，失却自己牛，其妻张梁二氏与如愿私通，犹不知也。至买货欲带如愿同行，如愿诈以有病，俟愈后再赶去。二人以行期迫遂先去了。如愿见二人已去，便畅胆胡为，在家赌博嫖荡，将二家之产业败尽，其使女皆卖去，家中之雇工之妇人，设计逐去。二家之余囊已尽，而二妇之腹膨胀矣。"后来，张音与梁韵的妻子都因羞愧而自杀。这是同性恋导致倾家荡产、家破人亡的例子。这类事在贵族官员的家庭内部也时有发生。如唐末福建观察使陈岩置有男妾陈侯伦。史载陈侯伦"少年美丰姿，唐末事福建观察使陈岩，以色见嬖，得出入卧内，与岩妾陆氏通，有娠。"[①]

又如五代时闽王王延钧拥有女皇后陈金凤及"男皇后"归有明。王延钧晚年得"风疾"，两位皇后便私通。"惠宗（王延钧）尝命锦工造镂金五彩九龙帐于长春宫，既成，进之。守明日宿于内。国人歌曰：'谁谓九龙帐，惟贮一归郎'。"[②]《闽都别记》对王延钧、归有明，陈金凤三人之间的关系铺陈描写，极为秾艳。后来，陈金凤通过归有明又与归早年的同性恋伴侣百工院使李可殷私通。陈、归、李三人相互勾结，不仅秽乱宫禁，还贪赃枉法，最终引起一场兵变，三人连带王延钧均死于叛军之手。

以上的例子表明，同性恋对一些家庭的夫妻关系起了瓦解作用。不过，这只是事情的一个方面，从总体而论，古代福建人受朱熹的影响较深，男女之大防极为严厉，在多数家庭里，同性恋者寄生于家庭之中，至少在形式上不破坏原有的家庭关系。《闽都别记》第五十二回叙述了一个奴仆试图破坏主

---

① 　吴任臣．十国春秋：卷九四 [M]．点校本．北京：中华书局，1983：1359-1360.

② 　吴任臣．十国春秋：卷九四 [M]．点校本．北京：中华书局，1983：1361.

人的同性恋关系：这个奴仆叫文甬，他对主人田杲与归玉之间的亲密关系极为妒忌，使用栽赃法诬陷归玉与田杲的婢女私通，田杲知道了，一笑置之。文甬又诬陷归玉和田杲的妻子通奸，田杲得知，不辨真假，勃然大怒。他休妻、卖婢，与归玉绝交。可见，就普通人的感情来说，他们无法接受同性恋者秽乱家庭的行为。而且，当时的社会舆论也遣责这类破坏家庭的人。因故，在社会压力下，由同性恋而导致乱伦的现象较少出现。多数人家养契儿，契弟，男妾的，都采取一些防范措施。例如，第二百八十四回郑唐家里畜养了五六个同性恋伙伴，然而，"不与入内，只在外书房玩。唐之墙屋极深，前门朱紫坊，后坐花园街。其妻在尾落，无出外书房，任之行为也"。

同性恋对家庭夫妻关系的冲击主要表现在感情上。丈夫移情于同性恋者，妻子便受冷落了。像郑唐的妻子独居后房，有时也会讽刺郑唐："断袖分桃，难免掩鼻之愧，"要他以"夫妇之大伦"为重，尽改前非。所以，谢肇淛认为同性恋会造成"夫妇离绝，动生怨旷"。第一百一十八回张音，梁韵两人的妻为戏子易如愿所乘，便是一个极好的例子。

同性恋对家庭经营方式的渗透也很引入注目。首先，同性恋者常成为经营上的合伙人。《闽都别记》第三十三回的俞百均和徐得兴，从小在药材店学艺时即结成同性恋伴侣。成年后，"俞百均得外甥一千银，在福州鼓楼前开药材店，徐得兴自幼乃肝胆之交，不论有本无本，同未分爨之手足，钱财使用无算。"同性恋者的相互友谊很深，他们一旦合伙，便能完全信任对方，在古人看来，这是一种很理想的经营伙伴。第三百五十二回，王辑开一绸缎店，用其伙伴袁喜"站店帮忙生理"。他们团结一心经营成功的例子也较多，如张音和梁韵少年经商，"父母恐其年轻未识，谁知更胜老客，大得利"。后来，两人创就了一份大产业。

派遣契儿经商是另一种形式。福建的史籍记载："殷富之家大都以贩洋业，而又不肯以亲生之子令彼涉险，因择契弟之才能者螟蛉为子，给以厚资，令其贩洋贸易。获有厚利，则与己子均分。"[1]明末大海盗郑芝龙即为大海商李习的契儿："郑芝龙……少随大贾李习贩日本。习与同寝，见巨人数十，披甲持兵侍列，心异之，抚为义子，为娶日本长崎王族女为妻。"[2]郑芝龙以后发

---

① 德福等．闽政领要：卷二 [M].上海市图书馆藏乾隆刊本，29.

② 温睿临．南疆逸史：卷五四 [M].北京：中华书局，1959：422.

家，和这段历史是有关系的。又如第《闽都别记》第三十七回，黄甫开杂货店将店面事务全部委托给辛喜。由于这种方式流行，一些贫穷人家子弟视契儿为一条生活出路，尽管他们不一定有同性恋的生理欲念，却想尽办法巴结富有人家，情愿做人家契儿。契儿若经营成功，通常能分得一大批财富，许多人便因此脱贫致富，成为大户人家。因故，古代福建的风气是："贫者之父母兄弟不以契弟之称为可耻，而反以此夸荣里党。"[①]

有些商人家庭为了经营上的利益则不惜以自己的亲属抵押给别人做契儿。明代一个官员论福建沿海风俗："又见漳泉恶俗，童男、幼女抵当番货，或受其值而径与其人而赚得其货"[②]；其中以童男抵押给别人就是作契儿了。在《闽都别记》第一百八十三回，我们即看到这样一个实例：福州长乐军正使祝长安早年从事海外贸易。"那年，至渤泥国进港，船碰礁凿破，货没人存……又向王借本，因不借，将子晓烟送进为质。又借五千银，装贷来中国发了。复至渤泥，王知获息无几，不待开言，又发银五千与之。置货往返数回，得息数倍，遂加息还本，与王赎子。"结果，出乎意料的是："王不收银，亦不还子"。后来查出原因是："晓烟甚美，番王恋之不舍。"祝晓烟是祝长安的独子，"不还即绝嗣"，因此祝长安苦苦哀求，想尽办法讨回其子。这是利用契儿关系发财，但险些造成家庭破裂之一证。

同性恋还对家庭的财产关系产生影响。同性恋者重视感情更胜过财产，他们通常是很舍得为同性恋伴侣花钱的，如上例所说的番王同性恋伙伴祝晓烟，他最终离开番王时，"带出无数珍宝"。有的人甚至将财产分给伙伴，《闽都别记》第五十六回，木材商冷光与艾巩结为同性恋伙伴，冷光马上许诺："家财一股匀分弟，同乐终身。"艾巩提出："兄家有嫂、侄儿，肯将家财分与外人乎？"冷光曰"愚兄家财之外，另埋存银一千两在西楼下，无人知之，弟之至时，只说西楼屋借弟居住，那埋存之银，慢慢任弟去开取，还有不稳当之处？"这样看来，同性恋者互相赠送财产也会受到家庭成员的抵制，特别是大批财产。不过，即使是亲兄弟之间，也会出现争产的情况，所以，出现这种情况是不奇怪的。个别同性恋者的家庭阻力小，他们便有可能在更大程度上通融财产。例如第三十二回俞百均和徐得兴之间，由俞百均出资本开

---

① 德福等.闽政领要：卷二 [M].上海市图书馆藏乾隆刊本，29.

② 冯璋.通番舶议 [M]// 陈子龙等.明经世文编：卷二百八十 [M]，2966.

药店，却不明显区分谁是店主，赢利共同使用。又如第一百一十八回张音和梁韵之间，两个人在父母死后同居共爨将财产合为一体。

同性恋者自组的家庭。这类家庭在今天的闽粤沿海区域还可见到，不过，由于社会舆论对这种行为的贬低，所以，这类家庭大多是悄悄地存在，被人们所忽略。据说，这类家庭的产生要通过世俗认可的结婚仪式。缔婚双方虽为同性，但分别扮演不同的角色，"男方"出彩礼，"女方"陪嫁妆。结婚仪式类同于异性婚姻仪式，婚礼大都办得很隆重，双方的亲戚都要到场，并各自邀请亲朋好友参加宴会。婚礼结束后，这一"家庭"就算被社会承认了。这类同性恋家庭明显是起源于古代的，然而，在福建史籍上尚未找到一例，这可能是这种事情多发生于偏僻的农村的缘故。但在清代和民国时期的广东，同性恋家庭则是公然存在于世的。例如顺德县女子的金兰契婚姻："金兰契俗名夸相知，又名识朋友……（顺德丝厂）女工之感情遂日洽，故有择其平日素相得之一人，结为金兰之契，其数仅为二，情同伉俪。后佣妇多效之，浸假而大家闺秀亦相率效尤，遂成风气矣。其内容男界或不能尽知者。其契约成立之手续，必须双方允洽，颇具法律之形示，如双方颇有意，其一方必备花生糖、蜜枣等物为致敬品，以为意思之表示。若其他方既受纳，即为承诺，否则为拒绝。至履行契约时，如有积蓄者，或遍请朋侪作长夜饮，而其朋侪亦群往贺之。此后坐卧起居，无不形影相随，曾梁鸿、孟光不足比其乐也。契约既经成立，或有异志，即以为背约，必兴娘子军为问罪之师，常备殴辱，几成一种习惯法。按二女同居，虽不能具有男女之形式，实具有男女之乐趣……此言不雅训，缙绅先生难言之。彼辈更择有后代以承继其财产，后其嗣女复结一金兰契，若媳妇然，如血统之关系，亦云奇矣。"[①]

以上是顺德县女子成立同性恋家庭的情况，其实这种风俗也存在于男性中，《广东通志》记载："情好曰契，积习相沿，男妇一辙。"[②] 这些都表明闽粤沿海曾广泛存在着同性恋婚姻家庭。

综上所述，同性恋造成古代东南家庭的多方面异化，它影响到沿海人民生活的每一个侧面。这种事实的存在表明中国古代社会对同性恋是相当宽容的，甚至在有些时代成为一种时髦。

---

① 胡朴安.中华全国风俗志·下编 [M].郑州：中州古籍出版社，1990：389—390.

② 阮元修，陈昌齐，刘彬华等.广东通志：卷九二 [M].上海：上海商务印书馆，1934：1790.

四、古代福建与东南同性恋者的社会地位问题

　　现代社会对同性恋现象有个从不理解到理解的过程。在西欧中世纪，天主教廷视同性恋为万恶之首，有同性恋行为者多被处以死刑。进入近代以后，尽管天主教会已不能控制各国的法庭，但他们对同性恋者的严厉措施仍有潜在影响，例如，俄国伟大的音乐家柴可夫斯基就是因为同性恋行为被发现而被迫自杀的。不过，自从弗洛依德等精神分析学者从事解释同性恋现象以来，西方人对同性恋从不理解渐变为宽容，近年允许同性恋婚姻成为一股潮流。和西方社会相比，中国古代同性恋者的社会地位怎样呢？这无疑是个值得重视的问题。

　　古代福建和东南同性恋行为的普遍性。同性恋者在社会中的地位和他们所占比重大有关系，古代福建和东南的同性恋几乎泛滥成灾，几乎每个阶层的人都有卷入同性恋，仅以《闽都别记》来说，该书叙述了十六七对同性恋故事，第三十二回徐得兴与俞百均，两人同是药材店学徒；第三十七回辛喜与黄甫，是船上人与无职业者；第五十二回田杲与归玉，是地主与书生；第五十六回冷光与艾敬郎，是木商与书生；第五十八回王延均和归有明，是国王与幸臣；同回归有明与李百殷，两人同是幸臣；第六十九回杨柳月和二个妻弟，是当铺商人与店管事；第一百一十一回大觉和尚，是僧人；第一百一十八回张音、梁韵和易如愿，是商人与戏子；第一百三十四回阮梅萼与马柳枝，两人同出身于亦农亦儒的家庭；第一百五十九回一枝与邵卿，两人同为官宦之女；第一百六十七回铁连环与攀桂，是海盗与官宦子弟；同回林来财与江涛，是海盗与官员；第一百八十八回江涛与南徽，是官员与平民子弟；第二百零一回周艳冰与高芳洲，是书生之间；第二百二十九回席中虚与都郎，是客商与官商；第二百八十四回郑唐与李金蛟等人，是老师与学生；第三百四十九回王辑与袁喜是绸商和茶房等，涉及面很广。

　　就闽粤历史上的政治名人来说，也有不少人是同性恋者。唐末福建观察使陈岩的家中有男妾——陈侯伦；五代时，闽国国主王延钧设有男皇后；明末清初的郑芝龙、郑成功、郑经三代都有断袖之癖；同时代的洪承畴十分爱好男色，清人毛奇龄甚至说他降清是皇太极用小旦引诱所致。以上一些例子都是史有证明的，它从又一侧面说明了古代闽粤同性恋的泛滥。

　　古代东南社会对同性恋行为的看法。由于同性恋者在社会中占了相当比

重，甚至形成了一种风气，所以，古代福建人对同性恋行为是见怪不怪，并不把它当作犯罪。第290回郑唐和学友们有一段对话："郑唐曰：'我早数年好男色是有的，只后亦看破不为，其女色一生不二，有敢行此不端之事者耶？'众曰：'我们正说君……从无行此失德之事'。"这段对话耐人回味，它说明当时人并不认为搞同性恋是"失德行为"，郑唐曾搞过六个同性恋伙伴，却坦然地宜称自己从来没做过"不端之事"，学友们也仍然把他当成有德的君子。在当时人眼里，搞同性恋和乱搞妇女是有本质区别的。第一百六十五回，周新月追求女扮男装的申樾，当庆云责备他的，新月回答道："男色方敢，女色敢如是耶？"有的女性对丈夫的同性恋行为也持宽容的态度，如第一百七十二回，攀桂的同性恋行为暴露，他的妻子反而宽解他："不须害怕！亦不须羞愧。"总之，大多数人对这种行为是见怪不怪的。因此，在中国过去的法律里，从来没有把同性恋当作犯罪的规定。北京的相公院公然存在于首都，元代虽然禁止过男娼，然而，那仅是禁止卖淫，而不是禁止同性恋行为的本身。

古代东南社会甚至将同性恋看作是友谊高度发展的象征。从《闽都别记》的主调中我们可看到，像徐得兴与俞百均、张音和梁韵、铁连环和攀桂、艳冰和高芬洲之间忠贞不渝的同性恋感情，都是被当作人类行为的典范来歌颂的。同居共财是古代儒家知识分子最欣赏的家族形式，但它却在同性恋者徐得兴和俞百均、张音和梁韵之间实现了。又如儒家认为忠臣死节是人伦道德的最高体现，《闽都别记》的作者以同性恋者铁连环、攀桂来充当这种角色，让他们为国家共同战死沙场，死后受到国家和百姓的祭祀。《闽都别记》是一部民间文学总集，它的主题与格调基本上反映了普通百姓的立场和观点。

《闽都别记》还谴责破坏同性恋者相互友谊的行为。在中国古代的戏曲中，常有这样一类故事：男女主角是"天生一对，地配一双"，然而，有个别丑角挑其间，导致好事顿生波澜，经过一段曲折后，真相大白，双方关系比以前更加美好。我们且不去评论这类故事的文学价值如何，值得我们注意的是：在福建民间传说中，这类故事同样出现在同性恋者之间。例如《闽都别记》第五十二回田杲与归玉的故事：田杲家中很有钱，"交一朋友，姓归名玉，自各十五六岁同窗交纳起，今俱三十一二岁"。田杲的奴仆文甬忌妒他们的友谊，污蔑归玉与田妻通奸，田杲大怒，与归玉绝交。后因罗源县刘巡检智勘此案，恶奴奸计败露，真相大白，田归二人重又言归于好。这则故事表明，当时民间对破坏同性恋双方关系的人，是鄙视的。

　　契弟和契子的社会地位。这两种人社会地位是不高的，第一百七十二回，攀桂的妻子笑他为"海贼契弟"，攀桂暴跳如雷，至今，广东人还把"契弟"当作骂人的话。然而，契弟和契子在社会上受歧视的原因并不在于他们从事同性恋，而在他们被置于"妾"的位置上。正如夫妻关系中，妻子的社会地位是高的，妾的位置等同于奴婢一样，契弟与契子实际的社会地位也类似于奴婢，他们只是对方的玩物而已！不过事情也有例外，下层社会也有人以当"契弟""契子"为荣，如《闽政领要》记载："殷富之家……择契弟之才能者螟蛉为子，给以厚资，令其贩洋贸易，获有厚利，则与己子均分……在贫者则藉此希图致富。是以贫者之父母兄弟不以契弟之称为可耻，而反以夸荣里党。"该怎样解释这种现象呢？我们知道，在中国古代社会，统治者虽然自我标榜为"四海一家"，但是，实际等级观念是极为严重的。有钱有势的人家与平民的地位相差悬殊，甚至他们家奴的地位远比平民高。如明代权相严嵩的家奴严年权势显赫，普通官员也要退让三分，更不要说平民百姓了。因此，有些无耻之徒便以能当权势者的家奴为自豪，上述以"契弟"为荣风气和这种现象是同质的，它并不足以反映契弟真实的社会地位。

　　总而言之，中国古代的同性恋者生活在一个比较宽容的社会环境中，同性恋行为并不影响他原来的社会地位，契弟受歧视，主要是由于他们自甘于男妾的位置。

　　马克思在《德意志意识形态》中提出了一个著名的观点：人类历史主要是人类日常生活的历史，倘若我们接受马克思这个观点，那么，我们就得承认：同性恋是个值得研究的社会问题。就它在中国古代东南社会的普遍性和延续性来看，它无疑对人类历史的进程产生了很大的影响。可是，目前我们对它的研究是不够的，希望以后有高水平的研究成果问世。

附录一 徐晓望社会史论文目录

徐晓望:《试论明清时期官府和宗族的相互关系》,《厦门大学学报》1985年3期。

徐晓望:《清代闽南的乡族械斗及其原因探微》,《福建公安专科学校》1986年1期。

徐晓望:《福建历史上几个人口数字考证》,《福建论坛》1987年第4期。

徐晓望:《明清时期土地买卖对商业资本积累产生重大影响了吗?》,《学习月刊》1987年9期。

徐晓望:《试论中国古代亚细亚生产方式的化石——义门》,《东南文化》第3辑,1988年。

徐晓望:《明清时期奢侈消费未必严重阻碍资本积累进程》,《理论学习月刊》1988年5期。

徐晓望:《论影响人类社会发展的四种因素》,《理论学习月刊》1988年10期。

徐晓望:《论中国历史上内陆文化和海洋文化的交征》,《东南文化》1988年3—4期

徐晓望:《论人类社会形态进化的层次网络模型》,《文史哲》1989年2期。

徐晓望:《试论清代闽粤乡族械斗》,《学术研究》1989年5期。

徐晓望:《从闽都别记看福建古代商人的活动》,《福建论坛》1989年第4期。

徐晓望:《福建古代溺婴习俗嬗变考》,《社会公共安全研究》1988年1期。

徐晓望:《"临水夫人"考》,《海峡两岸文化交流》史料第一辑,华艺出版社1990年。

徐晓望:《中国封建社会发展迟滞原因新探》,《理论学习月刊》1990年3期。

徐晓望:《论中华文化与闽台文化》,《东南文化》1992年3—4期。

徐晓望:《论唐末五代福建佛教的发展》,新加坡《南洋佛教》第302期。

徐晓望:《论母亲崇拜与临水夫人信仰的性质》,《陈靖姑文化研究》1993年8月。

徐晓望:《论河洛文化南传与闽文化的崛起》,《寻根》1994年1期。

徐晓望:《论闽国时期福建的人口问题》,《福建史志》1994年第2期。

徐晓望:《明清福建妇女的社会劳动和社会地位》,张炳午主编:《中国历史社会发展探奥》,辽宁人民出版社1994年。

徐晓望:《论唐代福建儒学教育的发展与文化的兴盛》,《教育评论》1996年第1期。

徐晓望:《琉球与福建的女神崇拜比较》,《第五届中琉历史关系学术会议论文集》福建教育出版社1996年。

徐晓望:《闽台妈祖文化源流》上,《福建民族》1996年第1期。

徐晓望:《闽台妈祖文化源流》下,《福建民族》1996年第2期。

徐晓望:《闽台蛇崇拜源流》,《福建民族》1996年第3期。

徐晓望:《叶向高与福清社会》,《福建文史》1996年第6期。

徐晓望:《论福建思想文化的区域特征》,《福建论坛》文史哲版,1996年第3期。

徐晓望:《福建客家文化与区域文化特性》,《客家》1996年第1期。

徐晓望:《论东南母亲崇拜与观音信仰的嬗变》,新加坡《亚洲文化》第19期。

徐晓望:《关于福建民间信仰问题的思考》,《福建论坛》1997年3期。

徐晓望:《关于福建民间信仰的调查与研究》,《宗教与现代社会》福建教育社1997年。

徐晓望:《略论闽台瘟神信仰起源的若干问题》,《世界宗教研究》1997年第2期。

徐晓望:《福建人与澳门妈祖文化渊源》,《学术研究》1997年第7期。

徐晓望:《福建人与澳门妈祖文化渊源》,《学术研究》1997年第7期。

徐晓望:《闽台汉族籍贯固始问题研究》,《台湾研究》1997年第2期。

徐晓望:《澳门的天后圣母崇拜与中西宗教的兼容》,台湾《历史月刊》1997年第4期。

徐晓望:《论妈祖与中国海洋文化精神》,《福建学刊》1997年第6期。

徐晓望:《五代时期的畲族与客家》,《福建文史》1997年第1期

徐晓望:《宋代福建佛教的盛衰》,新加坡《南洋佛教》第307期。

徐晓望:《清代官府祭祀天后仪礼研究》,《澳门妈祖文化论文集》澳门海事博物馆、澳门文化研究1998年4月,联合出版。

徐晓望:《宋代的闽籍宰相》,《炎黄纵横》1998年1期。

徐晓望:《南宋福建人口统计数据辨正》,《福建史志》1998年4期。

徐晓望:《论科举制与中国东南的开发》,《东南学术》1998年第6期。

徐晓望:《论元代福建的人口问题》,《福建论坛》文史哲版,1998年第6期.

徐晓望:《从航运之神到好运之神》,陈国强、林华章主编:《两岸学者论妈祖》第二集,香港闽南人出版 有限公司1999年。

徐晓望:《从闽都别记看中国古代东南区域的同性恋现象》河南《寻根》杂志1999年第三期。

徐晓望:《论福建思想文化的发展道路》,《闽文化源流与近代福建文化变迁》论文集,海峡文艺出版社1999年。

徐晓望:《论吴隋二代台湾移民进入大陆南部》,《海峡两岸台湾移民史学术研讨会论文集》1999年内刊本。

徐晓望:《早期台湾史考证》,海风出版社2014年。

徐晓望:《古代罗马家族制度及西方理解东方的误区》,《学术研究》2000年第7期。

徐晓望:《明代福建的人口统计的一些问题——从人口统计看明朝官民关系的相互调整》,《中国社会历史评论》第二卷,天津古籍出版社2000年。

徐晓望:《明代福建人口统计问题》,《中国社会历史评论》2000年第3期。

徐晓望:《论早期台湾开发史的几个问题》,《台湾研究》2000年第2期。

徐晓望:《闽南民系的社会经济特征与台湾开发》,《福建论坛》(文史版)2000年第1期。

徐晓望:《论缘文化与闽台社会的人际关系特征》,《福建论坛》经济社会版2000年第7期。

徐晓望:《五缘文化——世界华人社会的组合特征》台湾《民声杂志》2000年第1期。

徐晓望:《福建佛教与民间信仰》,《法音》2000年1期。

徐晓望:《论宋代福建经济文化的历史地位》,《东南学术》2002年2期。

徐晓望:《唐代福建的佛教流派及其对外交流》,《中共福建省委党校学报》2002年第6期。

徐晓望:《宋元福建丝织业考略》,《福建史志》2002年3期。

徐晓望:《闽台海洋文化的起源》,《海峡交通史论丛》海风出版社2002年。

徐晓望:《从溺婴习俗看福建历史上的人口自然构成问题》,《福建论坛》经济社会版2003年第3期。

徐晓望:《贸易导向与闽台地缘关系发展》,吕良弼主编:《海峡两岸五缘论》,方志出版社2003年。

徐晓望:《21世纪闽台民间信仰的研究》,中国宗教学会秘书处编:《中国宗教学》第一辑,宗教文化出版社2003年。

徐晓望:《从福建霞浦县松山天后宫挂图看闽东妈祖信仰的文化心态》,《妈祖信仰与现代社会学术研讨会》两岸会议2002年。

林美容等编:《妈祖信仰的发展与变迁——妈祖信仰与现代社会国际研讨会论文集》,台湾宗教学会2003年刊。

徐晓望:《元代泉州的海外宗教及其对泉州文化的影响》,《闽南文化研究》,中央文献出版社2003年第9期。

徐晓望:《妈祖信仰及其文化精神》,《莆仙文化研究》海峡文艺出版社2003年。

徐晓望:《论晚唐五代莆仙区域文化发展浪潮》,《莆仙文化研究》论文集,海峡文艺出版社2003年。

徐晓望:《宋元福建佛教的发展》,《面向新世纪初的福建佛教》宗教文化出版社2003年。

徐晓望:《莆仙文化学术研讨会综述》,《莆仙文化研究》海峡文艺出版社2003年。

徐晓望:《论唐五代福建土著的汉化进程》,霍彦儒主编:《炎帝与汉民族论集》三秦出版社2003年。

徐晓望:《论隋唐五代福建的开发及其文化特征的形成》,《东南学术》2003年第5期。

徐晓望:《关于福建省的女性生活与女神信仰的历史》(日文),野村伸一编著:《东亚的女神信仰和女性生活》,庆应义塾大学出版社2004年。

徐晓望:《宋代闾山派巫法与早期妈祖信仰》,《大甲妈祖国际学术研讨会会后实录》台中县静宜大学观光事业学系,2004年。

徐晓望:《福建民间信仰论集》,北京,光明出版社2011年。

徐晓望:.《华人的妈祖信仰与环南海经济圈》,《妈祖文化与22世纪东亚文明》国际研讨会论文集,《妈祖研究学报》第一辑,2004年4月马来亚雪隆海南会馆妈祖文化研究中心出版(2003年10月19日"妈祖文化与21世纪东亚文明"国际研讨会论文)。

徐晓望:《论瑜珈教与《西游记》的众神世界》,《东南学术》2005年第5期。

徐晓望:《从《闽都别记》,《海游记》看陈靖姑信仰的两大系统》,厦门大学宗教学研究所编《道学研究》2005年第二期,香港蓬瀛仙馆2005年12月刊。

徐晓望:《论法主公与〈西游记平话〉》,台湾,《历史月刊》2006年11月号。

徐晓望:《清代赐封天后问题新探》,台湾,《台湾源流》2006年冬季刊,总37期。

徐晓望:《宋代闾山派巫法与早期妈祖信仰》,赵麟斌主编:《闽台民俗散论》,海洋出版社,2006年。

徐晓望:《闽国时期的福州宗教》,福建省炎黄文化研究会、中共福州市委宣传部编:《闽都文化研究》上、下,福州,海峡文艺出版社2006年。

徐晓望:《论明清以来儒者关于妈祖神性的定位》,福州,《福州大学学报》,2007年2期。

徐晓望:《澳门妈祖阁洋船石考》,澳门理工大学,《中西文化研究》2007年2期。

徐晓望:《长乐显应宫新考》,《福州晚报》2007年4月14日,21版。

徐晓望:《长乐仙岐村天妃行宫考》,《福州晚报》2007年4月28日,第30版。

徐晓望:《清初赐封妈祖天后问题新探》,《福建师范大学学报》,2007年2期。

徐晓望:《元代道士薛弘茂与天妃信仰》,厦门大学:《道学研究》2007年2期。

徐晓望:《论元代的湄洲庙与妈祖信仰》,《莆田学院学报》第14卷,第3期。

徐晓望:《论西游记传播源流的南北系统——兼答蔡铁鹰先生》,福州,《东南学术》2007年第5期。

徐晓望:《论明清福州城市发展及重商习俗》,《闽江学院学报》,2008年1期。

徐晓望:《郑芝龙家族与明代澳门的闽商》,澳门,《澳门研究》2008年8

期；徐晓望:《闽商研究》，北京，中国文史出版社2014年。

徐晓望:《论瑜珈教与台湾的闾山派法师》，《福州大学学报》2008年2期。

徐晓望:《论马祖列岛的水神信仰与祖地福建》，《台湾研究》2008年第3期。

徐晓望:《论关帝信仰与闽人的英雄崇拜》，泉州市区民间信仰研究会:《论关帝信仰与闽人的英雄崇拜》，厦门大学出版社2008年。

徐晓望:《清代敕封天后问题新探》，省炎黄文化研究会编:《闽台文化研究》，福州，海峡文艺社2008年。

徐晓望:《澳门妈祖文化信仰》吴志良主编:《澳门史新论》第四册第一章，澳门基金会2008年。

徐晓望:《论儒学文化与东南亚的华人社会》，福州，《中共福建省委学校学报》2008年2期。

徐晓望:《论王审知开发东南的伟大贡献》，赵保佑主编:《区域文化与区域发展》，河南人民出版社2009年。

徐晓望:《厦门岛的妈祖庙与妈祖称呼的起源——关于妈祖之称起源的一个假说》，《妈祖国际学术研讨会——妈祖民间信仰论与文物论集》，台中县文化局2009年。

徐晓望:《福建特殊文化与彼岸的回声》，《中共福建省委党校学报》2009年第5期。

徐晓望:《闽都文化与近代中西文化交流》，《闽江学院学报》2009年第3期。

徐晓望:《明代韩江流域与汀江流域的区域市场》，叶显恩等主编:《泛珠江三角与南海贸易》，香港出版社2009年。

徐晓望:《论闽都文化与台湾文化》，叶圣陶研究会主编:《中华传统文化研究与评论》第三辑。北京，人民教育出版社2009年。

徐晓望:《福清叶向高家谱列传研究——从高利贷家族到官宦人家》，《福建师范大学报》2010年第3期。

徐晓望:《雅加达金德院与闽南原乡》，漳州师院《闽台文化交流》2010年1期。

徐晓望:《论闽南人与中国海洋文化》，《闽南》2010年第2期。

徐晓望:《历史学——人类社会发展的资鉴之学》，陈必滔主编:《社会科学概览》，福建人民出版社2010年。

徐晓望:《福建与澳门妈祖文化渊源》，《澳门人文社会科学研究文选》社会科学文献出版社2010年 。

徐晓望:《平潭县妈祖信仰调查》，台湾大甲妈祖国际学术研讨会文集2010年。

《福清叶向高家谱列传研究——从高利贷家族到官宦人家》，《福建师范大学报》2010年第3期。

徐晓望:《澳门妈祖阁之正觉禅寺研究》，《澳门研究》2011第4期。

徐晓望:《唐宋海坛岛的行政隶属——平潭政制沿革研究》，《中共福建省委党校学报》2011年第8期。

徐晓望:《论越人与中国海洋文化的起源》，中国太平洋学会等编:《中国民间海洋信仰与祭海文化研究》，海洋出版社2011年。

徐晓望:《论朱熹及其闽北文化的背景》，《朱子文化》2011年第2期。

徐晓望:《论越人与中国海洋文化的起源》，中国太平洋学会等编:《中国民间海神信仰与祭海文化研究》，海洋出版社2011年。

徐晓望:《福建思想文化的发展道路》，《闽都文化》2012年第3期。

徐晓望:《闽台文化新论》，中国书籍出版社2012年。

徐晓望:《明清时期福建儒商并重的文化传统》，《闽商文化研究》2012年第2期。

徐晓望:《明清祭祀妈祖的官庙制度比较》，刘存有主编:《宗教与民族》第七辑，北京，宗教文化出版社2012年。

徐晓望:《论福建汉民族的形成过程》，《闽台文化新论》，北京，中国书籍出版社2012年。

徐晓望:《论严复与闽人兼容并蓄的文化精神》，《闽台文化新论》，北京，中国书籍出版社2012年。

徐晓望:《论陈宝琛的文化价值观及其政治选择》，《闽台文化新论》，北京，中国书籍出版社2012年。

徐晓望:《关于泉州蕃商蒲寿庚的几个问题》，《福建论坛》人文社会版，2013年第四期。

徐晓望:《关于澳门开港与妈阁庙起源的再认识》，《澳门研究》2013年第二期。

徐晓望:《澳门妈祖阁与妈祖信仰相关问题研究》，《世界宗教研究》2014年第5期。

徐晓望:《论福建精神的历史文化渊源》,《中国福建省委党校学报》2014年第3期。

徐晓望:《明清闽北商帮研究》,徐晓望:《闽商研究》,北京,中国文史出版社2014年。

徐晓望:《清代闽西连城商人及其慈善事业》,徐晓望:《闽商研究》,北京,中国文史出版社2014年。

徐晓望:《论闽商发展的阶段性和主要特点》,徐晓望:《闽商研究》,北京,中国文史出版社2014年。

徐晓望:《洋口考察记》,徐晓望:《明清东南海洋经济史研究》,北京,中国文史出版社2014年。

徐晓望:《论宋元时期上海周边港市妈祖信仰的传播》,澳门妈祖文化研究中心编:《妈祖信仰与华人的海洋世界》,澳门基金会2015年。

徐晓望:《宋元莆仙人与妈祖信文化广东的传播》,澳门妈祖文化研究中心编:《妈祖信仰与华人的海洋世界》,澳门基金会2015年

徐晓望:《关于澳门开港与与妈阁庙起源的再认识》,澳门妈祖文化研究中心编:《妈祖信仰与华人的海洋世界》,澳门基金会2015年

徐晓望:《论唐代的闽越遗风与闽人的海商传统》,《闽台文化交流》2015年第4期。

徐晓望:《论福建海洋文化与中外文化交流》,《中共福建省委学校学报》2016年,第3期。

徐晓望:《疍家人与中国原生态海洋文化》,王欣、万明:《中外关系史视野下的一带一路》,陕西师范大学出版总社2016年。

徐晓望:《畲族耕山经济辨析》,福建省炎黄研究会、宁德师专:《当代视野的畲族研究》,海峡出版集团2016年。

附录二　徐晓望著作目录

徐晓望:《福建民间信仰源流》,福建教育出版社1993年。

徐晓望:《福建思想文化史纲》,福建教育出版社1996年。

徐晓望:《闽国史》,台湾五南公司1997年。

徐晓望、陈衍德:《澳门妈祖文化研究》,澳门基金会1998年。

徐晓望:《妈祖的子民——闽台海洋文化研究》,上海学林出版社1999年。

林仁川、徐晓望:《明末清初中西文化冲突》,上海华东师大出版社1999年。

林庆元主编:《福建近代经济史》,福建教育出版社.2001年。撰写:第一编第八章第一节、第二编第六章第一、二节。

徐晓望:《闽南史研究》,福州,海风出版社2004年。

徐晓望编著:《福建通史·上古卷》,福州,福建人民出版社2006年。

徐晓望:《福建通史·隋唐五代卷》,福州,福建人民出版社2006年。

徐晓望编著:《福建通史·宋元卷》,福州,福建人民出版社2006年。

徐晓望:《福建通史·明清卷》,福州,福建人民出版社2006年。

徐晓望主编:《福建通史》,福州,福建人民出版社2006年。

徐晓望:《早期台湾海峡史研究》福州,海风出版社2006年。

徐晓望:《妈祖信仰史研究》福州,海风出版社2007年。

徐晓望:《闽澳妈祖庙调查》,澳门,中华妈祖基金会2008年。

徐晓望:《21世纪的文化使命》福州,海风出版社2009年。

徐晓望:《福建经济史考证》,澳门,澳门出版社2009年。

徐晓望:《闽北文化述论》北京,中国科学出版社2009年。

徐晓望:《福建民间信仰论集》,北京,光明出版社2011年。

徐晓望:《福州台江与东南海陆商业网络研究》绪论、第一章、第五章、第九章、第十章,福州,海峡书局2011年。

徐晓望:《福建平潭概况》第一章、第二章第一节,福建人民出版社2011年。

徐晓望:《闽台文化新论》,北京,中国书籍出版社2012年。

徐晓望:《唐宋东南区域史论》,北京,中国书籍出版社2012年。

徐晓望:《宋代福建史新编》,北京,线装书局2013年。

徐晓望:《闽商发展史·古代部分》,苏文菁主编:《闽商发展史》,厦门大学出版社2013年。

徐晓望等:《中国地域文化通览·福建卷》,上编,北京,线装书局2013年。

徐晓望:《闽商研究》,北京,中国文史出版社2014年。

徐晓望:《闽国史略》,北京,中国文史出版社2014年。

徐晓望:《明清东南海洋经济史研究》,北京,中国文史出版社2014年。

徐晓望:《明清东南山区社会经济转型——以闽浙赣边为中心》,北京,中国文史出版社2014年。

徐晓望:《早期台湾史考证》,福州,海风出版社2014年。

徐晓望:《商海泛舟——闽台商缘》北京,社会科学文献出版社2015年。

徐晓望等:《闽台商业史新探》经济日报出版社2015年。

澳门妈祖文化研究中心编:《妈祖信仰与华人的海洋世界》,澳门基金会2015年。

徐晓望:《福建文明史》,中国书籍出版社2016年。

徐晓望:《中国福建海上丝绸之路发展史》,九州出版社2017年。

徐晓望:《徐晓望台湾史研究名家论集》,台湾,兰台出版社2018年。

徐晓望:《大航海时代的台湾海峡与周边世界》第一卷,北京,九州出版社2018年。

徐晓望:《大航海时代的台湾海峡与周边世界》第二卷,北京,九州出版社2019年。

后　记

　　早年我跟随傅衣凌先生学习社会经济史，傅先生虽以经济史研究出名，但他一直重视社会史的研究。我们这些研究生因而对社会史兴趣很大，纷纷卷入社会史研究。我早年的论文关注中国古代社会的宗族、家庭、女性、育婴、民间信仰等问题，是有这一背景的。不过，随着研究的展开，大家专注的领域渐有不同，在社会史方面，我选择了民间信仰为主要投入方向，对宗族、家庭等问题的研究反而少了。几十年沉淀下来，也就这二十来篇东西。尽管如此，敝帚自珍，将其整理出版，也可展现我在这些方面的系统观点。至于它能在学术界产生什么影响，非所计较也。

徐晓望

于水都书舍

2018 年 9 月 13 日